VIE
DE JÉSUS

PAR

ERNEST RENAN

MEMBRE DE L'INSTITUT

NEUVIÈME ÉDITION

PARIS

MICHEL LÉVY FRÈRES, LIBRAIRES ÉDITEURS
RUE VIVIENNE, 2 BIS, ET BOULEVARD DES ITALIENS, 15
A LA LIBRAIRIE NOUVELLE

—

1863

Tous droits réservés

HISTOIRE

DES ORIGINES

DU CHRISTIANISME

LIVRE PREMIER

CHEZ LES MÊMES ÉDITEURS

ŒUVRES COMPLÈTES
D'ERNEST RENAN

FORMAT IN-8°

HISTOIRE GÉNÉRALE DES LANGUES SÉMITIQUES. — *3e édition, revue et augmentée.* — Imprimerie impériale................. 1 volume.

ÉTUDES D'HISTOIRE RELIGIEUSE. — *6e édition*.............. 1 volume.

ESSAIS DE MORALE ET DE CRITIQUE. — *2e édition*.......... 1 volume.

LE LIVRE DE JOB, traduit de l'hébreu, avec une étude sur l'âge et le caractère du poëme. — *2e édition*................ 1 volume.

LE CANTIQUE DES CANTIQUES, traduit de l'hébreu, avec une étude sur le plan, l'âge et le caractère du poëme. — *2e édition*. . 1 volume.

DE L'ORIGINE DU LANGAGE. — *3e édition*................. 1 volume.

AVERROÈS ET L'AVERROÏSME, essai historique. — *2e édition, revue et corrigée*.. 1 volume.

DE LA PART DES PEUPLES SÉMITIQUES DANS L'HISTOIRE DE LA CIVILISATION. — *5e édition*.................................. Brochure.

LA CHAIRE D'HÉBREU AU COLLÉGE DE FRANCE, explications à mes collègues. — *3e édition*................................ Brochure.

PARIS. — IMPRIMERIE DE J. CLAYE, RUE SAINT-BENOIT, 7.

A L'AME PURE

DE MA SŒUR HENRIETTE

MORTE A BYBLOS, LE 24 SEPTEMBRE 1861.

Te souviens-tu, du sein de Dieu où tu reposes, de ces longues journées de Ghazir, où, seul avec toi, j'écrivais ces pages inspirées par les lieux que nous avions visités ensemble? Silencieuse à côté de moi, tu relisais chaque feuille et la recopiais sitôt écrite, pendant que la mer, les villages, les ravins, les montagnes se déroulaient à nos pieds. Quand l'accablante lumière avait fait place à l'innombrable armée des étoiles, tes questions fines et délicates, tes doutes discrets, me ramenaient à l'objet sublime de nos communes pensées. Tu me dis un jour que ce livre-ci tu l'aimerais, d'abord parce qu'il avait été fait avec toi, et aussi parce qu'il te plaisait. Si parfois tu craignais pour lui les étroits jugements de l'homme frivole, toujours tu fus persuadée que les âmes vraiment religieuses finiraient par s'y plaire. Au milieu de ces douces méditations, la mort nous frappa tous les deux de son aile; le sommeil de la fièvre nous prit à la même heure; je me réveillai seul!... Tu dors maintenant dans la terre d'Adonis, près de la sainte Byblos et des eaux sacrées où les femmes des mystères antiques venaient mêler leurs larmes. Révèle-moi, ô bon génie, à moi que tu aimais, ces vérités qui dominent la mort, empêchent de la craindre et la font presque aimer.

INTRODUCTION

OU L'ON TRAITE PRINCIPALEMENT DES SOURCES DE CETTE HISTOIRE.

Une histoire des « Origines du Christianisme » devrait embrasser toute la période obscure, et, si j'ose le dire, souterraine, qui s'étend depuis les premiers commencements de cette religion jusqu'au moment où son existence devient un fait public, notoire, évident aux yeux de tous. Une telle histoire se composerait de quatre livres. Le premier, que je présente aujourd'hui au public, traite du fait même qui a servi de point de départ au culte nouveau; il est rempli tout entier par la personne sublime du fondateur. Le second traiterait des apôtres et de leurs disciples immédiats, ou, pour mieux dire, des révolutions que subit la pensée religieuse dans les deux premières générations chrétiennes. Je l'arrêterais vers l'an 100, au moment où les derniers amis de Jésus sont morts, et où tous les livres du Nouveau Testament sont à peu près fixés dans la forme où nous les lisons. Le troisième exposerait l'état du christianisme sous les Antonins. On l'y verrait se développer lentement et soutenir une guerre presque permanente contre l'empire, lequel, arrivé à ce moment au plus haut degré de la perfection administrative et gouverné par des philosophes, combat dans la secte naissante une société secrète et théocratique, qui le nie obstinément et le mine sans cesse. Ce livre contiendrait toute l'étendue du IIe siècle. Le quatrième livre, enfin, montrerait les progrès décisifs que fait le christianisme à partir des empereurs syriens. On y verrait la savante construction des Antonins crouler, la décadence de la civilisation antique devenir irrévocable, le christianisme profiter de sa ruine, la Syrie conquérir tout l'Occident, et Jésus, en compagnie des dieux et des sages divinisés de l'Asie, prendre possession d'une société à laquelle la philosophie et l'État purement civil ne suffisent plus. C'est alors que les idées religieuses des races groupées autour de la Méditerranée se modifient profondément; que les cultes orientaux prennent partout le dessus; que le christianisme, devenu une église très-nombreuse, oublie totalement ses rêves millénaires, brise ses dernières attaches avec le judaïsme et passe tout entier dans le monde grec et latin. Les luttes et le travail littéraire du III° siècle, lesquels se passent déjà au grand jour, ne seraient exposés qu'en traits généraux. Je raconterais encore plus sommairement les persécutions du commencement du IV° siècle, dernier effort de l'empire pour revenir à ses vieux principes, lesquels déniaient à l'association religieuse toute place dans l'État. Enfin, je me bornerais à pressentir le changement de politique qui, sous Constantin, intervertit les rôles, et fait du mouvement religieux le plus libre et le plus spontané un culte officiel, assujetti à l'État et persécuteur à son tour.

Je ne sais si j'aurai assez de vie et de force pour remplir un plan aussi vaste. Je serai satisfait si, après avoir écrit la vie de Jésus, il m'est donné de raconter comme je l'entends l'histoire des apôtres, l'état de la conscience chrétienne durant les semaines qui suivirent la mort de Jésus, la formation du cycle légendaire de la résurrection, les premiers actes de l'église de Jérusalem, la vie de saint Paul, la crise du temps de Néron, l'apparition de l'Apocalypse, la ruine de Jérusalem, la fondation des chrétientés hébraïques de la Batanée, la rédaction des évangiles, l'origine des grandes écoles de l'Asie-Mineure, issues de Jean. Tout pâlit à côté de ce merveilleux premier siècle. Par une singularité rare en l'histoire, nous voyons bien mieux ce qui s'est passé dans le monde chrétien de l'an 50 à l'an 75, que de l'an 100 à l'an 150.

Le plan suivi pour cette histoire a empêché d'introduire dans le texte de longues dissertations critiques sur les points controversés. Un système continu de notes met le lecteur à même de vérifier d'après les sources toutes les propositions du texte. Dans ces notes, on s'est borné strictement aux citations de première main, je veux dire à l'indication des passages originaux sur lesquels chaque assertion ou chaque conjecture s'appuie. Je sais que pour les personnes peu initiées à ces sortes d'études, bien d'autres développements eussent été nécessaires. Mais je n'ai pas l'habitude de refaire ce qui est fait et bien fait. Pour ne citer que des livres écrits en français, les personnes qui voudront bien se procurer les ouvrages suivants :

Études critiques sur l'Évangile de saint Matthieu, par M. Albert Réville, pasteur de l'église wallonne de Rotterdam [1].

---

[1]. Leyde, Noothoven van Goor, 1862. Paris, Cherbuliez. Ouvrage

Histoire de la théologie chrétienne au siècle apostolique, par M. Reuss, professeur à la Faculté de théologie et au séminaire protestant de Strasbourg[1].

Des doctrines religieuses des Juifs pendant les deux siècles antérieurs à l'ère chrétienne, par M. Michel Nicolas, professeur à la Faculté de théologie protestante de Montauban[2].

Vie de Jésus, par le Dr Strauss, traduite par M. Littré, membre de l'Institut[3].

Revue de théologie et de philosophie chrétienne, publiée sous la direction de M. Colani, de 1850 à 1857. — *Nouvelle Revue de théologie,* faisant suite à la précédente, depuis 1858[4].

les personnes, dis-je, qui voudront bien consulter ces excellents écrits[5], y trouveront expliqués une foule

couronné par la société de La Haye pour la défense de la religion chrétienne.

1. Strasbourg, Treuttel et Wurtz. 2ᵉ édition, 1860. Paris, Cherbuliez.
2. Paris, Michel Lévy frères, 1860.
3. Paris, Ladrange. 2ᵉ édition, 1856.
4. Strasbourg, Treuttel et Wurtz. Paris, Cherbuliez.
5. Au moment où ces pages s'impriment, paraît un livre que je n'hésite pas à joindre aux précédents, quoique je n'aie pu le lire avec l'attention qu'il mérite : *Les Évangiles,* par M. Gustave d'Eichthal. Première partie : *Examen critique et comparatif des trois premiers évangiles.* Paris, Hachette, 1863.

de points sur lesquels j'ai dû être très-succinct. La critique de détail des textes évangéliques, en particulier, a été faite par M. Strauss d'une manière qui laisse peu à désirer. Bien que M. Strauss se soit trompé dans sa théorie sur la rédaction des évangiles[1], et que son livre ait, selon moi, le tort de se tenir beaucoup trop sur le terrain théologique et trop peu sur le terrain historique[2], il est indispensable, pour se rendre compte des motifs qui m'ont guidé dans une foule de minuties, de suivre la discussion toujours judicieuse, quoique parfois un peu subtile, du livre si bien traduit par mon savant confrère, M. Littré.

Je crois n'avoir négligé, en fait de témoignages anciens, aucune source d'informations. Cinq grandes

---

1. Les grands résultats obtenus sur ce point n'ont été acquis que depuis la première édition de l'ouvrage de M. Strauss. Le savant critique y a, du reste, fait droit dans ses éditions successives avec beaucoup de bonne foi.

2. Il est à peine besoin de rappeler que pas un mot, dans le livre de M. Strauss, ne justifie l'étrange et absurde calomnie par laquelle on a tenté de décréditer auprès des personnes superficielles un livre commode, exact, spirituel et consciencieux, quoique gâté dans ses parties générales par un système exclusif. Non-seulement M. Strauss n'a jamais nié l'existence de Jésus, mais chaque page de son livre implique cette existence. Ce qui est vrai, c'est que M. Strauss suppose le caractère individuel de Jésus plus effacé pour nous qu'il ne l'est peut-être en réalité.

collections d'écrits, sans parler d'une foule d'autres données éparses, nous restent sur Jésus et sur le temps où il vécut, ce sont : 1° les évangiles et en général les écrits du Nouveau Testament; 2° les compositions dites « Apocryphes de l'Ancien Testament; » 3° les ouvrages de Philon; 4° ceux de Josèphe; 5° le Talmud. Les écrits de Philon ont l'inappréciable avantage de nous montrer les pensées qui fermentaient au temps de Jésus dans les âmes occupées des grandes questions religieuses. Philon vivait, il est vrai, dans une tout autre province du judaïsme que Jésus; mais, comme lui, il était très-dégagé des petitesses qui régnaient à Jérusalem ; Philon est vraiment le frère aîné de Jésus. Il avait soixante-deux ans quand le prophète de Nazareth était au plus haut degré de son activité, et il lui survécut au moins dix années. Quel dommage que les hasards de la vie ne l'aient pas conduit en Galilée! Que ne nous eût-il pas appris!

Josèphe, écrivant surtout pour les païens, n'a pas dans son style la même sincérité. Ses courtes notices sur Jésus, sur Jean-Baptiste, sur Juda le Gaulonite, sont sèches et sans couleur. On sent qu'il cherche à présenter ces mouvements si profondément juifs de caractère et d'esprit sous une forme qui soit intelligible aux Grecs et aux Romains. Je crois le passage sur Jésus[1] authentique. Il est parfaitement dans le goût de Josèphe, et si cet historien a fait mention de Jésus, c'est bien comme cela qu'il a dû en parler. On sent seulement qu'une main chrétienne a retouché le morceau, y a ajouté quelques mots sans lesquels il eût été presque blasphématoire[2], a peut-être retranché ou modifié quelques expressions[3]. Il faut se rappeler que la fortune littéraire de Josèphe se fit par les chrétiens, lesquels adoptèrent ses écrits comme des documents essentiels de leur histoire sacrée. Il s'en fit, probablement au IIe siècle, une édition corrigée selon les idées chrétiennes[4]. En tout cas, ce qui constitue l'immense intérêt de Josèphe pour le sujet qui nous occupe, ce sont les vives lumières qu'il jette sur le temps. Grâce à lui, Hérode, Hérodiade, Antipas, Philippe, Anne, Caïphe, Pilate sont des personnages que nous touchons du

---

1. *Ant.*, XVIII, III, 3.
2. « S'il est permis de l'appeler homme. »
3. Au lieu de χριστὸς οὗτος ἦν, il y avait sûrement χριστὸς οὗτος ἐλέγετο. Cf. *Ant.*, XX, IX, 1.
4. Eusèbe (*Hist. eccl.*, I, 11, et *Démonstr. évang.*, III, 5) cite le passage sur Jésus comme nous le lisons maintenant dans Josèphe. Origène (*Contre Celse*, I, 47; II, 13) et Eusèbe (*Hist. eccl.*, II, 23) citent une autre interpolation chrétienne, laquelle ne se trouve dans aucun des manuscrits de Josèphe qui sont parvenus jusqu'à nous.

doigt et que nous voyons vivre devant nous avec une frappante réalité.

Les Apocryphes de l'Ancien Testament, surtout la partie juive des vers sibyllins et le Livre d'Hénoch, joints au Livre de Daniel, qui est, lui aussi, un véritable apocryphe, ont une importance capitale pour l'histoire du développement des théories messianiques et pour l'intelligence des conceptions de Jésus sur le royaume de Dieu. Le Livre d'Hénoch, en particulier, lequel était fort lu dans l'entourage de Jésus [1], nous donne la clef de l'expression de « Fils de l'homme » et des idées qui s'y rattachaient. L'âge de ces différents livres, grâce aux travaux de MM. Alexandre, Ewald, Dillmann, Reuss, est maintenant hors de doute. Tout le monde est d'accord pour placer la rédaction des plus importants d'entre eux au IIe et au Ier siècle avant Jésus-Christ. La date du Livre de Daniel est plus certaine encore. Le caractère des deux langues dans lesquelles il est écrit; l'usage de mots grecs; l'annonce claire, déterminée, datée, d'événements qui vont jusqu'au temps d'Antiochus Épiphane; les fausses images qui y sont tracées de la vieille Babylonie; la couleur générale du livre, qui ne rappelle en rien les écrits de la captivité,

---

[1]. Judæ Epist., 14.

qui répond au contraire par une foule d'analogies aux croyances, aux mœurs, au tour d'imagination de l'époque des Séleucides; le tour apocalyptique des visions; la place du livre dans le canon hébreu hors de la série des prophètes; l'omission de Daniel dans les panégyriques du chapitre XLIX de l'*Ecclésiastique*, où son rang était comme indiqué; bien d'autres preuves qui ont été cent fois déduites, ne permettent pas de douter que le Livre de Daniel ne soit le fruit de la grande exaltation produite chez les Juifs par la persécution d'Antiochus. Ce n'est pas dans la vieille littérature prophétique qu'il faut classer ce livre, mais bien en tête de la littérature apocalyptique, comme premier modèle d'un genre de composition où devaient prendre place après lui les divers poëmes sibyllins, le Livre d'Hénoch, l'Apocalypse de Jean, l'Ascension d'Isaïe, le quatrième livre d'Esdras.

Dans l'histoire des origines chrétiennes, on a jusqu'ici beaucoup trop négligé le Talmud. Je pense, avec M. Geiger, que la vraie notion des circonstances où se produisit Jésus doit être cherchée dans cette compilation bizarre, où tant de précieux renseignements sont mêlés à la plus insignifiante scolastique. La théologie chrétienne et la théologie juive ayant suivi au fond deux marches parallèles, l'histoire de l'une ne peut bien être comprise sans l'histoire de l'autre. D'innombrables détails matériels des évangiles trouvent, d'ailleurs, leur commentaire dans le Talmud. Les vastes recueils latins de Lightfoot, de Schœttgen, de Buxtorf, d'Otho, contenaient déjà à cet égard une foule de renseignements. Je me suis imposé de vérifier dans l'original toutes les citations que j'ai admises, sans en excepter une seule. La collaboration que m'a prêtée pour cette partie de mon travail un savant israélite, M. Neubauer, très-versé dans la littérature talmudique, m'a permis d'aller plus loin et d'éclaircir les parties les plus délicates de mon sujet par quelques nouveaux rapprochements. La distinction des époques est ici fort importante, la rédaction du Talmud s'étendant de l'an 200 à l'an 500 à peu près. Nous y avons porté autant de discernement qu'il est possible dans l'état actuel de ces études. Des dates si récentes exciteront quelques craintes chez les personnes habituées à n'accorder de valeur à un document que pour l'époque même où il a été écrit. Mais de tels scrupules seraient ici déplacés. L'enseignement des Juifs depuis l'époque asmonéenne jusqu'au IIe siècle fut principalement oral. Il ne faut pas juger de ces sortes d'états intellectuels d'après les habitudes d'un temps où l'on écrit beaucoup. Les Védas, les anciennes poésies arabes ont été conservés de mémoire pendant des siècles, et pourtant ces compositions présentent une forme très-arrêtée, très-délicate. Dans le Talmud, au contraire, la forme n'a aucun prix. Ajoutons qu'avant la *Mischna* de Juda le Saint, qui a fait oublier toutes les autres, il y eut des essais de rédaction, dont les commencements remontent peut-être plus haut qu'on ne le suppose communément. Le style du Talmud est celui de notes de cours; les rédacteurs ne firent probablement que classer sous certains titres l'énorme fatras d'écritures qui s'était accumulé dans les différentes écoles durant des générations.

Il nous reste à parler des documents qui, se présentant comme des biographies du fondateur du christianisme, doivent naturellement tenir la première place dans une vie de Jésus. Un traité complet sur la rédaction des évangiles serait un ouvrage à lui seul. Grâce aux beaux travaux dont cette question a été l'objet depuis trente ans, un problème qu'on eût jugé autrefois inabordable est arrivé à une solution qui assurément laisse place encore à bien des incertitudes, mais qui suffit pleinement aux besoins de l'histoire. Nous aurons occasion d'y revenir dans notre deuxième livre, la composition des évangiles ayant été un des faits les plus importants pour l'avenir du christianisme qui se soient passés dans la seconde moitié du premier siècle. Nous ne toucherons ici qu'une seule face du sujet, celle qui est indispensable à la solidité de notre récit. Laissant de côté tout ce qui appartient au tableau des temps apostoliques, nous rechercherons seulement dans quelle mesure les données fournies par les évangiles peuvent être employées dans une histoire dressée selon des principes rationnels[1]?

Que les évangiles soient en partie légendaires, c'est ce qui est évident, puisqu'ils sont pleins de miracles et de surnaturel; mais il y a légende et légende. Personne ne doute des principaux traits de la vie de François d'Assise, quoique le surnaturel s'y rencontre à chaque pas. Personne, au contraire, n'accorde de créance à la « Vie d'Apollonius de Tyane, » parce qu'elle a été écrite longtemps après le héros et dans les conditions d'un pur roman. A quelle époque, par quelles mains, dans quelles conditions les évangiles ont-ils été rédigés? Voilà donc la question capitale d'où dépend l'opinion qu'il faut se former de leur crédibilité.

On sait que chacun des quatre évangiles porte en

---

[1]. Les personnes qui souhaiteraient de plus amples développements peuvent lire, outre l'ouvrage de M. Réville précité, les travaux de MM. Reuss et Scherer dans la *Revue de théologie*, t. X, XI, XV; nouv. série, II, III, IV, et celui de M. Nicolas dans la *Revue germanique*, sept. et déc. 1862, avril et juin 1863.

tête le nom d'un personnage connu soit dans l'histoire apostolique, soit dans l'histoire évangélique elle-même. Ces quatre personnages ne nous sont pas donnés rigoureusement comme des auteurs. Les formules « selon Matthieu, » « selon Marc, » « selon Luc, » « selon Jean, » n'impliquent pas que, dans la plus vieille opinion, ces récits eussent été écrits d'un bout à l'autre par Matthieu, par Marc, par Luc, par Jean[1]; elles signifient seulement que c'étaient là les traditions provenant de chacun de ces apôtres et se couvrant de leur autorité. Il est clair que si ces titres sont exacts, les évangiles, sans cesser d'être en partie légendaires, prennent une haute valeur, puisqu'ils nous font remonter au demi-siècle qui suivit la mort de Jésus, et même, dans deux cas, aux témoins oculaires de ses actions.

Pour Luc d'abord, le doute n'est guère possible. L'évangile de Luc est une composition régulière, fondée sur des documents antérieurs[2]. C'est l'œuvre d'un homme qui choisit, élague, combine. L'auteur de cet évangile est certainement le même que celui des Actes des Apôtres[3]. Or, l'auteur des Actes est un

---

[1]. C'est ainsi qu'on disait : « l'Évangile selon les Hébreux, » « l'Évangile selon les Égyptiens. »

[2]. Luc, i, 1-4.

[3]. *Act.*, i, 1. Comp. Luc, i, 1-4.

compagnon de saint Paul[1], titre qui convient parfaitement à Luc[2]. Je sais que plus d'une objection peut être opposée à ce raisonnement; mais une chose au moins est hors de doute, c'est que l'auteur du troisième évangile et des Actes est un homme de la seconde génération apostolique, et cela suffit à notre objet. La date de cet évangile peut d'ailleurs être déterminée avec beaucoup de précision par des considérations tirées du livre lui-même. Le chapitre XXI de Luc, inséparable du reste de l'ouvrage, a été écrit certainement après le siége de Jérusalem, mais peu de temps après[3]. Nous sommes donc ici sur un terrain solide; car il s'agit d'un ouvrage écrit tout entier de la même main et de la plus parfaite unité.

Les évangiles de Matthieu et de Marc n'ont pas, à beaucoup près, le même cachet individuel. Ce sont des compositions impersonnelles, où l'auteur disparaît totalement. Un nom propre écrit en tête de ces sortes d'ouvrages ne dit pas grand'chose. Mais si l'évangile de Luc est daté, ceux de Matthieu et de

---

[1]. A partir de XVI, 10, l'auteur se donne pour témoin oculaire.

[2]. II Tim., IV, 11; Philem., 24, Col., IV, 14. Le nom de *Lucas* (contraction de *Lucanus*) étant fort rare, on n'a pas à craindre ici une de ces homonymies qui jettent tant de perplexités dans les questions de critique relatives au Nouveau Testament.

[3]. Versets 9, 20, 24, 28, 32. Comp. XXII, 36.

Marc le sont aussi ; car il est certain que le troisième évangile est postérieur aux deux premiers, et offre le caractère d'une rédaction bien plus avancée. Nous avons d'ailleurs, à cet égard, un témoignage capital de la première moitié du IIe siècle. Il est de Papias, évêque d'Hiérapolis, homme grave, homme de tradition, qui fut attentif toute sa vie à recueillir ce qu'on pouvait savoir de la personne de Jésus[1]. Après avoir déclaré qu'en pareille matière il préfère la tradition orale aux livres, Papias mentionne deux écrits sur les actes et les paroles du Christ : 1° un écrit de Marc, interprète de l'apôtre Pierre, écrit court, incomplet, non rangé par ordre chronologique, comprenant des récits et des discours (λεχθέντα ἢ πραχθέντα), composé d'après les renseignements et les souvenirs de l'apôtre Pierre ; 2° un recueil de sentences (λόγια) écrit en hébreu[2] par Matthieu, « et que chacun a traduit comme il a pu. » Il est certain que ces deux descriptions répondent assez bien à la physionomie générale des deux livres appelés

---

[1]. Dans Eusèbe, *Hist. eccl.*, III, 39. On ne saurait élever un doute quelconque sur l'authenticité de ce passage. Eusèbe, en effet, loin d'exagérer l'autorité de Papias, est embarrassé de sa naïveté, de son millénarisme grossier, et se tire d'affaire en le traitant de petit esprit. Comp. Irénée, *Adv. hær.*, III, I.

[2]. C'est-à-dire en dialecte sémitique.

maintenant « Évangile selon Matthieu, » « Évangile selon Marc, » le premier caractérisé par ses longs discours, le second surtout anecdotique, beaucoup plus exact que le premier sur les petits faits, bref jusqu'à la sécheresse, pauvre en discours, assez mal composé. Que ces deux ouvrages tels que nous les lisons soient absolument semblables à ceux que lisait Papias, cela n'est pas soutenable ; d'abord, parce que l'écrit de Matthieu pour Papias se composait uniquement de discours en hébreu, dont il circulait des traductions assez diverses, et en second lieu, parce que l'écrit de Marc et celui de Matthieu étaient pour lui profondément distincts, rédigés sans aucune entente, et, ce semble, dans des langues différentes. Or, dans l'état actuel des textes, l'Évangile selon Matthieu et l'Évangile selon Marc offrent des parties parallèles si longues et si parfaitement identiques qu'il faut supposer, ou que le rédacteur définitif du premier avait le second sous les yeux, ou que le rédacteur définitif du second avait le premier sous les yeux, ou que tous deux ont copié le même prototype. Ce qui paraît le plus vraisemblable, c'est que, ni pour Matthieu, ni pour Marc, nous n'avons les rédactions tout à fait originales ; que nos deux premiers évangiles sont déjà des arrangements, où l'on a cherché à remplir les lacunes d'un texte par un autre. Chacun voulait, en effet, posséder un exemplaire complet. Celui qui n'avait dans son exemplaire que des discours voulait avoir des récits, et réciproquement. C'est ainsi que « l'Évangile selon Matthieu » se trouva avoir englobé presque toutes les anecdotes de Marc, et que « l'Évangile selon Marc » contient aujourd'hui une foule de traits qui viennent des *Logia* de Matthieu. Chacun, d'ailleurs, puisait largement dans la tradition évangélique se continuant autour de lui. Cette tradition est si loin d'avoir été épuisée par les évangiles que les Actes des apôtres et les Pères les plus anciens citent plusieurs paroles de Jésus qui paraissent authentiques et qui ne se trouvent pas dans les évangiles que nous possédons.

Il importe peu à notre objet actuel de pousser plus loin cette délicate analyse, d'essayer de reconstruire en quelque sorte, d'une part, les *Logia* originaux de Matthieu; de l'autre, le récit primitif tel qu'il sortit de la plume de Marc. Les *Logia* nous sont sans doute représentés par les grands discours de Jésus qui remplissent une partie considérable du premier évangile. Ces discours forment, en effet, quand on les détache du reste, un tout assez complet. Quant aux récits du premier et du deuxième évangile, ils semblent avoir pour base un document commun dont le texte se retrouve tantôt chez l'un, tantôt chez l'autre, et dont le deuxième évangile, tel que nous le lisons aujourd'hui, n'est qu'une reproduction peu modifiée. En d'autres termes, le système de la vie de Jésus chez les synoptiques repose sur deux documents originaux : 1° les discours de Jésus recueillis par l'apôtre Matthieu ; 2° le recueil d'anecdotes et de renseignements personnels que Marc écrivit d'après les souvenirs de Pierre. On peut dire que nous avons encore ces deux documents, mêlés à des renseignements d'autre provenance, dans les deux premiers évangiles, qui portent non sans raison le nom d' « Évangile selon Matthieu » et d' « Évangile selon Marc. »

Ce qui est indubitable, en tous cas, c'est que de très-bonne heure on mit par écrit les discours de Jésus en langue araméenne, que de bonne heure aussi on écrivit ses actions remarquables. Ce n'étaient pas là des textes arrêtés et fixés dogmatiquement. Outre les évangiles qui nous sont parvenus, il y en eut une foule d'autres prétendant représenter la tradition des témoins oculaires[1]. On attachait peu d'importance à ces écrits, et les conservateurs, tels que Papias, y préféraient hautement la

---

1. Luc, I, 1-2 ; Origène, *Hom. in Luc.*, 1, init.; saint Jérôme, *Comment. in Matth.*, prol.

tradition orale[1]. Comme on croyait encore le monde près de finir, on se souciait peu de composer des livres pour l'avenir; il s'agissait seulement de garder en son cœur l'image vive de celui qu'on espérait bientôt revoir dans les nues. De là le peu d'autorité dont jouissent durant cent cinquante ans les textes évangéliques. On ne se faisait nul scrupule d'y insérer des additions, de les combiner diversement, de les compléter les uns par les autres. Le pauvre homme qui n'a qu'un livre veut qu'il contienne tout ce qui lui va au cœur. On se prêtait ces petits livrets; chacun transcrivait à la marge de son exemplaire les mots, les paraboles qu'il trouvait ailleurs et qui le touchaient[2]. La plus belle chose du monde est ainsi sortie d'une élaboration obscure et complétement populaire. Aucune rédaction n'avait de valeur absolue. Justin, qui fait souvent appel à ce qu'il nomme « les mémoires des apôtres[3], » avait sous les yeux un état des documents évangéliques assez différent de celui que nous avons; en tous cas, il ne se donne

---

[1]. Papias, dans Eusèbe, *H. E.*, III, 39. Comparez Irénée, *Adv. hær.*, III, ii et iii.

[2]. C'est ainsi que le beau récit *Jean,* viii, 1-11 a toujours flotté sans trouver sa place fixe dans le cadre des évangiles reçus.

[3]. Τὰ ἀπομνημονεύματα τῶν ἀποστόλων, ἅ καλεῖται εὐαγγέλια. Justin, *Apol.*, i, 33, 66, 67; *Dial. cum Tryph.*, 10, 100, 101, 102, 103, 104, 105, 106, 107.

aucun souci de les alléguer textuellement. Les citations évangéliques, dans les écrits pseudo-clémentins d'origine ébionite, présentent le même caractère. L'esprit était tout; la lettre n'était rien. C'est quand la tradition s'affaiblit dans la seconde moitié du IIᵉ siècle que les textes portant des noms d'apôtres prennent une autorité décisive et obtiennent force de loi.

Qui ne voit le prix de documents ainsi composés des souvenirs attendris, des récits naïfs des deux premières générations chrétiennes, pleines encore de la forte impression que l'illustre fondateur avait produite, et qui semble lui avoir longtemps survécu? Ajoutons que les évangiles dont il s'agit semblent provenir de celle des branches de la famille chrétienne qui touchait le plus près à Jésus. Le dernier travail de rédaction, au moins du texte qui porte le nom de Matthieu, paraît avoir été fait dans l'un des pays situés au nord-est de la Palestine, tels que la Gaulonitide, le Hauran, la Batanée, où beaucoup de chrétiens se réfugièrent à l'époque de la guerre des Romains, où l'on trouvait encore au IIᵉ siècle des parents de Jésus[1], et où la première direction galiléenne se conserva plus longtemps qu'ailleurs.

1. Jules Africain, dans Eusèbe, *Hist. eccl.*, I, 7.

Jusqu'à présent nous n'avons parlé que des trois évangiles dits synoptiques. Il nous reste à parler du quatrième, de celui qui porte le nom de Jean. Ici les doutes sont beaucoup plus fondés, et la question moins près d'une solution. Papias, qui se rattachait à l'école de Jean, et qui, s'il n'avait pas été son auditeur, comme le veut Irénée, avait beaucoup fréquenté ses disciples immédiats, entre autres Aristion et celui qu'on appelait *Presbyteros Joannes*, Papias, qui avait recueilli avec passion les récits oraux de cet Aristion et de *Presbyteros Joannes*, ne dit pas un mot d'une «Vie de Jésus» écrite par Jean. Si une telle mention se fût trouvée dans son ouvrage, Eusèbe, qui relève chez lui tout ce qui sert à l'histoire littéraire du siècle apostolique, en eût sans aucun doute fait la remarque. Les difficultés intrinsèques tirées de la lecture du quatrième évangile lui-même ne sont pas moins fortes. Comment, à côté de renseignements précis et qui sentent si bien le témoin oculaire, trouve-t-on ces discours totalement différents de ceux de Matthieu? Comment, à côté d'un plan général de la vie de Jésus, qui paraît bien plus satisfaisant et plus exact que celui des synoptiques, ces passages singuliers où l'on sent un intérêt dogmatique propre au rédacteur, des idées fort étrangères à Jésus, et parfois des indices qui mettent en garde contre la bonne foi du narrateur? Comment enfin, à côté des vues les plus pures, les plus justes, les plus vraiment évangéliques, ces taches où l'on aime à voir des interpolations d'un ardent sectaire? Est-ce bien Jean, fils de Zébédée, le frère de Jacques (dont il n'est pas question une seule fois dans le quatrième évangile), qui a pu écrire en grec ces leçons de métaphysique abstraite, dont ni les synoptiques ni le Talmud ne présentent l'analogue? Tout cela est grave, et, pour moi, je n'ose être assuré que le quatrième évangile ait été écrit tout entier de la plume d'un ancien pêcheur galiléen. Mais qu'en somme cet évangile soit sorti, vers la fin du premier siècle, de la grande école d'Asie-Mineure, qui se rattachait à Jean, qu'il nous représente une version de la vie du maître, digne d'être prise en haute considération et souvent d'être préférée, c'est ce qui est démontré, et par des témoignages extérieurs et par l'examen du document lui-même, d'une façon qui ne laisse rien à désirer.

Et d'abord, personne ne doute que, vers l'an 150, le quatrième évangile n'existât et ne fût attribué à Jean. Des textes formels de saint Justin [1], d'Athénagore [2],

---

[1]. *Apol.*, I, 32, 61; *Dial. cum Tryph.*, 88.
[2]. *Legatio pro christ.*, 10.

de Tatien[1], de Théophile d'Antioche[2], d'Irénée[3], montrent dès lors cet Évangile mêlé à toutes les controverses et servant de pierre angulaire au développement du dogme. Irénée est formel; or, Irénée sortait de l'école de Jean, et, entre lui et l'apôtre, il n'y avait que Polycarpe. Le rôle de notre évangile dans le gnosticisme, et en particulier dans le système de Valentin[4], dans le montanisme[5] et dans la querelle des quartodécimans[6], n'est pas moins décisif. L'école de Jean est celle dont on aperçoit le mieux la suite durant le IIe siècle; or, cette école ne s'explique pas si l'on ne place le quatrième évangile à son berceau même. Ajoutons que la première épître attribuée à saint Jean est certainement du même auteur que le quatrième évangile[7]; or, l'épître est reconnue comme de Jean par Polycarpe[8], Papias[9], Irénée[10].

1. *Adv. Græc.*, 5, 7. Cf. Eusèbe, *H. E.*, IV, 29; Théodoret, *Hæretic. fabul.*, I, 20.
2. *Ad Autolycum*, II, 22.
3. *Adv. hær.*, II, xxii, 5; III, i. Cf. Eus., *H. E.*, V, 8.
4. Irénée, *Adv. hær.*, I, iii, 6; III, xi, 7; saint Hippolyte, *Philosophumena*, VI, ii, 29 et suiv.
5. Irénée, *Adv. hær.*, III, xi, 9. — 6. Eusèbe, *Hist. eccl.*, V, 24.
7. I Joann., i, 3, 5. Les deux écrits offrent la plus complète identité de style, les mêmes tours, les mêmes expressions favorites.
8. *Epist. ad Philipp.*, 7. — 9. Dans Eusèbe, *Hist. eccl.*, III, 39.
10. *Adv. hær.*, III, xvi, 5, 8. Cf. Eusèbe, *Hist. eccl.*, V, 8.

INTRODUCTION.

Mais c'est surtout la lecture de l'ouvrage qui est de nature à faire impression. L'auteur y parle toujours comme témoin oculaire ; il veut se faire passer pour l'apôtre Jean. Si donc cet ouvrage n'est pas réellement de l'apôtre, il faut admettre une supercherie que l'auteur s'avouait à lui-même. Or, quoique les idées du temps en fait de bonne foi littéraire différassent essentiellement des nôtres, on n'a pas d'exemple dans le monde apostolique d'un faux de ce genre. Non-seulement, du reste, l'auteur veut se faire passer pour l'apôtre Jean, mais on voit clairement qu'il écrit dans l'intérêt de cet apôtre. A chaque page se trahit l'intention de fortifier son autorité, de montrer qu'il a été le préféré de Jésus[1], que dans toutes les circonstances solennelles (à la Cène, au Calvaire, au tombeau) il a tenu la première place. Les relations, en somme fraternelles, quoique n'excluant pas une certaine rivalité, de l'auteur avec Pierre[2], sa haine au contraire contre Judas[3], haine antérieure peut-être à la trahison, semblent percer çà et là. On est tenté de croire que Jean, dans sa vieillesse, ayant lu les récits évangéliques qui circulaient, d'une part, y remarqua diverses

---

1. XIII, 23 ; XIX, 26 ; XX, 2 ; XXI, 7, 20.
2. Jean, XVIII, 15-16 ; XX, 2-6 ; XXI, 15-19. Comp. I, 35, 40, 41.
3. VI, 65 ; XII, 6 ; XIII, 21 et suiv.

inexactitudes[1], de l'autre, fut froissé de voir qu'on ne lui accordait pas dans l'histoire du Christ une assez grande place; qu'alors il commença à dicter une foule de choses qu'il savait mieux que les autres, avec l'intention de montrer que, dans beaucoup de cas où on ne parlait que de Pierre, il avait figuré avec et avant lui[2]. Déjà, du vivant de Jésus, ces légers sentiments de jalousie s'étaient trahis entre les fils de Zébédée et les autres disciples[3]. Depuis la mort de Jacques, son frère, Jean restait seul héritier des souvenirs intimes dont ces deux apôtres, de l'aveu de tous, étaient dépositaires. De là sa perpétuelle attention à rappeler qu'il est le dernier survivant des témoins oculaires[4], et le plaisir qu'il prend à raconter des circonstances que lui seul pouvait connaître. De là, tant de petits traits de précision qui semblent comme des scolies d'un annotateur : « Il était six heures; » « il était nuit; » « cet homme s'ap-

1. La manière dont Aristion ou *Presbyteros Joannes* s'exprimait sur l'évangile de Marc devant Papias (Eusèbe, *H. E.*, III, 39) implique, en effet, une critique bienveillante, ou, pour mieux dire, une sorte d'excuse, qui semble supposer que les disciples de Jean concevaient sur le même sujet quelque chose de mieux.
2. Comp. Jean, XVIII, 15 et suiv., à Matth., XXVI, 58; Jean, XX, 2-6, à Marc, XVI, 7. Voir aussi Jean, XIII, 24-25.
3. Voir ci-dessous, p. 159.
4. I, 14; XIX, 35; XXI, 24 et suiv. Comp. la première épître de saint Jean, I, 3, 5.

pelait Malchus; » « ils avaient allumé un réchaud, car il faisait froid; » « cette tunique était sans couture. » De là, enfin, le désordre de la rédaction, l'irrégularité de la marche, le décousu des premiers chapitres; autant de traits inexplicables dans la supposition où notre évangile ne serait qu'une thèse de théologie sans valeur historique, et qui, au contraire, se comprennent parfaitement, si l'on y voit, conformément à la tradition, des souvenirs de vieillard, tantôt d'une prodigieuse fraîcheur, tantôt ayant subi d'étranges altérations.

Une distinction capitale, en effet, doit être faite dans l'évangile de Jean. D'une part, cet évangile nous présente un canevas de la vie de Jésus qui diffère considérablement de celui des synoptiques. De l'autre, il met dans la bouche de Jésus des discours dont le ton, le style, les allures, les doctrines n'ont rien de commun avec les *Logia* rapportés par les synoptiques. Sous ce second rapport, la différence est telle qu'il faut faire son choix d'une manière tranchée. Si Jésus parlait comme le veut Matthieu, il n'a pu parler comme le veut Jean. Entre les deux autorités, aucun critique n'a hésité, ni n'hésitera. A mille lieues du ton simple, désintéressé, impersonnel des synoptiques, l'évangile de Jean montre sans cesse les préoccupations de l'apologiste, les arrière-pensées du sectaire, l'intention de prouver une thèse et de convaincre des adversaires [1]. Ce n'est pas par des tirades prétentieuses, lourdes, mal écrites, disant peu de chose au sens moral, que Jésus a fondé son œuvre divine. Quand même Papias ne nous apprendrait pas que Matthieu écrivit les sentences de Jésus dans leur langue originale, le naturel, l'ineffable vérité, le charme sans pareil des discours synoptiques, le tour profondément hébraïque de ces discours, les analogies qu'ils présentent avec les sentences des docteurs juifs du même temps, leur parfaite harmonie avec la nature de la Galilée, tous ces caractères, si on les rapproche de la gnose obscure, de la métaphysique contournée qui remplit les discours de Jean, parleraient assez haut. Cela ne veut pas dire qu'il n'y ait dans les discours de Jean d'admirables éclairs; des traits qui viennent vraiment de Jésus [2]. Mais le ton mystique de ces discours ne répond en rien au caractère de l'éloquence de Jésus telle qu'on se la figure d'après les synoptiques. Un nouvel esprit a soufflé; la gnose est déjà

1. Voir, par exemple, chap. ix et xi. Remarquer surtout l'effet étrange que font des passages comme *Jean,* xix, 35; xx, 31; xxi, 20-23, 24-25, quand on se rappelle l'absence de toute réflexion qui distingue les synoptiques.

2. Par exemple, iv, 1 et suiv.; xv, 12 et suiv. Plusieurs mots rappelés par Jean se retrouvent dans les synoptiques (xii, 16; xv, 20).

commencée ; l'ère galiléenne du royaume de Dieu est finie ; l'espérance de la prochaine venue du Christ s'éloigne ; on entre dans les aridités de la métaphysique, dans les ténèbres du dogme abstrait. L'esprit de Jésus n'est pas là, et si le fils de Zébédée a vraiment tracé ces pages, il avait certes bien oublié en les écrivant le lac de Génésareth et les charmants entretiens qu'il avait entendus sur ses bords.

Une circonstance, d'ailleurs, qui prouve bien que les discours rapportés par le quatrième évangile ne sont pas des pièces historiques, mais des compositions destinées à couvrir de l'autorité de Jésus certaines doctrines chères au rédacteur, c'est leur parfaite harmonie avec l'état intellectuel de l'Asie-Mineure au moment où elles furent écrites. L'Asie-Mineure était alors le théâtre d'un étrange mouvement de philosophie syncrétique ; tous les germes du gnosticisme y existaient déjà. Jean paraît avoir bu à ces sources étrangères. Il se peut qu'après les crises de l'an 68 (date de l'Apocalypse) et de l'an 70 (ruine de Jérusalem), le vieil apôtre, à l'âme ardente et mobile, désabusé de la croyance à une prochaine apparition du Fils de l'homme dans les nues, ait penché vers les idées qu'il trouvait autour de lui, et dont plusieurs s'amalgamaient assez bien avec certaines doctrines chrétiennes. En prêtant ces nouvelles idées à Jésus, il ne fit que suivre un penchant bien naturel. Nos souvenirs se transforment avec tout le reste; l'idéal d'une personne que nous avons connue change avec nous [1]. Considérant Jésus comme l'incarnation de la vérité, Jean ne pouvait manquer de lui attribuer ce qu'il était arrivé à prendre pour la vérité.

S'il faut tout dire, nous ajouterons que probablement Jean lui-même eut en cela peu de part, que ce changement se fit autour de lui plutôt que par lui. On est parfois tenté de croire que des notes précieuses, venant de l'apôtre, ont été employées par ses disciples dans un sens fort différent de l'esprit évangélique primitif. En effet, certaines parties du quatrième évangile ont été ajoutées après coup; tel est le XXIe chapitre tout entier [2], où l'auteur semble s'être proposé de rendre hommage à l'apôtre Pierre après sa mort et de répondre aux objections qu'on allait tirer ou qu'on tirait déjà de la mort de Jean lui-même (v. 21-23). Plusieurs autres endroits portent la trace de ratures et de corrections [3].

Il est impossible, à distance, d'avoir le mot de tous

---

1. C'est ainsi que Napoléon devint un libéral dans les souvenirs de ses compagnons d'exil, quand ceux-ci, après leur retour, se trouvèrent jetés au milieu de la société politique du temps.

2. Les versets XX, 30-31, forment évidemment l'ancienne conclusion.

3. VI, 2, 22; VII, 22.

ces problèmes singuliers, et sans doute bien des surprises nous seraient réservées, s'il nous était donné de pénétrer dans les secrets de cette mystérieuse école d'Éphèse qui, plus d'une fois, paraît s'être complu aux voies obscures. Mais une expérience capitale est celle-ci. Toute personne qui se mettra à écrire la vie de Jésus sans théorie arrêtée sur la valeur relative des évangiles, se laissant uniquement guider par le sentiment du sujet, sera ramenée dans une foule de cas à préférer la narration de Jean à celle des synoptiques. Les derniers mois de la vie de Jésus en particulier ne s'expliquent que par Jean; une foule de traits de la Passion, inintelligibles dans les synoptiques[1], reprennent dans le récit du quatrième évangile la vraisemblance et la possibilité. Tout au contraire, j'ose défier qui que ce soit de composer une vie de Jésus qui ait un sens en tenant compte des discours que Jean prête à Jésus. Cette façon de se prêcher et de se démontrer sans cesse, cette perpétuelle argumentation, cette mise en scène sans naïveté, ces longs raisonnements à la suite de chaque miracle, ces discours raides et gauches, dont le ton est si sou-

---

[1]. Par exemple, ce qui concerne l'annonce de la trahison de Judas.

vent faux et inégal[1], ne seraient pas soufferts par un homme de goût à côté des délicieuses sentences des synoptiques. Ce sont ici, évidemment, des pièces artificielles[2], qui nous représentent les prédications de Jésus, comme les dialogues de Platon nous rendent les entretiens de Socrate. Ce sont en quelque sorte les variations d'un musicien improvisant pour son compte sur un thème donné. Le thème peut n'être pas sans quelque authenticité; mais dans l'exécution, la fantaisie de l'artiste se donne pleine carrière. On sent le procédé factice, la rhétorique, l'apprêt[3]. Ajoutons que le vocabulaire de Jésus ne se retrouve pas dans les morceaux dont nous parlons. L'expression de « royaume de Dieu, » qui était si familière au maître[4], n'y figure qu'une seule fois[5]. En revanche, le style des discours prêtés à Jésus par le quatrième évangile offre la plus complète analogie avec celui des épîtres de saint Jean; on voit qu'en écrivant les discours, l'auteur suivait, non ses souvenirs, mais le

---

1. Voir, par exemple, II, 25; III, 32-33, et les longues disputes des ch. VII, VIII, IX.

2. Souvent on sent que l'auteur cherche des prétextes pour placer des discours (ch. III, V, VIII, XIII et suiv.).

3. Par exemple, chap. XVII.

4. Outre les synoptiques, les Actes, les Épîtres de saint Paul, l'Apocalypse en font foi.

5. Jean, III, 3, 5.

mouvement assez monotone de sa propre pensée.
Toute une nouvelle langue mystique s'y déploie,
langue dont les synoptiques n'ont pas la moindre idée
(« monde, » « vérité, » « vie, » « lumière, » « ténèbres, » etc.). Si Jésus avait jamais parlé dans ce
style, qui n'a rien d'hébreu, rien de juif, rien de talmudique, si j'ose m'exprimer ainsi, comment un seul
de ses auditeurs en aurait-il si bien gardé le secret?

L'histoire littéraire offre du reste un autre exemple
qui présente la plus grande analogie avec le phénomène historique que nous venons d'exposer, et qui sert
à l'expliquer. Socrate, qui comme Jésus n'écrivit pas,
nous est connu par deux de ses disciples, Xénophon
et Platon, le premier répondant par sa rédaction limpide, transparente, impersonnelle, aux synoptiques,
le second rappelant par sa vigoureuse individualité
l'auteur du quatrième évangile. Pour exposer l'enseignement socratique, faut-il suivre les « Dialogues » de
Platon ou les « Entretiens » de Xénophon? Aucun doute
à cet égard n'est possible ; tout le monde s'est attaché aux « Entretiens » et non aux « Dialogues. » Platon
cependant n'apprend-il rien sur Socrate? Serait-il
d'une bonne critique, en écrivant la biographie de ce
dernier, de négliger les « Dialogues ? » Qui oserait le
soutenir? L'analogie, d'ailleurs, n'est pas complète,
et la différence est en faveur du quatrième évangile.

C'est l'auteur de cet évangile, en effet, qui est le meilleur biographe, comme si Platon, tout en prêtant à son maître des discours fictifs, connaissait sur sa vie des choses capitales que Xénophon ignorât tout à fait.

Sans nous prononcer sur la question matérielle de savoir quelle main a tracé le quatrième évangile, et tout en inclinant à croire que les discours au moins ne sont pas du fils de Zébédée, nous admettons donc que c'est bien là « l'Évangile selon Jean, » dans le même sens que le premier et le deuxième évangile sont bien les Évangiles « selon Matthieu » et « selon Marc. » Le canevas historique du quatrième évangile est la vie de Jésus telle qu'on la savait dans l'école de Jean; c'est le récit qu'Aristion et *Presbyteros Joannes* firent à Papias sans lui dire qu'il était écrit, ou plutôt n'attachant aucune importance à cette particularité. J'ajoute que, dans mon opinion, cette école savait mieux les circonstances extérieures de la vie du fondateur que le groupe dont les souvenirs ont constitué les évangiles synoptiques. Elle avait, notamment sur les séjours de Jésus à Jérusalem, des données que les autres ne possédaient pas. Les affiliés de l'école traitaient Marc de biographe médiocre, et avaient imaginé un système pour expliquer ses lacunes[1]. Certains passages de

---

1. Papias, *loc. cit.*

Luc, où il y a comme un écho des traditions johanniques[1], prouvent du reste que ces traditions n'étaient pas pour le reste de la famille chrétienne quelque chose de tout à fait inconnu.

Ces explications seront suffisantes, je pense, pour qu'on voie, dans la suite du récit, les motifs qui m'ont déterminé à donner la préférence à tel ou tel des quatre guides que nous avons pour la vie de Jésus. En somme, j'admets comme authentiques les quatre évangiles canoniques. Tous, selon moi, remontent au premier siècle, et ils sont à peu près des auteurs à qui on les attribue ; mais leur valeur historique est fort diverse. Matthieu mérite évidemment une confiance hors ligne pour les discours ; là sont les *Logia*, les notes mêmes prises sur le souvenir vif et net de l'enseignement de Jésus. Une espèce d'éclat à la fois doux et terrible, une force divine, si j'ose le dire, souligne ces paroles, les détache du contexte et les rend pour le

---

[1]. Ainsi, le pardon de la femme pécheresse, la connaissance qu'a Luc de la famille de Béthanie, son type du caractère de Marthe répondant au διηκόνει de Jean (xii, 2), le trait de la femme qui essuya les pieds de Jésus avec ses cheveux, une notion obscure des voyages de Jésus à Jérusalem, l'idée qu'il a comparu à la Passion devant trois autorités, l'opinion où est l'auteur que quelques disciples assistaient au crucifiement, la connaissance qu'il a du rôle d'Anne à côté de Caïphe, l'apparition de l'ange dans l'agonie (comp. Jean, xii, 28-29).

critique facilement reconnaissables. La personne qui s'est donné la tâche de faire avec l'histoire évangélique une composition régulière, possède à cet égard une excellente pierre de touche. Les vraies paroles de Jésus se décèlent pour ainsi dire d'elles-mêmes; dès qu'on les touche dans ce chaos de traditions d'authenticité inégale, on les sent vibrer; elles se traduisent comme spontanément, et viennent d'elles-mêmes se placer dans le récit, où elles gardent un relief sans pareil.

Les parties narratives groupées dans le premier évangile autour de ce noyau primitif n'ont pas la même autorité. Il s'y trouve beaucoup de légendes d'un contour assez mou, sorties de la piété de la deuxième génération chrétienne [1]. L'évangile de Marc est bien plus ferme, plus précis, moins chargé de circonstances tardivement insérées. C'est celui des trois synoptiques qui est resté le plus ancien, le plus original, celui où sont venus s'ajouter le moins d'éléments postérieurs. Les détails matériels ont dans Marc une netteté qu'on chercherait vainement chez les autres évangélistes. Il aime à rapporter certains mots de Jésus en syro-chaldaïque [2]. Il

---

1. Ch. ɪ et ɪɪ surtout. Voir aussi xxvɪɪ, 3 et suiv.; 19, 60, en comparant Marc.

2. v, 41; vɪɪ, 34; xv, 34. Matthieu n'offre cette particularité qu'une fois (xxvɪɪ, 46).

est plein d'observations minutieuses venant sans nul doute d'un témoin oculaire. Rien ne s'oppose à ce que ce témoin oculaire, qui évidemment avait suivi Jésus, qui l'avait aimé et regardé de très-près, qui en avait conservé une vive image, ne soit l'apôtre Pierre lui-même, comme le veut Papias.

Quant à l'ouvrage de Luc, sa valeur historique est sensiblement plus faible. C'est un document de seconde main. La narration y est plus mûrie. Les mots de Jésus y sont plus réfléchis, plus composés. Quelques sentences sont poussées à l'excès et faussées [1]. Écrivant hors de la Palestine, et certainement après le siége de Jérusalem [2], l'auteur indique les lieux avec moins de rigueur que les deux autres synoptiques ; il a une fausse idée du temple, qu'il se représente comme un oratoire, où l'on va faire ses dévotions [3] ; il émousse les détails pour tâcher d'amener une concordance entre les différents récits [4] ; il adoucit les passages qui étaient devenus embarrassants au point de vue d'une idée plus exaltée de la divinité de

---

1. XIV, 26. Les règles de l'apostolat (ch. X) y ont un caractère particulier d'exaltation.
2. XIX, 41, 43-44; XXI, 9, 20; XXIII, 29.
3. II, 37; XVIII, 10 et suiv.; XXIV, 53.
4. Par exemple, IV, 16.

Jésus [1]; il exagère le merveilleux [2]; il commet des erreurs de chronologie [3]; il omet les gloses hébraïques [4], ne cite aucune parole de Jésus en cette langue, nomme toutes les localités par leur nom grec. On sent l'écrivain qui compile, l'homme qui n'a pas vu directement les témoins, mais qui travaille sur les textes, et se permet de fortes violences pour les mettre d'accord. Luc avait probablement sous les yeux le recueil biographique de Marc et les *Logia* de Matthieu. Mais il les traite avec beaucoup de liberté; tantôt il fond ensemble deux anecdotes ou deux paraboles pour en faire une [5]; tantôt il en décompose une pour en faire deux [6]. Il interprète les documents selon son sens particulier; il n'a pas l'impassibilité absolue de Matthieu et de Marc. On peut dire certaines choses de ses goûts et de ses tendances particulières : c'est un dévot très-exact [7]; il tient à ce que Jésus ait accompli tous

---

1. III, 23. Il omet Matth., XXIV, 36.
2. IV, 14; XXII, 43, 44.
3. Par exemple, en ce qui concerne Quirinius, Lysanias, Theudas.
4. Comp. Luc, I, 31, à Matth., I, 21.
5. Par exemple, XIX, 12-27.
6. Ainsi, le repas de Béthanie lui donne deux récits (VII, 36-48, et X, 38-42.
7. XXIII, 56.

les rites juifs [1] ; il est démocrate et ébionite exalté, c'est-à-dire très-opposé à la propriété et persuadé que la revanche des pauvres va venir [2] ; il affectionne par-dessus tout les anecdotes mettant en relief la conversion des pécheurs, l'exaltation des humbles [3] ; il modifie souvent les anciennes traditions pour leur donner ce tour [4]. Il admet dans ses premières pages des légendes sur l'enfance de Jésus, racontées avec ces longues amplifications, ces cantiques, ces procédés de convention qui forment le trait essentiel des évangiles apocryphes. Enfin, il a dans le récit des derniers temps de Jésus quelques circonstances pleines d'un sentiment tendre et certains mots de Jésus d'une délicieuse beauté [5], qui ne se trouvent pas dans les récits plus authentiques, et où l'on sent le travail de

1. II, 21, 22, 39, 41, 42. C'est un trait ébionite. Cf. *Philosophumena*, VII, VI, 34.

2. La parabole du riche et de Lazare. Comp. VI, 20 et suiv.; 24 et suiv.; XII, 13 et suiv.; XVI entier; XXII, 35; *Actes*, II, 44-45; V, 1 et suiv.

3. La femme qui oint les pieds, Zachée, le bon larron, la parabole du pharisien et du publicain, l'enfant prodigue.

4. Par exemple, Marie de Béthanie devient pour lui une pécheresse qui se convertit.

5. Jésus pleurant sur Jérusalem, la sueur de sang, la rencontre des saintes femmes, le bon larron, etc. Le mot aux femmes de Jérusalem (XXIII, 28-29) ne peut guère avoir été conçu qu'après le siége de l'an 70.

la légende. Luc les empruntait probablement à un recueil plus récent, où l'on visait surtout à exciter des sentiments de piété.

Une grande réserve était naturellement commandée en présence d'un document de cette nature. Il eût été aussi peu critique de le négliger que de l'employer sans discernement. Luc a eu sous les yeux des originaux que nous n'avons plus. C'est moins un évangéliste qu'un biographe de Jésus, un « harmoniste, » un correcteur à la manière de Marcion et de Tatien. Mais c'est un biographe du premier siècle, un artiste divin qui, indépendamment des renseignements qu'il a puisés aux sources plus anciennes, nous montre le caractère du fondateur avec un bonheur de trait, une inspiration d'ensemble, un relief que n'ont pas les deux autres synoptiques. Son évangile est celui dont la lecture a le plus de charme ; car à l'incomparable beauté du fond commun, il ajoute une part d'artifice et de composition qui augmente singulièrement l'effet du portrait, sans nuire gravement à sa vérité.

En somme, on peut dire que la rédaction synoptique a traversé trois degrés : 1° l'état documentaire original (λόγια de Matthieu, λεχθέντα ἢ πραχθέντα de Marc), premières rédactions qui n'existent plus; 2° l'état de simple mélange, où les documents originaux sont amalgamés sans aucun effort de composition, sans qu'on voie percer aucune vue personnelle de la part des auteurs (évangiles actuels de Matthieu et de Marc); 3° l'état de combinaison ou de rédaction voulue et réfléchie, où l'on sent l'effort pour concilier les différentes versions (évangile de Luc). L'évangile de Jean, comme nous l'avons dit, forme une composition d'un autre ordre et tout à fait à part.

On remarquera que je n'ai fait nul usage des évangiles apocryphes. Ces compositions ne doivent être en aucune façon mises sur le même pied que les évangiles canoniques. Ce sont de plates et puériles amplifications, ayant les canoniques pour base et n'y ajoutant rien qui ait du prix. Au contraire, j'ai été fort attentif à recueillir les lambeaux conservés par les Pères de l'Église d'anciens évangiles qui existèrent autrefois parallèlement aux canoniques et qui sont maintenant perdus, comme l'Évangile selon les Hébreux, l'Évangile selon les Égyptiens, les Évangiles dits de Justin, de Marcion, de Tatien. Les deux premiers sont surtout importants en ce qu'ils étaient rédigés en araméen comme les *Logia* de Matthieu, qu'ils paraissent avoir constitué une variété de l'évangile de cet apôtre, et qu'ils furent l'évangile des *Ébionim,* c'est-à-dire de ces petites chrétientés de Batanée qui gardèrent l'usage du syro-chaldaïque, et qui paraissent à quelques égards avoir continué la ligne de Jésus. Mais il faut avouer que, dans l'état où ils nous sont arrivés, ces évangiles sont inférieurs, pour l'autorité critique, à la rédaction de l'évangile de Matthieu que nous possédons.

On comprend maintenant, ce semble, le genre de valeur historique que j'attribue aux évangiles. Ce ne sont ni des biographies à la façon de Suétone, ni des légendes fictives à la manière de Philostrate; ce sont des biographies légendaires. Je les rapprocherais volontiers des légendes de Saints, des Vies de Plotin, de Proclus, d'Isidore, et autres écrits du même genre, où la vérité historique et l'intention de présenter des modèles de vertu se combinent à des degrés divers. L'inexactitude, qui est un des traits de toutes les compositions populaires, s'y fait particulièrement sentir. Supposons qu'il y a dix ou douze ans, trois ou quatre vieux soldats de l'empire se fussent mis chacun de leur côté à écrire la vie de Napoléon avec leurs souvenirs. Il est clair que leurs récits offriraient de nombreuses erreurs, de fortes discordances. L'un d'eux mettrait Wagram avant Marengo; l'autre écrirait sans hésiter que Napoléon chassa des Tuileries le gouvernement de Robespierre; un troisième omettrait des expéditions de la plus haute importance. Mais une chose résulterait certainement avec un haut degré de vérité de ces naïfs récits, c'est le caractère du héros, l'impression qu'il faisait autour de lui. En ce sens, de telles histoires populaires vaudraient mieux qu'une histoire solennelle et officielle. On en peut dire autant des évangiles. Uniquement attentifs à mettre en saillie l'excellence du maître, ses miracles, son enseignement, les évangélistes montrent une entière indifférence pour tout ce qui n'est pas l'esprit même de Jésus. Les contradictions sur les temps, les lieux, les personnes étaient regardées comme insignifiantes ; car, autant on prêtait à la parole de Jésus un haut degré d'inspiration, autant on était loin d'accorder cette inspiration aux rédacteurs. Ceux-ci ne s'envisageaient que comme de simples scribes et ne tenaient qu'à une seule chose : ne rien omettre de ce qu'ils savaient [1].

Sans contredit, une part d'idées préconçues dut se mêler à de tels souvenirs. Plusieurs récits, surtout de Luc, sont inventés pour faire ressortir vivement certains traits de la physionomie de Jésus. Cette physionomie elle-même subissait chaque jour des altérations. Jésus serait un phénomène unique dans l'histoire si, avec le rôle qu'il joua, il n'avait été

---

[1]. Voir le passage précité de Papias.

bien vite transfiguré. La légende d'Alexandre était éclose avant que la génération de ses compagnons d'armes fût éteinte ; celle de saint François d'Assise commença de son vivant. Un rapide travail de métamorphose s'opéra de même, dans les vingt ou trente années qui suivirent la mort de Jésus, et imposa à sa biographie les tours absolus d'une légende idéale. La mort perfectionne l'homme le plus parfait ; elle le rend sans défaut pour ceux qui l'ont aimé. En même temps, d'ailleurs, qu'on voulait peindre le maître, on voulait le démontrer. Beaucoup d'anecdotes étaient conçues pour prouver qu'en lui les prophéties envisagées comme messianiques avaient eu leur accomplissement. Mais ce procédé, dont il ne faut pas nier l'importance, ne saurait tout expliquer. Aucun ouvrage juif du temps ne donne une série de prophéties exactement libellées que le Messie dût accomplir. Plusieurs des allusions messianiques relevées par les évangélistes sont si subtiles, si détournées, qu'on ne peut croire que tout cela répondît à une doctrine généralement admise. Tantôt l'on raisonna ainsi : « Le Messie doit faire telle chose ; or Jésus est le Messie ; donc Jésus a fait telle chose. » Tantôt l'on raisonna à l'inverse : « Telle chose est arrivée à Jésus ; or Jésus est le Messie ; donc telle chose devait arriver au Messie[1]. » Les explications trop simples sont toujours fausses quand il s'agit d'analyser le tissu de ces profondes créations du sentiment populaire, qui déjouent tous les systèmes par leur richesse et leur infinie variété.

A peine est-il besoin de dire qu'avec de tels documents, pour ne donner que de l'incontestable, il faudrait se borner aux lignes générales. Dans presque toutes les histoires anciennes, même dans celles qui sont bien moins légendaires que celles-ci, le détail prête à des doutes infinis. Quand nous avons deux récits d'un même fait, il est extrêmement rare que les deux récits soient d'accord. N'est-ce pas une raison, quand on n'en a qu'un seul, de concevoir bien des perplexités? On peut dire que parmi les anecdotes, les discours, les mots célèbres rapportés par les historiens, il n'y en a pas un de rigoureusement authentique. Y avait-il des sténographes pour fixer ces paroles rapides? Y avait-il un annaliste toujours présent pour noter les gestes, les allures, les sentiments des acteurs? Qu'on essaye d'arriver au vrai sur la manière dont s'est passé tel ou tel fait contemporain; on n'y réussira pas. Deux récits d'un même événement faits par des témoins oculaires diffèrent

---

1. Voir, par exemple, Jean, XIX, 23-24.

essentiellement. Faut-il pour cela renoncer à toute la couleur des récits et se borner à l'énoncé des faits d'ensemble? Ce serait supprimer l'histoire. Certes, je crois bien que, si l'on excepte certains axiomes courts et presque mnémoniques, aucun des discours rapportés par Matthieu n'est textuel; à peine nos procès verbaux sténographiés le sont-ils. J'admets volontiers que cet admirable récit de la Passion renferme une foule d'à peu près. Ferait-on cependant l'histoire de Jésus en omettant ces prédications qui nous rendent d'une manière si vive la physionomie de ses discours, et en se bornant à dire avec Josèphe et Tacite « qu'il fut mis à mort par l'ordre de Pilate à l'instigation des prêtres? » Ce serait là, selon moi, un genre d'inexactitude pire que celui auquel on s'expose en admettant les détails que nous fournissent les textes. Ces détails ne sont pas vrais à la lettre; mais ils sont vrais d'une vérité supérieure; ils sont plus vrais que la nue vérité, en ce sens qu'ils sont la vérité rendue expressive et parlante, élevée à la hauteur d'une idée.

Je prie les personnes qui trouveront que j'ai accordé une confiance exagérée à des récits en grande partie légendaires, de tenir compte de l'observation que je viens de faire. A quoi se réduirait la vie d'Alexandre, si on se bornait à ce qui est matériellement certain? Les traditions même en partie erronées renferment une portion de vérité que l'histoire ne peut négliger. On n'a pas reproché à M. Sprenger d'avoir, en écrivant la vie de Mahomet, tenu grand compte des *hadith* ou traditions orales sur le prophète, et d'avoir souvent prêté textuellement à son héros des paroles qui ne sont connues que par cette source. Les traditions sur Mahomet, cependant, n'ont pas un caractère historique supérieur à celui des discours et des récits qui composent les évangiles. Elles furent écrites de l'an 50 à l'an 140 de l'hégire. Quand on écrira l'histoire des écoles juives aux siècles qui ont précédé et suivi immédiatement la naissance du christianisme, on ne se fera aucun scrupule de prêter à Hillel, à Schammaï, à Gamaliel, les maximes que leur attribuent la *Mischna* et la *Gemara,* bien que ces grandes compilations aient été rédigées plusieurs centaines d'années après les docteurs dont il s'agit.

Quant aux personnes qui croient, au contraire, que l'histoire doit consister à reproduire sans interprétation les documents qui nous sont parvenus, je les prie d'observer qu'en un tel sujet cela n'est pas loisible. Les quatre principaux documents sont en flagrante contradiction l'un avec l'autre; Josèphe d'ailleurs les rectifie quelquefois. Il faut choisir. Prétendre qu'un événement ne peut pas s'être passé de deux manières à la fois, ni d'une façon impossible, n'est pas imposer à l'histoire une philosophie *a priori*. De ce qu'on possède plusieurs versions différentes d'un même fait, de ce que la crédulité a mêlé à toutes ces versions des circonstances fabuleuses, l'historien ne doit pas conclure que le fait soit faux; mais il doit en pareil cas se tenir en garde, discuter les textes et procéder par induction. Il est surtout une classe de récits à propos desquels ce principe trouve une application nécessaire, ce sont les récits surnaturels. Chercher à expliquer ces récits ou les réduire à des légendes, ce n'est pas mutiler les faits au nom de la théorie; c'est partir de l'observation même des faits. Aucun des miracles dont les vieilles histoires sont remplies ne s'est passé dans des conditions scientifiques. Une observation qui n'a pas été une seule fois démentie nous apprend qu'il n'arrive de miracles que dans les temps et les pays où l'on y croit, devant des personnes disposées à y croire. Aucun miracle ne s'est produit devant une réunion d'hommes capables de constater le caractère miraculeux d'un fait. Ni les personnes du peuple, ni les gens du monde ne sont compétents pour cela. Il y faut de grandes précautions et une longue habitude des recherches scientifiques. De nos jours, n'a-t-on pas vu presque tous les gens du monde dupes de grossiers prestiges ou de puériles illusions? Des faits merveilleux attestés par des petites villes tout entières sont devenus, grâce à une enquête plus sévère, des faits condamnables[1]. S'il est avéré qu'aucun miracle contemporain ne supporte la discussion, n'est-il pas probable que les miracles du passé, qui se sont tous accomplis dans des réunions populaires, nous offriraient également, s'il nous était possible de les critiquer en détail, leur part d'illusion?

Ce n'est donc pas au nom de telle ou telle philosophie, c'est au nom d'une constante expérience, que nous bannissons le miracle de l'histoire. Nous ne disons pas : « Le miracle est impossible; » nous disons : « Il n'y a pas eu jusqu'ici de miracle constaté. » Que demain un thaumaturge se présente avec des garanties assez sérieuses pour être discuté; qu'il s'annonce comme pouvant, je suppose, ressusciter un mort; que ferait-on? Une commission composée de physiologistes, de physiciens, de chimistes, de personnes exercées à la critique historique, serait nommée. Cette commission choisirait le cadavre, s'assurerait que la mort est bien réelle, désignerait la salle où devrait se faire l'expérience, règlerait tout le système de précautions nécessaires pour ne laisser prise

---

[1]. Voir la *Gazette des Tribunaux*, 10 sept. et 11 nov. 1851, 28 mai 1857.

à aucun doute. Si, dans de telles conditions, la résurrection s'opérait, une probabilité presque égale à la certitude serait acquise. Cependant, comme une expérience doit toujours pouvoir se répéter, que l'on doit être capable de refaire ce que l'on a fait une fois, et que dans l'ordre du miracle il ne peut être question de facile ou de difficile, le thaumaturge serait invité à reproduire son acte merveilleux dans d'autres circonstances, sur d'autres cadavres, dans un autre milieu. Si chaque fois le miracle réussissait, deux choses seraient prouvées : la première, c'est qu'il arrive dans le monde des faits surnaturels ; la seconde, c'est que le pouvoir de les produire appartient ou est délégué à certaines personnes. Mais qui ne voit que jamais miracle ne s'est passé dans ces conditions-là ; que toujours jusqu'ici le thaumaturge a choisi le sujet de l'expérience, choisi le milieu, choisi le public ; que d'ailleurs le plus souvent c'est le peuple lui-même qui, par suite de l'invincible besoin qu'il a de voir dans les grands événements et les grands hommes quelque chose de divin, crée après coup les légendes merveilleuses ? Jusqu'à nouvel ordre, nous maintiendrons donc ce principe de critique historique, qu'un récit surnaturel ne peut être admis comme tel, qu'il implique toujours crédulité ou imposture, que le devoir de l'historien est de l'interpréter et de rechercher quelle part de vérité, quelle part d'erreur il peut recéler.

Telles sont les règles qui ont été suivies dans la composition de cet écrit. A la lecture des textes, j'ai pu joindre une grande source de lumières, la vue des lieux où se sont passés les événements. La mission scientifique ayant pour objet l'exploration de l'ancienne Phénicie, que j'ai dirigée en 1860 et 1861[1], m'amena à résider sur les frontières de la Galilée et à y voyager fréquemment. J'ai traversé dans tous les sens la province évangélique ; j'ai visité Jérusalem, Hébron et la Samarie ; presque aucune localité importante de l'histoire de Jésus ne m'a échappé. Toute cette histoire qui, à distance, semble flotter dans les nuages d'un monde sans réalité, prit ainsi un corps, une solidité qui m'étonnèrent. L'accord frappant des textes et des lieux, la merveilleuse harmonie de l'idéal évangélique avec le paysage qui lui servit de cadre furent pour moi comme une révélation. J'eus devant les yeux un cinquième évangile, lacéré, mais lisible encore, et désormais, à travers les récits de Matthieu et de Marc, au lieu d'un être abstrait, qu'on dirait n'avoir jamais existé, je vis une admirable figure humaine vivre, se mouvoir. Pendant l'été, ayant dû

1. Le livre où seront contenus les résultats de cette mission est sous presse.

monter à Ghazir, dans le Liban, pour prendre un peu de repos, je fixai en traits rapides l'image qui m'était apparue, et il en résulta cette histoire. Quand une cruelle épreuve vint hâter mon départ, je n'avais plus à rédiger que quelques pages. Le livre a été, de la sorte, composé tout entier fort près des lieux mêmes où Jésus naquit et se développa. Depuis mon retour, j'ai travaillé sans cesse à vérifier et à contrôler dans le détail l'ébauche que j'avais écrite à la hâte dans une cabane maronite, avec cinq ou six volumes autour de moi.

Plusieurs regretteront peut-être le tour biographique qu'a ainsi pris mon ouvrage. Quand je conçus pour la première fois une histoire des origines du christianisme, ce que je voulais faire, c'était bien, en effet, une histoire de doctrines, où les hommes n'auraient eu presque aucune part. Jésus eût à peine été nommé; on se fût surtout attaché à montrer comment les idées qui se sont produites sous son nom germèrent et couvrirent le monde. Mais j'ai compris depuis que l'histoire n'est pas un simple jeu d'abstractions, que les hommes y sont plus que les doctrines. Ce n'est pas une certaine théorie sur la justification et la rédemption qui a fait la réforme: c'est Luther, c'est Calvin. Le parsisme, l'hellénisme, le judaïsme auraient pu se combiner sous toutes les formes; les doctrines de la résurrection et du Verbe auraient pu se développer durant des siècles sans produire ce fait fécond, unique, grandiose, qui s'appelle le christianisme. Ce fait est l'œuvre de Jésus, de saint Paul, de saint Jean. Faire l'histoire de Jésus, de saint Paul, de saint Jean, c'est faire l'histoire des origines du christianisme. Les mouvements antérieurs n'appartiennent à notre sujet qu'en ce qu'ils servent à expliquer ces hommes extraordinaires, lesquels ne peuvent naturellement avoir été sans lien avec ce qui les a précédés.

Dans un tel effort pour faire revivre les hautes âmes du passé, une part de divination et de conjecture doit être permise. Une grande vie est un tout organique qui ne peut se rendre par la simple agglomération de petits faits. Il faut qu'un sentiment profond embrasse l'ensemble et en fasse l'unité. La raison d'art en pareil sujet est un bon guide; le tact exquis d'un Gœthe trouverait à s'y appliquer. La condition essentielle des créations de l'art est de former un système vivant dont toutes les parties s'appellent et se commandent. Dans les histoires du genre de celle-ci, le grand signe qu'on tient le vrai est d'avoir réussi à combiner les textes d'une façon qui constitue un récit logique, vraisemblable, où rien ne détonne. Les lois intimes de la vie, de la marche des produits organiques, de la dégradation des nuances, doivent être à chaque instant consultées ; car ce qu'il s'agit de retrouver ici, ce n'est pas la circonstance matérielle, impossible à contrôler, c'est l'âme même de l'histoire ; ce qu'il faut rechercher, ce n'est pas la petite certitude des minuties, c'est la justesse du sentiment général, la vérité de la couleur. Chaque trait qui sort des règles de la narration classique doit avertir de prendre garde ; car le fait qu'il s'agit de raconter a été vivant, naturel, harmonieux. Si on ne réussit pas à le rendre tel par le récit, c'est que sûrement on n'est pas arrivé à le bien voir. Supposons qu'en restaurant la Minerve de Phidias selon les textes, on produisît un ensemble sec, heurté, artificiel ; que faudrait-il en conclure ? Une seule chose : c'est que les textes ont besoin de l'interprétation du goût, qu'il faut les solliciter doucement jusqu'à ce qu'ils arrivent à se rapprocher et à fournir un ensemble où toutes les données soient heureusement fondues. Serait-on sûr alors d'avoir, trait pour trait, la statue grecque ? Non ; mais on n'en aurait pas du moins la caricature : on aurait l'esprit général de l'œuvre, une des façons dont elle a pu exister.

Ce sentiment d'un organisme vivant, on n'a pas hésité à le prendre pour guide dans l'agencement général du récit. La lecture des évangiles suffirait pour prouver que leurs rédacteurs, quoique ayant dans l'esprit un plan très-juste de la vie de Jésus, n'ont pas été guidés par des données chronologiques bien rigoureuses ; Papias, d'ailleurs, nous l'apprend expressément[1]. Les expressions : « En ce temps-là... après cela... alors... et il arriva que..., » etc., sont de simples transitions destinées à rattacher les uns aux autres les différents récits. Laisser tous les renseignements fournis par les évangiles dans le désordre où la tradition nous les donne, ce ne serait pas plus écrire l'histoire de Jésus qu'on n'écrirait l'histoire d'un homme célèbre en donnant pêle-mêle les lettres et les anecdotes de sa jeunesse, de sa vieillesse, de son âge mûr. Le Coran, qui nous offre aussi dans le décousu le plus complet les pièces des différentes époques de la vie de Mahomet, a livré son secret à une critique ingénieuse ; on a découvert d'une manière à peu près certaine l'ordre chronologique où ces pièces ont été composées. Un tel redressement est beaucoup plus difficile pour l'Évangile, la vie publique de Jésus ayant été plus courte et moins chargée d'événements que la vie du fondateur de l'islam. Cependant, la tentative de trouver un fil pour se guider dans ce dédale ne saurait être taxée de subtilité gratuite. Il n'y a pas

---

1. *Loc. cit.*

grand abus d'hypothèse à supposer qu'un fondateur religieux commence par se rattacher aux aphorismes moraux qui sont déjà en circulation de son temps et aux pratiques qui ont de la vogue; que, plus mûr et entré en pleine possession de sa pensée, il se complaît dans un genre d'éloquence calme, poétique, éloigné de toute controverse, suave et libre comme le sentiment pur; qu'il s'exalte peu à peu, s'anime devant l'opposition, finit par les polémiques et les fortes invectives. Telles sont les périodes qu'on distingue nettement dans le Coran. L'ordre adopté avec un tact extrêmement fin par les synoptiques suppose une marche analogue. Qu'on lise attentivement Matthieu, on trouvera dans la distribution des discours une gradation fort analogue à celle que nous venons d'indiquer. On observera, d'ailleurs, la réserve des tours de phrase dont nous nous servons quand il s'agit d'exposer le progrès des idées de Jésus. Le lecteur peut, s'il le préfère, ne voir dans les divisions adoptées à cet égard que les coupes indispensables à l'exposition méthodique d'une pensée profonde et compliquée.

Si l'amour d'un sujet peut servir à en donner l'intelligence, on reconnaîtra aussi, j'espère, que cette condition ne m'a pas manqué. Pour faire l'histoire d'une religion, il est nécessaire, premièrement, d'y avoir cru (sans cela, on ne saurait comprendre par quoi elle a charmé et satisfait la conscience humaine); en second lieu, de n'y plus croire d'une manière absolue ; car la foi absolue est incompatible avec l'histoire sincère. Mais l'amour va sans la foi. Pour ne s'attacher à aucune des formes qui captivent l'adoration des hommes, on ne renonce pas à goûter ce qu'elles contiennent de bon et de beau. Aucune apparition passagère n'épuise la divinité; Dieu s'était révélé avant Jésus, Dieu se révélera après lui. Profondément inégales et d'autant plus divines qu'elles sont plus grandes, plus spontanées, les manifestations du Dieu caché au fond de la conscience humaine sont toutes du même ordre. Jésus ne saurait donc appartenir uniquement à ceux qui se disent ses disciples. Il est l'honneur commun de ce qui porte un cœur d'homme. Sa gloire ne consiste pas à être relégué hors de l'histoire; on lui rend un culte plus vrai en montrant que l'histoire entière est incompréhensible sans lui.

VIE
DE JÉSUS

CHAPITRE PREMIER.

PLACE DE JÉSUS DANS L'HISTOIRE DU MONDE.

L'événement capital de l'histoire du monde est la révolution par laquelle les plus nobles portions de l'humanité ont passé des anciennes religions, comprises sous le nom vague de paganisme, à une religion fondée sur l'unité divine, la trinité, l'incarnation du Fils de Dieu. Cette conversion a eu besoin de près de mille ans pour se faire. La religion nouvelle avait mis elle-même au moins trois cents ans à se former. Mais l'origine de la révolution dont il s'agit est un fait qui eut lieu sous les règnes d'Auguste et de Tibère. Alors vécut une personne supérieure qui, par son initiative hardie et par l'amour qu'elle sut inspirer, créa l'objet et posa le point de départ de la foi future de l'humanité.

L'homme, dès qu'il se distingua de l'animal, fut religieux, c'est-à-dire qu'il vit, dans la nature, quelque chose au delà de la réalité, et pour lui quelque chose au delà de la mort. Ce sentiment, pendant des milliers d'années, s'égara de la manière la plus étrange. Chez beaucoup de races, il ne dépassa point la croyance aux sorciers sous la forme grossière où nous la trouvons encore dans certaines parties de l'Océanie. Chez quelques-unes, le sentiment religieux aboutit aux honteuses scènes de boucherie qui forment le caractère de l'ancienne religion du Mexique. Chez d'autres, en Afrique surtout, il arriva au pur fétichisme, c'est-à-dire à l'adoration d'un objet matériel, auquel on attribuait des pouvoirs surnaturels. Comme l'instinct de l'amour, qui par moments élève l'homme le plus vulgaire au-dessus de lui-même, se change parfois en perversion et en férocité ; ainsi cette divine faculté de la religion put longtemps sembler un chancre qu'il fallait extirper de l'espèce humaine, une cause d'erreurs et de crimes que les sages devaient chercher à supprimer.

Les brillantes civilisations qui se développèrent dès

une antiquité fort reculée en Chine, en Babylonie, en Égypte, firent faire à la religion certains progrès. La Chine arriva de très-bonne heure à une sorte de bon sens médiocre, qui lui interdit les grands égarements. Elle ne connut ni les avantages, ni les abus du génie religieux. En tout cas, elle n'eut par ce côté aucune influence sur la direction du grand courant de l'humanité. Les religions de la Babylonie et de la Syrie ne se dégagèrent jamais d'un fond de sensualité étrange; ces religions restèrent, jusqu'à leur extinction au IVe et au Ve siècle de notre ère, des écoles d'immoralité, où quelquefois se faisaient jour, par une sorte d'intuition poétique, de pénétrantes échappées sur le monde divin. L'Égypte, à travers une sorte de fétichisme apparent, put avoir de bonne heure des dogmes métaphysiques et un symbolisme relevé. Mais sans doute ces interprétations d'une théologie raffinée n'étaient pas primitives. Jamais l'homme, en possession d'une idée claire, ne s'est amusé à la revêtir de symboles : c'est le plus souvent à la suite de longues réflexions, et par l'impossibilité où est l'esprit humain de se résigner à l'absurde, qu'on cherche des idées sous les vieilles images mystiques dont le sens est perdu. Ce n'est pas de l'Égypte, d'ailleurs, qu'est venue la foi de l'humanité. Les éléments qui, dans la religion d'un chrétien, viennent, à travers mille transformations, d'Égypte et de Syrie sont des formes extérieures sans beaucoup de conséquence, ou des scories telles que les cultes les plus épurés en retiennent toujours. Le grand défaut des religions dont nous parlons était leur caractère essentiellement superstitieux; ce qu'elles jetèrent dans le monde, ce furent des millions d'amulettes et d'abraxas. Aucune grande pensée morale ne pouvait sortir de races abaissées par un despotisme séculaire et accoutumées à des institutions qui enlevaient presque tout exercice à la liberté des individus.

La poésie de l'âme, la foi, la liberté, l'honnêteté, le dévouement, apparaissent dans le monde avec les deux grandes races qui, en un sens, ont fait l'humanité, je veux dire la race indo-européenne et la race sémitique. Les premières intuitions religieuses de la race indo-européenne furent essentiellement naturalistes. Mais c'était un naturalisme profond et moral, un embrassement amoureux de la nature par l'homme, une poésie délicieuse, pleine du sentiment de l'infini, le principe enfin de tout ce que le génie germanique et celtique, de ce qu'un Shakspeare, de ce qu'un Gœthe devaient exprimer plus tard. Ce n'était ni de la religion, ni de la morale réfléchies; c'était de la mélancolie, de la tendresse, de l'imagination; c'était par-dessus tout du sérieux, c'est-à-dire la condition essentielle de la morale et de la religion. La foi de l'humanité cependant ne pouvait venir de là, parce que ces vieux cultes avaient beaucoup de peine à se détacher du polythéisme et n'aboutissaient pas à un symbole bien clair. Le brahmanisme n'a vécu jusqu'à nos jours que grâce au privilége étonnant de conservation que l'Inde semble posséder. Le bouddhisme échoua dans toutes ses tentatives vers l'ouest. Le druidisme resta une forme exclusivement nationale et sans portée universelle. Les tentatives grecques de réforme, l'orphisme, les mystères, ne suffirent pas pour donner aux âmes un aliment solide. La Perse seule arriva à se faire une religion dogmatique, presque monothéiste et savamment organisée; mais il est fort possible que cette organisation même fût une imitation ou un emprunt. En tout cas, la Perse n'a pas converti le monde; elle s'est convertie, au contraire, quand elle a vu paraître sur ses frontières le drapeau de l'unité divine proclamée par l'islam.

C'est la race sémitique[1] qui a la gloire d'avoir fait la religion de l'humanité. Bien au delà des confins de l'histoire, sous sa tente restée pure des désordres

---

1. Je rappelle que ce mot désigne simplement ici les peuples qui parlent ou ont parlé une des langues qu'on appelle sémitiques. Une telle désignation est tout à fait défectueuse; mais c'est un de

d'un monde déjà corrompu, le patriarche bédouin préparait la foi du monde. Une forte antipathie contre les cultes voluptueux de la Syrie, une grande simplicité de rituel, l'absence complète de temples, l'idole réduite à d'insignifiants *theraphim*, voilà sa supériorité. Entre toutes les tribus des Sémites nomades, celle des Beni-Israël était marquée déjà pour d'immenses destinées. D'antiques rapports avec l'Égypte, d'où résultèrent peut-être quelques emprunts purement matériels, ne firent qu'augmenter leur répulsion pour l'idolâtrie. Une « Loi » ou *Thora*, très-anciennement écrite sur des tables de pierre, et qu'ils rapportaient à leur grand libérateur Moïse, était déjà le code du monothéisme et renfermait, comparée aux institutions d'Égypte et de Chaldée, de puissants germes d'égalité sociale et de moralité. Un coffre ou arche portative, ayant des deux côtés des oreillettes pour passer des leviers, constituait tout leur matériel religieux; là étaient réunis les objets sacrés de la nation, ses reliques, ses souvenirs, le « livre » enfin[1], journal toujours ouvert de la tribu, mais où l'on écrivait très-discrètement. La famille chargée de

---

ces mots, comme «architecture gothique,» «chiffres arabes,» qu'il faut conserver pour s'entendre, même après qu'on a démontré l'erreur qu'ils impliquent.

1. I Sam., x, 25.

tenir les leviers et de veiller sur ces archives portatives, étant près du livre et en disposant, prit bien vite de l'importance. De là cependant ne vint pas l'institution qui décida de l'avenir; le prêtre hébreu ne diffère pas beaucoup des autres prêtres de l'antiquité. Le caractère qui distingue essentiellement Israël entre les peuples théocratiques, c'est que le sacerdoce y a toujours été subordonné à l'inspiration individuelle. Outre ses prêtres, chaque tribu nomade avait son *nabi* ou prophète, sorte d'oracle vivant que l'on consultait pour la solution des questions obscures qui supposaient un haut degré de clairvoyance. Les nabis d'Israël, organisés en groupes ou écoles, eurent une grande supériorité. Défenseurs de l'ancien esprit démocratique, ennemis des riches, opposés à toute organisation politique et à ce qui eût engagé Israël dans les voies des autres nations, ils furent les vrais instruments de la primauté religieuse du peuple juif. De bonne heure, ils annoncèrent des espérances illimitées, et quand le peuple, en partie victime de leurs conseils impolitiques, eut été écrasé par la puissance assyrienne, ils proclamèrent qu'un règne sans bornes lui était réservé, qu'un jour Jérusalem serait la capitale du monde entier et que le genre humain se ferait juif. Jérusalem et son temple leur apparurent comme une ville placée sur le sommet d'une montagne, vers laquelle tous les peuples devaient accourir, comme un oracle d'où la loi universelle devait sortir, comme le centre d'un règne idéal, où le genre humain, pacifié par Israël, retrouverait les joies de l'Eden [1].

Des accents inconnus se font déjà entendre pour exalter le martyre et célébrer la puissance de « l'homme de douleur. » A propos de quelqu'un de ces sublimes patients qui, comme Jérémie, teignaient de leur sang les rues de Jérusalem, un inspiré fit un cantique sur les souffrances et le triomphe du « Serviteur de Dieu, » où toute la force prophétique du génie d'Israël sembla concentrée [2]. « Il s'élevait comme un faible arbuste, comme un rejeton qui monte d'un sol aride; il n'avait ni grâce ni beauté. Accablé d'opprobres, délaissé des hommes, tous détournaient de lui la face; couvert d'ignominie, il comptait pour un néant. C'est qu'il s'est chargé de nos souffrances; c'est qu'il a pris sur lui nos douleurs. Vous l'eussiez tenu pour un homme frappé de Dieu, touché de sa main. Ce sont nos crimes qui l'ont couvert de blessures, nos iniquités qui l'ont broyé; le châtiment

---

[1]. Isaïe, II, 1-4, et surtout les chapitres XL et suiv., LX et suiv.; Michée, IV, 1 et suiv. Il faut se rappeler que la seconde partie du livre d'Isaïe, à partir du chapitre XL, n'est pas d'Isaïe.

[2]. Is., LII, 13 et suiv., et LIII entier.

qui nous a valu le pardon a pesé sur lui, et ses meurtrissures ont été notre guérison. Nous étions comme un troupeau errant, chacun s'était égaré, et Jéhovah a déchargé sur lui l'iniquité de tous. Ecrasé, humilié, il n'a pas ouvert la bouche ; il s'est laissé mener comme un agneau à l'immolation ; comme une brebis silencieuse devant celui qui la tond, il n'a pas ouvert la bouche. Son tombeau passe pour celui d'un méchant, sa mort pour celle d'un impie. Mais du moment qu'il aura offert sa vie, il verra naître une postérité nombreuse, et les intérêts de Jéhovah prospéreront dans sa main. »

De profondes modifications s'opérèrent en même temps dans la *Thora*. De nouveaux textes, prétendant représenter la vraie loi de Moïse, tels que le Deutéronome, se produisirent et inaugurèrent en réalité un esprit fort différent de celui des vieux nomades. Un grand fanatisme fut le trait dominant de cet esprit. Des croyants forcenés provoquent sans cesse des violences contre tout ce qui s'écarte du culte de Jéhovah ; un code de sang, édictant la peine de mort pour des délits religieux, réussit à s'établir. La piété amène presque toujours de singulières oppositions de véhémence et de douceur. Ce zèle, inconnu à la grossière simplicité du temps des Juges, inspire des tons de prédication émue et d'onction tendre que le monde n'avait pas entendus jusque-là. Une forte tendance vers les questions sociales se fait déjà sentir; des utopies, des rêves de société parfaite prennent place dans le code. Mélange de morale patriarcale et de dévotion ardente, d'intuitions primitives et de raffinements pieux comme ceux qui remplissaient l'âme d'un Ézéchias, d'un Josias, d'un Jérémie, le Pentateuque se fixe ainsi dans la forme où nous le voyons, et devient pour des siècles la règle absolue de l'esprit national.

Ce grand livre une fois créé, l'histoire du peuple juif se déroule avec un entraînement irrésistible. Les grands empires qui se succèdent dans l'Asie occidentale, en brisant pour lui tout espoir d'un royaume terrestre, le jettent dans les rêves religieux avec une sorte de passion sombre. Peu soucieux de dynastie nationale ou d'indépendance politique, il accepte tous les gouvernements qui le laissent pratiquer librement son culte et suivre ses usages. Israël n'aura plus désormais d'autre direction que celle de ses enthousiastes religieux, d'autres ennemis que ceux de l'unité divine, d'autre patrie que sa Loi.

Et cette Loi, il faut bien le remarquer, était toute sociale et morale. C'était l'œuvre d'hommes pénétrés d'un haut idéal de la vie présente et croyant avoir trouvé les meilleurs moyens pour le réaliser. La conviction de tous est que la *Thora* bien observée ne peut manquer de donner la parfaite félicité. Cette *Thora* n'a rien de commun avec les « Lois » grecques ou romaines, lesquelles, ne s'occupant guère que du droit abstrait, entrent peu dans les questions de bonheur et de moralité privés. On sent d'avance que les résultats qui en sortiront seront d'ordre social, et non d'ordre politique, que l'œuvre à laquelle ce peuple travaille est un royaume de Dieu, non une république civile, une institution universelle, non une nationalité ou une patrie.

A travers de nombreuses défaillances, Israël soutint admirablement cette vocation. Une série d'hommes pieux, Esdras, Néhémie, Onias, les Macchabées, dévorés du zèle de la Loi, se succèdent pour la défense des antiques institutions. L'idée qu'Israël est un peuple de Saints, une tribu choisie de Dieu et liée envers lui par un contrat, prend des racines de plus en plus inébranlables. Une immense attente remplit les âmes. Toute l'antiquité indo-européenne avait placé le paradis à l'origine ; tous ses poëtes avaient pleuré un âge d'or évanoui. Israël mettait l'âge d'or dans l'avenir. L'éternelle poésie des âmes religieuses, les Psaumes, éclosent de ce piétisme exalté, avec leur divine et mélancolique harmonie. Israël devient vraiment et par excellence le peuple de Dieu, pendant qu'autour de lui les religions païennes se réduisent de plus en plus, en Perse et en Babylonie, à un charlatanisme officiel, en Égypte et en Syrie, à une grossière idolâtrie, dans le monde grec et latin, à des parades. Ce que les martyrs chrétiens ont fait dans les premiers siècles de notre ère, ce que les victimes de l'orthodoxie persécutrice ont fait dans le sein même du christianisme jusqu'à notre temps, les Juifs le firent durant les deux siècles qui précèdent l'ère chrétienne. Ils furent une vivante protestation contre la superstition et le matérialisme religieux. Un mouvement d'idées extraordinaire, aboutissant aux résultats les plus opposés, faisait d'eux à cette époque le peuple le plus frappant et le plus original du monde. Leur dispersion sur tout le littoral de la Méditerranée et l'usage de la langue grecque, qu'ils adoptèrent hors de la Palestine, préparèrent les voies à une propagande dont les sociétés anciennes, coupées en petites nationalités, n'avaient encore offert aucun exemple.

Jusqu'au temps des Macchabées, le judaïsme, malgré sa persistance à annoncer qu'il serait un jour la religion du genre humain, avait eu le caractère de tous les autres cultes de l'antiquité : c'était un culte de famille et de tribu. L'israélite pensait bien que son culte était le meilleur, et parlait avec mépris des dieux étrangers. Mais il croyait aussi que la religion du vrai Dieu n'était faite que pour lui seul. On embrassait le culte de Jéhovah quand on entrait dans la famille juive[1]; voilà tout. Aucun israélite ne songeait à convertir l'étranger à un culte qui était le patrimoine des fils d'Abraham. Le développement de l'esprit piétiste, depuis Esdras et Néhémie, amena une conception beaucoup plus ferme et plus logique. Le judaïsme devint la vraie religion d'une manière absolue; on accorda à qui voulut le droit d'y entrer[2]; bientôt ce fut une œuvre pie d'y amener le plus de monde possible[3]. Sans doute, le sentiment délicat qui éleva Jean-Baptiste, Jésus, saint Paul, au-dessus des mesquines idées de races n'existait pas encore; par une étrange contradiction, ces convertis (prosélytes) étaient peu considérés et traités avec dédain[4]. Mais l'idée d'une religion exclusive, l'idée qu'il y a quelque chose au monde de supérieur à la patrie, au sang, aux lois, l'idée qui

---

1. Ruth, I, 16.
2. Esther, IX, 27.
3. Matth., XXIII, 15; Josèphe, *Vita,* 23; *B. J.,* II, XVII, 10; VII, III, 3; *Ant.,* XX, II, 4; Horat., *Sat.* I, IV, 143; Juv., XIV, 96 et suiv.; Tacite, *Ann.,* II, 85; *Hist.,* V, 5; Dion Cassius, XXXVII, 17.
4. Mischna, *Schebiit,* x, 9; Talmud de Babylone, *Niddah,* fol. 13 *b, Jebamoth,* 47 *b; Kidduschin,* 70 *b;* Midrasch, *Jalkut Ruth,* fol. 163 *d.*

fera les apôtres et les martyrs, était fondée. Une profonde pitié pour les païens, quelque brillante que soit leur fortune mondaine, est désormais le sentiment de tout juif[1]. Par un cycle de légendes, destinées à fournir des modèles d'inébranlable fermeté (Daniel et ses compagnons, la mère des Macchabées et ses sept fils[2], le roman de l'Hippodrome d'Alexandrie[3]), les guides du peuple cherchent surtout à inculquer cette idée que la vertu consiste dans un attachement fanatique à des institutions religieuses déterminées.

Les persécutions d'Antiochus Épiphane firent de cette idée une passion, presque une frénésie. Ce fut quelque chose de très-analogue à ce qui se passa sous Néron, deux cent trente ans plus tard. La rage et le désespoir jetèrent les croyants dans le monde des visions et des rêves. La première apocalypse, le « Livre de Daniel, » parut. Ce fut comme une renaissance du prophétisme, mais sous une forme très-différente de l'ancienne et avec un sentiment bien plus large des destinées du monde.

---

[1]. Lettre apocryphe de Baruch, dans Fabricius, *Cod. pseud. V. T.* II, 147 et suiv.

[2]. IIe livre des Macchabées, ch. VII, et le *De Maccabœis*, attribué à Josèphe. Cf. Épître aux Hébreux, XI, 33 et suiv.

[3]. IIIe livre (apocr.) des Macchabées; Rufin, Suppl. ad Jos., *Contra Apionem*, II, 5.

Le Livre de Daniel donna en quelque sorte aux espérances messianiques leur dernière expression. Le Messie ne fut plus un roi à la façon de David et de Salomon, un Cyrus théocrate et mosaïste; ce fut un « fils de l'homme » apparaissant dans la nue [1], un être surnaturel, revêtu de l'apparence humaine, chargé de juger le monde et de présider à l'âge d'or. Peut-être le *Sosiosch* de la Perse, le grand prophète à venir, chargé de préparer le règne d'Ormuzd, donna-t-il quelques traits à ce nouvel idéal [2]. L'auteur inconnu du Livre de Daniel eut, en tout cas, une influence décisive sur l'événement religieux qui allait transformer le monde. Il fournit la mise en scène et les termes techniques du nouveau messianisme, et on peut lui appliquer ce que Jésus disait de Jean-Baptiste : Jusqu'à lui, les prophètes; à partir de lui, le royaume de Dieu.

Il ne faut pas croire cependant que ce mouvement, si profondément religieux et passionné, eût pour mobile des dogmes particuliers, comme cela a eu lieu dans toutes les luttes qui ont éclaté au sein du

---

1. VII, 13 et suiv.
2. *Vendidad*, XIX, 18, 19; *Minokhired*, passage publié dans la *Zeitschrift der deutschen morgenländischen Gesellschaft*, I, 263; *Boundehesch*, XXXI. Le manque de chronologie certaine pour les textes zends et pehlvis laisse planer beaucoup de doute sur ces rapprochements entre les croyances juives et persanes.

christianisme. Le juif de cette époque était aussi peu théologien que possible. Il ne spéculait pas sur l'essence de la divinité; les croyances sur les anges, sur les fins de l'homme, sur les hypostases divines, dont le premier germe se laissait déjà entrevoir, étaient des croyances libres, des méditations auxquelles chacun se livrait selon la tournure de son esprit, mais dont une foule de gens n'avaient pas entendu parler. C'étaient même les plus orthodoxes qui restaient en dehors de toutes ces imaginations particulières, et s'en tenaient à la simplicité du mosaïsme. Aucun pouvoir dogmatique analogue à celui que le christianisme orthodoxe a déféré à l'Église n'existait alors. Ce n'est qu'à partir du III⁰ siècle, quand le christianisme est tombé entre les mains de races raisonneuses, folles de dialectique et de métaphysique, que commence cette fièvre de définitions, qui fait de l'histoire de l'Église l'histoire d'une immense controverse. On disputait aussi chez les Juifs; des écoles ardentes apportaient à presque toutes les questions qui s'agitaient des solutions opposées; mais dans ces luttes, dont le Talmud nous a conservé les principaux détails, il n'y a pas un seul mot de théologie spéculative. Observer et maintenir la loi, parce que la loi est juste, et que, bien observée, elle donne le bonheur, voilà tout le judaïsme. Nul *credo*, nul symbole théorique. Un disciple de la philosophie arabe la plus hardie, Moïse Maimonide, a pu devenir l'oracle de la synagogue, parce qu'il a été un canoniste très-exercé.

Les règnes des derniers Asmonéens et celui d'Hérode virent l'exaltation grandir encore. Ils furent remplis par une série non interrompue de mouvements religieux. A mesure que le pouvoir se sécularisait et passait en des mains incrédules, le peuple juif vivait de moins en moins pour la terre et se laissait de plus en plus absorber par le travail étrange qui s'opérait en son sein. Le monde, distrait par d'autres spectacles, n'a nulle connaissance de ce qui se passe en ce coin oublié de l'Orient. Les âmes au courant de leur siècle sont pourtant mieux avisées. Le tendre et clairvoyant Virgile semble répondre, comme par un écho secret, au second Isaïe; la naissance d'un enfant le jette dans des rêves de palingénésie universelle [1]. Ces rêves étaient ordinaires et formaient comme un genre de littérature, que l'on couvrait du nom des Sibylles. La formation toute récente de l'Empire exaltait les imagina-

---

[1]. Egl. iv. Le *CumϾum carmen* (v. 4) était une sorte d'apocalypse sibylline, empreinte de la philosophie de l'histoire familière à l'Orient. Voir Servius sur ce vers, et *Carmina sibyllina*, III, 97-817. Cf. Tac., *Hist.*, V, 13.

tions; la grande ère de paix où l'on entrait et cette impression de sensibilité mélancolique qu'éprouvent les âmes après les longues périodes de révolution, faisaient naître de toute part des espérances illimitées.

En Judée, l'attente était à son comble. De saintes personnes, parmi lesquelles on cite un vieux Siméon, auquel la légende fait tenir Jésus dans ses bras, Anne, fille de Phanuel, considérée comme prophétesse[1], passaient leur vie autour du temple, jeûnant, priant, pour qu'il plût à Dieu de ne pas les retirer du monde sans avoir vu l'accomplissement des espérances d'Israël. On sent une puissante incubation, l'approche de quelque chose d'inconnu.

Ce mélange confus de claires vues et de songes, cette alternative de déceptions et d'espérances, ces aspirations sans cesse refoulées par une odieuse réalité, trouvèrent enfin leur interprète dans l'homme incomparable auquel la conscience universelle a décerné le titre de Fils de Dieu, et cela avec justice, puisqu'il a fait faire à la religion un pas auquel nul autre ne peut et probablement ne pourra jamais être comparé.

---

1. Luc, II, 25 et suiv.

CHAPITRE II.

ENFANCE ET JEUNESSE DE JÉSUS. SES PREMIÈRES IMPRESSIONS.

Jésus naquit à Nazareth[1], petite ville de Galilée, qui n'eut avant lui aucune célébrité[2]. Toute sa vie il fut désigné du nom de « Nazaréen[3], » et ce n'est que par un détour assez embarrassé[4] qu'on réussit, dans sa légende, à le faire naître à Bethléhem.

1. Matth., XIII, 54 et suiv.; Marc, VI, 1 et suiv.; Jean, I, 45-46.
2. Elle n'est nommée ni dans les écrits de l'Ancien Testament, ni dans Josèphe, ni dans le Talmud.
3. Marc, I, 24; Luc, XVIII, 37; Jean, XIX, 19; Act. II, 22; III, 6. De là le nom de *Nazaréens,* longtemps appliqué aux chrétiens, et qui les désigne encore dans tous les pays musulmans.
4. Le recensement opéré par Quirinius, auquel la légende rattache le voyage de Bethléhem, est postérieur d'au moins dix ans à l'année où, selon Luc et Matthieu, Jésus serait né. Les deux évangélistes, en effet, font naître Jésus sous le règne d'Hérode (Matth., II, 1, 19, 22; Luc, I, 5). Or, le recensement de Quirinius n'eut lieu qu'après la déposition d'Archélaüs, c'est-à-dire dix ans après la mort d'Hérode, l'an 37 de l'ère d'Actium (Josèphe, *Ant.,* XVII, XIII, 5; XVIII, I, 1; II, 1). L'inscription par laquelle on préten-

Nous verrons plus tard[1] le motif de cette supposition, et comment elle était la conséquence obligée du rôle messianique prêté à Jésus[2]. On ignore la date précise de sa naissance. Elle eut lieu sous le règne d'Auguste, vers l'an 750 de Rome, probable-

dait autrefois établir que Quirinius fit deux recensements est reconnue pour fausse (V. Orelli, *Inscr. lat.,* n° 623, et le supplément de Henzen, à ce numéro; Borghesi, *Fastes consulaires* [encore inédits], à l'année 742). Le recensement en tout cas ne se serait appliqué qu'aux parties réduites en province romaine, et non aux tétrarchies. Les textes par lesquels on cherche à prouver que quelques-unes des opérations de statistique et de cadastre ordonnées par Auguste durent s'étendre au domaine des Hérodes, ou n'impliquent pas ce qu'on leur fait dire, ou sont d'auteurs chrétiens, qui ont emprunté cette donnée à l'Évangile de Luc. Ce qui prouve bien, d'ailleurs, que le voyage de la famille de Jésus à Bethléhem n'a rien d'historique, c'est le motif qu'on lui attribue. Jésus n'était pas de la famille de David (v. ci-dessous, p. 237-238), et, en eût-il été, on ne concevrait pas encore que ses parents eussent été forcés, pour une opération purement cadastrale et financière, de venir s'inscrire au lieu d'où leurs ancêtres étaient sortis depuis mille ans. En leur imposant une telle obligation, l'autorité romaine aurait sanctionné des prétentions pour elle pleines de menaces.

1. Ch. xiv.
2. Matth., ii, 1 et suiv.; Luc, ii, 1 et suiv. L'omission de ce récit dans Marc, et les deux passages parallèles, Matth, xiii, 54, et Marc, vi, 1, où Nazareth figure comme « la patrie » de Jésus, prouvent qu'une telle légende manquait dans le texte primitif qui a fourni le canevas narratif des évangiles actuels de Matthieu et de Marc. C'est devant des objections souvent répétées qu'on aura ajouté, en tête de l'évangile de Matthieu, des réserves dont la contradic-

ment quelques années avant l'an 1 de l'ère que tous les peuples civilisés font dater du jour où il naquit[1].

Le nom de *Jésus*, qui lui fut donné, est une altération de *Josué*. C'était un nom fort commun; mais naturellement on y chercha plus tard des mystères et une allusion à son rôle de Sauveur[2]. Peut-être lui-même, comme tous les mystiques, s'exaltait-il à ce propos. Il est ainsi plus d'une grande vocation dans l'histoire dont un nom donné sans arrière-pensée à un enfant a été l'occasion. Les natures ardentes ne se résignent jamais à voir un hasard dans ce qui les concerne. Tout pour elle a été réglé par Dieu, et elles voient un signe de la volonté supérieure dans les circonstances les plus insignifiantes.

La population de Galilée était fort mêlée, comme

---

tion avec le reste du texte n'était pas assez flagrante pour qu'on se soit cru obligé de corriger les endroits qui avaient d'abord été écrits à un tout autre point de vue. Luc, au contraire (IV, 16), écrivant avec réflexion, a employé, pour être conséquent, une expression plus adoucie. Quant à Jean, il ne sait rien du voyage de Bethléhem; pour lui, Jésus est simplement « de Nazareth » ou « Galiléen, » dans deux circonstances où il eût été de la plus haute importance de rappeler sa naissance à Bethléhem (I, 45-46; VII, 41-42).

1. On sait que le calcul qui sert de base à l'ère vulgaire a été fait au VIe siècle par Denys le Petit. Ce calcul implique certaines données purement hypothétiques.

2. Matth., I, 21; Luc, I, 31.

le nom même du pays[1] l'indiquait. Cette province comptait parmi ses habitants, au temps de Jésus, beaucoup de non-Juifs (Phéniciens, Syriens, Arabes et même Grecs[2]). Les conversions au judaïsme n'étaient point rares dans ces sortes de pays mixtes. Il est donc impossible de soulever ici aucune question de race et de rechercher quel sang coulait dans les veines de celui qui a le plus contribué à effacer dans l'humanité les distinctions de sang.

Il sortit des rangs du peuple[3]. Son père Joseph et sa mère Marie étaient des gens de médiocre condition, des artisans vivant de leur travail[4], dans cet état si commun en Orient, qui n'est ni l'aisance ni la misère. L'extrême simplicité de la vie dans de telles contrées, en écartant le besoin de confortable, rend le privilége du riche presque inutile, et fait de tout le monde des pauvres volontaires. D'un autre côté, le manque total de goût pour les arts et pour ce qui contribue à l'élégance de la vie matérielle, donne à la maison de celui qui ne manque de rien un aspect de dénûment. A part quelque chose de sordide et de

---

1. *Gelil haggoyim,* « cercle des Gentils. »
2. Strabon, XVI, II, 35; Jos., *Vita,* 12.
3. On expliquera plus tard (ch. XIV) l'origine des généalogies destinées à le rattacher à la race de David. Les Ébionim les supprimaient (Epiph., *Adv. hær.,* XXX, 14).
4. Matth., XIII, 55; Marc, VI, 3; Jean, VI, 42.

repoussant que l'islamisme porte partout avec lui, la ville de Nazareth, au temps de Jésus, ne différait peut-être pas beaucoup de ce qu'elle est aujourd'hui[1]. Les rues où il joua enfant, nous les voyons dans ces sentiers pierreux ou ces petits carrefours qui séparent les cases. La maison de Joseph ressembla beaucoup sans doute à ces pauvres boutiques, éclairées par la porte, servant à la fois d'établi, de cuisine, de chambre à coucher, ayant pour ameublement une natte, quelques coussins à terre, un ou deux vases d'argile et un coffre peint.

La famille, qu'elle provînt d'un ou de plusieurs mariages, était assez nombreuse. Jésus avait des frères et des sœurs[2], dont il semble avoir été l'aîné[3]. Tous sont restés obscurs; car il paraît que les quatre personnages qui sont donnés comme ses frères, et parmi lesquels un au moins, Jacques, est arrivé à une grande importance dans les premières années du

---

[1]. L'aspect grossier des ruines qui couvrent la Palestine prouve que les villes qui ne furent pas reconstruites à la manière romaine étaient fort mal bâties. Quant à la forme des maisons, elle est, en Syrie, si simple et si impérieusement commandée par le climat qu'elle n'a jamais dû changer.

[2]. Matth., XII, 46 et suiv.; XIII, 55 et suiv.; Marc, III, 31 et suiv.; VI, 3; Luc, VIII, 19 et suiv.; Jean, II, 12; VII, 3, 5, 40; Act., I, 14.

[3]. Matth., I, 25.

développement du christianisme, étaient ses cousins germains. Marie, en effet, avait une sœur nommée aussi Marie[1], qui épousa un certain Alphée ou Cléophas (ces deux noms paraissent désigner une même personne[2]), et fut mère de plusieurs fils qui jouèrent un rôle considérable parmi les premiers disciples de Jésus. Ces cousins germains, qui adhérèrent au jeune maître, pendant que ses vrais frères lui faisaient de l'opposition[3], prirent le titre de « frères du Seigneur[4]. » Les vrais frères de Jésus n'eurent d'importance,

1. Ces deux sœurs portant le même nom sont un fait singulier. Il y a là probablement quelque inexactitude, venant de l'habitude de donner presque indistinctement aux Galiléennes le nom de Marie.

2. Ils ne sont pas étymologiquement identiques. Ἀλφαῖος est la transcription du nom syro-chaldaïque *Halphaï*; Κλωπᾶς ou Κλεόπας est une forme écourtée de Κλεόπατρος. Mais il pouvait y avoir substitution artificielle de l'un à l'autre, de même que les Joseph se faisaient appeler « Hégésippe », les Eliakim « Alcimus », etc.

3. Jean, VII, 3 et suiv.

4. En effet, les quatre personnages qui sont donnés (Matth., XIII, 55; Marc. VI, 3) comme fils de Marie, mère de Jésus : Jacob, Joseph ou José, Simon et Jude, se retrouvent ou à peu près comme fils de Marie et de Cléophas (Matth., XXVII, 56; Marc, XV, 40; *Gal.*, I, 19; *Epist. Jac.*, I, 1; *Epist. Judæ*, 1; Euseb., *Chron.* ad ann. R. DCCCX; *Hist. eccl.*, III, 11, 32; *Constit. Apost.*, VII, 46). L'hypothèse que nous proposons lève seule l'énorme difficulté que l'on trouve à supposer deux sœurs ayant chacune trois ou quatre fils portant les mêmes noms, et à admettre que Jacques et Simon, les deux premiers évêques de Jérusalem, qualifiés de « frères du Seigneur, » aient été de vrais frères de Jésus, qui au-

ainsi que leur mère, qu'après sa mort¹. Même alors ils ne paraissent pas avoir égalé en considération leurs cousins, dont la conversion avait été plus spontanée et dont le caractère paraît avoir eu plus d'originalité. Leur nom était inconnu, à tel point que quand l'évangéliste met dans la bouche des gens de Nazareth l'énumération des frères selon la nature, ce sont les noms des fils de Cléophas qui se présentent à lui tout d'abord.

Ses sœurs se marièrent à Nazareth², et il y passa les années de sa première jeunesse. Nazareth était une petite ville, située dans un pli de terrain largement ouvert au sommet du groupe de montagnes qui ferme au nord la plaine d'Esdrelon. La population est maintenant de trois à quatre mille âmes, et

---

raient commencé par lui être hostiles, puis se seraient convertis. L'évangéliste, entendant appeler ces quatre fils de Cléophas « frères du Seigneur, » aura mis, par erreur, leur nom au passage *Matth.*, XIII, 55 = *Marc*, VI, 3, à la place des noms des vrais frères, restés toujours obscurs. On s'explique de la sorte comment le caractère des personnages appelés « frères du Seigneur, » de Jacques par exemple, est si différent de celui des vrais frères de Jésus, tel qu'on le voit se dessiner dans Jean, VII, 3 et suiv. L'expression de « frère du Seigneur » constitua évidemment, dans l'Église primitive, une espèce d'ordre parallèle à celui des apôtres. Voir surtout I *Cor.*, IX, 5.

1. *Act.*, I, 14.
2. Marc, VI, 3.

elle peut n'avoir pas beaucoup varié[1]. Le froid y est vif en hiver et le climat fort salubre. La ville, comme à cette époque toutes les bourgades juives, était un amas de cases bâties sans style, et devait présenter cet aspect sec et pauvre qu'offrent les villages dans les pays sémitiques. Les maisons, à ce qu'il semble, ne différaient pas beaucoup de ces cubes de pierre, sans élégance extérieure ni intérieure, qui couvrent aujourd'hui les parties les plus riches du Liban, et qui, mêlés aux vignes et aux figuiers, ne laissent pas d'être fort agréables. Les environs, d'ailleurs, sont charmants, et nul endroit du monde ne fut si bien fait pour les rêves de l'absolu bonheur. Même de nos jours, Nazareth est encore un délicieux séjour, le seul endroit peut-être de la Palestine où l'âme se sente un peu soulagée du fardeau qui l'oppresse au milieu de cette désolation sans égale. La population est aimable et souriante; les jardins sont frais et verts. Antonin Martyr, à la fin du VIᵉ siècle, fait un tableau enchanteur de la fertilité des environs, qu'il compare au paradis[2]. Quelques vallées du côté de l'ouest justifient pleinement sa des-

---

[1]. Selon Josèphe (*B. J.* III, III, 2), le plus petit bourg de Galilée avait plus de cinq mille habitants. Il y a là probablement de l'exagération.

[2]. *Itiner.*, § 5.

cription. La fontaine, où se concentraient autrefois la vie et la gaieté de la petite ville est détruite; ses canaux crevassés ne donnent plus qu'une eau trouble. Mais la beauté des femmes qui s'y rassemblent le soir, cette beauté qui était déjà remarquée au vi⁰ siècle et où l'on voyait un don de la Vierge Marie[1], s'est conservée d'une manière frappante. C'est le type syrien dans toute sa grâce pleine de langueur. Nul doute que Marie n'ait été là presque tous les jours, et n'ait pris rang, l'urne sur l'épaule, dans la file de ses compatriotes restées obscures. Antonin Martyr remarque que les femmes juives, ailleurs dédaigneuses pour les chrétiens, sont ici pleines d'affabilité. Aujourd'hui encore, les haines religieuses sont à Nazareth moins vives qu'ailleurs.

L'horizon de la ville est étroit, mais si l'on monte quelque peu et que l'on atteigne le plateau fouetté d'une brise perpétuelle qui domine les plus hautes maisons, la perspective est splendide. A l'ouest, se déploient les belles lignes du Carmel, terminées par une pointe abrupte qui semble se plonger dans la mer. Puis se déroulent le double sommet qui domine Mageddo, les montagnes du pays de Sichem avec leurs lieux saints de l'âge patriarcal, les monts

---

[1]. Antonin Martyr, endroit cité.

Gelboé, le petit groupe pittoresque auquel se rattachent les souvenirs gracieux ou terribles de Sulem et d'Endor, le Thabor avec sa belle forme arrondie, que l'antiquité comparait à un sein. Par une dépression entre la montagne de Sulem et le Thabor, s'entrevoient la vallée du Jourdain et les hautes plaines de la Pérée, qui forment du côté de l'est une ligne continue. Au nord, les montagnes de Safed, en s'inclinant vers la mer, dissimulent Saint-Jean-d'Acre, mais laissent se dessiner aux yeux le golfe de Khaïfa. Tel fut l'horizon de Jésus. Ce cercle enchanté, berceau du royaume de Dieu, lui représenta le monde durant des années. Sa vie même sortit peu des limites familières à son enfance. Car au delà, du côté du nord, l'on entrevoit presque sur les flancs de l'Hermon, Césarée de Philippe, sa pointe la plus avancée dans le monde des Gentils, et du côté du sud, on pressent, derrière ces montagnes déjà moins riantes de la Samarie, la triste Judée, desséchée comme par un vent brûlant d'abstraction et de mort.

Si jamais le monde resté chrétien, mais arrivé à une notion meilleure de ce qui constitue le respect des origines, veut remplacer par d'authentiques lieux saints les sanctuaires apocryphes et mesquins où s'attachait la piété des âges grossiers, c'est sur cette hauteur de Nazareth qu'il bâtira son temple. Là, au point d'apparition du christianisme et au centre d'action de son fondateur, devrait s'élever la grande église où tous les chrétiens pourraient prier. Là aussi, sur cette terre où dorment le charpentier Joseph et des milliers de Nazaréens oubliés, qui n'ont pas franchi l'horizon de leur vallée, le philosophe serait mieux placé qu'en aucun lieu du monde pour contempler le cours des choses humaines, se consoler de leur contingence, se rassurer sur le but divin que le monde poursuit à travers d'innombrables défaillances et nonobstant l'universelle vanité.

CHAPITRE III.

ÉDUCATION DE JÉSUS.

Cette nature à la fois riante et grandiose fut toute l'éducation de Jésus. Il apprit à lire et à écrire [1], sans doute selon la méthode de l'Orient, consistant à mettre entre les mains de l'enfant un livre qu'il répète en cadence avec ses petits camarades, jusqu'à ce qu'il le sache par cœur [2]. Il est douteux pourtant qu'il comprît bien les écrits hébreux dans leur langue originale. Les biographes les lui font citer d'après des traductions en langue araméenne [3]; ses principes d'exégèse, autant que nous pouvons nous les figurer par ceux de ses disciples, ressemblaient beaucoup à ceux qui avaient cours alors et qui font l'esprit des *Targums* et des *Midraschim* [4].

Le maître d'école dans les petites villes juives

---

1. Jean, VIII, 6.
2. *Testam. des douze Patr.* Lévi, 6.
3. Matth., XXVII, 46; Marc, XV, 34.
4. Traductions et commentaires juifs, de l'époque talmudique.

était le *hazzan* ou lecteur des synagogues[1]. Jésus fréquenta peu les écoles plus relevées des scribes ou *soferim* (Nazareth n'en avait peut-être pas), et il n'eut aucun de ces titres qui donnent aux yeux du vulgaire les droits du savoir [2]. Ce serait une grande erreur cependant de s'imaginer que Jésus fut ce que nous appelons un ignorant. L'éducation scolaire trace chez nous une distinction profonde, sous le rapport de la valeur personnelle, entre ceux qui l'ont reçue et ceux qui en sont dépourvus. Il n'en était pas de même en Orient ni en général dans la bonne antiquité. L'état de grossièreté où reste, chez nous, par suite de notre vie isolée et tout individuelle, celui qui n'a pas été aux écoles est inconnu dans ces sociétés, où la culture morale et surtout l'esprit général du temps se transmettent par le contact perpétuel des hommes. L'Arabe, qui n'a eu aucun maître, est souvent néanmoins très-distingué ; car la tente est une sorte d'école toujours ouverte, où, de la rencontre des gens bien élevés, naît un grand mouvement intellectuel et même littéraire. La délicatesse des manières et la finesse de l'esprit n'ont rien de commun en Orient avec ce que nous appelons éducation. Ce sont les hommes d'école au contraire qui passent pour

1. Mischna, *Schabbath,* I, 3.
2. Matth., XIII, 54 et suiv.; Jean, VII, 15.

pédants et mal élevés. Dans cet état social, l'ignorance, qui chez nous condamne l'homme à un rang inférieur, est la condition des grandes choses et de la grande originalité.

Il n'est pas probable qu'il ait su le grec. Cette langue était peu répandue en Judée hors des classes qui participaient au gouvernement et des villes habitées par les païens, comme Césarée[1]. L'idiome propre de Jésus était le dialecte syriaque mêlé d'hébreu qu'on parlait alors en Palestine[2]. A plus forte raison n'eut-il aucune connaissance de la culture grecque. Cette cul-

---

1. Mischna, *Schekalim,* III, 2; Talmud de Jérusalem, *Megilla,* halaca XI; *Sota,* VII, 1; Talmud de Babylone, *Baba Kama,* 83 *a*; *Megilla,* 8 *b* et suiv.

2. Matth., XXVII, 46; Marc, III, 17; V, 41; VII, 34; XIV, 36; XV, 34. L'expression ἡ πάτριος φωνή, dans les écrivains de ce temps, désigne toujours le dialecte sémitique qu'on parlait en Palestine (II Macch., VII, 21, 27; XII, 37; *Actes,* XXI, 37, 40; XXII, 2; XXVI, 14; Josèphe, *Ant.,* XVIII, VI, 10; XX, sub fin.; *B. J.* proœm. 1, V, VI, 3; V, IX, 2; VI, II, 1; *Contre Apion,* I, 9; *De Macch.,* 12, 16). Nous montrerons plus tard que quelques-uns des documents qui servirent de base aux Évangiles synoptiques ont été écrits en ce dialecte sémitique. Il en fut de même pour plusieurs apocryphes (IVᵉ livre des Macch., XVI, ad calcem, etc.). Enfin, la chrétienté directement issue du premier mouvement galiléen (Nazaréens, *Ébionim,* etc.), laquelle se continua longtemps dans la Batanée et le Hauran, parlait un dialecte sémitique (Eusèbe, *De situ et nomin. loc. hebr.,* au mot Χωβά; Epiph., *Adv. hær.,* XXIX, 7, 9; XXX, 3; S. Jérôme, *In Matth.,* XII, 13; *Dial. adv. Pelag.,* III, 2).

ture était proscrite par les docteurs palestiniens, qui enveloppaient dans une même malédiction « celui qui élève des porcs et celui qui apprend à son fils la science grecque [1]. » En tout cas elle n'avait pas pénétré dans les petites villes comme Nazareth. Nonobstant l'anathème des docteurs, il est vrai, quelques Juifs avaient déjà embrassé la culture hellénique. Sans parler de l'école juive d'Égypte, où les tentatives pour amalgamer l'hellénisme et le judaïsme se continuaient depuis près de deux cents ans, un juif, Nicolas de Damas, était devenu, dans ce temps même, l'un des hommes les plus distingués, les plus instruits, les plus considérés de son siècle. Bientôt Josèphe devait fournir un autre exemple de juif complétement hellénisé. Mais Nicolas n'avait de juif que le sang; Josèphe déclare avoir été parmi ses contemporains une exception [2], et toute l'école schismatique d'Égypte s'était détachée de Jérusalem à tel point qu'on n'en trouve pas le moindre souvenir dans le Talmud ni dans la tradition juive. Ce qu'il y a de certain, c'est qu'à Jérusalem le grec était très-peu étudié, que les études grecques étaient considérées comme dange-

[1]. Mischna, *Sanhedrin*, xi, 1 ; Talmud de Babylone, *Baba Kama*, 82 *b* et 83 *a; Sota*, 49, *a* et *b; Menachoth*, 64 *b;* Comp. II Macch., iv, 10 et suiv.
[2]. Jos., *Ant.*, XX, xi, 2.

3

reuses et même serviles, qu'on les déclarait bonnes tout au plus pour les femmes en guise de parure[1]. L'étude seule de la Loi passait pour libérale et digne d'un homme sérieux[2]. Interrogé sur le moment où il convenait d'enseigner aux enfants « la sagesse grecque, » un savant rabbin avait répondu : « A l'heure qui n'est ni le jour ni la nuit, puisqu'il est écrit de la Loi : Tu l'étudieras jour et nuit[3]. »

Ni directement ni indirectement, aucun élément de culture hellénique ne parvint donc jusqu'à Jésus. Il ne connut rien hors du judaïsme, son esprit conserva cette franche naïveté qu'affaiblit toujours une culture étendue et variée. Dans le sein même du judaïsme, il resta étranger à beaucoup d'efforts souvent parallèles aux siens. D'une part, l'ascétisme des Esséniens ou Thérapeutes[4], de l'autre, les beaux essais de philosophie religieuse tentés par l'école juive d'Alexandrie, et dont Philon, son contemporain, était l'ingénieux interprète, lui furent inconnus. Les fré-

---

[1]. Talmud de Jérusalem, *Péah*, I, 1.
[2]. Jos. *Ant.,* loc. cit.; Orig., *Contra Celsum,* II, 34.
[3]. Talmud de Jérusalem, *Péah,* I, 1; Talmud de Babylone, *Menachoth,* 99 *b*.
[4]. Les *Thérapeutes* de Philon sont une branche d'Esséniens. Leur nom même paraît n'être qu'une traduction grecque de celui des *Esséniens* (Ἐσσαῖοι, *asaya*, « médecins »). Cf. Philon, *De Vita contempl.*, init.

quentes ressemblances qu'on trouve entre lui et Philon, ces excellentes maximes d'amour de Dieu, de charité, de repos en Dieu[1], qui font comme un écho entre l'Évangile et les écrits de l'illustre penseur alexandrin, viennent des communes tendances que les besoins du temps inspiraient à tous les esprits élevés.

Heureusement pour lui, il ne connut pas davantage la scolastique bizarre qui s'enseignait à Jérusalem et qui devait bientôt constituer le Talmud. Si quelques pharisiens l'avaient déjà apportée en Galilée, il ne les fréquenta pas, et quand il toucha plus tard cette casuistique niaise, elle ne lui inspira que le dégoût. On peut supposer cependant que les principes de Hillel ne lui furent pas inconnus. Hillel, cinquante ans avant lui, avait prononcé des aphorismes qui avaient avec les siens beaucoup d'analogie. Par sa pauvreté humblement supportée, par la douceur de son caractère, par l'opposition qu'il faisait aux hypocrites et aux prêtres, Hillel fut le vrai maître de Jésus[2], s'il est permis de parler de maître, quand il s'agit d'une si haute originalité.

---

[1]. Voir surtout les traités *Quis rerum divinarum hœres sit* et *De Philanthropia* de Philon.

[2]. *Pirké Aboth,* ch. i et ii ; Talm. de Jérus., *Pesachim,* vi, 1 ; Talm. de Bab., *Pesachim,* 66 *a* ; *Schabbath,* 30 *b* et 31 *a* ; *Joma,* 35 *b.*

La lecture des livres de l'Ancien Testament fit sur lui beaucoup plus d'impression. Le Canon des livres saints se composait de deux parties principales, la Loi, c'est-à-dire le Pentateuque, et les Prophètes, tels que nous les possédons aujourd'hui. Une vaste exégèse allégorique s'appliquait à tous ces livres et cherchait à en tirer ce qui n'y est pas, mais ce qui répondait aux aspirations du temps. La Loi, qui représentait, non les anciennes lois du pays, mais bien les utopies, les lois factices et les fraudes pieuses du temps des rois piétistes, était devenue, depuis que la nation ne se gouvernait plus elle-même, un thème inépuisable de subtiles interprétations. Quant aux prophètes et aux psaumes, on était persuadé que presque tous les traits un peu mystérieux de ces livres se rapportaient au Messie, et l'on y cherchait d'avance le type de celui qui devait réaliser les espérances de la nation. Jésus partageait le goût de tout le monde pour ces interprétations allégoriques. Mais la vraie poésie de la Bible, qui échappait aux puérils exégètes de Jérusalem, se révélait pleinement à son beau génie. La Loi ne paraît pas avoir eu pour lui beaucoup de charme; il crut pouvoir mieux faire. Mais la poésie religieuse des psaumes se trouva dans un merveilleux accord avec son âme lyrique; ils restèrent toute sa vie son aliment et son soutien. Les prophètes, Isaïe en particulier et son continuateur du temps de la captivité, avec leurs brillants rêves d'avenir, leur impétueuse éloquence, leurs invectives entremêlées de tableaux enchanteurs, furent ses véritables maîtres. Il lut aussi sans doute plusieurs des ouvrages apocryphes, c'est-à-dire de ces écrits assez modernes, dont les auteurs, pour se donner une autorité qu'on n'accordait plus qu'aux écrits très-anciens, se couvraient du nom de prophètes et de patriarches. Un de ces livres surtout le frappa ; c'est le livre de Daniel. Ce livre, composé par un Juif exalté du temps d'Antiochus Épiphane, et mis par lui sous le couvert d'un ancien sage[1], était le résumé de l'esprit des derniers temps. Son auteur, vrai créateur de la philosophie de l'histoire, avait pour la première fois osé ne voir dans le mouvement du monde et la succession des empires qu'une fonction subordonnée aux destinées du peuple juif. Jésus fut pénétré de bonne heure de ces hautes espérances. Peut-être lut-il aussi les livres d'Hénoch, alors révérés à l'égal des livres saints[2], et

1. La légende de Daniel était déjà formée au VIIe siècle avant J.-C. (Ézéchiel, XIV, 14 et suiv.; XXVIII, 3). C'est pour les besoins de la légende qu'on l'a fait vivre au temps de la captivité de Babylone.
2. *Epist. Judæ,* 14 et suiv.; II Petri, II, 4, 11; *Testam. des*

les autres écrits du même genre, qui entretenaient un si grand mouvement dans l'imagination populaire. L'avénement du Messie avec ses gloires et ses terreurs, les nations s'écroulant les unes sur les autres, le cataclysme du ciel et de la terre furent l'aliment familier de son imagination, et comme ces révolutions étaient censées prochaines, qu'une foule de personnes cherchaient à en supputer les temps, l'ordre surnaturel où nous transportent de telles visions lui parut tout d'abord parfaitement naturel et simple.

Qu'il n'eût aucune connaissance de l'état général du monde, c'est ce qui résulte de chaque trait de ses discours les plus authentiques. La terre lui paraît encore divisée en royaumes qui se font la guerre; il semble ignorer la « paix romaine, » et l'état nouveau de société qu'inaugurait son siècle. Il n'eut aucune idée précise de la puissance romaine; le nom de « César » seul parvint jusqu'à lui. Il vit bâtir, en Galilée ou aux environs, Tibériade, Juliade, Diocésarée, Césarée, ouvrages pompeux des

douze Patr., Siméon, 5 ; Lévi, 14, 16 ; Juda, 18 ; Zab. 3 ; Dan, 5 ; Nephtali, 4. Le « Livre d'Hénoch » forme encore une partie intégrante de la Bible éthiopienne. Tel que nous le connaissons par la version éthiopienne, il est composé de pièces de différentes dates, dont les plus anciennes sont de l'an 130 ou 150 avant J.-C. Quelques-unes de ces pièces ont de l'analogie avec les discours de Jésus. Comparez les ch. xcvi-xcix à Luc, vi, 24 et suiv.

Hérodes, qui cherchaient, par ces constructions magnifiques, à prouver leur admiration pour la civilisation romaine et leur dévouement envers les membres de la famille d'Auguste, dont les noms, par un caprice du sort, servent aujourd'hui, bizarrement altérés, à désigner de misérables hameaux de Bédouins. Il vit aussi probablement Sébaste, œuvre d'Hérode le Grand, ville de parade, dont les ruines feraient croire qu'elle a été apportée là toute faite, comme une machine qu'il n'y avait plus qu'à monter sur place. Cette architecture d'ostentation, arrivée en Judée par chargements, ces centaines de colonnes, toutes du même diamètre, ornement de quelque insipide « rue de Rivoli, » voilà ce qu'il appelait « les royaumes du monde et toute leur gloire. » Mais ce luxe de commande, cet art administratif et officiel lui déplaisaient. Ce qu'il aimait, c'étaient ses villages galiléens, mélanges confus de cabanes, d'aires et de pressoirs taillés dans le roc, de puits, de tombeaux, de figuiers, d'oliviers. Il resta toujours près de la nature. La cour des rois lui apparaît comme un lieu où les gens ont de beaux habits[1]. Les charmantes impossibilités dont fourmillent ses paraboles, quand il met en scène les rois et les

---

[1]. Matth., xi, 8.

puissants[1], prouvent qu'il ne conçut jamais la société aristocratique que comme un jeune villageois qui voit le monde à travers le prisme de sa naïveté.

Encore moins connut-il l'idée nouvelle, créée par la science grecque, base de toute philosophie et que la science moderne a hautement confirmée, l'exclusion des dieux capricieux auxquels la naïve croyance des vieux âges attribuait le gouvernement de l'univers. Près d'un siècle avant lui, Lucrèce avait exprimé d'une façon admirable l'inflexibilité du régime général de la nature. La négation du miracle, cette idée que tout se produit dans le monde par des lois où l'intervention personnelle d'êtres supérieurs n'a aucune part, était de droit commun dans les grandes écoles de tous les pays qui avaient reçu la science grecque. Peut-être même Babylone et la Perse n'y étaient-elles pas étrangères. Jésus ne sut rien de ce progrès. Quoique né à une époque où le principe de la science positive était déjà proclamé, il vécut en plein surnaturel. Jamais peut-être les Juifs n'avaient été plus possédés de la soif du merveilleux. Philon, qui vivait dans un grand centre intellectuel, et qui avait reçu une éducation très-complète, ne possède qu'une science chimérique et de mauvais aloi.

---

1. Voir, par exemple, Matth., XXII, 2 et suiv.

Jésus ne différait en rien sur ce point de ses compatriotes. Il croyait au diable, qu'il envisageait comme une sorte de génie du mal[1], et il s'imaginait, avec tout le monde, que les maladies nerveuses étaient l'effet de démons, qui s'emparaient du patient et l'agitaient. Le merveilleux n'était pas pour lui l'exceptionnel; c'était l'état normal. La notion du surnaturel, avec ses impossibilités, n'apparaît que le jour où naît la science expérimentale de la nature. L'homme étranger à toute idée de physique, qui croit qu'en priant il change la marche des nuages, arrête la maladie et la mort même, ne trouve dans le miracle rien d'extraordinaire, puisque le cours entier des choses est pour lui le résultat de volontés libres de la divinité. Cet état intellectuel fut toujours celui de Jésus. Mais dans sa grande âme, une telle croyance produisait des effets tout opposés à ceux où arrivait le vulgaire. Chez le vulgaire, la foi à l'action particulière de Dieu amenait une crédulité niaise et des duperies de charlatans. Chez lui, elle tenait à une notion profonde des rapports familiers de l'homme avec Dieu et à une croyance exagérée dans le pouvoir de l'homme; belles erreurs qui furent le principe de sa force; car si elles de-

---

1. Matth., VI, 13.

vaient un jour le mettre en défaut aux yeux du physicien et du chimiste, elles lui donnaient sur son temps une force dont aucun individu n'a disposé avant lui ni depuis.

De bonne heure, son caractère à part se révéla. La légende se plaît à le montrer dès son enfance en révolte contre l'autorité paternelle et sortant des voies communes pour suivre sa vocation [1]. Il est sûr, au moins, que les relations de parenté furent peu de chose pour lui. Sa famille ne semble pas l'avoir aimé [2], et, par moments, on le trouve dur pour elle [3]. Jésus, comme tous les hommes exclusivement préoccupés d'une idée, arrivait à tenir peu de compte des liens du sang. Le lien de l'idée est le seul que ces sortes de natures reconnaissent : « Voilà ma mère et mes frères, disait-il en étendant la main vers ses disciples ; celui qui fait la volonté de mon Père, voilà mon frère et ma sœur. » Les simples gens ne l'entendaient pas ainsi, et un jour une femme, passant près de lui, s'écria, dit-on : « Heureux le ventre qui

---

1. Luc, II, 42 et suiv. Les évangiles apocryphes sont pleins de pareilles histoires poussées au grotesque.
2. Matth., XIII, 57 ; Marc, VI, 4 ; Jean, VII, 3 et suiv. Voyez ci-dessous, p. 153, note 6.
3. Matth., XII, 48 ; Marc, III, 33 ; Luc, VIII, 21 ; Jean, II, 4 ; Évang. selon les Hébreux, dans saint Jérôme, *Dial. adv. Pelag.*, III, 2.

t'a porté et les seins que tu as sucés ! » — « Heureux plutôt, répondit-il[1], celui qui écoute la parole de Dieu et qui la met en pratique ! » Bientôt, dans sa hardie révolte contre la nature, il devait aller plus loin encore, et nous le verrons foulant aux pieds tout ce qui est de l'homme, le sang, l'amour, la patrie, ne garder d'âme et de cœur que pour l'idée qui se présentait à lui comme la forme absolue du bien et du vrai.

[1]. Luc, XI, 27 et suiv.

CHAPITRE IV.

ORDRE D'IDÉES AU SEIN DUQUEL SE DÉVELOPPA JÉSUS.

Comme la terre refroidie ne permet plus de comprendre les phénomènes de la création primitive, parce que le feu qui la pénétrait s'est éteint; ainsi les explications réfléchies ont toujours quelque chose d'insuffisant, quand il s'agit d'appliquer nos timides procédés d'induction aux révolutions des époques créatrices qui ont décidé du sort de l'humanité. Jésus vécut à un de ces moments où la partie de la vie publique se joue avec franchise, où l'enjeu de l'activité humaine est poussé au centuple. Tout grand rôle, alors, entraîne la mort; car de tels mouvements supposent une liberté et une absence de mesures préventives qui ne peuvent aller sans de terribles contre-poids. Maintenant, l'homme risque peu et gagne peu. Aux époques héroïques de l'activité humaine, l'homme risque tout et gagne tout. Les bons et les méchants, ou du moins ceux qui se croient et que l'on croit tels, forment des armées opposées. On arrive par l'échafaud à l'apothéose ; les caractères ont des traits accusés, qui les gravent comme des types éternels dans la mémoire des hommes. En dehors de la Révolution française, aucun milieu historique ne fut aussi propre que celui où se forma Jésus à développer ces forces cachées que l'humanité tient comme en réserve, et qu'elle ne laisse voir qu'à ses jours de fièvre et de péril.

Si le gouvernement du monde était un problème spéculatif, et que le plus grand philosophe fût l'homme le mieux désigné pour dire à ses semblables ce qu'ils doivent croire, c'est du calme et de la réflexion que sortiraient ces grandes règles morales et dogmatiques qu'on appelle des religions. Mais il n'en est pas de la sorte. Si l'on excepte Çakya-Mouni, les grands fondateurs religieux n'ont pas été des métaphysiciens. Le bouddhisme lui-même, qui est bien sorti de la pensée pure, a conquis une moitié de l'Asie pour des motifs tout politiques et moraux. Quant aux religions sémitiques, elles sont aussi peu philosophiques qu'il est possible. Moïse et Mahomet n'ont pas été des spéculatifs : ce furent des hommes d'action. C'est en proposant l'action à leurs compatriotes, à leurs contemporains, qu'ils ont dominé l'humanité. Jésus, de même, ne fut pas un théologien, un philosophe ayant un système plus ou moins bien composé. Pour être disciple de Jésus, il ne fallait signer aucun formulaire, ni prononcer aucune profession de foi; il ne fallait qu'une seule chose, s'attacher à lui, l'aimer. Il ne disputa jamais sur Dieu, car il le sentait directement en lui. L'écueil des subtilités métaphysiques, contre lequel le christianisme alla heurter dès le IIIe siècle, ne fut nullement posé par le fondateur. Jésus n'eut ni dogmes, ni système, mais une résolution personnelle fixe, qui, ayant dépassé en intensité toute autre volonté créée, dirige encore à l'heure qu'il est les destinées de l'humanité.

Le peuple juif a eu l'avantage, depuis la captivité de Babylone jusqu'au moyen âge, d'être toujours dans une situation très-tendue. Voilà pourquoi les dépositaires de l'esprit de la nation, durant ce long période, semblent écrire sous l'action d'une fièvre intense, qui les met sans cesse au-dessus et au-dessous de la raison, rarement dans sa moyenne voie. Jamais l'homme n'avait saisi le problème de l'avenir et de sa destinée avec un courage plus désespéré, plus décidé à se porter aux extrêmes. Ne séparant pas le sort de l'humanité de celui de leur petite race, les penseurs juifs sont les premiers qui aient eu souci d'une théorie générale de la marche de notre espèce. La Grèce, toujours renfermée en elle-même, et uniquement attentive à ses querelles de petites villes, a eu des historiens admirables; mais avant l'époque romaine, on chercherait vainement chez elle un système général de philosophie de l'histoire, embrassant toute l'humanité. Le juif, au contraire, grâce à une espèce de sens prophétique qui rend par moments le sémite merveilleusement apte à voir les grandes lignes de l'avenir, a fait entrer l'histoire dans la religion. Peut-être doit-il un peu de cet esprit à la Perse. La Perse, depuis une époque ancienne, conçut l'histoire du monde comme une série d'évolutions, à chacune desquelles préside un prophète. Chaque prophète a son *hazar*, ou règne de mille ans (chiliasme), et de ces âges successifs, analogues aux millions de siècles dévolus à chaque bouddha de l'Inde, se compose la trame des événements qui préparent le règne d'Ormuzd. A la fin des temps, quand le cercle des chiliasmes sera épuisé, viendra le paradis définitif. Les hommes alors vivront heureux; la terre sera comme une plaine; il n'y aura qu'une langue, une loi et un gouvernement pour tous les hommes. Mais cet avénement sera précédé de terribles calamités. Dahak (le Satan de la Perse) rompra les fers qui l'enchaînent et s'abattra sur le monde. Deux prophètes viendront consoler les hommes et préparer le grand avénement[1]. Ces idées couraient le monde et pénétraient jusqu'à Rome, où elles inspiraient un cycle de poëmes prophétiques, dont les idées fondamentales étaient la division de l'histoire de l'humanité en périodes, la succession des dieux répondant à ces périodes, un complet renouvellement du monde, et l'avénement final d'un âge d'or[2]. Le livre de Daniel, le livre d'Hénoch, certaines parties des livres sibyllins[3], sont l'expression juive de la même théorie. Certes il s'en faut que ces pensées fussent celles de tous. Elles ne furent d'abord embrassées que par quelques personnes à l'imagination vive et portées vers les doctrines étrangères. L'auteur étroit et sec du livre d'Esther n'a jamais pensé au reste du monde que pour le dédaigner et lui vouloir du mal[4]. L'épicurien désabusé qui a écrit l'Ecclésiaste pense si

1. *Yaçna*, XIII, 24; Théopompe, dans Plut., *De Iside et Osiride*, § 47; *Minokhired*, passage publié dans la *Zeitschrift der deutschen morgenlændischen Gesellschaft*, I, p. 263.

2. Virg., Égl. IV; Servius, sur le v. 4 de cette églogue; Nigidius, cité par Servius, sur le v. 10.

3. Livre III, 97-817.

4. VI, 13; VII, 10; VIII, 7, 11-17; IX, 1-22; et dans les parties apocryphes : IX, 10-11; XIV, 13 et suiv.; XVI, 20, 24.

peu à l'avenir qu'il trouve même inutile de travailler pour ses enfants; aux yeux de ce célibataire égoïste, le dernier mot de la sagesse est de placer son bien à fonds perdu[1]. Mais les grandes choses dans un peuple se font d'ordinaire par la minorité. Avec ses énormes défauts, dur, égoïste, moqueur, cruel, étroit, subtil, sophiste, le peuple juif est cependant l'auteur du plus beau mouvement d'enthousiasme désintéressé dont parle l'histoire. L'opposition fait toujours la gloire d'un pays. Les plus grands hommes d'une nation sont ceux qu'elle met à mort. Socrate a fait la gloire d'Athènes, qui n'a pas jugé pouvoir vivre avec lui. Spinoza est le plus grand des juifs modernes, et la synagogue l'a exclu avec ignominie. Jésus a été la gloire du peuple d'Israël, qui l'a crucifié.

Un gigantesque rêve poursuivait depuis des siècles le peuple juif, et le rajeunissait sans cesse dans sa décrépitude. Étrangère à la théorie des récompenses individuelles, que la Grèce a répandue sous le nom d'immortalité de l'âme, la Judée avait concentré sur son avenir national toute sa puissance d'amour et de désir. Elle crut avoir les promesses divines d'un avenir sans bornes, et comme l'amère réalité qui, à

[1]. Eccl., I, 11; II, 16, 18-24; III, 19-22; IV, 8, 15-16; V, 17-18; VI, 3, 6; VIII, 15; IX, 9, 10.

partir du ixe siècle avant notre ère, donnait de plus en plus le royaume du monde à la force, refoulait brutalement ces aspirations, elle se rejeta sur les alliances d'idées les plus impossibles, essaya les volte-faces les plus étranges. Avant la captivité, quand tout l'avenir terrestre de la nation se fut évanoui par la séparation des tribus du nord, on rêva la restauration de la maison de David, la réconciliation des deux fractions du peuple, le triomphe de la théocratie et du culte de Jéhovah sur les cultes idolâtres. A l'époque de la captivité, un poëte plein d'harmonie vit la splendeur d'une Jérusalem future, dont les peuples et les îles lointaines seraient tributaires, sous des couleurs si douces, qu'on eût dit qu'un rayon des regards de Jésus l'eût pénétré à une distance de six siècles [1].

La victoire de Cyrus sembla quelque temps réaliser tout ce qu'on avait espéré. Les graves disciples de l'Avesta et les adorateurs de Jéhovah se crurent frères. La Perse était arrivée, en bannissant les *dévas* multiples et en les transformant en démons (*divs*), à tirer des vieilles imaginations ariennes, essentiellement naturalistes, une sorte de monothéisme. Le ton prophétique de plusieurs des enseignements de l'Iran avait beaucoup d'analogie avec certaines composi-

[1]. Isaïe, LX, etc.

tions d'Osée et d'Isaïe. Israël se reposa sous les Achéménides [1], et, sous Xerxès (Assuérus), se fit redouter des Iraniens eux-mêmes. Mais l'entrée triomphante et souvent brutale de la civilisation grecque et romaine en Asie le rejeta dans ses rêves. Plus que jamais, il invoqua le Messie comme juge et vengeur des peuples. Il lui fallut un renouvellement complet, une révolution prenant le globe à ses racines et l'ébranlant de fond en comble, pour satisfaire l'énorme besoin de vengeance qu'excitaient chez lui le sentiment de sa supériorité et la vue de ses humiliations [2].

Si Israël avait eu la doctrine, dite spiritualiste, qui coupe l'homme en deux parts, le corps et l'âme, et trouve tout naturel que, pendant que le corps pourrit, l'âme survive, cet accès de rage et d'énergique protestation n'aurait pas eu sa raison d'être. Mais une telle doctrine, sortie de la philosophie grecque, n'était pas dans les traditions de l'esprit juif. Les anciens écrits hébreux ne renferment aucune trace de rémunérations ou de peines futures. Tandis que l'idée de la solidarité de la tribu exista, il était naturel qu'on ne songeât pas à une stricte rétribution selon les mérites de chacun. Tant

1. Tout le livre d'Esther respire un grand attachement à cette dynastie.
2. Lettre apocryphe de Baruch, dans Fabricius, *Cod. pseud. V. T.*, II, p. 147 et suiv.

pis pour l'homme pieux qui tombait à une époque d'impiété; il subissait comme les autres les malheurs publics, suite de l'impiété générale. Cette doctrine, léguée par les sages de l'époque patriarcale, aboutissait chaque jour à d'insoutenables contradictions. Déjà du temps de Job, elle était fort ébranlée; les vieillards de Théman qui la professaient étaient des hommes arriérés, et le jeune Elihu, qui intervient pour les combattre, ose émettre dès son premier mot cette pensée essentiellement révolutionnaire : la sagesse n'est plus dans les vieillards[1]! Avec les complications que le monde avait prises depuis Alexandre, le vieux principe thémanite et mosaïste devenait plus intolérable encore[2]. Jamais Israël n'avait été plus fidèle à la Loi, et pourtant on avait subi l'atroce persécution d'Antiochus. Il n'y avait qu'un rhéteur, habitué à répéter de vieilles phrases dénuées de sens, pour oser prétendre que ces malheurs venaient des infidélités du peuple[3]. Quoi! ces victimes qui meurent pour leur foi, ces héroïques Macchabées, cette mère avec ses sept

1. Job, XXXIII, 9.
2. Il est cependant remarquable que Jésus, fils de Sirach, s'y tient strictement (XVII, 26-28; XXII, 10-11; XXX, 4 et suiv.; XLI, 1-2; XLIV, 9). L'auteur de la *Sagesse* est d'un sentiment tout opposé (IV, 1, texte grec).
3. *Esth.*, XIV, 6-7 (apocr.); Épître apocryphe de Baruch (Fabricius, *Cod. pseud. V. T.* II, p. 147 et suiv.).

fils, Jéhovah les oubliera éternellement, les abandonnera à la pourriture de la fosse[1]? Un sadducéen incrédule et mondain pouvait bien ne pas reculer devant une telle conséquence; un sage consommé, tel qu'Antigone de Soco[2], pouvait bien soutenir qu'il ne faut pas pratiquer la vertu comme l'esclave en vue de la récompense, qu'il faut être vertueux sans espoir. Mais la masse de la nation ne pouvait se contenter de cela. Les uns, se rattachant au principe de l'immortalité philosophique, se représentèrent les justes vivant dans la mémoire de Dieu, glorieux à jamais dans le souvenir des hommes, jugeant l'impie qui les a persécutés[3]. « Ils vivent aux yeux de Dieu;... ils sont connus de Dieu[4], » voilà leur récompense. D'autres, les Pharisiens surtout, eurent recours au dogme de la résurrection[5]. Les justes revivront pour participer au règne mes-

1. *II Macch.*, vii.
2. *Pirké Aboth*, i, 3.
3. *Sagesse*, ch. ii-vi; *De rationis imperio*, attribué à Josèphe, 8, 13, 16, 18. Encore faut-il remarquer que l'auteur de ce dernier traité ne fait valoir qu'en seconde ligne le motif de rémunération personnelle. Le principal mobile des martyrs est l'amour pur de la Loi, l'avantage que leur mort procurera au peuple et la gloire qui s'attachera à leur nom. Comp. *Sagesse*, iv, 1 et suiv.; *Eccli.*, ch. xliv et suiv.; Jos. *B. J.*, II, viii, 10; III, viii, 5.
4. *Sagesse*, iv, 1; *De rat. imp.*, 16, 18.
5. *II Macch.*, vii, 9, 14; xii, 43-44.

sianique. Ils revivront dans leur chair, et pour un monde dont ils seront les rois et les juges ; ils assisteront au triomphe de leurs idées et à l'humiliation de leurs ennemis.

On ne trouve chez l'ancien peuple d'Israël que des traces tout à fait indécises de ce dogme fondamental. Le Sadducéen, qui n'y croyait pas, était, en réalité, fidèle à la vieille doctrine juive ; c'était le pharisien, partisan de la résurrection, qui était le novateur. Mais en religion, c'est toujours le parti ardent qui innove ; c'est lui qui marche, c'est lui qui tire les conséquences. La résurrection, idée totalement différente de l'immortalité de l'âme, sortait d'ailleurs très-naturellement des doctrines antérieures et de la situation du peuple. Peut-être la Perse en fournit-elle aussi quelques éléments[1]. En tout cas, se combinant avec la croyance au Messie et avec la doctrine d'un prochain renouvellement de toute chose, elle forma ces théories apocalyptiques qui, sans être des articles de foi (le sanhédrin orthodoxe de Jérusalem ne semble pas les avoir adoptées), couraient dans toutes les imaginations et produisaient d'un bout à l'autre du monde juif une fermentation ex-

---

1. Théopompe, dans Diog. Laert., Proœm., 9. — *Boundehesch,* c. XXXI. Les traces du dogme de la résurrection dans l'Avesta sont fort douteuses.

trême. L'absence totale de rigueur dogmatique faisait que des notions fort contradictoires pouvaient être admises à la fois, même sur un point aussi capital. Tantôt le juste devait attendre la résurrection[1]; tantôt il était reçu dès le moment de sa mort dans le sein d'Abraham[2]. Tantôt la résurrection était générale[3], tantôt réservée aux seuls fidèles[4]. Tantôt elle supposait une terre renouvelée et une nouvelle Jérusalem; tantôt elle impliquait un anéantissement préalable de l'univers.

Jésus, dès qu'il eut une pensée, entra dans la brûlante atmosphère que créaient en Palestine les idées que nous venons d'exposer. Ces idées ne s'enseignaient à aucune école; mais elles étaient dans l'air, et son âme en fut de bonne heure pénétrée. Nos hésitations, nos doutes ne l'atteignirent jamais. Ce sommet de la montagne de Nazareth, où nul homme moderne ne peut s'asseoir sans un sentiment inquiet sur sa destinée, peut-être frivole, Jésus s'y est assis vingt fois sans un doute. Délivré de l'égoïsme, source de nos tristesses, qui nous fait rechercher avec âpreté un intérêt d'outre-tombe à

---

1. Jean, XI, 24.
2. Luc, XVI, 22. Cf. *De rationis imp.*, 13, 16, 18.
3. Dan., XII, 2.
4. *II Macch.* VII, 14.

la vertu, il ne pensa qu'à son œuvre, à sa race, à l'humanité. Ces montagnes, cette mer, ce ciel d'azur, ces hautes plaines à l'horizon, furent pour lui non la vision mélancolique d'une âme qui interroge la nature sur son sort, mais le symbole certain, l'ombre transparente d'un monde invisible et d'un ciel nouveau.

Il n'attacha jamais beaucoup d'importance aux événements politiques de son temps, et il en était probablement mal informé. La dynastie des Hérodes vivait dans un monde si différent du sien, qu'il ne la connut sans doute que de nom. Le grand Hérode mourut vers l'année même où il naquit, laissant des souvenirs impérissables, des monuments qui devaient forcer la postérité la plus malveillante d'associer son nom à celui de Salomon, et néanmoins une œuvre inachevée, impossible à continuer. Ambitieux profane, égaré dans un dédale de luttes religieuses, cet astucieux Iduméen eut l'avantage que donnent le sang-froid et la raison, dénués de moralité, au milieu de fanatiques passionnés. Mais son idée d'un royaume profane d'Israël, lors même qu'elle n'eût pas été un anachronisme dans l'état du monde où il la conçut, aurait échoué, comme le projet semblable que forma Salomon, contre les difficultés venant du caractère même de la nation. Ses trois fils ne furent que des lieutenants des Romains, analogues aux radjas de l'Inde sous la domination anglaise. Antipater ou Antipas, tétrarque de la Galilée et de la Pérée, dont Jésus fut le sujet durant toute sa vie, était un prince paresseux et nul[1], favori et adulateur de Tibère[2], trop souvent égaré par l'influence mauvaise de sa seconde femme Hérodiade[3]. Philippe, tétrarque de la Gaulonitide et de la Batanée, sur les terres duquel Jésus fit de fréquents voyages, était un beaucoup meilleur souverain[4]. Quant à Archélaüs, ethnarque de Jérusalem, Jésus ne put le connaître. Il avait environ dix ans quand cet homme faible et sans caractère, parfois violent, fut déposé par Auguste[5]. La dernière trace d'autonomie fut de la sorte perdue pour Jérusalem. Réunie à la Samarie et à l'Idumée, la Judée forma une sorte d'annexe de la province de Syrie, où le sénateur Publius Sulpicius Quirinius, personnage consulaire fort connu[6], était légat impérial. Une série de procurateurs

1. Jos., *Ant.*, XVIII, v, 1; vii, 1 et 2; Luc, iii, 19.
2. Jos., *Ant.*, XVIII, ii, 3; iv, 5; v, 1.
3. *Ibid.*, XVIII, vii, 2.
4. *Ibid.*, XVIII, iv, 6.
5. *Ibid.*, XVII, xii, 2, et *B. J.*, II, vii, 3.
6. Orelli, *Inscr. lat.*, n° 3693; Henzen, *Suppl.*, n° 7041; *Fasti prænestini*, au 6 mars et au 28 avril (dans le *Corpus inscr. lat.*, I, 314, 317); Borghesi, *Fastes consulaires* [encore inédits], à l'année 742; R. Bergmann, *De inscr. lat. ad P. S. Quirinium, ut videtur, referenda* (Berlin, 1851). Cf. Tac., *Ann.*, II, 30; III, 48; Strabon, XII, vi, 5.

romains, subordonnés pour les grandes questions au légat impérial de Syrie, Coponius, Marcus Ambivius, Annius Rufus, Valérius Gratus, et enfin (l'an 26 de notre ère), Pontius Pilatus, s'y succèdent[1], sans cesse occupés à éteindre le volcan qui faisait éruption sous leurs pieds.

De continuelles séditions excitées par les zélateurs du mosaïsme ne cessèrent en effet, durant tout ce temps, d'agiter Jérusalem[2]. La mort des séditieux était assurée; mais la mort, quand il s'agissait de l'intégrité de la Loi, était recherchée avec avidité. Renverser les aigles, détruire les ouvrages d'art élevés par les Hérodes, et où les règlements mosaïques n'étaient pas toujours respectés[3], s'insurger contre les écussons votifs dressés par les procurateurs, et dont les inscriptions paraissaient entachées d'idolâtrie[4], étaient de perpétuelles tentations pour des fanatiques parvenus à ce degré d'exaltation qui ôte tout soin de la vie. Juda, fils de Sariphée, Mathias, fils de Margaloth, deux docteurs de la loi fort célèbres, formèrent ainsi un parti d'agression hardie contre l'ordre établi, qui se continua après leur supplice[5].

1. Jos., *Ant.*, l. XVIII.
2. Jos., *Ant.*, les livres XVII et XVIII entiers, et *B. J.*, liv. I et II.
3. Jos., *Ant.*, XV, x, 4. Comp. Livre d'Hénoch, xcvii, 13-14.
4. Philon, *Leg. ad Caïum*, § 38.
5. Jos., *Ant.*, XVII, vi, 2 et suiv. *B. J.*, I, xxxiii, 3 et suiv.

Les Samaritains étaient agités de mouvements du même genre[1]. Il semble que la Loi n'eût jamais compté plus de sectateurs passionnés qu'au moment où vivait déjà celui qui, de la pleine autorité de son génie et de sa grande âme, allait l'abroger. Les « Zélotes » (*Kenaïm*) ou « Sicaires, » assassins pieux, qui s'imposaient pour tâche de tuer quiconque manquait devant eux à la Loi, commençaient à paraître[2]. Des représentants d'un tout autre esprit, des thaumaturges, considérés comme des espèces de personnes divines, trouvaient créance, par suite du besoin impérieux que le siècle éprouvait de surnaturel et de divin[3].

Un mouvement qui eut beaucoup plus d'influence sur Jésus fut celui de Juda le Gaulonite ou le Galiléen. De toutes les sujétions auxquelles étaient exposés les pays nouvellement conquis par Rome, le cens était la plus impopulaire[4]. Cette mesure, qui étonne toujours les peuples peu habitués aux charges des grandes administrations centrales, était particulièrement odieuse aux Juifs. Déjà, sous David, nous voyons

1. Jos., *Ant.*, XVIII, IV, 1 et suiv.
2. Mischna, *Sanhédrin*, IX, 6; Jean, XVI, 2; Jos., *B. J.*, livre IV et suiv.
3. *Act.*, VIII, 9. Le verset 11 laisse supposer que Simon le Magicien était déjà célèbre au temps de Jésus.
4. Discours de Claude, à Lyon, tab. II, sub fin. De Boissieu, *Inscr. ant. de Lyon*, p. 136.

un recensement provoquer de violentes récriminations et les menaces des prophètes[1]. Le cens, en effet, était la base de l'impôt; or l'impôt, dans les idées de la pure théocratie, était presque une impiété. Dieu étant le seul maître que l'homme doive reconnaître, payer la dîme à un souverain profane, c'est en quelque sorte le mettre à la place de Dieu. Complétement étrangère à l'idée de l'État, la théocratie juive ne faisait en cela que tirer sa dernière conséquence, la négation de la société civile et de tout gouvernement. L'argent des caisses publiques passait pour de l'argent volé[2]. Le recensement ordonné par Quirinius (an 6 de l'ère chrétienne) réveilla puissamment ces idées et causa une grande fermentation. Un mouvement éclata dans les provinces du nord. Un certain Juda, de la ville de Gamala, sur la rive orientale du lac de Tibériade, et un pharisien nommé Sadok se firent, en niant la légitimité de l'impôt, une école nombreuse, qui aboutit bientôt à une révolte ouverte[3]. Les maximes fondamentales de l'école étaient qu'on ne doit appeler

---

1. II Sam., xxiv.
2. Talmud de Babylone, *Baba Kama*, 113 *a* ; *Schabbath*, 33 *b*.
3. Jos., *Ant.*, XVIII, i, 1 et 6 ; *B. J.*, II, viii, 1; *Act.*, v, 37. Avant Juda le Gaulonite, les *Actes* placent un autre agitateur, Theudas ; mais c'est là un anachronisme : le mouvement de Theudas eut lieu l'an 44 de l'ère chrétienne (Jos., *Ant.*, XX, v, 1).

sonne « maître, » ce titre appartenant à Dieu seul, que la liberté vaut mieux que la vie. Juda avait sans doute bien d'autres principes, que Josèphe, toujours attentif à ne pas compromettre ses coreligionnaires, passe à dessein sous silence; car on ne comprendrait pas que pour une idée aussi simple, l'historien juif lui donnât une place parmi les philosophes de sa nation et le regardât comme le fondateur d'une quatrième école, parallèle à celles des Pharisiens, des Sadducéens, des Esséniens. Juda fut évidemment le chef d'une secte galiléenne, préoccupée de messianisme, et qui aboutit à un mouvement politique. Le procurateur Coponius écrasa la sédition du Gaulonite; mais l'école subsista et conserva ses chefs. Sous la conduite de Menahem, fils du fondateur, et d'un certain Éléazar, son parent, on la retrouve fort active dans les dernières luttes des Juifs contre les Romains[1]. Jésus vit peut-être ce Juda, qui conçut la révolution juive d'une façon si différente de la sienne; il connut en tout cas son école, et ce fut probablement par réaction contre son erreur qu'il prononça l'axiome sur le denier de César. Le sage Jésus, éloigné de toute sédition, profita de la faute de son devancier, et rêva un autre royaume et une autre délivrance.

1. Jos., *B. J.*, II, xvii, 8 et suiv.

La Galilée était de la sorte une vaste fournaise, où s'agitaient en ébullition les éléments les plus divers[1]. Un mépris extraordinaire de la vie, ou pour mieux dire une sorte d'appétit de la mort fut la conséquence de ces agitations[2]. L'expérience ne compte pour rien dans les grands mouvements fanatiques. L'Algérie, aux premiers temps de l'occupation française, voyait se lever, chaque printemps, des inspirés, qui se déclaraient invulnérables et envoyés de Dieu pour chasser les infidèles; l'année suivante, leur mort était oubliée, et leur successeur ne trouvait pas une moindre foi. Très-dure par un côté, la domination romaine, peu tracassière encore, permettait beaucoup de liberté. Ces grandes dominations brutales, terribles dans la répression, n'étaient pas soupçonneuses comme le sont les puissances qui ont un dogme à garder. Elles laissaient tout faire jusqu'au jour où elles croyaient devoir sévir. Dans sa carrière vagabonde, on ne voit pas que Jésus ait été une seule fois gêné par la police. Une telle liberté, et par-dessus tout le bonheur qu'avait la Galilée d'être beaucoup moins resserrée dans les liens du pédantisme phari-

---

[1]. Luc, XIII, 1. Le mouvement galiléen de Juda, fils d'Ézéchias, ne paraît pas avoir eu un caractère religieux; peut-être, cependant, ce caractère a-t-il été dissimulé par Josèphe (*Ant.*, XVII, x, 5).
[2]. Jos., *Ant.*, XVI, vi, 2, 3; XVIII, i, 1.

saïque, donnaient à cette contrée une vraie supériorité sur Jérusalem. La révolution, ou en d'autres termes le messianisme, y faisait travailler toutes les têtes. On se croyait à la veille de voir apparaître la grande rénovation ; l'Écriture torturée en des sens divers servait d'aliment aux plus colossales espérances. A chaque ligne des simples écrits de l'Ancien Testament, on voyait l'assurance et en quelque sorte le programme du règne futur qui devait apporter la paix aux justes et sceller à jamais l'œuvre de Dieu.

De tout temps, cette division en deux parties opposées d'intérêt et d'esprit avait été pour la nation hébraïque un principe de fécondité dans l'ordre moral. Tout peuple appelé à de hautes destinées doit être un petit monde complet, renfermant dans son sein les pôles opposés. La Grèce offrait à quelques lieues de distance Sparte et Athènes, les deux antipodes pour un observateur superficiel, en réalité sœurs rivales, nécessaires l'une à l'autre. Il en fut de même de la Judée. Moins brillant en un sens que le développement de Jérusalem, celui du nord fut en somme bien plus fécond ; les œuvres les plus vivantes du peuple juif étaient toujours venues de là. Une absence complète du sentiment de la nature, aboutissant à quelque chose de sec, d'étroit, de farouche, a frappé toutes les œuvres purement hiérosolymites d'un caractère grandiose, mais triste, aride et repoussant. Avec ses docteurs solennels, ses insipides canonistes, ses dévots hypocrites et atrabilaires, Jérusalem n'eût pas conquis l'humanité. Le nord a donné au monde la naïve Sulamite, l'humble Chananéenne, la passionnée Madeleine, le bon nourricier Joseph, la Vierge Marie. Le nord seul a fait le christianisme; Jérusalem, au contraire, est la vraie patrie du judaïsme obstiné qui, fondé par les pharisiens, fixé par le Talmud, a traversé le moyen âge et est venu jusqu'à nous.

Une nature ravissante contribuait à former cet esprit beaucoup moins austère, moins âprement monothéiste, si j'ose le dire, qui imprimait à tous les rêves de la Galilée un tour idyllique et charmant. Le plus triste pays du monde est peut-être la région voisine de Jérusalem. La Galilée, au contraire, était un pays très-vert, très-ombragé, très-souriant, le vrai pays du Cantique des cantiques et des chansons du bien-aimé[1]. Pendant les deux mois de mars et d'avril,

---

1. Jos. *B. J.*, III, iii, 1. L'horrible état où le pays est réduit, surtout près du lac de Tibériade, ne doit pas faire illusion. Ces pays, maintenant brûlés, ont été autrefois des paradis terrestres. Les bains de Tibériade, qui sont aujourd'hui un affreux séjour, ont été autrefois le plus bel endroit de la Galilée (Jos., *Ant.*, XVIII, ii, 3). Josèphe (*Bell. Jud.*, III, x, 8) vante les beaux arbres de la plaine de Génésareth, où il n'y en a plus un seul. Antonin Martyr, vers l'an 600, cinquante ans par conséquent avant l'invasion musul-

la campagne est un tapis de fleurs, d'une franchise de couleurs incomparable. Les animaux y sont petits, mais d'une douceur extrême. Des tourterelles sveltes et vives, des merles bleus si légers qu'ils posent sur une herbe sans la faire plier, des alouettes huppées, qui viennent presque se mettre sous les pieds du voyageur, de petites tortues de ruisseaux, dont l'œil est vif et doux, des cigognes à l'air pudique et grave, dépouillant toute timidité, se laissent approcher de très-près par l'homme et semblent l'appeler. En aucun pays du monde, les montagnes ne se déploient avec plus d'harmonie et n'inspirent de plus hautes pensées. Jésus semble les avoir particulièrement aimées. Les actes les plus importants de sa carrière divine se passent sur les montagnes; c'est là qu'il était le mieux inspiré[1]; c'est là qu'il avait avec les anciens prophètes de secrets entretiens, et qu'il se montrait aux yeux de ses disciples déjà transfiguré[2].

Ce joli pays, devenu aujourd'hui, par suite de l'énorme appauvrissement que l'islamisme a opéré dans la vie humaine, si morne, si navrant, mais

---

mane, trouve encore la Galilée couverte de plantations délicieuses, et compare sa fertilité à celle de l'Égypte (*Itin.*, § 5).

1. Matth., v, 1; xiv, 23 ; Luc, vi, 12.
2. Matth., xvii, 1 et suiv.; Marc, ix, 1 et suiv.; Luc, ix, 28 et suiv.

où tout ce que l'homme n'a pu détruire respire encore l'abandon, la douceur, la tendresse, surabondait, à l'époque de Jésus, de bien-être et de gaieté. Les Galiléens passaient pour énergiques, braves et laborieux [1]. Si l'on excepte Tibériade, bâtie par Antipas en l'honneur de Tibère (vers l'an 15) dans le style romain [2], la Galilée n'avait pas de grandes villes. Le pays était néanmoins fort peuplé, couvert de petites villes et de gros villages, cultivé avec art dans toutes ses parties [3]. Aux ruines qui restent de son ancienne splendeur, on sent un peuple agricole, nullement doué pour l'art, peu soucieux de luxe, indifférent aux beautés de la forme, exclusivement idéaliste. La campagne abondait en eaux fraîches et en fruits; les grosses fermes étaient ombragées de vignes et de figuiers; les jardins étaient des massifs de pommiers, de noyers, de grenadiers [4]. Le vin était excellent, s'il en faut juger

---

1. Jos., *B. J.*, III, III, 2.
2. Jos., *Ant.*, XVIII, II, 2; *B. J.*, II, IX, 1; *Vita*, 12, 13, 64.
3. Jos., *B. J.*, III, III, 2.
4. On peut se les figurer d'après quelques enclos des environs de Nazareth. Cf. *Cant. Cant.*, II, 3, 5, 13; IV, 13; VI, 6, 10; VII, 8, 12; VIII, 2, 5; Anton. Martyr, *l. c.* L'aspect des grandes métairies s'est encore bien conservé dans le sud du pays de Tyr (ancienne tribu d'Aser). La trace de la vieille agriculture palestinienne, avec ses ustensiles taillés dans le roc (aires, pressoirs, silos, auges, meules, etc.), se retrouve du reste à chaque pas.

par celui que les juifs recueillent encore à Safed, et on en buvait beaucoup[1]. Cette vie contente et facilement satisfaite n'aboutissait pas à l'épais matérialisme de notre paysan, à la grosse joie d'une Normandie plantureuse, à la pesante gaieté des Flamands. Elle se spiritualisait en rêves éthérés, en une sorte de mysticisme poétique confondant le ciel et la terre. Laissez l'austère Jean-Baptiste dans son désert de Judée, prêcher la pénitence, tonner sans cesse, vivre de sauterelles en compagnie des chacals. Pourquoi les compagnons de l'époux jeûneraient-ils pendant que l'époux est avec eux? La joie fera partie du royaume de Dieu. N'est-elle pas la fille des humbles de cœur, des hommes de bonne volonté?

Toute l'histoire du christianisme naissant est devenue de la sorte une délicieuse pastorale. Un Messie aux repas de noces, la courtisane et le bon Zachée appelés à ses festins, les fondateurs du royaume du ciel comme un cortége de paranymphes: voilà ce que la Galilée a osé, ce qu'elle a fait accepter. La Grèce a tracé de la vie humaine par la sculpture et la poésie des tableaux charmants, mais toujours sans fonds fuyants ni horizons lointains. Ici

---

[1]. Matth., ix, 17; xi, 19; Marc, ii, 22; Luc, v, 37; vii, 34; Jean, ii, 3 et suiv.

manquent le marbre, les ouvriers excellents, la langue exquise et raffinée. Mais la Galilée a créé à l'état d'imagination populaire le plus sublime idéal; car derrière son idylle s'agite le sort de l'humanité, et la lumière qui éclaire son tableau est le soleil du royaume de Dieu.

Jésus vivait et grandissait dans ce milieu enivrant. Dès son enfance, il fit presque annuellement le voyage de Jérusalem pour les fêtes [1]. Le pèlerinage était pour les Juifs provinciaux une solennité pleine de douceur. Des séries entières de psaumes étaient consacrées à chanter le bonheur de cheminer ainsi en famille [2], durant plusieurs jours, au printemps, à travers les collines et les vallées, tous ayant en perspective les splendeurs de Jérusalem, les terreurs des parvis sacrés, la joie pour des frères de demeurer ensemble [3]. La route que Jésus suivait d'ordinaire dans ces voyages était celle que l'on suit aujourd'hui, par Ginæa et Sichem [4]. De Sichem à

---

1. Luc, II, 41.
2. Luc, II, 42-44.
3. Voir surtout ps. LXXXIV, CXXII, CXXXIII (Vulg. LXXXIII, CXXI, CXXXII).
4. Luc, IX, 51-53; XVII, 11; Jean, IV, 4; Jos., *Ant.*, XX, VI, 1; *B. J.*, II, XII, 3; *Vita,* 52. Souvent, cependant, les pèlerins venaient par la Pérée pour éviter la Samarie, où ils couraient des dangers. Matth., XIX, 1; Marc, X, 1.

Jérusalem elle est fort sévère. Mais le voisinage des vieux sanctuaires de Silo, de Béthel, près desquels on passe, tient l'âme en éveil. *Ain-el-Haramié*, la dernière étape [1], est un lieu mélancolique et charmant, et peu d'impressions égalent celle qu'on éprouve en s'y établissant pour le campement du soir. La vallée est étroite et sombre ; une eau noire sort des rochers percés de tombeaux, qui en forment les parois. C'est, je crois, la « Vallée des pleurs, » ou des eaux suintantes, chantée comme une des stations du chemin dans le délicieux psaume LXXXIV [2], et devenue, pour le mysticisme doux et triste du moyen âge, l'emblème de la vie. Le lendemain, de bonne heure, on sera à Jérusalem ; une telle attente, aujourd'hui encore, soutient la caravane, rend la soirée courte et le sommeil léger.

Ces voyages, où la nation réunie se communiquait ses idées, et qui étaient presque toujours des foyers de grande agitation, mettaient Jésus en contact avec l'âme de son peuple, et sans doute lui inspiraient déjà une vive antipathie pour les défauts des représentants officiels du judaïsme. On veut que de bonne heure le désert ait

---

1. Selon Josèphe (*Vita*, 52), la route était de trois jours. Mais l'étape de Sichem à Jérusalem devait d'ordinaire être coupée en deux.

2. LXXXIII selon la Vulgate, v. 7.

été pour lui une autre école et qu'il y ait fait de longs séjours [1]. Mais le Dieu qu'il trouvait là n'était pas le sien. C'était tout au plus le Dieu de Job, sévère et terrible, qui ne rend raison à personne. Parfois c'était Satan qui venait le tenter. Il retournait alors dans sa chère Galilée, et retrouvait son Père céleste, au milieu des vertes collines et des claires fontaines, parmi les troupes d'enfants et de femmes qui, l'âme joyeuse et le cantique des anges dans le cœur, attendaient le salut d'Israël.

[1]. Luc, IV, 42; V, 16.

CHAPITRE V.

PREMIERS APHORISMES DE JÉSUS. — SES IDÉES D'UN DIEU PÈRE ET D'UNE RELIGION PURE. — PREMIERS DISCIPLES.

Joseph mourut avant que son fils fût arrivé à aucun rôle public. Marie resta de la sorte le chef de la famille, et c'est ce qui explique pourquoi son fils, quand on voulait le distinguer de ses nombreux homonymes, était le plus souvent appelé « fils de Marie[1]. » Il semble que, devenue par la mort de son mari étrangère à Nazareth, elle se retira à Cana[2], dont elle pouvait être originaire. Cana[3] était une petite ville à deux heures ou deux heures et demie

---

1. C'est l'expression de Marc, VI, 3. Cf. Matth., XIII, 55. Marc ne connaît pas Joseph ; Jean et Luc, au contraire, préfèrent l'expression « fils de Joseph. » Luc, III, 23 ; IV, 22 ; Jean, I, 45 ; IV, 42.
2. Jean, II, 1 ; IV, 46. Jean seul est renseigné sur ce point.
3. J'admets comme probable le sentiment qui identifie Cana de Galilée avec *Kana el-Djélil*. On peut cependant faire valoir des arguments pour *Kefr-Kenna*, à une heure ou une heure et demie N.-N.-E. de Nazareth.

de Nazareth, au pied des montagnes qui bornent au nord la plaine d'Asochis [1]. La vue, moins grandiose qu'à Nazareth, s'étend sur toute la plaine et est bornée de la manière la plus pittoresque par les montagnes de Nazareth et les collines de Séphoris. Jésus paraît avoir fait quelque temps sa résidence en ce lieu. Là se passa probablement une partie de sa jeunesse et eurent lieu ses premiers éclats [2].

Il exerçait le métier de son père, qui était celui de charpentier [3]. Ce n'était pas là une circonstance humiliante ou fâcheuse. La coutume juive exigeait que l'homme voué aux travaux intellectuels apprît un état. Les docteurs les plus célèbres avaient des métiers [4]; c'est ainsi que saint Paul, dont l'éducation avait été si soignée, était fabricant de tentes [5]. Jésus ne se maria point. Toute sa puissance d'aimer se porta sur ce qu'il considérait comme sa vocation céleste. Le sentiment extrêmement délicat qu'on remarque en lui pour les femmes [6] ne se sépara

1. Maintenant *el-Buttauf*.
2. Jean, II, 11; IV, 46. Un ou deux disciples étaient de Cana. Jean, XXI, 2; Matth., X, 4; Marc, III, 18.
3. Marc, VI, 3; Justin, *Dial. cum Tryph.*, 88.
4. Par exemple, « Rabbi Iohanan le Cordonnier, Rabbi Isaac le Forgeron. »
5. *Act.*, XVIII, 3.
6. Voir ci-dessous, p. 151-152.

point du dévouement exclusif qu'il avait pour son idée. Il traita en sœurs, comme François d'Assise et François de Sales, les femmes qui s'éprenaient de la même œuvre que lui; il eut ses sainte Claire, ses Françoise de Chantal. Seulement il est probable que celles-ci aimaient plus lui que l'œuvre; il fut sans doute plus aimé qu'il n'aima. Ainsi qu'il arrive souvent dans les natures très-élevées, la tendresse du cœur se transforma chez lui en douceur infinie, en vague poésie, en charme universel. Ses relations intimes et libres, mais d'un ordre tout moral, avec des femmes d'une conduite équivoque, s'expliquent de même par la passion qui l'attachait à la gloire de son Père, et lui inspirait une sorte de jalousie pour toutes les belles créatures qui pouvaient y servir[1].

Quelle fut la marche de la pensée de Jésus durant cette période obscure de sa vie? Par quelles méditations débuta-t-il dans la carrière prophétique? On l'ignore, son histoire nous étant parvenue à l'état de récits épars et sans chronologie exacte. Mais le développement des produits vivants est partout le même, et il n'est pas douteux que la croissance d'une personnalité aussi puissante que celle de Jésus n'ait obéi à des lois très-rigoureuses. Une haute notion de la

---

1. Luc, VII, 37 et suiv.; Jean, IV, 7 et suiv.; VIII, 3 et suiv.

divinité, qu'il ne dut pas au judaïsme, et qui semble avoir été de toutes pièces la création de sa grande âme, fut en quelque sorte le principe de toute sa force. C'est ici qu'il faut le plus renoncer aux idées qui nous sont familières et à ces discussions où s'usent les petits esprits. Pour bien comprendre la nuance de la piété de Jésus, il faut faire abstraction de ce qui s'est placé entre l'Évangile et nous. Déisme et panthéisme sont devenus les deux pôles de la théologie. Les chétives discussions de la scolastique, la sécheresse d'esprit de Descartes, l'irréligion profonde du xviii° siècle, en rapetissant Dieu, et en le limitant en quelque sorte par l'exclusion de tout ce qui n'est pas lui, ont étouffé au sein du rationalisme moderne tout sentiment fécond de la divinité. Si Dieu, en effet, est un être déterminé hors de nous, la personne qui croit avoir des rapports particuliers avec Dieu est un « visionnaire, » et comme les sciences physiques et physiologiques nous ont montré que toute vision surnaturelle est une illusion, le déiste un peu conséquent se trouve dans l'impossibilité de comprendre les grandes croyances du passé. Le panthéisme, d'un autre côté, en supprimant la personnalité divine, est aussi loin qu'il se peut du Dieu vivant des religions anciennes. Les hommes qui ont le plus hautement compris Dieu, Çakya-Mouni,

Platon, saint Paul, saint François d'Assise, saint Augustin, à quelques heures de sa mobile vie, étaient-ils déistes ou panthéistes? Une telle question n'a pas de sens. Les preuves physiques et métaphysiques de l'existence de Dieu les eussent laissés indifférents. Ils sentaient le divin en eux-mêmes. — Au premier rang de cette grande famille des vrais fils de Dieu, il faut placer Jésus. Jésus n'a pas de visions; Dieu ne lui parle pas comme à quelqu'un hors de lui; Dieu est en lui; il se sent avec Dieu, et il tire de son cœur ce qu'il dit de son Père. Il vit au sein de Dieu par une communication de tous les instants; il ne le voit pas, mais il l'entend, sans qu'il ait besoin de tonnerre et de buisson ardent comme Moïse, de tempête révélatrice comme Job, d'oracle comme les vieux sages grecs, de génie familier comme Socrate, d'ange Gabriel comme Mahomet. L'imagination et l'hallucination d'une sainte Thérèse, par exemple, ne sont ici pour rien. L'ivresse du soufi se proclamant identique à Dieu est aussi tout autre chose. Jésus n'énonce pas un moment l'idée sacrilége qu'il soit Dieu. Il se croit en rapport direct avec Dieu, il se croit fils de Dieu. La plus haute conscience de Dieu qui ait existé au sein de l'humanité a été celle de Jésus.

On comprend, d'un autre côté, que Jésus, partant d'une telle disposition d'âme, ne sera nullement un philosophe spéculatif comme Çakya-Mouni. Rien n'est plus loin de la théologie scolastique que l'Évangile[1]. Les spéculations des Pères grecs sur l'essence divine viennent d'un tout autre esprit. Dieu conçu immédiatement comme Père, voilà toute la théologie de Jésus. Et cela n'était pas chez lui un principe théorique, une doctrine plus ou moins prouvée et qu'il cherchait à inculquer aux autres. Il ne faisait à ses disciples aucun raisonnement[2]; il n'exigeait d'eux aucun effort d'attention. Il ne prêchait pas ses opinions, il se prêchait lui-même. Souvent des âmes très-grandes et très-désintéressées présentent, associé à beaucoup d'élévation, ce caractère de perpétuelle attention à elles-mêmes et d'extrême susceptibilité personnelle, qui en général est le propre des femmes[3]. Leur persuasion que Dieu est en elles et s'occupe perpétuellement d'elles est si forte qu'elles ne craignent nullement de s'imposer aux autres; notre réserve, notre respect de l'opinion d'autrui, qui est

---

1. Les discours que le quatrième évangile prête à Jésus renferment déjà un germe de théologie. Mais ces discours étant en contradiction absolue avec ceux des évangiles synoptiques, lesquels représentent sans aucun doute les *Logia* primitifs, ils doivent compter pour des documents de l'histoire apostolique, et non pour des éléments de la vie de Jésus.

2. Voir Matth., ix, 9, et les autres récits analogues.

3. Voir, par exemple, Jean, xxi, 15 et suiv.

une partie de notre impuissance, ne saurait être leur fait. Cette personnalité exaltée n'est pas l'égoïsme ; car de tels hommes, possédés de leur idée, donnent leur vie de grand cœur pour sceller leur œuvre : c'est l'identification du moi avec l'objet qu'il a embrassé, poussée à sa dernière limite. C'est l'orgueil pour ceux qui ne voient dans l'apparition nouvelle que la fantaisie personnelle du fondateur ; c'est le doigt de Dieu pour ceux qui voient le résultat. Le fou côtoie ici l'homme inspiré ; seulement le fou ne réussit jamais. Il n'a pas été donné jusqu'ici à l'égarement d'esprit d'agir d'une façon sérieuse sur la marche de l'humanité.

Jésus n'arriva pas sans doute du premier coup à cette haute affirmation de lui-même. Mais il est probable que, dès ses premiers pas, il s'envisagea avec Dieu dans la relation d'un fils avec son père. Là est son grand acte d'originalité ; en cela il n'est nullement de sa race[1]. Ni le juif, ni le musulman n'ont compris cette délicieuse théologie d'amour. Le Dieu de Jésus n'est pas ce maître fatal qui nous tue quand il lui plaît, nous damne quand il lui plaît, nous sauve quand il lui plaît. Le Dieu de Jésus est Notre Père. On l'en-

---

1. La belle âme de Philon se rencontra ici, comme sur tant d'autres points, avec celle de Jésus. *De confus. ling.*, § 14 ; *De migr. Abr.*, § 1 ; *De somniis*, II, § 41 ; *De agric. Noë*, § 12 ; *De mutatione nominum*, § 4. Mais Philon est à peine juif d'esprit.

78 ORIGINES DU CHRISTIANISME.

tend en écoutant un souffle léger qui crie en nous, « Père[1]. » Le Dieu de Jésus n'est pas le despote partial qui a choisi Israël pour son peuple et le protége envers et contre tous. C'est le Dieu de l'humanité. Jésus ne sera pas un patriote comme les Macchabées, un théocrate comme Juda le Gaulonite. S'élevant hardiment au-dessus des préjugés de sa nation, il établira l'universelle paternité de Dieu. Le Gaulonite soutenait qu'il faut mourir plutôt que de donner à un autre qu'à Dieu le nom de « maître; » Jésus laisse ce nom à qui veut le prendre, et réserve pour Dieu un titre plus doux. Accordant aux puissants de la terre, pour lui représentants de la force, un respect plein d'ironie, il fonde la consolation suprême, le recours au Père que chacun a dans le ciel, le vrai royaume de Dieu que chacun porte en son cœur.

Ce nom de « royaume de Dieu » ou de « royaume du ciel[2] » fut le terme favori de Jésus pour exprimer la révolution qu'il apportait en ce monde[3]. Comme

1. Saint Paul, *ad Galatas*, IV, 6.
2. Le mot « ciel, » dans la langue rabbinique de ce temps, est synonyme du nom de « Dieu, » qu'on évitait de prononcer. Comp. Matth., XXI, 25; Luc, XV, 18; XX, 4.
3. Cette expression revient à chaque page des évangiles synoptiques, des Actes des Apôtres, de saint Paul. Si elle ne paraît qu'une fois en saint Jean (III, 3 et 5), c'est que les discours rapportés par le quatrième évangile sont loin de représenter la parole vraie de Jésus.

presque tous les termes messianiques, il venait du Livre de Daniel. Selon l'auteur de ce livre extraordinaire, aux quatre empires profanes, destinés à crouler, succédera un cinquième empire, qui sera celui des Saints et qui durera éternellement[1]. Ce règne de Dieu sur la terre prêtait naturellement aux interprétations les plus diverses. Pour la théologie juive, le « royaume de Dieu » n'est le plus souvent que le judaïsme lui-même, la vraie religion, le culte monothéiste, la piété[2]. Dans les derniers temps de sa vie, Jésus crut que ce règne allait se réaliser matériellement par un brusque renouvellement du monde. Mais sans doute ce ne fut pas là sa première pensée[3]. La morale admirable qu'il tire de la notion du Dieu père n'est pas celle d'enthousiastes qui croient le monde près de finir et qui se préparent par l'ascétisme à une catastrophe chimérique ; c'est celle d'un monde qui veut vivre et qui a vécu. « Le royaume de Dieu est au dedans de vous, » disait-il à ceux qui cherchaient avec subtilité des signes exté-

---

1. Dan., II, 44 ; VII, 13, 14, 22, 27.
2. Mischna, *Berakoth,* II, 1, 3 ; Talmud de Jérusalem, *Berakoth,* II, 2 ; *Kidduschin,* I, 2 ; Talm. de Bab., *Berakoth,* 15 *a ; Mekilta,* 42 *b ;* Siphra, 170 *b.* L'expression revient souvent dans les *Midraschim.*
3. Matth., VI, 33 ; XII, 28 ; XIX, 12 ; Marc, XII, 34 ; Luc, XII, 31.

rieurs[1]. La conception réaliste de l'avénement divin n'a été qu'un nuage, une erreur passagère que la mort a fait oublier. Le Jésus qui a fondé le vrai royaume de Dieu, le royaume des doux et des humbles, voilà le Jésus des premiers jours[2], jours chastes et sans mélange où la voix de son Père retentissait en son sein avec un timbre plus pur. Il y eut alors quelques mois, une année peut-être, où Dieu habita vraiment sur la terre. La voix du jeune charpentier prit tout à coup une douceur extraordinaire. Un charme infini s'exhalait de sa personne, et ceux qui l'avaient vu jusque-là ne le reconnaissaient plus[3]. Il n'avait pas encore de disciples, et le groupe qui se pressait autour de lui n'était ni une secte, ni une école; mais on y sentait déjà un esprit commun, quelque chose de pénétrant et de doux. Son caractère aimable, et sans doute une de ces ravissantes figures[4] qui apparaissent quelquefois dans la race juive, faisaient autour de lui comme un cercle de fascination auquel presque personne, au milieu de ces

1. Luc, xvii, 20-21.
2. La grande théorie de l'apocalypse du Fils de l'homme est en effet réservée, dans les synoptiques, pour les chapitres qui précèdent le récit de la passion. Les premières prédications, surtout dans Matthieu, sont toutes morales.
3. Matth., xiii, 54 et suiv.; Marc, vi, 2 et suiv.; Jean, vi, 42.
4. La tradition sur la laideur de Jésus (Justin, *Dial. cum Tryph.*, 85, 88, 100) vient du désir de voir réalisé en lui un trait prétendu messianique (Is., liii, 2).

populations bienveillantes et naïves, ne savait échapper.

Le paradis eût été, en effet, transporté sur la terre, si les idées du jeune maître n'eussent dépassé de beaucoup ce niveau de médiocre bonté au delà duquel on n'a pu jusqu'ici élever l'espèce humaine. La fraternité des hommes, fils de Dieu, et les conséquences morales qui en résultent étaient déduites avec un sentiment exquis. Comme tous les rabbis du temps, Jésus, peu porté vers les raisonnements suivis, renfermait sa doctrine dans des aphorismes concis et d'une forme expressive, parfois énigmatique et bizarre[1]. Quelques-unes de ces maximes venaient des livres de l'Ancien Testament. D'autres étaient des pensées de sages plus modernes, surtout d'Antigone de Soco, de Jésus fils de Sirach, et de Hillel, qui étaient arrivées jusqu'à lui, non par suite d'études savantes, mais comme des proverbes souvent répétés. La synagogue était riche en maximes très-heureusement exprimées, qui formaient une sorte de littérature proverbiale courante[2]. Jésus

---

[1]. Les *Logia* de saint Matthieu réunissent plusieurs de ces axiomes ensemble, pour en former de grands discours. Mais la forme fragmentaire se fait sentir à travers les sutures.

[2]. Les sentences des docteurs juifs du temps sont recueillies dans le petit livre intitulé : *Pirké Aboth*.

adopta presque tout cet enseignement oral, mais en le pénétrant d'un esprit supérieur [1]. Enchérissant d'ordinaire sur les devoirs tracés par la Loi et les anciens, il voulait la perfection. Toutes les vertus d'humilité, de pardon, de charité, d'abnégation, de dureté pour soi-même, vertus qu'on a nommées à bon droit chrétiennes, si l'on veut dire par là qu'elles ont été vraiment prêchées par le Christ, étaient en germe dans ce premier enseignement. Pour la justice, il se contentait de répéter l'axiome répandu : « Ne fais pas à autrui ce que tu ne voudrais pas qu'on te fît à toi-même [2]. » Mais cette vieille sagesse, encore assez égoïste, ne lui suffisait pas. Il allait aux excès :

« Si quelqu'un te frappe sur la joue droite, présente-lui l'autre. Si quelqu'un te fait un pro-

[1]. Les rapprochements seront faits ci-dessous, au fur et à mesure qu'ils se présenteront. On a parfois supposé que, la rédaction du Talmud étant postérieure à celle des Évangiles, des emprunts ont pu être faits par les compilateurs juifs à la morale chrétienne. Mais cela est inadmissible; un mur de séparation existait entre l'église et la synagogue. La littérature chrétienne et la littérature juive n'ont eu avant le XIII° siècle presque aucune influence l'une sur l'autre.

[2]. Matth., VII, 12; Luc, VI, 31. Cet axiome est déjà dans le livre de *Tobie*, IV, 16. Hillel s'en servait habituellement (Talm. de Bab., *Schabbath*, 31 *a*), et déclarait comme Jésus que c'était là l'abrégé de la Loi.

cès pour ta tunique, abandonne-lui ton manteau [1]. »

« Si ton œil droit te scandalise, arrache-le et jette-le loin de toi [2]. »

« Aimez vos ennemis, faites du bien à ceux qui vous haïssent; priez pour ceux qui vous persécutent [3]. »

« Ne jugez pas, et vous ne serez point jugé [4]. Pardonnez, et on vous pardonnera [5]. Soyez miséricordieux comme votre Père céleste est miséricordieux [6]. Donner vaut mieux que recevoir [7]. »

« Celui qui s'humilie sera élevé; celui qui s'élève sera humilié [8]. »

Sur l'aumône, la pitié, les bonnes œuvres, la douceur, le goût de la paix, le complet désintéressement

---

1. Matth., v, 39 et suiv.; Luc, vi, 29. Comparez Jérémie, *Lament.*, iii, 30.

2. Matth., v, 29-30; xviii, 9; Marc, ix, 46.

3. Matth., v, 44; Luc, vi, 27. Comparez Talmud de Babylone, *Schabbath*, 88 *b*; *Joma*, 23 *a*.

4. Matth., vii, 1; Luc, vi, 37. Comparez Talmud de Babylone, *Kethuboth*, 105 *b*.

5. Luc, vi, 37. Comparez *Lévit.*, xix, 18; *Prov.*, xx, 22; *Ecclésiastique*, xxviii, 1 et suiv.

6. Luc, vi, 36; Siphré, 51 *b* (Sultzbach, 1802).

7. Parole rapportée dans les *Actes*, xx, 35.

8. Matth., xxiii, 12; Luc, xiv, 11; xviii, 14. Les sentences rapportées par saint Jérôme d'après l' « Évangile selon les Hébreux » (Comment. in *Epist. ad Ephes.*, v, 4; in Ezech., xviii; *Dial. adv. Pelag.*, iii, 2), sont empreintes du même esprit.

du cœur, il avait peu de chose à ajouter à la doctrine de la synagogue[1]. Mais il y mettait un accent plein d'onction, qui rendait nouveaux des aphorismes trouvés depuis longtemps. La morale ne se compose pas de principes plus ou moins bien exprimés. La poésie du précepte, qui le fait aimer, est plus que le précepte lui-même, pris comme une vérité abstraite. Or, on ne peut nier que ces maximes empruntées par Jésus à ses devanciers ne fassent dans l'Évangile un tout autre effet que dans l'ancienne Loi, dans le *Pirké Aboth* ou dans le Talmud. Ce n'est pas l'ancienne Loi, ce n'est pas le Talmud qui ont conquis et changé le monde. Peu originale en elle-même, si l'on veut dire par là qu'on pourrait avec des maximes plus anciennes la recomposer presque tout entière, la morale évangélique n'en reste pas moins la plus haute création qui soit sortie de la conscience humaine, le plus beau code de la vie parfaite qu'aucun moraliste ait tracé.

Il ne parlait pas contre la loi mosaïque, mais il est clair qu'il en voyait l'insuffisance, et il le laissait entendre. Il répétait sans cesse qu'il faut faire plus

―――――――――――

[1]. *Deutér.*, XXIV, XXV, XXVI, etc.; Is., LVIII, 7; *Prov.*, XIX, 17; *Pirké Aboth*, I; Talmud de Jérusalem, *Peah*, I, 4; Talmud de Babylone, *Schabbath*, 63 a.

que les anciens sages n'avaient dit[1]. Il défendait la moindre parole dure[2], il interdisait le divorce[3] et tout serment[4], il blâmait le talion[5], il condamnait l'usure[6], il trouvait le désir voluptueux aussi criminel que l'adultère[7]. Il voulait un pardon universel des injures[8]. Le motif dont il appuyait ces maximes de haute charité était toujours le même : « ... Pour que vous soyez les fils de votre Père céleste, qui fait lever son soleil sur les bons et sur les méchants. Si vous n'aimez, ajoutait-il, que ceux qui vous aiment, quel mérite avez-vous? Les publicains le font bien. Si vous ne saluez que vos frères, qu'est-ce que cela? Les païens le font bien. Soyez parfaits, comme votre Père céleste est parfait[9]. »

Un culte pur, une religion sans prêtres et sans pratiques extérieures, reposant toute sur les sentiments du

---

1. Matth., v, 20 et suiv.
2. Matth., v, 22.
3. Matth., v, 31 et suiv. Comparez Talmud de Babylone, *Sanhédrin*, 22 a.
4. Matth., v, 33 et suiv.
5. Matth., v, 38 et suiv.
6. Matth., v, 42. La Loi l'interdisait aussi (*Deutér.*, xv, 7-8), mais moins formellement, et l'usage l'autorisait (Luc, vii, 41 et suiv.).
7. Matth., xxvii, 28. Comparez Talmud, *Masséket Kalla* (édit. Fürth, 1793), fol. 34 b.
8. Matth., v, 23 et suiv.
9. Matth., v, 45 et suiv. Comparez *Lévit.*, xi, 44; xix, 2.

cœur, sur l'imitation de Dieu[1], sur le rapport immédiat de la conscience avec le Père céleste, étaient la suite de ces principes. Jésus ne recula jamais devant cette hardie conséquence, qui faisait de lui, dans le sein du judaïsme, un révolutionnaire au premier chef. Pourquoi des intermédiaires entre l'homme et son Père? Dieu ne voyant que le cœur, à quoi bon ces purifications, ces pratiques qui n'atteignent que le corps[2]? La tradition même, chose si sainte pour le juif, n'est rien, comparée au sentiment pur[3]. L'hypocrisie des pharisiens, qui en priant tournaient la tête pour voir si on les regardait, qui faisaient leurs aumônes avec fracas, et mettaient sur leurs habits des signes qui les faisaient reconnaître pour personnes pieuses, toutes ces simagrées de la fausse dévotion le révoltaient. « Ils ont reçu leur récompense, disait-il ; pour toi, quand tu fais l'aumône, que ta main gauche ne sache pas ce que fait ta droite, afin que ton aumône reste dans le secret, et alors ton Père, qui voit dans le secret, te la rendra[4]. Et quand tu pries, n'imite pas les hypocrites, qui

---

1. Comparez Philon, *De migr. Abr.*, § 23 et 24 ; *De vita contemplativa*, en entier.
2. Matth., xv, 11 et suiv.; Marc, vii, 6 et suiv.
3. Marc, vii, 6 et suiv.
4. Matth., vi, 1 et suiv. Comparez *Ecclésiastique*, xvii, 18 ; xxix, 15 ; Talm. de Bab., *Chagiga*, 5 *a ;* *Baba Bathra*, 9 *b.*

aiment à faire leur oraison debout dans les synagogues et au coin des places, afin d'être vus des hommes. Je dis en vérité qu'ils reçoivent leur récompense. Pour toi, si tu veux prier, entre dans ton cabinet, et ayant fermé la porte, prie ton Père, qui est dans le secret; et ton Père, qui voit dans le secret, t'exaucera. Et, quand tu pries, ne fais pas de longs discours comme les païens, qui s'imaginent devoir être exaucés à force de paroles. Dieu ton Père sait de quoi tu as besoin, avant que tu le lui demandes[1]. »

Il n'affectait nul signe extérieur d'ascétisme, se contentant de prier ou plutôt de méditer sur les montagnes et dans les lieux solitaires, où toujours l'homme a cherché Dieu[2]. Cette haute notion des rapports de l'homme avec Dieu, dont si peu d'âmes, même après lui, devaient être capables, se résumait en une prière, qu'il enseignait dès lors à ses disciples[3] :

« Notre Père qui es au ciel, que ton nom soit sanctifié; que ton règne arrive; que ta volonté soit faite sur la terre comme au ciel. Donne-nous aujourd'hui notre pain de chaque jour. Pardonne-nous nos offenses, comme nous pardonnons à ceux qui nous

---

1. Matth., VI, 5-8.
2. Matth., XIV, 23; Luc, IV, 42; V, 16; VI, 12.
3. Matth., VI, 9 et suiv; Luc, XI, 2 et suiv.

ont offensés. Épargne-nous les épreuves; délivre-nous du Méchant[1]. » Il insistait particulièrement sur cette pensée que le Père céleste sait mieux que nous ce qu'il nous faut, et qu'on lui fait presque injure en lui demandant telle ou telle chose déterminée[2].

Jésus ne faisait en ceci que tirer les conséquences des grands principes que le judaïsme avait posés, mais que les classes officielles de la nation tendaient de plus en plus à méconnaître. La prière grecque et romaine fut presque toujours un verbiage plein d'égoïsme. Jamais prêtre païen n'avait dit au fidèle : « Si, en apportant ton offrande à l'autel, tu te souviens que ton frère a quelque chose contre toi, laisse-là ton offrande devant l'autel, et va premièrement te réconcilier avec ton frère; après cela viens et fais ton offrande[3]. » Seuls dans l'antiquité, les prophètes juifs, Isaïe surtout, dans leur antipathie contre le sacerdoce, avaient entrevu la vraie nature du culte que l'homme doit à Dieu. « Que m'importe la multitude de vos victimes? J'en suis rassasié; la graisse de vos béliers me soulève le cœur; votre encens m'importune; car vos mains sont pleines de sang. Purifiez vos pensées; cessez de mal faire, apprenez le

1. C'est-à-dire du démon.
2. Luc, xi, 5 et suiv.
3. Matth., v, 23-24.

bien, cherchez la justice, et venez alors¹. » Dans les derniers temps, quelques docteurs, Siméon le Juste², Jésus, fils de Sirach³, Hillel⁴, touchèrent presque le but, et déclarèrent que l'abrégé de la Loi était la justice. Philon, dans le monde judéo-égyptien, arrivait en même temps que Jésus à des idées d'une haute sainteté morale, dont la conséquence était le peu de souci des pratiques légales⁵. Schemaïa et Abtalion, plus d'une fois, se montrèrent aussi des casuistes fort libéraux⁶. Rabbi Iohanan allait bientôt mettre les œuvres de miséricorde au-dessus de l'étude même de la Loi⁷! Jésus seul, néanmoins, dit la chose d'une manière efficace. Jamais on n'a été moins prêtre que ne le fut Jésus, jamais plus ennemi des formes qui étouffent la religion sous prétexte de la protéger. Par là, nous sommes tous ses

1. Isaïe, I, 11 et suiv. Comparez *ibid.*, LVIII entier; Osée, VI, 6; Malachie, I, 10 et suiv.
2. *Pirké Aboth*, I, 2.
3. *Ecclésiastique*, XXXV, 1 et suiv.
4. Talm. de Jérus., *Pesachim*, VI, 1; Talm. de Bab., même traité, 66 *a*; *Schabbath*, 31 *a*.
5. *Quod Deus immut.*, § 1 et 2; *De Abrahamo*, § 22; *Quis rerum divin. hæres*, § 13 et suiv., 55, 58 et suiv.; *De profugis*, 7 et 8; *Quod omnis probus liber*, en entier; *De vita contemplativa*, en entier.
6. Talm. de Bab., *Pesachim*, 67 *b*.
7. Talmud de Jérusalem, *Péah*, I, 1.

disciples et ses continuateurs; par là, il a posé une pierre éternelle, fondement de la vraie religion, et, si la religion est la chose essentielle de l'humanité, par là il a mérité le rang divin qu'on lui a décerné. Une idée absolument neuve, l'idée d'un culte fondé sur la pureté du cœur et sur la fraternité humaine, faisait par lui son entrée dans le monde, idée tellement élevée que l'église chrétienne devait sur ce point trahir complétement ses intentions, et que, de nos jours, quelques âmes seulement sont capables de s'y prêter.

Un sentiment exquis de la nature lui fournissait à chaque instant des images expressives. Quelquefois une finesse remarquable, ce que nous appelons de l'esprit, relevait ses aphorismes; d'autres fois, leur forme vive tenait à l'heureux emploi de proverbes populaires. « Comment peux-tu dire à ton frère : Permets que j'ôte cette paille de ton œil, toi qui as une poutre dans le tien? Hypocrite ! ôte d'abord la poutre de ton œil, et alors tu penseras à ôter la paille de l'œil de ton frère[1]. »

Ces leçons, longtemps renfermées dans le cœur du jeune maître, groupaient déjà quelques initiés. L'esprit du temps était aux petites églises; c'était le

1. Matth., VII, 4-5. Comparez Talmud de Babylone, *Baba Bathra*, 15 b; *Erachin*, 16 b.

moment des Esséniens ou Thérapeutes. Des rabbis ayant chacun leur enseignement, Schemaïa, Abtalion, Hillel, Schammaï, Juda le Gaulonite, Gamaliel, tant d'autres dont les maximes ont composé le Talmud[1], apparaissaient de toutes parts. On écrivait très-peu; les docteurs juifs de ce temps ne faisaient pas de livres : tout se passait en conversations et en leçons publiques, auxquelles on cherchait à donner un tour facile à retenir[2]. Le jour où le jeune charpentier de Nazareth commença à produire au dehors ces maximes, pour la plupart déjà répandues, mais qui, grâce à lui, devaient régénérer le monde, ce ne fut donc pas un événement. C'était un rabbi de plus (il est vrai, le plus charmant de tous), et autour de lui quelques jeunes gens avides de l'entendre et cherchant l'inconnu. L'inattention des hommes veut du temps pour être forcée. Il n'y avait pas encore de chrétiens; le vrai christianisme cependant était fondé, et jamais sans doute il ne fut plus parfait qu'à ce premier moment. Jésus n'y ajoutera plus rien de durable. Que dis-je? En un sens, il le compromettra; car toute idée pour réussir a besoin de faire des sacrifices; on ne sort jamais immaculé de la lutte de la vie.

1. Voir surtout *Pirké Aboth*, ch. I.
2. Le Talmud, résumé de ce vaste mouvement d'écoles, ne commença guère à être écrit qu'au deuxième siècle de notre ère.

Concevoir le bien, en effet, ne suffit pas ; il faut le faire réussir parmi les hommes. Pour cela des voies moins pures sont nécessaires. Certes, si l'Évangile se bornait à quelques chapitres de Matthieu et de Luc, il serait plus parfait et ne prêterait pas maintenant à tant d'objections ; mais sans miracles eût-il converti le monde ? Si Jésus fût mort au moment où nous sommes arrivés de sa carrière, il n'y aurait pas dans sa vie telle page qui nous blesse ; mais, plus grand aux yeux de Dieu, il fût resté ignoré des hommes ; il serait perdu dans la foule des grandes âmes inconnues, les meilleures de toutes ; la vérité n'eût pas été promulguée, et le monde n'eût pas profité de l'immense supériorité morale que son Père lui avait départie. Jésus, fils de Sirach, et Hillel avaient émis des aphorismes presque aussi élevés que ceux de Jésus. Hillel cependant ne passera jamais pour le vrai fondateur du christianisme. Dans la morale, comme dans l'art, dire n'est rien, faire est tout. L'idée qui se cache sous un tableau de Raphaël est peu de chose ; c'est le tableau seul qui compte. De même, en morale, la vérité ne prend quelque valeur que si elle passe à l'état de sentiment, et elle n'atteint tout son prix que quand elle se réalise dans le monde à l'état de fait. Des hommes d'une médiocre moralité ont écrit de fort bonnes maximes. Des hommes très-vertueux, d'un autre côté, n'ont rien fait pour continuer dans le monde la tradition de la vertu. La palme est à celui qui a été puissant en paroles et en œuvres, qui a senti le bien, et au prix de son sang l'a fait triompher. Jésus, à ce double point de vue, est sans égal; sa gloire reste entière et sera toujours renouvelée.

CHAPITRE VI.

JEAN-BAPTISTE. — VOYAGE DE JÉSUS VERS JEAN ET SON SÉJOUR AU DÉSERT DE JUDÉE. — IL ADOPTE LE BAPTÊME DE JEAN.

Un homme extraordinaire, dont le rôle, faute de documents, reste pour nous en partie énigmatique, apparut vers ce temps et eut certainement des relations avec Jésus. Ces relations tendirent plutôt à faire dévier de sa voie le jeune prophète de Nazareth; mais elles lui suggérèrent plusieurs accessoires importants de son institution religieuse, et en tout cas elles fournirent à ses disciples une très-forte autorité pour recommander leur maître aux yeux d'une certaine classe de Juifs.

Vers l'an 28 de notre ère (quinzième année du règne de Tibère), se répandit dans toute la Palestine la réputation d'un certain Iohanan ou Jean, jeune ascète plein de fougue et de passion. Jean était de race sacerdotale [1] et né, ce semble, à Jutta près d'Hébron ou à Hébron même [2]. Hébron, la ville patriarcale par excellence, située à deux pas du désert de Judée et à quelques heures du grand désert d'Arabie, était dès cette époque ce qu'elle est encore aujourd'hui, un des boulevards de l'esprit sémitique dans sa forme la plus austère. Dès son enfance, Jean fut *Nazir*, c'est-à-dire assujetti par vœu à certaines abstinences [3]. Le désert dont il était pour ainsi dire environné l'attira de bonne heure [4]. Il y menait la vie d'un yogui de l'Inde, vêtu de peaux ou d'étoffes de poil de chameau, n'ayant pour aliments que des sauterelles et du miel sauvage [5]. Un certain nombre de disciples s'étaient groupés autour de lui, partageant sa vie et méditant sa sévère parole. On se serait cru transporté aux bords du Gange, si des traits particu-

1. Luc, I, 5; passage de l'évangile des Ébionim, conservé par Épiphane (*Adv. hær.*, XXX, 13).

2. Luc, I, 39. On a proposé, non sans vraisemblance, de voir dans « la ville de Juda » nommée en cet endroit de Luc la ville de *Jutta* (Josué, XV, 55; XXI, 16). Robinson (*Biblical Researches*, I, 494; II, 206) a retrouvé cette *Jutta* portant encore le même nom, à deux petites heures au sud d'Hébron.

3. Luc, I, 15.

4. Luc, I, 80.

5. Matth., III, 4; Marc, I, 6; fragm. de l'évang. des Ébionim, dans Épiph., *Adv. hær.*, XXX, 13.

liers n'eussent révélé en ce solitaire le dernier descendant des grands prophètes d'Israël.

Depuis que la nation juive s'était prise avec une sorte de désespoir à réfléchir sur sa destinée, l'imagination du peuple s'était reportée avec beaucoup de complaisance vers les anciens prophètes. Or, de tous les personnages du passé, dont le souvenir venait comme les songes d'une nuit troublée réveiller et agiter le peuple, le plus grand était Élie. Ce géant des prophètes, en son âpre solitude du Carmel, partageant la vie des bêtes sauvages, demeurant dans le creux des rochers, d'où il sortait comme un foudre pour faire et défaire les rois, était devenu, par des transformations successives, une sorte d'être surhumain, tantôt visible, tantôt invisible, et qui n'avait pas goûté la mort. On croyait généralement qu'Élie allait revenir et restaurer Israël[1]. La vie austère qu'il avait menée, les souvenirs terribles qu'il avait laissés, et sous l'impression desquels l'Orient vit encore[2], cette sombre image qui, jusqu'à nos jours,

---

1. Malachie, III, 23-24 (IV, 5-6 selon la Vulg.); *Ecclésiastique,* XLVIII, 10; Matth., XVI, 14; XVII, 10 et suiv.; Marc, VI, 15; VIII, 28; IX, 10 et suiv.; Luc, IX, 8, 19; Jean, I, 21, 25.

2. Le féroce Abdallah, pacha de Saint-Jean-d'Acre, pensa mourir de frayeur pour l'avoir vu en rêve, dressé debout sur sa montagne. Dans les tableaux des églises chrétiennes, on le voit entouré de têtes coupées; les musulmans ont peur de lui.

fait trembler et tue, toute cette mythologie, pleine de vengeance et de terreurs, frappaient vivement les esprits et marquaient, en quelque sorte, d'un signe de naissance tous les enfantements populaires. Quiconque aspirait à une grande action sur le peuple devait imiter Élie, et comme la vie solitaire avait été le trait essentiel de ce prophète, on s'habitua à envisager « l'homme de Dieu » comme un ermite. On s'imagina que tous les saints personnages avaient eu leurs jours de pénitence, de vie agreste, d'austérités[1]. La retraite au désert devint ainsi la condition et le prélude des hautes destinées.

Nul doute que cette pensée d'imitation n'ait beaucoup préoccupé Jean[2]. La vie anachorétique, si opposée à l'esprit de l'ancien peuple juif, et avec laquelle les vœux dans le genre de ceux des Nazirs et des Réchabites n'avaient aucun rapport, faisait de toutes parts invasion en Judée. Les Esséniens ou Thérapeutes étaient groupés près du pays de Jean, sur les bords orientaux de la mer Morte[3]. On s'imaginait que les chefs de sectes devaient être des solitaires, ayant leurs règles et leurs instituts propres, comme des fondateurs d'ordres religieux. Les maî-

---

1. *Ascension d'Isaïe,* ii, 9-11.
2. Luc, i, 17.
3. Pline, *Hist. nat.,* V, 17; Epiph., *Adv. hær.,* xix, 1 et 2.

tres des jeunes gens étaient aussi parfois des espèces d'anachorètes[1] assez ressemblants aux *gourous* [2] du brahmanisme. De fait, n'y avait-il point en cela une influence éloignée des *mounis* de l'Inde ? Quelques-uns de ces moines bouddhistes vagabonds, qui couraient le monde, comme plus tard les premiers Franciscains, prêchant de leur extérieur édifiant et convertissant des gens qui ne savaient pas leur langue, n'avaient-ils point tourné leurs pas du côté de la Judée, de même que certainement ils l'avaient fait du côté de la Syrie et de Babylone [3] ? C'est ce que l'on ignore. Babylone était devenue depuis quelque temps un vrai foyer de bouddhisme; Boudasp (Bodhisattva) était réputé un sage Chaldéen et le fondateur du sabisme. Le *sabisme* lui-même, qu'était-il ? Ce que son étymologie indique [4] : le *baptisme* lui-même, c'est-à-dire la religion des baptêmes multipliés, la souche de la secte encore existante qu'on appelle « chrétiens de Saint-Jean » ou Mendaïtes, et que les Arabes appellent *el-Mogtasila,* « les baptistes [5]. » Il est fort

[1]. Josèphe, *Vita,* 2.
[2]. Précepteurs spirituels.
[3]. J'ai développé ce point ailleurs (*Hist. génér. des langues sémitiques,* III, IV, 1 ; *Journ. Asiat.,* février-mars 1856).
[4]. Le verbe araméen *seba,* origine du nom des *Sabiens,* est synonyme de βαπτίζω.
[5]. J'ai traité de ceci plus au long dans le *Journal Asiatique,*

difficile de démêler ces vagues analogies. Les sectes flottantes entre le judaïsme, le christianisme, le baptisme et le sabisme, que l'on trouve dans la région au delà du Jourdain durant les premiers siècles de notre ère[1], présentent à la critique, par suite de la confusion des notices qui nous en sont parvenues, le problème le plus singulier. On peut croire, en tout cas, que plusieurs des pratiques extérieures de Jean, des Esséniens[2] et des précepteurs spirituels juifs de ce temps venaient d'une influence récente du haut Orient. La pratique fondamentale qui donnait à la secte de Jean son caractère, et qui lui a valu son nom, a toujours eu son centre dans la basse Chaldée et y constitue une religion qui s'est perpétuée jusqu'à nos jours.

Cette pratique était le baptême ou la totale immersion. Les ablutions étaient déjà familières aux

nov.-déc. 1853 et août-sept. 1855. Il est remarquable que les Elchasaïtes, secte sabienne ou baptiste, habitaient le même pays que les Esséniens (le bord oriental de la mer Morte) et furent confondus avec eux (Épiph., *Adv. hær.*, XIX, 1, 2, 4; XXX, 16, 17; LIII, 1 et 2; *Philosophumena,* IX, III, 15 et 16; X, XX, 29).

1. Voir les notices d'Épiphane sur les Esséniens, les Hémérobaptistes, les Nazaréens, les Ossènes, les Nazoréens, les Ébionites, les Sampséens (*Adv. hær.*, liv. I et II), et celles de l'auteur des *Philosophumena* sur les Elchasaïtes (liv. IX et X).

2. Epiph., *Adv. hær.*, XIX, XXX, LIII.

Juifs, comme à toutes les religions de l'Orient [1]. Les Esséniens leur avaient donné une extension particulière [2]. Le baptême était devenu une cérémonie ordinaire de l'introduction des prosélytes dans le sein de la religion juive, une sorte d'initiation [3]. Jamais pourtant, avant notre baptiste, on n'avait donné à l'immersion cette importance ni cette forme. Jean avait fixé le théâtre de son activité dans la partie du désert de Judée qui avoisine la mer Morte [4]. Aux époques où il administrait le baptême, il se transportait aux bords du Jourdain [5], soit à Béthanie ou Béthabara [6], sur la rive orientale, probablement vis-à-vis de Jéricho, soit à l'endroit nommé *Ænon* ou « les Fontaines [7], » près de Salim, où il y avait

---

1. Marc, VII, 4 ; Jos., *Ant.,* XVIII, v, 2 ; Justin, *Dial. cum Tryph.,* 17, 29, 80 ; Epiph., *Adv. hær.,* XVII.

2. Jos., *B. J.,* II, VIII, 5, 7, 9, 13.

3. Mischna, *Pesachim,* VIII, 8 ; Talmud de Babylone, *Jebamoth,* 46 *b ; Kerithuth,* 9 *a ; Aboda Zara,* 57 *a ; Masséket Gérim* (édit. Kirchheim, 1851), p. 38-40.

4. Matth., III, 1 ; Marc, I, 4.

5. Luc, III, 3.

6. Jean, I, 28 ; III, 26. Tous les manuscrits portent *Béthanie ;* mais, comme on ne connaît pas de Béthanie en ces parages, Origène (*Comment. in Joann.,* VI, 24) a proposé de substituer *Bethabara,* et sa correction a été assez généralement acceptée. Les deux mots ont, du reste, des significations analogues et semblent indiquer un endroit où il y avait un bac pour passer la rivière.

7. *Ænon* est le pluriel chaldéen *Ænawan,* « fontaines. »

beaucoup d'eau[1]. Là des foules considérables, surtout de la tribu de Juda, accouraient vers lui et se faisaient baptiser[2]. En quelques mois, il devint ainsi un des hommes les plus influents de la Judée, et tout le monde dut compter avec lui.

Le peuple le tenait pour un prophète[3], et plusieurs s'imaginaient que c'était Élie ressuscité[4]. La croyance à ces résurrections était fort répandue[5]; on pensait que Dieu allait susciter de leurs tombeaux quelques-uns des anciens prophètes pour servir de guides à Israël vers sa destinée finale[6]. D'autres tenaient Jean

---

1. Jean, III, 23. La situation de cette localité est douteuse. La circonstance relevée par l'évangéliste ferait croire qu'elle n'était pas très-voisine du Jourdain. Cependant les synoptiques sont constants pour placer toute la scène des baptêmes de Jean sur le bord de ce fleuve (Matth., III, 6; Marc, I, 5; Luc, III, 3). Le rapprochement des versets 22 et 23 du chapitre III de Jean, et des versets 3 et 4 du chapitre IV du même évangile, porterait d'ailleurs à croire que Salim était en Judée, et par conséquent dans l'oasis de Jéricho, près de l'embouchure du Jourdain, puisqu'on trouverait difficilement, dans le reste de la tribu de Juda, un seul bassin naturel qui puisse prêter à la totale immersion d'une personne. Saint Jérôme veut placer Salim beaucoup plus au nord, près de Beth-Schéan ou Scythopolis. Mais Robinson (*Bibl. Res.*, III, 333) n'a pu rien trouver sur les lieux qui justifiât cette allégation.

2. Marc, I, 5; Josèphe, *Ant.*, XVIII, v, 2.
3. Matth., XIV, 5; XXI, 26.
4. Matth., XI, 14; Marc, VI, 15; Jean, I, 21.
5. Matth., XIV, 2; Luc, IX, 8.
6. V. ci-dessus, p. 96, note 1.

pour le Messie lui-même, quoiqu'il n'élevât pas une telle prétention[1]. Les prêtres et les scribes, opposés à cette renaissance du prophétisme, et toujours ennemis des enthousiastes, le méprisaient. Mais la popularité du baptiste s'imposait à eux, et ils n'osaient parler contre lui[2]. C'était une victoire que le sentiment de la foule remportait sur l'aristocratie sacerdotale. Quand on obligeait les chefs des prêtres à s'expliquer nettement sur ce point, on les embarrassait fort[3].

Le baptême n'était du reste pour Jean qu'un signe destiné à faire impression et à préparer les esprits à quelque grand mouvement. Nul doute qu'il ne fût possédé au plus haut degré de l'espérance messianique, et que son action principale ne fût en ce sens. « Faites pénitence, disait-il, car le royaume de Dieu approche[4]. » Il annonçait une « grande colère, » c'est-à-dire de terribles catastrophes qui allaient venir[5], et déclarait que la cognée était déjà à la racine de l'arbre, que l'arbre serait bientôt jeté au feu. Il représentait son Messie un van à la main, recueillant

[1]. Luc, III, 15 et suiv.; Jean, I, 20.
[2]. Matth., XXI, 25 et suiv.; Luc, VII, 30.
[3]. Matth., *loc. cit.*
[4]. Matth., III, 2.
[5]. Matth., III, 7.

le bon grain, et brûlant la paille. La pénitence, dont le baptême était la figure, l'aumône, l'amendement des mœurs[1], étaient pour Jean les grands moyens de préparation aux événements prochains. On ne sait pas exactement sous quel jour il concevait ces événements. Ce qu'il y a de sûr, c'est qu'il prêchait avec beaucoup de force contre les mêmes adversaires que Jésus, contre les prêtres riches, les pharisiens, les docteurs, le judaïsme officiel en un mot, et que, comme Jésus, il était surtout accueilli par les classes méprisées[2]. Il réduisait à rien le titre de fils d'Abraham, et disait que Dieu pourrait faire des fils d'Abraham avec les pierres du chemin[3]. Il ne semble pas qu'il possédât même en germe la grande idée qui a fait le triomphe de Jésus, l'idée d'une religion pure; mais il servait puissamment cette idée en substituant un rite privé aux cérémonies légales, pour lesquelles il fallait des prêtres, à peu près comme les Flagellants du moyen âge ont été des précurseurs de la Réforme, en enlevant le monopole des sacrements et de l'absolution au clergé officiel. Le ton général de ses sermons était sévère et dur. Les expressions dont il se servait contre ses adversaires paraissent

1. Luc, III, 11-14; Josèphe, *Ant.*, XVIII, v, 2.
2. Matth., XXI, 32; Luc, III, 12-14.
3. Matth., III, 9.

avoir été des plus violentes [1]. C'était une rude et continuelle invective. Il est probable qu'il ne resta pas étranger à la politique. Josèphe, qui le toucha presque par son maître Banou, le laisse entendre à mots couverts [2], et la catastrophe qui mit fin à ses jours semble le supposer. Ses disciples menaient une vie fort austère [3], jeûnaient fréquemment et affectaient un air triste et soucieux. On voit poindre par moments la communauté des biens et cette pensée que le riche est obligé de partager ce qu'il a [4]. Le pauvre apparaît déjà comme celui qui doit bénéficier en première ligne du royaume de Dieu.

Quoique le centre d'action de Jean fût la Judée, sa renommée pénétra vite en Galilée et arriva jusqu'à Jésus, qui avait déjà formé autour de lui par ses premiers discours un petit cercle d'auditeurs. Jouissant encore de peu d'autorité, et sans doute

1. Matth., III, 7; Luc, III, 7.
2. *Ant.*, XVIII, v, 2. Il faut observer que, quand Josèphe expose les doctrines secrètes et plus ou moins séditieuses de ses compatriotes, il efface tout ce qui a trait aux croyances messianiques, et répand sur ces doctrines, pour ne pas faire ombrage aux Romains, un vernis de banalité, qui fait ressembler tous les chefs de sectes juives à des professeurs de morale ou à des stoïciens.
3. Matth., IX, 14.
4. Luc, III, 11.

aussi poussé par le désir de voir un maître dont les enseignements avaient beaucoup de rapports avec ses propres idées, Jésus quitta la Galilée et se rendit avec sa petite école auprès de Jean[1]. Les nouveaux venus se firent baptiser comme tout le monde. Jean accueillit très-bien cet essaim de disciples galiléens, et ne trouva pas mauvais qu'ils restassent distincts des siens. Les deux maîtres étaient jeunes; ils avaient beaucoup d'idées communes; ils s'aimèrent et luttèrent devant le public de prévenances réciproques. Un tel fait surprend au premier coup d'œil dans Jean-Baptiste, et on est porté à le révoquer en doute.

1. Matth., III, 13 et suiv.; Marc, I, 9 et suiv.; Luc, III, 21 et suiv.; Jean, I, 29 et suiv.; III, 22 et suiv. Les synoptiques font venir Jésus vers Jean, avant qu'il eût joué de rôle public. Mais s'il est vrai, comme ils le disent, que Jean reconnut tout d'abord Jésus et lui fit grand accueil, il faut supposer que Jésus était déjà un maître assez renommé. Le quatrième évangéliste amène deux fois Jésus vers Jean, une première fois encore obscur, une deuxième fois avec une troupe de disciples. Sans toucher ici la question des itinéraires précis de Jésus (question insoluble vu les contradictions des documents et le peu de souci qu'eurent les évangélistes d'être exacts en pareille matière), sans nier que Jésus ait pu faire un voyage auprès de Jean au temps où il n'avait pas encore de notoriété, nous adoptons la donnée fournie par le quatrième évangile (III, 22 et suiv.), à savoir que Jésus, avant de se mettre à baptiser comme Jean, avait une école formée. Il faut se rappeler, du reste, que les premières pages du quatrième évangile sont des notes mises bout à bout, sans ordre chronologique rigoureux.

L'humilité n'a jamais été le trait des fortes âmes juives. Il semble qu'un caractère aussi roide, une sorte de Lamennais toujours irrité, devait être fort colère et ne souffrir ni rivalité ni demi-adhésion. Mais cette manière de concevoir les choses repose sur une fausse conception de la personne de Jean. On se le représente comme un vieillard; il était au contraire de même âge que Jésus[1], et très-jeune selon les idées du temps. Il ne fut pas, dans l'ordre de l'esprit, le père de Jésus, mais bien son frère. Les deux jeunes enthousiastes, pleins des mêmes espérances et des mêmes haines, ont bien pu faire cause commune et s'appuyer réciproquement. Certes un vieux maître voyant un homme sans célébrité venir vers lui et garder à son égard des allures d'indépendance, se fût révolté ; on n'a guère d'exemples d'un chef d'école accueillant avec empressement celui qui va lui succéder. Mais la jeunesse est capable de toutes les abnégations, et il est permis d'admettre que Jean, ayant reconnu dans Jésus un esprit analogue au sien, l'accepta sans arrière-pensée personnelle. Ces bonnes relations devinrent ensuite le point de départ de tout un système développé par les évangélistes, et qui consista à donner pour première base à la mission divine de

---

1. Luc, i, bien que tous les détails du récit, notamment ce qui concerne la parenté de Jean avec Jésus, soient légendaires.

Jésus l'attestation de Jean. Tel était le degré d'autorité conquis par le baptiste qu'on ne croyait pouvoir trouver au monde un meilleur garant. Mais, loin que le baptiste ait abdiqué devant Jésus, Jésus, pendant tout le temps qu'il passa près de lui, le reconnut pour supérieur et ne développa son propre génie que timidement.

Il semble en effet que, malgré sa profonde originalité, Jésus, durant quelques semaines au moins, fut l'imitateur de Jean. Sa voie était encore obscure devant lui. A toutes les époques, d'ailleurs, Jésus céda beaucoup à l'opinion, et adopta bien des choses qui n'étaient pas dans sa direction, ou dont il se souciait assez peu, par l'unique raison qu'elles étaient populaires; seulement, ces accessoires ne nuisirent jamais à sa pensée principale et y furent toujours subordonnés. Le baptême avait été mis par Jean en très-grande faveur; il se crut obligé de faire comme lui : il baptisa, et ses disciples baptisèrent aussi[1]. Sans doute ils accompagnaient le baptême de prédications analogues à celles de Jean. Le Jourdain se couvrit ainsi de tous les côtés de baptistes, dont les discours avaient plus ou moins de succès. L'élève égala bien-

---

1. Jean, III, 22-26; IV, 1-2. La parenthèse du verset 2 paraît être une glose ajoutée, ou peut-être un scrupule tardif de Jean se corrigeant lui-même.

tôt le maître, et son baptême fut fort recherché. Il y eut à ce sujet quelque jalousie entre les disciples[1]; les élèves de Jean vinrent se plaindre à lui des succès croissants du jeune galiléen, dont le baptême allait bientôt, selon eux, supplanter le sien. Mais les deux maîtres restèrent supérieurs à ces petitesses. La supériorité de Jean était d'ailleurs trop incontestée pour que Jésus, encore peu connu, songeât à la combattre. Il voulait seulement grandir à son ombre, et se croyait obligé, pour gagner la foule, d'employer les moyens extérieurs qui avaient valu à Jean de si étonnants succès. Quand il recommença à prêcher après l'arrestation de Jean, les premiers mots qu'on lui met à la bouche ne sont que la répétition d'une des phrases familières au baptiste[2]. Plusieurs autres expressions de Jean se retrouvent textuellement dans ses discours[3]. Les deux écoles paraissent avoir vécu longtemps en bonne intelligence[4], et après la mort de Jean, Jésus, comme confrère affidé, fut un des premiers averti de cet événement[5].

1. Jean, III, 26; IV, 1.
2. Matth., III, 2; IV, 17.
3. Matth., III, 7; XII, 34; XXIII, 33.
4. Matth., XI, 2-13.
5. Matth., XIV, 12.

VIE DE JÉSUS.

Jean, en effet, fut bientôt arrêté dans sa carrière prophétique. Comme les anciens prophètes juifs, il était, au plus haut degré, frondeur des puissances établies [1]. La vivacité extrême avec laquelle il s'exprimait sur leur compte ne pouvait manquer de lui susciter des embarras. En Judée, Jean ne paraît pas avoir été inquiété par Pilate; mais dans la Pérée, au delà du Jourdain, il tombait sur les terres d'Antipas. Ce tyran s'inquiéta du levain politique mal dissimulé dans les prédications de Jean. Les grandes réunions d'hommes formées par l'enthousiasme religieux et patriotique autour du baptiste avaient quelque chose de suspect [2]. Un grief tout personnel vint, d'ailleurs, s'ajouter à ces motifs d'État et rendit inévitable la perte de l'austère censeur.

Un des caractères le plus fortement marqués de cette tragique famille des Hérodes, était Hérodiade, petite-fille d'Hérode le Grand. Violente, ambitieuse, passionnée, elle détestait le judaïsme et méprisait ses lois [3]. Elle avait été mariée, probablement malgré elle, à son oncle Hérode, fils de Mariamne [4], qu'Hé-

---

[1]. Luc, III, 19.
[2]. Jos., *Ant.*, XVIII, v, 2.
[3]. Jos., *Ant.*, XVIII, v, 4.
[4]. Matthieu (XIV, 3, dans le texte grec) et Marc (VI, 17) veulent que ce soit Philippe; mais c'est là certainement une inadvertance

rode le Grand avait déshérité [1] et qui n'eut jamais de rôle public. La position inférieure de son mari, à l'égard des autres personnes de sa famille, ne lui laissait aucun repos; elle voulait être souveraine à tout prix [2]. Antipas fut l'instrument dont elle se servit. Cet homme faible étant devenu éperdument amoureux d'elle, lui promit de l'épouser et de répudier sa première femme, fille de Hâreth, roi de Petra et émir des tribus voisines de la Pérée. La princesse arabe ayant eu vent de ce projet, résolut de fuir. Dissimulant son dessein, elle feignit de vouloir faire un voyage à Machéro, sur les terres de son père, et s'y fit conduire par les officiers d'Antipas [3].

Makaur [4] ou Machéro était une forteresse colossale bâtie par Alexandre Jannée, puis relevée par Hérode, dans un des ouadis les plus abrupts à l'orient de la mer Morte [5]. C'était un pays sauvage, étrange,

---

(voir Josèphe, *Ant.*, XVIII, v, 1 et 4). La femme de Philippe était Salomé, fille d'Hérodiade.

1. Jos., *Ant.*, XVII, iv, 2,
2. Jos., *Ant.*, XVIII, vii, 1, 2; *B. J.*, II, ix, 6.
3. Jos., *Ant.*, XVIII, v, 1.
4. Cette forme se trouve dans le Talmud de Jérusalem (*Schebiit*, ix, 2) et dans les Targums de Jonathan et de Jérusalem (*Nombres*, xxii, 35).
5. Aujourd'hui Mkaur, dans le ouadi Zerka Maïn. Cet endroit n'a pas été visité depuis Seetzen.

rempli de légendes bizarres et qu'on croyait hanté des démons[1]. La forteresse était juste à la limite des états de Hâreth et d'Antipas. A ce moment-là, elle était en la possession de Hâreth[2]. Celui-ci averti avait tout fait préparer pour la fuite de sa fille, qui de tribu en tribu fut reconduite à Pétra.

L'union presque incestueuse[3] d'Antipas et d'Hérodiade s'accomplit alors. Les lois juives sur le mariage étaient sans cesse une pierre de scandale entre l'irréligieuse famille des Hérodes et les Juifs sévères[4]. Les membres de cette dynastie nombreuse et assez isolée étant réduits à se marier entre eux, il en résultait de fréquentes violations des empêchements établis par la Loi. Jean fut l'écho du sentiment général en blâmant énergiquement Antipas[5]. C'était plus qu'il n'en fallait pour décider celui-ci à donner suite à ses soupçons. Il fit arrêter le baptiste et donna ordre de l'enfermer dans la forteresse de Machéro, dont il s'était probablement emparé après le départ de la fille de Hâreth[6].

---

1. Josèphe, *De bell. Jud.,* VII, vi, 1 et suiv.
2. Jos., *Ant.,* XVIII, v, 1.
3. *Lévitique,* xviii, 16.
4. Jos., *Ant.,* XV, vii, 10.
5. Matth., xiv, 4; Marc, vi, 18; Luc, iii, 19.
6. Jos., *Ant.,* XVIII, v, 2.

Plus timide que cruel, Antipas ne désirait pas le mettre à mort. Selon certains bruits, il craignait une sédition populaire[1]. Selon une autre version[2], il aurait pris plaisir à écouter le prisonnier, et ces entretiens l'auraient jeté dans de grandes perplexités. Ce qu'il y a de certain, c'est que la détention se prolongea et que Jean conserva du fond de sa prison une action étendue. Il correspondait avec ses disciples, et nous le retrouverons encore en rapport avec Jésus. Sa foi dans la prochaine venue du Messie ne fit que s'affermir; il suivait avec attention les mouvements du dehors, et cherchait à y découvrir les signes favorables à l'accomplissement des espérances dont il se nourrissait.

1. Matth., xiv, 5.
2. Marc, vi, 20. Je lis ἠπόρει, et non ἐποίει.

CHAPITRE VII.

DÉVELOPPEMENT DES IDÉES DE JÉSUS
SUR LE ROYAUME DE DIEU.

Jusqu'à l'arrestation de Jean, que nous plaçons par approximation dans l'été de l'an 29, Jésus ne quitta pas les environs de la mer Morte et du Jourdain. Le séjour au désert de Judée était généralement considéré comme la préparation des grandes choses, comme une sorte de « retraite » avant les actes publics. Jésus s'y soumit à l'exemple des autres et passa quarante jours sans autre compagnie que les bêtes sauvages, pratiquant un jeûne rigoureux. L'imagination des disciples s'exerça beaucoup sur ce séjour. Le désert était, dans les croyances populaires, la demeure des démons [1]. Il existe au monde

---

1. *Tobie,* VIII, 3; Luc, XI, 24.

peu de régions plus désolées, plus abandonnées de Dieu, plus fermées à la vie que la pente rocailleuse qui forme le bord occidental de la mer Morte. Or crut que pendant le temps qu'il passa dans cet affreux pays, il avait traversé de terribles épreuves, que Satan l'avait effrayé de ses illusions ou bercé de séduisantes promesses, qu'ensuite les anges pour le récompenser de sa victoire étaient venus le servir[1].

Ce fut probablement en sortant du désert que Jésus apprit l'arrestation de Jean-Baptiste. Il n'avait plus de raisons désormais de prolonger son séjour dans un pays qui lui était à demi étranger. Peut-être craignait-il aussi d'être enveloppé dans les sévérités qu'on déployait à l'égard de Jean, et ne voulait-il pas s'exposer, en un temps où, vu le peu de célébrité qu'il avait, sa mort ne pouvait servir en rien au progrès de ses idées. Il regagna la Galilée[2], sa vraie patrie, mûri par une importante expérience et ayant puisé dans le contact avec un grand homme,

---

1. Matth., IV, 1 et suiv.; Marc, I, 12-13; Luc, IV, 1 et suiv. Certes, l'analogie frappante que ces récits offrent avec des légendes analogues du *Vendidad* (farg. XIX) et du *Lalitavistara* (ch. XVII, XVIII, XXI) porterait à n'y voir qu'un mythe. Mais le récit maigre et concis de Marc, qui représente ici évidemment la rédaction primitive, suppose un fait réel, qui plus tard a fourni le thème de développements légendaires.

2. Matth., IV, 12; Marc, I, 14; Luc, IV, 14; Jean, IV, 3.

fort différent de lui, le sentiment de sa propre originalité.

En somme, l'influence de Jean avait été plus fâcheuse qu'utile à Jésus. Elle fut un arrêt dans son développement; tout porte à croire qu'il avait, quand il descendit vers le Jourdain, des idées supérieures à celles de Jean, et que ce fut par une sorte de concession qu'il inclina un moment vers le baptisme. Peut-être si le baptiste, à l'autorité duquel il lui aurait été difficile de se soustraire, fût resté libre, n'eût-il pas su rejeter le joug des rites et des pratiques extérieures, et alors sans doute il fût resté un sectaire juif inconnu; car le monde n'eût pas abandonné des pratiques pour d'autres. C'est par l'attrait d'une religion dégagée de toute forme extérieure que le christianisme a séduit les âmes élevées. Le baptiste une fois emprisonné, son école fut fort amoindrie, et Jésus se trouva rendu à son propre mouvement. La seule chose qu'il dut à Jean, ce furent en quelque sorte des leçons de prédication et d'action populaire. Dès ce moment, en effet, il prêche avec beaucoup plus de force et s'impose à la foule avec autorité[1].

Il semble aussi que son séjour près de Jean, moins

---

1. Matth., VII, 29; Marc, I, 22; Luc, IV, 32.

par l'action du baptiste que par la marche naturelle de sa propre pensée, mûrit beaucoup ses idées sur « le royaume du ciel. » Son mot d'ordre désormais, c'est la « bonne nouvelle, » l'annonce que le règne de Dieu est proche [1]. Jésus ne sera plus seulement un délicieux moraliste, aspirant à renfermer en quelques aphorismes vifs et courts des leçons sublimes ; c'est le révolutionnaire transcendant, qui essaye de renouveler le monde par ses bases mêmes et de fonder sur terre l'idéal qu'il a conçu. « Attendre le royaume de Dieu » sera synonyme d'être disciple de Jésus [2]. Ce mot de « royaume de Dieu » ou de « royaume du ciel, » ainsi que nous l'avons déjà dit [3], était depuis longtemps familier aux Juifs. Mais Jésus lui donnait un sens moral, une portée sociale que l'auteur même du Livre de Daniel, dans son enthousiasme apocalyptique avait à peine osé entrevoir.

Dans le monde tel qu'il est, c'est le mal qui règne. Satan est le « roi de ce monde [4], » et tout lui obéit. Les rois tuent les prophètes. Les prêtres et les doc-

1. Marc, I, 14-15.
2. Marc, xv, 43.
3. Voir ci-dessus, p. 78-79.
4. Jean, XII, 31 ; XIV, 30 ; XVI, 11. Comp. *II Cor.*, IV, 4 ; *Ephes.*, II, 2.

teurs ne font pas ce qu'ils ordonnent aux autres de faire. Les justes sont persécutés, et l'unique partage des bons est de pleurer. Le « monde » est de la sorte l'ennemi de Dieu et de ses saints[1]; mais Dieu se réveillera et vengera ses saints. Le jour est proche; car l'abomination est à son comble. Le règne du bien aura son tour.

L'avénement de ce règne du bien sera une grande révolution subite. Le monde semblera renversé; l'état actuel étant mauvais, pour se représenter l'avenir, il suffit de concevoir à peu près le contraire de ce qui existe. Les premiers seront les derniers[2]. Un ordre nouveau gouvernera l'humanité. Maintenant le bien et le mal sont mêlés comme l'ivraie et le bon grain dans un champ. Le maître les laisse croître ensemble; mais l'heure de la séparation violente arrivera[3]. Le royaume de Dieu sera comme un grand coup de filet, qui amène du bon et du mauvais poisson; on met le bon dans des jarres, et on se débarrasse du reste[4]. Le germe de cette grande révolution sera d'abord

---

1. Jean, i, 10; vii, 7; xiv, 17, 22, 27; xv, 18 et suiv.; xvi, 8, 20, 33; xvii, 9, 14, 16, 25. Cette nuance du mot « monde » est surtout caractérisée dans les écrits de Paul et de Jean.
2. Matth., xix, 30; xx, 16· Marc, x, 31; Luc, xiii, 30.
3. Matth., xiii, 24 et suiv.
4. Matth., xiii, 47 et suiv.

méconnaissable. Il sera comme le grain de sénevé, qui est la plus petite des semences, mais qui, jeté en terre, devient un arbre sous le feuillage duquel les oiseaux viennent se reposer[1]; ou bien il sera comme le levain qui, déposé dans la pâte, la fait fermenter tout entière[2]. Une série de paraboles, souvent obscures, était destinée à exprimer les surprises de cet avénement soudain, ses apparentes injustices, son caractère inévitable et définitif[3].

Qui établira ce règne de Dieu? Rappelons-nous que la première pensée de Jésus, pensée tellement profonde chez lui qu'elle n'eut probablement pas d'origine et tenait aux racines mêmes de son être, fut qu'il était le fils de Dieu, l'intime de son Père, l'exécuteur de ses volontés. La réponse de Jésus à une telle question ne pouvait donc être douteuse. La persuasion qu'il ferait régner Dieu s'empara de son esprit d'une manière absolue. Il s'envisagea comme l'universel réformateur. Le ciel, la terre, la nature tout entière, la folie, la maladie et la mort ne sont que des instruments pour lui. Dans son

---

[1]. Matth., XIII, 31 et suiv.; Marc, IV, 31 et suiv.; Luc, XIII, 19 et suiv.

[2]. Matth., XIII, 33; Luc, XIII, 21.

[3]. Matth., XIII entier; XVIII, 23 et suiv.; XX, 1 et suiv.; Luc, XIII, 18 et suiv.

accès de volonté héroïque, il se croit tout-puissant. Si la terre ne se prête pas à cette transformation suprême, la terre sera broyée, purifiée par la flamme et le souffle de Dieu. Un ciel nouveau sera créé, et le monde entier sera peuplé d'anges de Dieu[1].

Une révolution radicale[2], embrassant jusqu'à la nature elle-même, telle fut donc la pensée fondamentale de Jésus. Dès lors, sans doute, il avait renoncé à la politique; l'exemple de Juda le Gaulonite lui avait montré l'inutilité des séditions populaires. Jamais il ne songea à se révolter contre les Romains et les tétrarques. Le principe effréné et anarchique du Gaulonite n'était pas le sien. Sa soumission aux pouvoirs établis, dérisoire au fond, était complète dans la forme. Il payait le tribut à César pour ne pas scandaliser. La liberté et le droit ne sont pas de ce monde; pourquoi troubler sa vie par de vaines susceptibilités? Méprisant la terre, convaincu que le monde présent ne mérite pas qu'on s'en soucie, il se réfugiait dans son royaume idéal; il fondait cette grande doctrine du dédain transcendant[3], vraie doctrine de la liberté des âmes, qui seule donne la paix. Mais il n'avait pas

1. Matth., XXII, 30.
2. Ἀποκατάστασις πάντων. *Act.*, III, 21
3. Matth., XVII, 23-26; XXII, 16-22.

dit encore : « Mon royaume n'est pas de ce monde. » Bien des ténèbres se mêlaient à ses vues les plus droites. Parfois des tentations étranges traversaient son esprit. Dans le désert de Judée, Satan lui avait proposé les royaumes de la terre. Ne connaissant pas la force de l'empire romain, il pouvait, avec le fond d'enthousiasme qu'il y avait en Judée et qui aboutit bientôt après à une si terrible résistance militaire, il pouvait, dis-je, espérer de fonder un royaume par l'audace et le nombre de ses partisans. Plusieurs fois peut-être se posa pour lui la question suprême : Le royaume de Dieu se réalisera-t-il par la force ou par la douceur, par la révolte ou par la patience? Un jour, dit-on, les simples gens de Galilée voulurent l'enlever et le faire roi[1]. Jésus s'enfuit dans la montagne et y resta quelque temps seul. Sa belle nature le préserva de l'erreur qui eût fait de lui un agitateur ou un chef de rebelles, un Theudas ou un Barkokeba.

La révolution qu'il voulut faire fut toujours une révolution morale; mais il n'en était pas encore arrivé à se fier pour l'exécution aux anges et à la trompette finale. C'est sur les hommes et par les hommes eux-mêmes qu'il voulait agir. Un visionnaire qui n'aurait eu d'autre idée que la proximité du ju-

---

[1]. Jean, VI, 15.

gement dernier n'eût pas eu ce soin pour l'amélioration de l'homme, et n'eût pas fondé le plus bel enseignement moral que l'humanité ait reçu. Beaucoup de vague restait sans doute dans sa pensée, et un noble sentiment, bien plus qu'un dessein arrêté, le poussait à l'œuvre sublime qui s'est réalisée par lui, bien que d'une manière fort différente de celle qu'il imaginait.

C'est bien le royaume de Dieu, en effet, je veux dire le royaume de l'esprit, qu'il fondait, et si Jésus, du sein de son Père, voit son œuvre fructifier dans l'histoire, il peut bien dire avec vérité : Voilà ce que j'ai voulu. Ce que Jésus a fondé, ce qui restera éternellement de lui, abstraction faite des imperfections qui se mêlent à toute chose réalisée par l'humanité, c'est la doctrine de la liberté des âmes. Déjà la Grèce avait eu sur ce sujet de belles pensées[1]. Plusieurs stoïciens avaient trouvé moyen d'être libres sous un tyran. Mais, en général, le monde ancien s'était figuré la liberté comme attachée à certaines formes politiques; les libéraux s'étaient appelés Harmodius et Aristogiton, Brutus et Cassius. Le chrétien véritable est bien plus dégagé de toute chaîne; il est ici-bas un exilé; que lui importe le maître passager de cette terre, qui n'est pas sa patrie? La liberté pour

1. V. Stobée, *Florilegium*, ch. LXII, LXXVII, LXXXVI et suiv.

lui, c'est la vérité[1]. Jésus ne savait pas assez l'histoire pour comprendre combien une telle doctrine venait juste à son point, au moment où finissait la liberté républicaine et où les petites constitutions municipales de l'antiquité expiraient dans l'unité de l'empire romain. Mais son bon sens admirable et l'instinct vraiment prophétique qu'il avait de sa mission le guidèrent ici avec une merveilleuse sûreté. Par ce mot: « Rendez à César ce qui est à César et à Dieu ce qui est à Dieu, » il a créé quelque chose d'étranger à la politique, un refuge pour les âmes au milieu de l'empire de la force brutale. Assurément, une telle doctrine avait ses dangers. Établir en principe que le signe pour reconnaître le pouvoir légitime est de regarder la monnaie, proclamer que l'homme parfait paye l'impôt par dédain et sans discuter, c'était détruire la république à la façon ancienne et favoriser toutes les tyrannies. Le christianisme, en ce sens, a beaucoup contribué à affaiblir le sentiment des devoirs du citoyen et à livrer le monde au pouvoir absolu des faits accomplis. Mais, en constituant une immense association libre, qui, durant trois cents ans, sut se passer de politique, le christianisme compensa amplement le tort qu'il a fait

---

[1]. Jean, VIII, 32 et suiv.

aux vertus civiques. Le pouvoir de l'État a été borné aux choses de la terre; l'esprit a été affranchi, ou du moins le faisceau terrible de l'omnipotence romaine a été brisé pour jamais.

L'homme surtout préoccupé des devoirs de la vie publique ne pardonne pas aux autres de mettre quelque chose au-dessus de ses querelles de parti. Il blâme surtout ceux qui subordonnent aux questions sociales les questions politiques et professent pour celles-ci une sorte d'indifférence. Il a raison en un sens, car toute direction exclusive est préjudiciable au bon gouvernement des choses humaines. Mais quel progrès les partis ont-ils fait faire à la moralité générale de notre espèce? Si Jésus, au lieu de fonder son royaume céleste, était parti pour Rome, s'était usé à conspirer contre Tibère, ou à regretter Germanicus, que serait devenu le monde? Républicain austère, patriote zélé, il n'eût pas arrêté le grand courant des affaires de son siècle, tandis qu'en déclarant la politique insignifiante, il a révélé au monde cette vérité que la patrie n'est pas tout, et que l'homme est antérieur et supérieur au citoyen.

Nos principes de science positive sont blessés de la part de rêves que renfermait le programme de Jésus. Nous savons l'histoire de la terre; les révolutions cosmiques du genre de celle qu'attendait Jésus ne se produisent que par des causes géologiques ou astronomiques, dont on n'a jamais constaté le lien avec les choses morales. Mais, pour être juste envers les grands créateurs, il ne faut pas s'arrêter aux préjugés qu'ils ont pu partager. Colomb a découvert l'Amérique en partant d'idées fort erronées; Newton croyait sa folle explication de l'Apocalypse aussi certaine que son système du monde. Mettra-t-on tel homme médiocre de notre temps au-dessus d'un François d'Assise, d'un saint Bernard, d'une Jeanne d'Arc, d'un Luther, parce qu'il est exempt des erreurs que ces derniers ont professées? Voudrait-on mesurer les hommes à la rectitude de leurs idées en physique et à la connaissance plus ou moins exacte qu'ils possèdent du vrai système du monde? Comprenons mieux la position de Jésus et ce qui fit sa force. Le déisme du XVIIIe siècle et un certain protestantisme nous ont habitués à ne considérer le fondateur de la foi chrétienne que comme un grand moraliste, un bienfaiteur de l'humanité. Nous ne voyons plus dans l'Évangile que de bonnes maximes; nous jetons un voile prudent sur l'étrange état intellectuel où il est né. Il y a des personnes qui regrettent aussi que la Révolution française soit sortie plus d'une fois des principes et qu'elle n'ait pas été faite par des hommes sages et modérés. N'imposons pas nos petits programmes de bourgeois sensés à ces mouvements extraordinaires si fort au-dessus de notre taille. Continuons d'admirer la « morale de l'Évangile; » supprimons dans nos instructions religieuses la chimère qui en fut l'âme ; mais ne croyons pas qu'avec les simples idées de bonheur ou de moralité individuelle on remue le monde. L'idée de Jésus fut bien plus profonde; ce fut l'idée la plus révolutionnaire qui soit jamais éclose dans un cerveau humain; elle doit être prise dans son ensemble, et non avec ces suppressions timides qui en retranchent justement ce qui l'a rendue efficace pour la régénération de l'humanité.

Au fond, l'idéal est toujours une utopie. Quand nous voulons aujourd'hui représenter le Christ de la conscience moderne, le consolateur, le juge des temps nouveaux, que faisons-nous? Ce que fit Jésus lui-même il y a 1830 ans. Nous supposons les conditions du monde réel tout autres qu'elles ne sont; nous représentons un libérateur moral brisant sans armes les fers du nègre, améliorant la condition du prolétaire, délivrant les nations opprimées. Nous oublions que cela suppose le monde renversé, le climat de la Virginie et celui du Congo modifiés, le sang et la race de millions d'hommes changés, nos complications sociales ramenées à une simplicité chimérique, les stratifications politiques de l'Europe dérangées de leur ordre naturel. La « réforme de toutes choses[1] » voulue par Jésus n'était pas plus difficile. Cette terre nouvelle, ce ciel nouveau, cette Jérusalem nouvelle qui descend du ciel, ce cri : « Voilà que je refais tout à neuf[2] ! » sont les traits communs des réformateurs. Toujours le contraste de l'idéal avec la triste réalité produira dans l'humanité ces révoltes contre la froide raison que les esprits médiocres taxent de folie, jusqu'au jour où elles triomphent et où ceux qui les ont combattues sont les premiers à en reconnaître la haute raison.

Qu'il y eût une contradiction entre la croyance d'une fin prochaine du monde et la morale habituelle de Jésus, conçue en vue d'un état stable de l'humanité, assez analogue à celui qui existe en effet, c'est ce qu'on n'essayera pas de nier[3]. Ce fut justement cette contradiction qui assura la fortune de son œuvre. Le millénaire seul n'aurait rien fait de durable; le moraliste seul n'aurait rien fait de puissant.

1. *Act.*, III, 21.
2. *Apocal.*, XXI, 1, 2, 5.
3. Les sectes millénaires de l'Angleterre présentent le même contraste, je veux dire la croyance à une prochaine fin du monde, et néanmoins beaucoup de bon sens dans la pratique de la vie, une entente extraordinaire des affaires commerciales et de l'industrie.

Le millénarisme donna l'impulsion, la morale assura l'avenir. Par là, le christianisme réunit les deux conditions des grands succès en ce monde, un point de départ révolutionnaire et la possibilité de vivre. Tout ce qui est fait pour réussir doit répondre à ces deux besoins; car le monde veut à la fois changer et durer. Jésus, en même temps qu'il annonçait un bouleversement sans égal dans les choses humaines, proclamait les principes sur lesquels la société repose depuis dix-huit cents ans.

Ce qui distingue, en effet, Jésus des agitateurs de son temps et de ceux de tous les siècles, c'est son parfait idéalisme. Jésus, à quelques égards, est un anarchiste, car il n'a aucune idée du gouvernement civil. Ce gouvernement lui semble purement et simplement un abus. Il en parle en termes vagues et à la façon d'une personne du peuple qui n'a aucune idée de politique. Tout magistrat lui paraît un ennemi naturel des hommes de Dieu; il annonce à ses disciples des démêlés avec la police, sans songer un moment qu'il y ait là matière à rougir[1]. Mais jamais la tentative de se substituer aux puissants et aux riches ne se montre chez lui. Il veut anéantir la richesse et le pouvoir, mais non s'en emparer. Il prédit à ses

---

1. Matth., x, 17-18; Luc, xii, 11.

disciples des persécutions et des supplices[1]; mais pas une seule fois la pensée d'une résistance armée ne se laisse entrevoir. L'idée qu'on est tout-puissant par la souffrance et la résignation, qu'on triomphe de la force par la pureté du cœur, est bien une idée propre de Jésus. Jésus n'est pas un spiritualiste; car tout aboutit pour lui à une réalisation palpable; il n'a pas la moindre notion d'une âme séparée du corps. Mais c'est un idéaliste accompli, la matière n'étant pour lui que le signe de l'idée, et le réel l'expression vivante de ce qui ne paraît pas.

A qui s'adresser, sur qui compter pour fonder le règne de Dieu? La pensée de Jésus en ceci n'hésita jamais. Ce qui est haut pour les hommes est en abomination aux yeux de Dieu[2]. Les fondateurs du royaume de Dieu seront les simples. Pas de riches, pas de docteurs, pas de prêtres; des femmes, des hommes du peuple, des humbles, des petits[3]. Le grand signe du Messie, c'est « la bonne nouvelle annoncée aux pauvres[4]. » La nature idyllique et

1. Matth., v, 10 et suiv.; x entier; Luc, vi, 22 et suiv.; Jean, xv, 18 et suiv.; xvi, 2 et suiv., 20, 33; xvii, 14.
2. Luc, xvi, 15.
3. Matth., v, 3, 10; xviii, 3; xix, 14, 23-24; xxi, 34; xxii, 2 et suiv.; Marc, x, 14-15, 23-25; Luc, iv, 18 et suiv.; vi, 20; xviii, 16-17, 24-25.
4. Matth., xi, 5.

douce de Jésus reprenait ici le dessus. Une immense révolution sociale, où les rangs seront intervertis, où tout ce qui est officiel en ce monde sera humilié, voilà son rêve. Le monde ne le croira pas; le monde le tuera. Mais ses disciples ne seront pas du monde[1]. Ils seront un petit troupeau d'humbles et de simples, qui vaincra par son humilité même. Le sentiment qui a fait de « mondain » l'antithèse de « chrétien » a, dans les pensées du maître, sa pleine justification[2].

[1]. Jean, xv, 19; xvii, 14, 16.
[2]. Voir surtout le chapitre xvii de saint Jean, exprimant, sinon un discours réel tenu par Jésus, du moins un sentiment qui était très-profond chez ses disciples et qui sûrement venait de lui.

CHAPITRE VIII.

JÉSUS A CAPHARNAHUM.

Obsédé d'une idée de plus en plus impérieuse et exclusive, Jésus marchera désormais avec une sorte d'impassibilité fatale dans la voie que lui avaient tracée son étonnant génie et les circonstances extraordinaires où il vivait. Jusque-là il n'avait fait que communiquer ses pensées à quelques personnes secrètement attirées vers lui; désormais son enseignement devient public et suivi. Il avait à peu près trente ans[1]. Le petit groupe d'auditeurs qui l'avait accompagné près de Jean-Baptiste s'était grossi sans doute, et peut-être quelques disciples de Jean s'étaient-ils joints à lui[2]. C'est avec ce premier noyau d'Église qu'il annonce hardiment, dès son retour en Gali-

1. Luc, III, 23; évangile des Ebionim, dans Epiph., *Adv. hær.* xxx, 13.
2. Jean, I, 37 et suiv.

lée, la « bonne nouvelle du royaume de Dieu. » Ce royaume allait venir, et c'était lui, Jésus, qui était ce « Fils de l'homme » que Daniel en sa vision avait aperçu comme l'appariteur divin de la dernière et suprême révélation.

Il faut se rappeler que, dans les idées juives, antipathiques à l'art et à la mythologie, la simple forme de l'homme avait une supériorité sur celle des *chérubs* et des animaux fantastiques que l'imagination du peuple, depuis qu'elle avait subi l'influence de l'Assyrie, supposait rangés autour de la divine majesté. Déjà dans Ézéchiel[1], l'être assis sur le trône suprême, bien au-dessus des monstres du char mystérieux, le grand révélateur des visions prophétiques a la figure d'un homme. Dans le Livre de Daniel, au milieu de la vision des empires représentés par des animaux, au moment où la séance du grand jugement commence et où les livres sont ouverts, un être « semblable à un fils de l'homme » s'avance vers l'Ancien des jours, qui lui confère le pouvoir de juger le monde, et de le gouverner pour l'éternité[2]. *Fils de l'homme* est dans les langues sémitiques, surtout dans les dialectes araméens, un simple synonyme d'*homme*. Mais ce passage capital de

---

[1]. i, 5, 26 et suiv.
[2]. Daniel, vii, 13-14. Comp. viii, 15; x, 16.

Daniel frappa les esprits; le mot de *fils de l'homme* devint, au moins dans certaines écoles [1], un des titres du Messie envisagé comme juge du monde et comme roi de l'ère nouvelle qui allait s'ouvrir [2]. L'application que s'en faisait Jésus à lui-même était donc la proclamation de sa messianité et l'affirmation de la prochaine catastrophe où il devait figurer en juge, revêtu des pleins pouvoirs que lui avait délégués l'Ancien des jours [3].

Le succès de la parole du nouveau prophète fut cette fois décisif. Un groupe d'hommes et de femmes, tous caractérisés par un même esprit de candeur juvénile et de naïve innocence, adhérèrent à lui et lui dirent : « Tu es le Messie. » Comme le Messie devait être fils de David, on lui décernait naturellement ce titre, qui était synonyme du premier. Jésus se le laissait donner avec plaisir, quoiqu'il lui causât quelque

---

1. Dans Jean, XII, 34, les Juifs ne paraissent pas au courant du sens de ce mot.

2. Livre d'Hénoch, XLVI, 1, 2, 3; XLVIII, 2, 3; LXII, 9, 14; LXX, 1 (division de Dillmann); Matth., X, 23; XIII, 41; XVI, 27-28; XIX, 28; XXIV, 27, 30, 37, 39, 44; XXV, 31; XXVI, 64; Marc, XIII, 26; XIV, 62; Luc, XII, 40; XVII, 24, 26, 30; XXI, 27, 36; XXII, 69; *Actes*, VII, 55. Mais le passage le plus significatif est : Jean, V, 27, rapproché d'*Apoc.*, I, 13; XIV, 14. L'expression « Fils de la femme » pour le Messie se trouve une fois dans le livre d'Hénoch, LXII, 5.

3. Jean, V, 22, 27.

embarras, sa naissance étant toute populaire. Pour lui, le titre qu'il préférait était celui de « Fils de l'homme, » titre humble en apparence, mais qui se rattachait directement aux espérances messianiques. C'est par ce mot qu'il se désignait[1], si bien que dans sa bouche, « le Fils de l'homme » était synonyme du pronom « je, » dont il évitait de se servir. Mais on ne l'apostrophait jamais ainsi, sans doute parce que le nom dont il s'agit ne devait pleinement lui convenir qu'au jour de sa future apparition.

Le centre d'action de Jésus, à cette époque de sa vie, fut la petite ville de Capharnahum, située sur le bord du lac de Génésareth. Le nom de Capharnahum, où entre le mot *caphar,* « village », semble désigner une bourgade à l'ancienne manière, par opposition aux grandes villes bâties selon la mode romaine, comme Tibériade[2]. Ce nom avait si peu de notoriété, que Josèphe, à un endroit de ses écrits[3], le prend pour le nom d'une fontaine, la fontaine ayant plus de célébrité que le village situé près d'elle. Comme Naza-

---

[1]. Ce titre revient quatre-vingt-trois fois dans les Évangiles, et toujours dans les discours de Jésus.

[2]. Il est vrai que Tell-Hum, qu'on identifie d'ordinaire avec Capharnahum, offre des restes d'assez beaux monuments. Mais, outre que cette identification est douteuse, lesdits monuments peuvent être du IIe et du IIIe siècle après J.-C.

[3]. *B. J.,* III, x, 8.

reth, Capharnahum était sans passé, et n'avait en rien participé au mouvement profane favorisé par les Hérodes. Jésus s'attacha beaucoup à cette ville et s'en fit comme une seconde patrie[1]. Peu après son retour, il avait dirigé sur Nazareth une tentative qui n'eut aucun succès[2]. Il n'y put faire aucun miracle, selon la naïve remarque d'un de ses biographes[3]. La connaissance qu'on avait de sa famille, laquelle était peu considérable, nuisait trop à son autorité. On ne pouvait regarder comme le fils de David celui dont on voyait tous les jours le frère, la sœur, le beau-frère. Il est remarquable, du reste, que sa famille lui fit une assez vive opposition, et refusa nettement de croire à sa mission[4]. Les Nazaréens, bien plus violents, voulurent, dit-on, le tuer en le précipitant d'un sommet escarpé[5]. Jésus remarqua avec esprit que cette aventure lui était commune avec tous les grands hommes, et il se fit l'ap-

---

1. Matth., IX, 1; Marc, II, 1.
2. Matth., XIII, 54 et suiv.; Marc, VI, 1 et suiv.; Luc, IV, 16 et suiv., 23-24; Jean, IV, 44.
3. Marc, VI, 5. Cf. Matth., XII, 58; Luc, IV, 23.
4. Matth., XIII, 57; Marc, VI, 4; Jean, VII, 3 et suiv.
5. Luc, IV, 29. Probablement il s'agit ici du rocher à pic qui est très-près de Nazareth, au-dessus de l'église actuelle des Maronites, et non du prétendu *Mont de la Précipitation*, à une heure de Nazareth. V. Robinson, II, 335 et suiv.

plication du proverbe : « Nul n'est prophète en son pays. »

Cet échec fut loin de le décourager. Il revint à Capharnahum[1], où il trouvait des dispositions beaucoup meilleures, et de là il organisa une série de missions sur les petites villes environnantes. Les populations de ce beau et fertile pays n'étaient guère réunies que le samedi. Ce fut le jour qu'il choisit pour ses enseignements. Chaque ville avait alors sa synagogue ou lieu de séance. C'était une salle rectangulaire, assez petite, avec un portique, que l'on décorait des ordres grecs. Les Juifs, n'ayant pas d'architecture propre, n'ont jamais tenu à donner à ces édifices un style original. Les restes de plusieurs anciennes synagogues existent encore en Galilée[2]. Elles sont toutes construites en grands et bons matériaux; mais leur style est assez mesquin par suite de cette profusion d'ornements végétaux, de rinceaux, de torsades, qui caractérise les monuments juifs[3]. A l'intérieur, il y avait des bancs, une

---

[1]. Matth., iv, 13; Luc, iv, 31.
[2]. A Tell-Hum, à Irbid (Arbela), à Meiron (Méro), à Jisch (Giscala), à Kasyoun, à Nabartein, deux à Kefr-Bereim.
[3]. Je n'ose encore me prononcer sur l'âge de ces monuments, ni par conséquent affirmer que Jésus ait enseigné dans aucun d'eux. Quel intérêt n'aurait pas, dans une telle hypothèse, la synagogue de Tell-Hum! La grande synagogue de Kefr-Bereim me semble

chaire pour la lecture publique, une armoire pour renfermer les rouleaux sacrés[1]. Ces édifices, qui n'avaient rien du temple, étaient le centre de toute la vie juive. On s'y réunissait le jour du sabbat pour la prière et pour la lecture de la Loi et des Prophètes. Comme le judaïsme, hors de Jérusalem, n'avait pas de clergé proprement dit, le premier venu se levait, faisait les lectures du jour (*parascha* et *haphtara*), et y ajoutait un *midrasch* ou commentaire tout personnel, où il exposait ses propres idées[2]. C'était l'origine de « l'homélie, » dont nous trouvons le modèle accompli dans les petits traités de Philon. On avait le droit de faire des objections et des questions au lecteur; de la sorte, la réunion dégénérait vite en une sorte d'assemblée libre. Elle

la plus ancienne de toutes. Elle est d'un style assez pur. Celle de Kasyoun porte une inscription grecque du temps de Septime Sévère. La grande importance que prit le judaïsme dans la haute Galilée après la guerre des Romains permet de croire que plusieurs de ces édifices ne remontent qu'au IIIe siècle, époque où Tibériade devint une sorte de capitale du judaïsme.

1. *II Esdr.*, VIII, 4; Matth., XXIII, 6; Epist. Jac., II, 3; Mischna, *Megilla*, III, 1; *Rosch hasschana*, IV, 7, etc. Voir surtout la curieuse description de la synagogue d'Alexandrie dans le Talmud de Babylone, *Sukka*, 51 b.

2. Philon, cité dans Eusèbe, *Præp. evang.*, VIII, 7, et *Quod omnis probus liber*, § 12; Luc, IV, 16; *Act.*, XIII, 15; XV, 21; Mischna, *Megilla*, III, 4 et suiv.

avait un président[1], des « anciens [2], » un *hazzan*, lecteur attitré ou appariteur [3], des « envoyés [4], » sortes de secrétaires ou de messagers qui faisaient la correspondance d'une synagogue à l'autre, un *schammasch* ou sacristain [5]. Les synagogues étaient ainsi de vraies petites républiques indépendantes; elles avaient une juridiction étendue. Comme toutes les corporations municipales jusqu'à une époque avancée de l'empire romain, elles faisaient des décrets honorifiques [6], votaient des résolutions ayant force de loi pour la communauté, prononçaient des peines corporelles dont l'exécuteur ordinaire était le *hazzan* [7].

Avec l'extrême activité d'esprit qui a toujours ca-

1. Ἀρχισυνάγωγος.
2. Πρεσβύτεροι.
3. Ὑπηρέτης.
4. Ἀπόστολοι ou ἄγγελοι.
5. Διάκονος. Marc, v, 22, 35 et suiv.; Luc, iv, 20; vii, 3; viii, 41, 49; xiii, 14; *Act.*, xiii, 15; xviii, 8, 17; *Apoc.*, ii, 1; Mischna, *Joma*, vii, 1; *Rosch hasschana*, iv, 9; Talm. de Jérus., *Sanhédrin*, i, 7; Epiph., *Adv. hær.*, xxx, 4, 11.

6 Inscription de Bérénice, dans le *Corpus inscr. græc.*, n° 5361; inscription de Kasyoun, dans la *Mission de Phénicie*, livre IV [sous presse].

7. Matth., v, 25; x, 17; xxiii, 34; Marc, xiii, 9; Luc, xii, 11; xxi, 12; *Act.*, xxii, 19; xxvi, 11; *II Cor.*, xi, 24; Mischna, *Maccoth*, iii, 12 · Talmud de Babyl., *Megilla*, 7 *b*; Epiph., *Adv. hær.*, xxx, 11.

ractérisé les Juifs, une telle institution, malgré les rigueurs arbitraires qu'elle comportait, ne pouvait manquer de donner lieu à des discussions très-animées. Grâce aux synagogues, le judaïsme put traverser intact dix-huit siècles de persécution. C'étaient comme autant de petits mondes à part, où l'esprit national se conservait, et qui offraient aux luttes intestines des champs tout préparés. Il s'y dépensait une somme énorme de passion. Les querelles de préséance y étaient vives. Avoir un fauteuil d'honneur au premier rang était la récompense d'une haute piété, ou le privilége de la richesse qu'on enviait le plus[1]. D'un autre côté, la liberté, laissée à qui la voulait prendre, de s'instituer lecteur et commentateur du texte sacré donnait des facilités merveilleuses pour la propagation des nouveautés. Ce fut là une des grandes forces de Jésus et le moyen le plus habituel qu'il employa pour fonder son enseignement doctrinal[2]. Il entrait dans la synagogue, se levait pour lire; le *hazzan* lui tendait le livre, il le déroulait, et lisant la *parascha* ou la *haphtara* du jour, il tirait de cette lecture quelque développement con-

---

1. Matth., XXIII, 6; Epist. Jac., II, 3; Talm. de Bab., *Sukka*, 51 *b*.
2. Matth., IV, 23; IX, 35; Marc, I, 21, 39; VI, 2; Luc, IV, 15, 16, 31, 44; XIII, 10; Jean, XVIII, 20.

forme à ses idées¹. Comme il y avait peu de pharisiens en Galilée, la discussion contre lui ne prenait pas ce degré de vivacité et ce ton d'acrimonie qui, à Jérusalem, l'eussent arrêté court dès ses premiers pas. Ces bons Galiléens n'avaient jamais entendu une parole aussi accommodée à leur imagination riante². On l'admirait, on le choyait, on trouvait qu'il parlait bien et que ses raisons étaient convaincantes. Les objections les plus difficiles, il les résolvait avec assurance; le charme de sa parole et de sa personne captivait ces populations encore jeunes, que le pédantisme des docteurs n'avait pas desséchées.

L'autorité du jeune maître allait ainsi tous les jours grandissant, et, naturellement, plus on croyait en lui, plus il croyait en lui-même. Son action était fort restreinte. Elle était toute bornée au bassin du lac de Tibériade, et même dans ce bassin elle avait une région préférée. Le lac a cinq ou six lieues de long sur trois ou quatre de large; quoique offrant l'apparence d'un ovale assez régulier, il forme, à partir de Tibériade jusqu'à l'entrée du Jourdain, une sorte de golfe, dont la courbe mesure environ trois lieues. Voilà le champ où la semence de Jésus trouva enfin la terre bien préparée. Parcourons-le pas à pas, en

1. Luc, IV, 16 et suiv. Comp. Mischna, *Joma,* VII, 1.
2. Matth., VII, 28; XIII, 54; Marc, I, 22; VI, 1; Luc, IV, 22, 32.

essayant de soulever le manteau de sécheresse et de deuil dont l'a couvert le démon de l'islam.

En sortant de Tibériade, ce sont d'abord des rochers escarpés, une montagne qui semble s'écrouler dans la mer. Puis les montagnes s'écartent; une plaine (*El-Ghoueir*) s'ouvre presque au niveau du lac. C'est un délicieux bosquet de haute verdure, sillonné par d'abondantes eaux qui sortent en partie d'un grand bassin rond, de construction antique (*Aïn-Medawara*). A l'entrée de cette plaine, qui est le pays de Génésareth proprement dit, se trouve le misérable village de *Medjdel*. A l'autre extrémité de la plaine (toujours en suivant la mer), on rencontre un emplacement de ville (*Khan-Minyeh*), de très-belles eaux (*Aïn-et-Tin*), un joli chemin, étroit et profond, taillé dans le roc, que certainement Jésus a souvent suivi, et qui sert de passage entre la plaine de Génésareth et le talus septentrional du lac. A un quart d'heure de là, on traverse une petite rivière d'eau salée (*Aïn-Tabiga*), sortant de terre par plusieurs larges sources à quelques pas du lac, et s'y jetant au milieu d'un épais fourré de verdure. Enfin, à quarante minutes plus loin, sur la pente aride qui s'étend d'Aïn-Tabiga à l'embouchure du Jourdain, on trouve quelques huttes et un ensemble de ruines assez monumentales, nommés *Tell-Hum*.

Cinq petites villes, dont l'humanité parlera éternellement autant que de Rome et d'Athènes, étaient, du temps de Jésus, disséminées dans l'espace qui s'étend du village de Medjdel à Tell-Hum. De ces cinq villes, Magdala, Dalmanutha, Capharnahum, Bethsaïde, Chorazin[1], la première seule se laisse retrouver aujourd'hui avec certitude. L'affreux village de Medjdel a sans doute conservé le nom et la place de la bourgade qui donna à Jésus sa plus fidèle amie[2]. Dalmanutha était probablement près de là[3]. Il n'est pas impossible que Chorazin fût un peu dans les terres, du côté du nord[4]. Quant à Bethsaïde et Capharnahum, c'est en vérité presque au hasard qu'on les place à Tell-Hum, à Aïn-et-Tin, à Khan-Minyeh, à Aïn-Medawara[5]. On dirait qu'en topogra-

1. L'antique Kinnéreth avait disparu ou changé de nom.
2. On sait en effet qu'elle était très-voisine de Tibériade. Talmud de Jérusalem, *Maasaroth*, III, 1; *Schebiit*, IX, 1; *Erubin*, V, 7.
3. Marc, VIII, 10. Comp. Matth., XV, 39.
4. A l'endroit nommé *Khorazi* ou *Bir-Kérazeh*, au-dessus de Tell-Hum.
5. L'ancienne hypothèse qui identifiait Tell-Hum avec Capharnahum, bien que fortement attaquée depuis quelques années, conserve encore de nombreux défenseurs. Le meilleur argument qu'on puisse faire valoir en sa faveur est le nom même de *Tell-Hum*, *Tell* entrant dans le nom de beaucoup de villages et ayant pu remplacer *Caphar*. Impossible, d'un autre côté, de trouver près de Tell-Hum une fontaine répondant à ce que dit Josèphe (*B. J.*, III, X, 8). Cette fontaine de Capharnahum semble bien être Aïn-Medawara; mais

phie, comme en histoire, un dessein profond ait voulu cacher les traces du grand fondateur. Il est douteux qu'on arrive jamais, sur ce sol profondément dévasté, à fixer les places où l'humanité voudrait venir baiser l'empreinte de ses pieds.

Le lac, l'horizon, les arbustes, les fleurs, voilà donc tout ce qui reste du petit canton de trois ou quatre lieues où Jésus fonda son œuvre divine. Les arbres ont totalement disparu. Dans ce pays, où la végétation était autrefois si brillante que Josèphe y voyait une sorte de miracle, — la nature, suivant lui, s'étant plu à rapprocher ici côte à côte les plantes des pays froids, les productions des zones brûlantes, les arbres des climats moyens, chargés toute l'année de fleurs et de fruits [1]; — dans ce pays, dis-je, on calcule maintenant un jour d'avance l'endroit où l'on trouvera le lendemain un peu d'ombre pour son repas. Le lac est devenu désert. Une seule barque, dans le plus misérable état, sillonne aujourd'hui ces

---

Aïn-Medawara est à une demi-heure du lac, tandis que Capharnahum était une ville de pêcheurs sur le bord même de la mer (Matth., IV, 13; Jean, VI, 17). Les difficultés pour Bethsaïde sont plus grandes encore; car l'hypothèse, assez généralement admise, de deux Bethsaïdes, l'une sur la rive occidentale, l'autre sur la rive orientale du lac, et à deux ou trois lieues l'une de l'autre, a quelque chose de singulier.

1. *B. J.*, III, x, 8.

flots jadis si riches de vie et de joie. Mais les eaux sont toujours légères et transparentes[1]. La grève, composée de rochers ou de galets, est bien celle d'une petite mer, non celle d'un étang, comme les bords du lac Huleh. Elle est nette, propre, sans vase, toujours battue au même endroit par le léger mouvement des flots. De petits promontoires, couverts de lauriers roses, de tamaris et de câpriers épineux, s'y dessinent; à deux endroits surtout, à la sortie du Jourdain, près de Tarichée, et au bord de la plaine de Génésareth, il y a d'enivrants parterres, où les vagues viennent s'éteindre en des massifs de gazon et de fleurs. Le ruisseau d'Aïn-Tabiga fait un petit estuaire, plein de jolis coquillages. Des nuées d'oiseaux nageurs couvrent le lac. L'horizon est éblouissant de lumière. Les eaux, d'un azur céleste, profondément encaissées entre des roches brûlantes, semblent, quand on les regarde du haut des montagnes de Safed, occuper le fond d'une coupe d'or. Au nord, les ravins neigeux de l'Hermon se découpent en lignes blanches sur le ciel; à l'ouest, les hauts plateaux ondulés de la Gaulonitide et de la Pérée, absolument arides et revêtus par le soleil d'une sorte d'atmosphère veloutée, forment une montagne

[1]. *B. J.*, III, x, 7; Jacques de Vitri, dans le *Gesta Dei per Francos*, I, 1075.

compacte, ou pour mieux dire une longue terrasse très-élevée, qui, depuis Césarée de Philippe, court indéfiniment vers le sud.

La chaleur sur les bords est maintenant très-pesante. Le lac occupe une dépression de deux cents mètres au-dessous du niveau de la Méditerranée [1], et participe ainsi des conditions torrides de la mer Morte [2]. Une végétation abondante tempérait autrefois ces ardeurs excessives; on comprendrait difficilement qu'une fournaise comme est aujourd'hui tout le bassin du lac, à partir du mois de mai, eût jamais été le théâtre d'une prodigieuse activité. Josèphe, d'ailleurs, trouve le pays fort tempéré [3]. Sans doute il y a eu ici, comme dans la campagne de Rome, quelque changement de climat, amené par des causes historiques. C'est l'islamisme, et surtout la réaction musulmane contre les croisades, qui ont desséché, à la façon d'un vent de mort, le canton préféré de Jésus. La belle terre de Génésareth ne se doutait pas que sous le front de ce pacifique promeneur s'agitaient ses

---

[1]. C'est l'évaluation du capitaine Lynch (dans Ritter, *Erdkunde*, XV, 1re part., p. xx). Elle concorde à peu près avec celle de M. de Bertou (*Bulletin de la Soc. de géogr.*, 2e série, XII, p. 146).

[2]. La dépression de la mer Morte est du double.

[3]. *B. J.*, III, x, 7 et 8.

destinées. Dangereux compatriote, Jésus a été fatal au pays qui eut le redoutable honneur de le porter. Devenue pour tous un objet d'amour ou de haine, convoitée par deux fanatismes rivaux, la Galilée devait, pour prix de sa gloire, se changer en désert. Mais qui voudrait dire que Jésus eût été plus heureux, s'il eût vécu un plein âge d'homme, obscur en son village? Et ces ingrats Nazaréens, qui penserait à eux, si, au risque de compromettre l'avenir de leur bourgade, un des leurs n'eût reconnu son Père et ne se fût proclamé fils de Dieu?

Quatre ou cinq gros villages, situés à une demi-heure l'un de l'autre, voilà donc le petit monde de Jésus à l'époque où nous sommes. Il ne semble pas être jamais entré à Tibériade, ville toute profane, peuplée en grande partie de païens et résidence habituelle d'Antipas [1]. Quelquefois, cependant, il s'écartait de sa région favorite. Il allait en barque sur la rive orientale, à Gergésa par exemple [2]. Vers

---

1. Jos., *Ant.*, XVIII, II, 3; *Vita*, 12, 13, 64.
2. J'adopte l'opinion de M. Thomson (*The Land and the Book*, II, 34 et suiv.), d'après laquelle la Gergésa de Matthieu (VIII, 28), identique à la ville chananéenne de *Girgasch* (*Gen.*, x, 16; xv, 21; *Deut.*, VII, 1; *Josué*, XXIV, 11), serait l'emplacement nommé maintenant *Kersa* ou *Gersa*, sur la rive orientale, à peu près vis-à-vis de Magdala. Marc (v, 1) et Luc (VIII, 26) nomment *Gadara* ou *Gerasa* au lieu de *Gergesa*. *Gerasa* est une leçon

le nord, on le voit à Panéas ou Césarée de Philippe[1], au pied de l'Hermon. Une fois, enfin, il fait une course du côté de Tyr et de Sidon[2], pays qui devait être alors merveilleusement florissant. Dans toutes ces contrées, il était en plein paganisme[3]. A Césarée, il vit la célèbre grotte du *Panium,* où l'on plaçait la source du Jourdain, et que la croyance populaire entourait d'étranges légendes[4]; il put admirer le temple de marbre qu'Hérode fit élever près de là en l'honneur d'Auguste[5]; il s'arrêta probablement devant les nombreuses statues votives à Pan, aux Nymphes, à l'Écho de la grotte, que la piété entassait déjà en ce bel endroit[6]. Un juif évhémériste, habitué à

impossible, les évangélistes nous apprenant que la ville en question était près du lac et vis-à-vis de la Galilée. Quant à Gadare, aujourd'hui *Om-Keis,* à une heure et demie du lac et du Jourdain, les circonstances locales données par Marc et Luc n'y conviennent guère. On comprend d'ailleurs que *Gergesa* soit devenue *Gerasa,* nom bien plus connu, et que les impossibilités topographiques qu'offrait cette dernière lecture aient fait adopter *Gadara.* Cf. Orig., *Comment. in Joann.,* VI, 24; X, 10; Eusèbe et saint Jérôme, *De situ et nomin. loc. hebr.,* aux mots Γεργεσά, Γεργασεί.

1. Matth., XVI, 13; Marc, VIII, 27.
2. Matth., XV, 21; Marc, VII, 24, 31.
3. Jos., *Vita,* 13.
4. Jos., *Ant.,* XV, x, 3; *B. J.,* I, XXI, 3; III, x, 7; Benjamin de Tudèle, p. 46, édit. Asher.
5. Jos., *Ant.,* XV, x, 3.
6. *Corpus. inscr. gr.,* n⁰ˢ 4537, 4538, 4538 *b,* 4539.

prendre les dieux étrangers pour des hommes divinisés ou pour des démons, devait considérer toutes ces représentations figurées comme des idoles. Les séductions des cultes naturalistes, qui enivraient les races plus sensitives, le laissèrent froid. Il n'eut sans doute aucune connaissance de ce que le vieux sanctuaire de Melkarth, à Tyr, pouvait renfermer encore d'un culte primitif plus ou moins analogue à celui des Juifs[1]. Le paganisme, qui, en Phénicie, avait élevé sur chaque colline un temple et un bois sacré, tout cet aspect de grande industrie et de richesse profane[2], durent peu lui sourire. Le monothéisme enlève toute aptitude à comprendre les religions païennes; le musulman jeté dans les pays polythéistes semble n'avoir pas d'yeux. Jésus sans contredit n'apprit rien dans ces voyages. Il revenait toujours à sa rive bien-aimée de Génésareth. Le centre de ses pensées était là; là il trouvait foi et amour.

1. Lucianus (ut fertur), *De dea syria*, 3.
2. Les traces de la riche civilisation païenne de ce temps couvrent encore tout le Beled-Bescharrah, et surtout les montagnes qui forment le massif du cap Blanc et du cap Nakoura.

CHAPITRE IX.

LES DISCIPLES DE JÉSUS.

Dans ce paradis terrestre, que les grandes révolutions de l'histoire avaient jusque-là peu atteint, vivait une population en parfaite harmonie avec le pays lui-même, active, honnête, pleine d'un sentiment gai et tendre de la vie. Le lac de Tibériade est un des bassins d'eau les plus poissonneux du monde [1]; des pêcheries très-fructueuses s'étaient établies, surtout à Bethsaïde, à Capharnahum, et avaient produit une certaine aisance. Ces familles de pêcheurs formaient une société douce et paisible, s'étendant par de nombreux liens de parenté dans tout le canton du lac que nous avons décrit. Leur vie peu occupée laissait toute liberté à leur ima-

1. Matth., IV, 18; Luc, V, 44 et suiv.; Jean, I, 44; XXI, 1 et suiv.; Jos., *B. J.*, III, x, 7; Jacques de Vitri, dans le *Gesta Dei per Francos,* I, p. 1075.

gination. Les idées sur le royaume de Dieu trouvaient, dans ces petits comités de bonnes gens, plus de créance que partout ailleurs. Rien de ce qu'on appelle civilisation, dans le sens grec et mondain, n'avait pénétré parmi eux. Ce n'était pas notre sérieux germanique et celtique; mais, bien que souvent peut-être la bonté fût chez eux superficielle et sans profondeur, leurs mœurs étaient tranquilles, et ils avaient quelque chose d'intelligent et de fin. On peut se les figurer comme assez analogues aux meilleures populations du Liban, mais avec le don que n'ont pas celles-ci de fournir des grands hommes. Jésus rencontra là sa vraie famille. Il s'y installa comme un des leurs ; Capharnahum devint « sa ville [1] », et au milieu du petit cercle qui l'adorait, il oublia ses frères sceptiques, l'ingrate Nazareth et sa moqueuse incrédulité.

Une maison surtout, à Capharnahum, lui offrit un asile agréable et des disciples dévoués. C'était celle de deux frères, tous deux fils d'un certain Jonas, qui probablement était mort à l'époque où Jésus vint se fixer sur les bords du lac. Ces deux frères étaient Simon, surnommé *Céphas* ou *Pierre*, et André. Nés à Bethsaïde [2], ils se trouvaient établis à Capharnahum

1. Matth., IX, 1 ; Marc, II, 1-2.
2. Jean, I, 44.

quand Jésus commença sa vie publique. Pierre était marié et avait des enfants; sa belle-mère demeurait chez lui [1]. Jésus aimait cette maison et y demeurait habituellement [2]. André paraît avoir été disciple de Jean-Baptiste, et Jésus l'avait peut-être connu sur les bords du Jourdain [3]. Les deux frères continuèrent toujours, même à l'époque où il semble qu'ils devaient être le plus occupés de leur maître, à exercer le métier de pêcheurs [4]. Jésus, qui aimait à jouer sur les mots, disait parfois qu'il ferait d'eux des pêcheurs d'hommes [5]. En effet, parmi tous ses disciples, il n'en eut pas de plus fidèlement attachés.

Une autre famille, celle de Zabdia ou Zébédée, pêcheur aisé et patron de plusieurs barques [6], offrit à Jésus un accueil empressé. Zébédée avait deux fils, Jacques qui était l'aîné, et un jeune fils, Jean, qui plus tard fut appelé à jouer un rôle si décisif dans l'histoire du christianisme naissant. Tous deux

---

1. Matth., VIII, 14; Marc, I, 30; Luc, IV, 38; *I Cor.*, IX, 5; I Petr., V, 13; Clém. Alex., *Strom.*, III, 6; VII, 11; Pseudo-Clem., *Recogn.*, VII, 25; Eusèbe, *H, E.*, III, 30.
2. Matth., VIII, 14; XVII, 24; Marc, I, 29-31; Luc, IV, 38.
3. Jean, I, 40 et suiv.
4. Matth., IV, 18; Marc, I, 16; Luc, V, 3; Jean, XXI, 3.
5. Matth., IV, 19; Marc, I, 17; Luc, V, 10.
6. Marc, I, 20; Luc, V, 10; VIII, 3; Jean, XIX, 27.

étaient disciples zélés. Salomé, femme de Zébédée, fut aussi fort attachée à Jésus et l'accompagna jusqu'à la mort[1].

Les femmes, en effet, l'accueillaient avec empressement. Il avait avec elles ces manières réservées qui rendent possible une fort douce union d'idées entre les deux sexes. La séparation des hommes et des femmes, qui a empêché chez les peuples sémitiques tout développement délicat, était sans doute, alors comme de nos jours, beaucoup moins rigoureuse dans les campagnes et les villages que dans les grandes villes. Trois ou quatre galiléennes dévouées accompagnaient toujours le jeune maître et se disputaient le plaisir de l'écouter et de le soigner tour à tour[2]. Elles apportaient dans la secte nouvelle un élément d'enthousiasme et de merveilleux, dont on saisit déjà l'importance. L'une d'elles, Marie de Magdala, qui a rendu si célèbre dans le monde le nom de sa pauvre bourgade, paraît avoir été une personne fort exaltée. Selon le langage du temps, elle avait été possédée de sept démons[3], c'est-à-dire qu'elle avait été affectée de maladies nerveuses

---

[1]. Matth., xxvii, 56; Marc, xv, 40; xvi, 1.
[2]. Matth., xxvii, 55-56; Marc, xv, 40-41; Luc, viii, 2-3; xxiii, 49.
[3]. Marc, xvi, 9; Luc, viii, 2; Cf. *Tobie*, iii, 8; vi, 14.

et en apparence inexplicables. Jésus, par sa beauté pure et douce, calma cette organisation troublée. La Magdaléenne lui fut fidèle jusqu'au Golgotha, et joua le surlendemain de sa mort un rôle de premier ordre ; car elle fut l'organe principal par lequel s'établit la foi à la résurrection, ainsi que nous le verrons plus tard. Jeanne, femme de Khouza, l'un des intendants d'Antipas, Susanne et d'autres restées inconnues le suivaient sans cesse et le servaient [1]. Quelques-unes étaient riches, et mettaient par leur fortune le jeune prophète en position de vivre sans exercer le métier qu'il avait professé jusqu'alors [2].

Plusieurs encore le suivaient habituellement et le reconnaissaient pour leur maître : un certain Philippe de Bethsaïde, Nathanaël, fils de Tolmaï ou Ptolémée, de Cana, peut-être disciple de la première époque [3] ; Matthieu, probablement celui-là même qui fut le Xénophon du christianisme naissant. Il avait été publicain, et comme tel il maniait sans doute le kalam plus facilement que les autres. Peut-être songeait-il

---

1. Luc, VIII, 3 ; XXIV, 10.
2. Luc, VIII, 3.
3. Jean, I, 44 et suiv.; XXI, 2. J'admets l'identification de Nathanaël et de l'apôtre qui figure dans les listes sous le nom de *Bar-Tholomé*.

dès lors à écrire ces *Logia* [1], qui sont la base de ce que nous savons des enseignements de Jésus. On nomme aussi parmi les disciples Thomas, ou Didyme [2], qui douta quelquefois, mais qui paraît avoir été un homme de cœur et de généreux entraînements [3]; un Lebbée ou Taddée; un Simon le Zélote [4], peut-être disciple de Juda le Gaulonite, appartenant à ce parti des *Kenaïm,* dès lors existant, et qui devait bientôt jouer un si grand rôle dans les mouvements du peuple juif; enfin Judas fils de Simon, de la ville de Kerioth, qui fit exception dans l'essaim fidèle et s'attira un si épouvantable renom. C'était le seul qui ne fût pas Galiléen; Kerioth était une ville de l'extrême sud de la tribu de Juda [5], à une journée au delà d'Hébron.

Nous avons vu que la famille de Jésus était en général peu portée vers lui [6]. Cependant Jacques et Jude, ses cousins par Marie Cléophas, faisaient dès lors partie

---

1. Papias, dans Eusèbe, *Hist. eccl.*, III, 39.
2. Ce second nom est la traduction grecque du premier.
3. Jean, xi, 16; xx, 24 et suiv.
4. Matth., x, 4; Marc, iii, 18; Luc, vi, 15; *Act.*, i, 13; Évangile des Ébionim, dans Épiphane, *Adv. hær.*, xxx, 13.
5. Aujourd'hui *Kuryétein* ou *Kereitein.*
6. La circonstance rapportée dans Jean, xix, 25-27, semble supposer qu'à aucune époque de la vie publique de Jésus, ses propres frères ne se rapprochèrent de lui.

des disciples, et Marie Cléophas elle-même fut du nombre des compagnes qui le suivirent au Calvaire[1]. A cette époque, on ne voit pas auprès de lui sa mère. C'est seulement après la mort de Jésus que Marie acquiert une grande considération[2] et que les disciples cherchent à se l'attacher[3]. C'est alors aussi que les membres de la famille du fondateur, sous le titre de « frères du Seigneur, » forment un groupe influent, qui fut longtemps à la tête de l'église de Jérusalem[4], et qui après le sac de la ville se réfugia en Batanée[5]. Le seul fait de l'avoir approché devenait un avantage décisif, de la même manière qu'après la mort de Mahomet, les femmes et les filles du prophète, qui n'avaient pas eu d'importance de son vivant, furent de grandes autorités.

Dans cette foule amie, Jésus avait évidemment des préférences et en quelque sorte un cercle plus étroit. Les deux fils de Zébédée, Jacques et Jean, paraissent en avoir fait partie en première ligne. Ils étaient pleins de feu et de passion. Jésus les avait surnommés

---

1. Matth., xxvii, 56; Marc, xv, 40; Jean, xix, 25.
2. *Act.*, i, 14. Comp. Luc, i, 28; ii, 35, impliquant déjà un grand respect pour Marie.
3. Jean, xix, 25 et suiv.
4. V. ci-dessus, p. 24-25, note.
5. Jules Africain, dans Eusèbe, *H. E.*, I, 7.

avec esprit « Fils du tonnerre, » à cause de leur zèle excessif, qui, s'il eût disposé de la foudre, en eût trop souvent fait usage [1]. Jean, surtout, paraît avoir été avec Jésus sur le pied d'une certaine familiarité. Peut-être ce disciple, qui devait plus tard écrire ses souvenirs d'une façon où l'intérêt personnel ne se dissimule pas assez, a-t-il exagéré l'affection de cœur que son maître lui aurait portée [2]. Ce qui est plus significatif, c'est que, dans les évangiles synoptiques, Simon Barjona ou Pierre, Jacques, fils de Zébédée, et Jean, son frère, forment une sorte de comité intime que Jésus appelle à certains moments où il se défie de la foi et de l'intelligence des autres [3]. Il semble d'ailleurs qu'ils étaient tous les trois associés dans leurs pêcheries [4]. L'affection de Jésus pour Pierre était profonde. Le caractère de ce dernier, droit, sincère, plein de premier mouvement,

---

1. Marc, III, 17; IX, 37 et suiv.; X, 35 et suiv.; Luc, IX, 49 et suiv., 54 et suiv.

2. Jean, XIII, 23; XVIII, 15 et suiv.; XIX, 26-27; XX, 2, 4; XXI, 7, 20 et suiv.

3. Matth., XVII, 1; XXVI, 37; Marc, V, 37; IX, 1; XIII, 3; XIV, 33; Luc, IX, 28. L'idée que Jésus avait communiqué à ces trois disciples une gnose ou doctrine secrète fut de très-bonne heure répandue. Il est singulier que Jean, dans son évangile, ne mentionne pas une fois Jacques, son frère.

4. Matth., IV, 18-22; Luc, V, 10; Jean, XXI, 2 et suiv.

plaisait à Jésus, qui parfois se laissait aller à sourire de ses façons décidées. Pierre, peu mystique, communiquait au maître ses doutes naïfs, ses répugnances, ses faiblesses tout humaines [1], avec une franchise honnête qui rappelle celle de Joinville près de saint Louis. Jésus le reprenait d'une façon amicale, pleine de confiance et d'estime. Quant à Jean, sa jeunesse [2], son exquise tendresse de cœur [3] et son imagination vive [4] devaient avoir beaucoup de charme. La personnalité de cet homme extraordinaire, qui a imprimé un détour si vigoureux au christianisme naissant, ne se développa que plus tard. Vieux, il écrivit sur son maître cet évangile bizarre [5] qui renferme de si précieux renseignements, mais où, selon nous, le caractère de Jésus est faussé sur beaucoup de points. La nature de Jean était trop puissante et trop profonde pour qu'il pût se plier au

1. Matth., xiv, 28; xvi, 22; Marc, viii, 32 et suiv.

2. Il paraît avoir vécu jusque vers l'an 100. Voir son évangile, xxi, 15-23, et les anciennes autorités recueillies par Eusèbe, *H. E.*, III, 20, 23.

3. Voir les épîtres qui lui sont attribuées, et qui sont sûrement du même auteur que le quatrième évangile.

4. Nous n'entendons pas toutefois décider si l'Apocalypse est de lui.

5. La tradition commune me semble sur ce point suffisamment justifiée. Il est, du reste, évident que l'école de Jean retoucha son évangile après lui (voir tout le chap. xxi).

ton impersonnel des premiers évangélistes. Il fut le biographe de Jésus comme Platon l'a été de Socrate. Habitué à remuer ses souvenirs avec l'inquiétude fébrile d'une âme exaltée, il transforma son maître en voulant le peindre, et parfois il laisse soupçonner (à moins que d'autres mains n'aient altéré son œuvre) qu'une parfaite bonne foi ne fut pas toujours dans la composition de cet écrit singulier sa règle et sa loi.

Aucune hiérarchie proprement dite n'existait dans la secte naissante. Tous devaient s'appeler « frères, » et Jésus proscrivait absolument les titres de supériorité, tels que *rabbi,* « maître, père, » lui seul étant maître, et Dieu seul étant père. Le plus grand devait être le serviteur des autres[1]. Cependant Simon Barjona se distingue, entre ses égaux, par un degré tout particulier d'importance. Jésus demeurait chez lui et enseignait dans sa barque[2]; sa maison était le centre de la prédication évangélique. Dans le public, on le regardait comme le chef de la troupe, et c'est à lui que les préposés aux péages s'adressent pour faire acquitter les droits dus par la communauté[3]. Le

1. Matth., xviii, 4; xx, 25-26; xxiii, 8-12; Marc, ix, 34; x, 42-46.
2. Luc, v, 3.
3. Matth., xvii, 23.

premier, Simon avait reconnu Jésus pour le Messie[1]. Dans un moment d'impopularité, Jésus demandant à ses disciples : « Et vous aussi, voulez-vous vous en aller ? » Simon répondit : « A qui irions-nous, Seigneur ? Tu as les paroles de la vie éternelle[2]. » Jésus à diverses reprises lui déféra dans son église une certaine primauté[3], et lui donna le surnom syriaque de *Képha* (pierre), voulant signifier par là qu'il faisait de lui la pierre angulaire de l'édifice[4]. Un moment, même, il semble lui promettre « les clefs du royaume du ciel, » et lui accorder le droit de prononcer sur la terre des décisions toujours ratifiées dans l'éternité[5].

Nul doute que cette primauté de Pierre n'ait excité un peu de jalousie. La jalousie s'allumait surtout en vue de l'avenir, en vue de ce royaume de Dieu, où tous les disciples seraient assis sur des trônes, à la droite et à la gauche du maître, pour juger les douze tribus d'Israël[6]. On se demandait qui

---

1. Matth., xvi, 16-17.
2. Jean, vi, 68-70.
3. Matth., x, 2; Luc, xxii, 32; Jean, xxi, 15 et suiv.; *Act.*, i, ii, v, etc.; *Gal.*, i, 18; ii, 7-8.
4. Matth., xvi, 18; Jean, i, 42.
5. Matth., xvi, 19. Ailleurs, il est vrai (Matth., xviii, 18), le même pouvoir est accordé à tous les apôtres.
6. Matth., xviii, 1 et suiv.; Marc, ix, 33; Luc, ix, 46, xxii, 30.

serait alors le plus près du Fils de l'homme, figurant en quelque sorte comme son premier ministre et son assesseur. Les deux fils de Zébédée aspiraient à ce rang. Préoccupés d'une telle pensée, ils mirent en avant leur mère, Salomé, qui un jour prit Jésus à part et sollicita de lui les deux places d'honneur pour ses fils [1]. Jésus écarta la demande par son principe habituel que celui qui s'exalte sera humilié, et que le royaume des cieux appartiendra aux petits. Cela fit quelque bruit dans la communauté; il y eut un grand mécontentement contre Jacques et Jean [2]. La même rivalité semble poindre dans l'évangile de Jean, où l'on voit le narrateur déclarer sans cesse qu'il a été le « disciple chéri » auquel le maître en mourant a confié sa mère, et chercher systématiquement à se placer près de Simon Pierre, parfois à se mettre avant lui, dans des circonstances importantes où les évangélistes plus anciens l'avaient omis [3].

Parmi les personnages qui précèdent, tous ceux dont on sait quelque chose avaient commencé par être pêcheurs. En tout cas, aucun d'eux n'appartenait à une classe sociale élevée. Seul, Matthieu, ou

---

[1]. Matth., xx, 20 et suiv.; Marc, x, 35 et suiv.
[2]. Marc, x, 41.
[3]. Jean, xviii, 15 et suiv.; xix, 26-27; xx, 2 et suiv.; xxi, 7, 21. Comp. i, 35 et suiv., où le disciple innomé est probablement Jean.

Lévi, fils d'Alphée[1], avait été publicain. Mais ceux à qui on donnait ce nom en Judée n'étaient pas les fermiers généraux, hommes d'un rang élevé (toujours chevaliers romains) qu'on appelait à Rome *publicani* [2]. C'étaient les agents de ces fermiers généraux, des employés de bas étage, de simples douaniers. La grande route d'Acre à Damas, l'une des plus anciennes routes du monde, qui traversait la Galilée en touchant le lac [3], y multipliait fort ces sortes d'employés. Capharnahum, qui était peut-être sur la voie, en possédait un nombreux personnel [4].

1. Matth., IX, 9; X, 3; Marc, II, 14; III, 18; Luc, V, 27; VI, 15; *Act.*, I, 13. Évangile des Ébionim, dans Épiph., *Adv. hær.*, XXX, 13. Il faut supposer, quelque bizarre que cela puisse paraître, que ces deux noms ont été portés par le même personnage. Le récit *Matth.*, IX, 9, conçu d'après le modèle ordinaire des légendes de vocations d'apôtre, a, il est vrai, quelque chose de vague, et n'a certainement pas été écrit par l'apôtre même dont il y est question. Mais il faut se rappeler que, dans l'évangile actuel de Matthieu, la seule partie qui soit de l'apôtre, ce sont les Discours de Jésus. Voir Papias, dans Eusèbe, *Hist. eccl.*, III, 39.

2. Cicéron, *De provinc. consular.*, 5; *Pro Plancio*, 9; Tac., *Ann.*, IV, 6; Pline, *Hist. nat.*, XII, 32; Appien, *Bell. civ.*, II, 13.

3. Elle est restée célèbre, jusqu'au temps des croisades, sous le nom de *Via maris*. Cf. Isaïe, IX, 1; Matth., IV, 13-15; Tobie, I, 1. Je pense que le chemin taillé dans le roc, près d'Aïn-et-Tin, en faisait partie, et que la route se dirigeait de là vers le *Pont des filles de Jacob*, tout comme aujourd'hui. Une partie de la route d'Aïn-et-Tin à ce pont est de construction antique.

4. Matth. IX, 9 et suiv.

Cette profession n'est jamais populaire ; mais chez les Juifs elle passait pour tout à fait criminelle. L'impôt, nouveau pour eux, était le signe de leur vassalité ; une école, celle de Juda le Gaulonite, soutenait que le payer était un acte de paganisme. Aussi les douaniers étaient-ils abhorrés des zélateurs de la loi. On ne les nommait qu'en compagnie des assassins, des voleurs de grand chemin, des gens de vie infâme[1]. Les juifs qui acceptaient de telles fonctions étaient excommuniés et devenaient inhabiles à tester ; leur caisse était maudite, et les casuistes défendaient d'aller y changer de l'argent [2]. Ces pauvres gens, mis au ban de la société, se voyaient entre eux. Jésus accepta un dîner que lui offrit Lévi, et où il y avait, selon le langage du temps, « beaucoup de douaniers et de pêcheurs. » Ce fut un grand scandale [3]. Dans ces maisons mal famées, on risquait de rencontrer de la mauvaise société. Nous le verrons souvent ainsi, peu soucieux de choquer les préjugés des gens bien pensants, chercher à re-

---

1. Matth., v, 46-47 ; ix, 10, 11 ; xi, 19 ; xviii, 17 ; xxi, 31-32 ; Marc, ii, 15-16 ; Luc, v, 30 ; vii, 34 ; xv, 1 ; xviii, 11 ; xix, 7 ; Lucien, *Necyomant.*, 11 ; Dio Chrysost., orat. iv, p. 85 ; orat. xiv, p. 269 (edit. Emperius) ; Mischna, *Nedarim*, iii, 4.

2. Mischna, *Baba Kama*, x, 1 ; Talmud de Jérusalem, *Demaï*, ii, 3 ; Talmud de Bab., *Sanhédrin*, 25 b.

3. Luc, v, 29 et suiv.

lever les classes humiliées par les orthodoxes, et s'exposer de la sorte aux plus vifs reproches des dévots.

Ces nombreuses conquêtes, Jésus les devait au charme infini de sa personne et de sa parole. Un mot pénétrant, un regard tombant sur une conscience naïve, qui n'avait besoin que d'être éveillée, lui faisaient un ardent disciple. Quelquefois Jésus usait d'un artifice innocent, qu'employa aussi Jeanne d'Arc. Il affectait de savoir sur celui qu'il voulait gagner quelque chose d'intime, ou bien il lui rappelait une circonstance chère à son cœur. C'est ainsi qu'il toucha Nathanaël[1], Pierre[2], la Samaritaine[3]. Dissimulant la vraie cause de sa force, je veux dire sa supériorité sur ce qui l'entourait, il laissait croire, pour satisfaire les idées du temps, idées qui d'ailleurs étaient pleinement les siennes, qu'une révélation d'en haut lui découvrait les secrets et lui ouvrait les cœurs. Tous pensaient qu'il vivait dans une sphère supérieure à celle de l'humanité. On disait qu'il conversait sur les montagnes avec Moïse et Élie[4]; on croyait que, dans ses moments de soli-

1. Jean, I, 48 et suiv.
2. Jean, I, 42.
3. Jean, IV, 17 et suiv.
4. Matth., XVII, 3; Marc, IX, 3; Luc, IX, 30-31.

tude, les anges venaient lui rendre leurs hommages, et établissaient un commerce surnaturel entre lui et le ciel [1].

1. Matth., IV, 11; Marc, I, 13.

CHAPITRE X.

PRÉDICATIONS DU LAC.

Tel était le groupe qui, sur les bords du lac de Tibériade, se pressait autour de Jésus. L'aristocratie y était représentée par un douanier et par la femme d'un régisseur. Le reste se composait de pêcheurs et de simples gens. Leur ignorance était extrême; ils avaient l'esprit faible, ils croyaient aux spectres et aux esprits[1]. Pas un élément de culture hellénique n'avait pénétré dans ce premier cénacle; l'instruction juive y était aussi fort incomplète; mais le cœur et la bonne volonté y débordaient. Le beau climat de la Galilée faisait de l'existence de ces honnêtes pêcheurs un perpétuel enchantement. Ils préludaient vraiment au royaume de Dieu, simples, bons, heureux, bercés doucement sur leur délicieuse petite

---

1. Matth., xiv, 26 ; Marc, vi, 49 ; Luc, xxiv, 39; Jean, vi, 49.

mer, ou dormant le soir sur ses bords. On ne se figure pas l'enivrement d'une vie qui s'écoule ainsi à la face du ciel, la flamme douce et forte que donne ce perpétuel contact avec la nature, les songes de ces nuits passées à la clarté des étoiles, sous un dôme d'azur d'une profondeur sans fin. Ce fut durant une telle nuit que Jacob, la tête appuyée sur une pierre, vit dans les astres la promesse d'une postérité innombrable, et l'échelle mystérieuse par laquelle les Elohim allaient et venaient du ciel à la terre. A l'époque de Jésus, le ciel n'était pas fermé, ni la terre refroidie. La nue s'ouvrait encore sur le fils de l'homme; les anges montaient et descendaient sur sa tête[1]; les visions du royaume de Dieu étaient partout; car l'homme les portait en son cœur. L'œil clair et doux de ces âmes simples contemplait l'univers en sa source idéale; le monde dévoilait peut-être son secret à la conscience divinement lucide de ces enfants heureux, à qui la pureté de leur cœur mérita un jour de voir Dieu.

Jésus vivait avec ses disciples presque toujours en plein air. Tantôt, il montait dans une barque, et enseignait ses auditeurs pressés sur le rivage[2]. Tantôt, il s'asseyait sur les montagnes qui bordent le lac, où

1. Jean, I, 51.
2. Matth., XIII, 1-2; Marc, III, 9; IV, 1; Luc, V, 3.

l'air est si pur et l'horizon si lumineux. La troupe fidèle allait ainsi, gaie et vagabonde, recueillant les inspirations du maître dans leur première fleur. Un doute naïf s'élevait parfois, une question doucement sceptique : Jésus, d'un sourire ou d'un regard, faisait taire l'objection. A chaque pas, dans le nuage qui passait, le grain qui germait, l'épi qui jaunissait, on voyait le signe du royaume près de venir; on se croyait à la veille de voir Dieu, d'être les maîtres du monde; les pleurs se tournaient en joie; c'était l'avénement sur terre de l'universelle consolation :

« Heureux, disait le maître, les pauvres en esprit; car c'est à eux qu'appartient le royaume des cieux !

« Heureux ceux qui pleurent; car ils seront consolés !

« Heureux les débonnaires; car ils posséderont la terre !

« Heureux ceux qui ont faim et soif de justice; car ils seront rassasiés !

« Heureux les miséricordieux; car ils obtiendront miséricorde !

« Heureux ceux qui ont le cœur pur; car ils verront Dieu !

« Heureux les pacifiques; car ils seront appelés enfants de Dieu !

« Heureux ceux qui sont persécutés pour la justice ; car le royaume des cieux est à eux![1] »

Sa prédication était suave et douce, toute pleine de la nature et du parfum des champs. Il aimait les fleurs et en prenait ses leçons les plus charmantes. Les oiseaux du ciel, la mer, les montagnes, les jeux des enfants, passaient tour à tour dans ses enseignements. Son style n'avait rien de la période grecque, mais se rapprochait beaucoup plus du tour des parabolistes hébreux, et surtout des sentences des docteurs juifs, ses contemporains, telles que nous les lisons dans le *Pirké Aboth*. Ses développements avaient peu d'étendue, et formaient des espèces de surates à la façon du Coran, lesquelles cousues ensemble ont composé plus tard ces longs discours qui furent écrits par Matthieu[2]. Nulle transition ne liait ces pièces diverses ; d'ordinaire cependant une même inspiration les pénétrait et en faisait l'unité. C'est surtout dans la parabole que le maître excellait. Rien dans le judaïsme ne lui avait donné le modèle de ce genre délicieux[3]. C'est lui qui l'a créé. Il est vrai

1. Matth., v, 3-10 ; Luc, vi, 20-25.
2. C'est ce qu'on appelait les Λόγια κυριακά. Papias, dans Eusèbe, *H. E.*, iii, 39.
3. L'apologue, tel que nous le trouvons *Juges*, ix, 8 et suiv., *II Sam.*, xii, 1 et suiv., n'a qu'une ressemblance de forme avec la parabole évangélique. La profonde originalité de celle-ci est dans le sentiment qui la remplit.

qu'on trouve dans les livres bouddhiques des paraboles exactement du même ton et de la même facture que les paraboles évangéliques[1]. Mais il est difficile d'admettre qu'une influence bouddhique se soit exercée en ceci. L'esprit de mansuétude et la profondeur de sentiment qui animèrent également le christianisme naissant et le bouddhisme, suffisent peut-être pour expliquer ces analogies.

Une totale indifférence pour la vie extérieure et pour le vain appareil de « confortable » dont nos tristes pays nous font une nécessité, était la conséquence de la vie simple et douce qu'on menait en Galilée. Les climats froids, en obligeant l'homme à une lutte perpétuelle contre le dehors, font attacher beaucoup de prix aux recherches du bien-être et du luxe. Au contraire, les pays qui éveillent des besoins peu nombreux sont les pays de l'idéalisme et de la poésie. Les accessoires de la vie y sont insignifiants auprès du plaisir de vivre. L'embellissement de la maison y est superflu; on se tient le moins possible enfermé. L'alimentation forte et régulière des climats peu généreux passerait pour pesante et désagréable. Et quant au luxe des vêtements, comment rivaliser avec celui que Dieu a donné à la terre et aux oiseaux du ciel? Le tra-

---

[1]. Voir surtout le *Lotus de la bonne loi*, ch. III et IV.

vail, dans ces sortes de climats, paraît inutile; ce qu'il donne ne vaut pas ce qu'il coûte. Les animaux des champs sont mieux vêtus que l'homme le plus opulent, et ils ne font rien. Ce mépris, qui, lorsqu'il n'a pas la paresse pour cause, sert beaucoup à l'élévation des âmes, inspirait à Jésus des apologues charmants : « N'enfouissez pas en terre, disait-il, des trésors que les vers et la rouille dévorent, que les larrons découvrent et dérobent; mais amassez-vous des trésors dans le ciel, où il n'y a ni vers, ni rouille, ni larrons. Où est ton trésor, là aussi est ton cœur[1]. On ne peut servir deux maîtres ; ou bien on hait l'un et on aime l'autre, ou bien on s'attache à l'un et on délaisse l'autre. Vous ne pouvez servir Dieu et Mamon[2]. C'est pourquoi je vous le dis : Ne soyez pas inquiets de l'aliment que vous aurez pour soutenir votre vie, ni des vêtements que vous aurez pour couvrir votre corps. La vie n'est-elle pas plus noble que l'aliment, et le corps plus noble que le vêtement? Regardez les oiseaux du ciel : ils ne sèment ni ne moissonnent; ils n'ont ni cellier ni grenier, et votre Père céleste les nourrit. N'êtes-vous pas fort au-dessus d'eux? Quel est celui d'entre

1. Comparez Talm. de Bab., *Baba Bathra,* 11 *a.*
2. Dieu des richesses et des trésors cachés, sorte de Plutus dans la mythologie phénicienne et syrienne.

vous qui, à force de soucis, peut ajouter une coudée à sa taille? Et quant aux habits, pourquoi vous en mettre en peine? Considérez les lis des champs; ils ne travaillent ni ne filent. Cependant, je vous le dis, Salomon dans toute sa gloire n'était pas vêtu comme l'un d'eux. Si Dieu prend soin de vêtir de la sorte une herbe des champs, qui existe aujourd'hui et qui demain sera jetée au feu, que ne fera-t-il point pour vous, gens de peu de foi? Ne dites donc pas avec anxiété : Que mangerons-nous ? que boirons-nous? de quoi serons-nous vêtus? Ce sont les païens qui se préoccupent de toutes ces choses. Votre Père céleste sait que vous en avez besoin. Mais cherchez premièrement la justice et le royaume de Dieu[1], et tout le reste vous sera donné par surcroît. Ne vous souciez pas de demain; demain se souciera de lui-même. A chaque jour suffit sa peine[2]. »

Ce sentiment essentiellement galiléen eut sur la destinée de la secte naissante une influence décisive. La troupe heureuse, se reposant sur le Père céleste pour la satisfaction de ses besoins, avait pour première règle de regarder les soucis de la vie comme

---

1. J'adopte ici la leçon de Lachmann et Tischendorf.
2. Matth., VI, 19-21, 24-34. Luc, XII, 22-31, 33-34; XVI, 13. Comparez les préceptes *Luc,* ·X, 7-8, pleins du même sentiment naïf, et Talmud de Babylone, *Sota,* 48 *b.*

un mal qui étouffe en l'homme le germe de tout bien [1]. Chaque jour elle demandait à Dieu le pain du lendemain [2]. A quoi bon thésauriser? Le royaume de Dieu va venir. « Vendez ce que vous possédez et donnez-le en aumône, disait le maître. Faites-vous au ciel des sacs qui ne vieillissent pas, des trésors qui ne se dissipent pas [3]. » Entasser des économies pour des héritiers qu'on ne verra jamais, quoi de plus insensé [4]? Comme exemple de la folie humaine, Jésus aimait à citer le cas d'un homme qui, après avoir élargi ses greniers et s'être amassé du bien pour de longues années, mourut avant d'en avoir joui [5]! Le brigandage, qui était très-enraciné en Galilée [6], donnait beaucoup de force à cette manière de voir. Le pauvre, qui n'en souffrait pas, devait se regarder comme le favori de Dieu, tandis que le riche, ayant une possession peu sûre, était le vrai déshérité. Dans nos sociétés établies sur une idée très-rigoureuse de la propriété, la position du pauvre est horrible; il n'a pas à la lettre sa place au soleil. Il n'y a de fleurs, d'herbe, d'ombrage que pour celui qui possède la terre.

1. Matth., XIII, 22; Marc, IV, 19; Luc, VIII, 14.
2. Matth., VI, 11; Luc, XI, 3. C'est le sens du mot ἐπιούσιος.
3. Luc, XII, 33-34.
4. Luc, XII, 20.
5. Luc, XII, 16 et suiv.
6. Jos, *Ant.*, XVII, x, 4 et suiv.; *Vita*, 11, etc.

En Orient, ce sont là des dons de Dieu, qui n'appartiennent à personne. Le propriétaire n'a qu'un mince privilége; la nature est le patrimoine de tous.

Le christianisme naissant, du reste, ne faisait en ceci que suivre la trace des Esséniens ou Thérapeutes et des sectes juives fondées sur la vie cénobitique. Un élément communiste entrait dans toutes ces sectes, également mal vues des Pharisiens et des Sadducéens. Le messianisme, tout politique chez les Juifs orthodoxes, devenait chez elles tout social. Par une existence douce, réglée, contemplative, laissant sa part à la liberté de l'individu, ces petites églises croyaient inaugurer sur la terre le royaume céleste. Des utopies de vie bienheureuse, fondées sur la fraternité des hommes et le culte pur du vrai Dieu, préoccupaient les âmes élevées et produisaient de toutes parts des essais hardis, sincères, mais de peu d'avenir.

Jésus, dont les rapports avec les Esséniens sont très-difficiles à préciser (les ressemblances, en histoire, n'impliquant pas toujours des rapports), était ici certainement leur frère. La communauté des biens fut quelque temps de règle dans la société nouvelle[1]. L'avarice était le péché capital[2]; or il faut

1. Act., IV, 32, 34-37; V, 1 et suiv.
2. Matth., XIII, 22; Luc, XII, 15 et suiv.

bien remarquer que le péché « d'avarice, » contre lequel la morale chrétienne a été si sévère, était alors le simple attachement à la propriété. La première condition pour être disciple de Jésus était de réaliser sa fortune et d'en donner le prix aux pauvres. Ceux qui reculaient devant cette extrémité n'entraient pas dans la communauté[1]. Jésus répétait souvent que celui qui a trouvé le royaume de Dieu doit l'acheter au prix de tous ses biens, et qu'en cela il fait encore un marché avantageux. « L'homme qui a découvert l'existence d'un trésor dans un champ, disait-il, sans perdre un instant, vend ce qu'il possède et achète le champ. Le joaillier qui a trouvé une perle inestimable, fait argent de tout et achète la perle[2]. » Hélas! les inconvénients de ce régime ne tardèrent pas à se faire sentir. Il fallait un trésorier. On choisit pour cela Juda de Kerioth. A tort ou à raison, on l'accusa de voler la caisse commune[3]; ce qu'il y a de sûr, c'est qu'il fit une mauvaise fin.

Quelquefois le maître, plus versé dans les choses du ciel que dans celles de la terre, enseignait une

1. Matth., XIX, 24 ; Marc, X, 21 et suiv., 29-30; Luc, XVIII, 22-23, 28.
2. Matth., XIII, 44-46.
3. Jean, XII, 6.

économie politique plus singulière encore. Dans une parabole bizarre, un intendant est loué pour s'être fait des amis parmi les pauvres aux dépens de son maître, afin que les pauvres à leur tour l'introduisent dans le royaume du ciel. Les pauvres, en effet, devant être les dispensateurs de ce royaume, n'y recevront que ceux qui leur auront donné. Un homme avisé, songeant à l'avenir, doit donc chercher à les gagner. « Les Pharisiens, qui étaient des avares, dit l'évangéliste, entendaient cela, et se moquaient de lui[1]. » Entendirent-ils aussi la redoutable parabole que voici ? « Il y avait un homme riche, qui était vêtu de pourpre et de fin lin, et qui tous les jours faisait bonne chère. Il y avait aussi un pauvre, nommé Lazare, qui était couché à sa porte, couvert d'ulcères, désireux de se rassasier des miettes qui tombaient de la table du riche. Et les chiens venaient lécher ses plaies ! Or, il arriva que le pauvre mourut, et qu'il fut porté par les anges dans le sein d'Abraham. Le riche mourut aussi et fut enterré[2]. Et du fond de l'enfer, pendant qu'il était dans les tourments, il leva les yeux, et vit le loin Abraham, et Lazare dans son sein. Et s'écriant, il dit : « Père Abraham, aie pitié de moi, et

---

[1]. Luc, XVI, 1-14.
[2]. Voir le texte grec.

VIE DE JÉSUS.

« envoie Lazare, afin qu'il trempe dans l'eau le bout
« de son doigt et qu'il me rafraîchisse la langue, car
« je souffre cruellement dans cette flamme. » Mais
Abraham lui dit : « Mon fils, songe que tu as eu ta part
« de bien pendant la vie, et Lazare sa part de mal.
« Maintenant il est consolé, et tu es dans les tour-
« ments[1]. » Quoi de plus juste? Plus tard on appela
cela la parabole du « mauvais riche. » Mais c'est purement et simplement la parabole du « riche. » Il est
en enfer parce qu'il est riche, parce qu'il ne donne
pas son bien aux pauvres, parce qu'il dîne bien,
tandis que d'autres à sa porte dînent mal. Enfin,
dans un moment où, moins exagéré, Jésus ne présente l'obligation de vendre ses biens et de les donner aux pauvres que comme un conseil de perfection, il fait encore cette déclaration terrible : « Il est
plus facile à un chameau de passer par le trou d'une
aiguille qu'à un riche d'entrer dans le royaume de
Dieu[2]. »

---

1. Luc, XVI, 19-25. Luc, je le sais, a une tendance communiste
très-prononcée (comparez VI, 20-24, 25-26), et je pense qu'il a
exagéré cette nuance de l'enseignement de Jésus. Mais les traits
des Λόγια de Matthieu sont suffisamment significatifs.

2. Matth., XIX, 24; Marc, X, 25; Luc, XVIII, 25. Cette locution
proverbiale se retrouve dans le Talmud (Bab., *Berakoth*, 55 *b*,
Baba metsia, 38 *b*) et dans le Coran (Sur., VII, 38). Origène et les

Un sentiment d'une admirable profondeur domina en tout ceci Jésus, ainsi que la bande de joyeux enfants qui l'accompagnaient, et fit de lui pour l'éternité le vrai créateur de la paix de l'âme, le grand consolateur de la vie. En dégageant l'homme de ce qu'il appelait « les sollicitudes de ce monde, » Jésus put aller à l'excès et porter atteinte aux conditions essentielles de la société humaine; mais il fonda ce haut spiritualisme qui pendant des siècles a rempli les âmes de joie à travers cette vallée de larmes. Il vit avec une parfaite justesse que l'inattention de l'homme, son manque de philosophie et de moralité, viennent le plus souvent des distractions auxquelles il se laisse aller, des soucis qui l'assiégent et que la civilisation multiplie outre mesure[1]. L'Évangile, de la sorte, a été le suprême remède aux ennuis de la vie vulgaire, un perpétuel *sursum corda*, une puissante distraction aux misérables soins de la terre, un doux appel comme celui de Jésus à l'oreille de Marthe : « Marthe, Marthe, tu t'inquiètes de beaucoup de choses; or une seule est nécessaire. » Grâce à Jésus, l'existence la plus terne, la plus absorbée par de tristes ou humiliants devoirs, a eu son échappée

interprètes grecs, ignorant le proverbe sémitique, ont cru qu'il s'agissait d'un câble (κάμιλος).

[1]. Matth., XIII, 22.

sur un coin du ciel. Dans nos civilisations affairées, le souvenir de la vie libre de Galilée a été comme le parfum d'un autre monde, comme une « rosée de l'Hermon[1] », qui a empêché la sécheresse et la vulgarité d'envahir entièrement le champ de Dieu.

1. Ps. cxxxiii, 3.

CHAPITRE XI.

LE ROYAUME DE DIEU CONÇU COMME L'AVÉNEMENT DES PAUVRES.

Ces maximes, bonnes pour un pays où la vie se nourrit d'air et de jour, ce communisme délicat d'une troupe d'enfants de Dieu, vivant en confiance sur le sein de leur père, pouvaient convenir à une secte naïve, persuadée à chaque instant que son utopie allait se réaliser. Mais il est clair qu'elles ne pouvaient rallier l'ensemble de la société. Jésus comprit bien vite, en effet, que le monde officiel de son temps ne se prêterait nullement à son royaume. Il en prit son parti avec une hardiesse extrême. Laissant là tout ce monde au cœur sec et aux étroits préjugés, il se tourna vers les simples. Une vaste substitution de race aura lieu. Le royaume de Dieu est fait : 1° pour les enfants et pour ceux qui leur ressemblent ; 2° pour les rebutés de ce monde, victimes de la morgue sociale, qui repousse l'homme bon, mais humble; 3° pour les hérétiques et schismatiques, publicains, samaritains, païens de Tyr et de Sidon. Une parabole énergique expliquait cet appel au peuple et le légitimait[1] : Un roi a préparé un festin de noces et envoie ses serviteurs chercher les invités. Chacun s'excuse; quelques-uns maltraitent les messagers. Le roi alors prend un grand parti. Les gens comme il faut n'ont pas voulu se rendre à son appel; eh bien! ce seront les premiers venus, des gens recueillis sur les places et les carrefours, des pauvres, des mendiants, des boiteux, n'importe; il faut remplir la salle, « et je vous le jure, dit le roi, aucun de ceux qui étaient invités ne goûtera mon festin. »

Le pur *ébionisme*, c'est-à-dire la doctrine que les pauvres (*ébionim*) seuls seront sauvés, que le règne des pauvres va venir, fut donc la doctrine de Jésus. « Malheur à vous, riches, disait-il, car vous avez votre consolation! Malheur à vous qui êtes maintenant rassasiés, car vous aurez faim. Malheur à vous qui riez maintenant, car vous gémirez et vous pleurerez[2]. » « Quand tu fais un festin, disait-il encore, n'invite pas

1. Matth., XXII, 2 et suiv.; Luc, XIV, 16 et suiv. Comp. Matth., VIII, 11-12; XXI, 33 et suiv.
2. Luc, VI, 24-25.

tes amis, tes parents, tes voisins riches; ils te réinviteraient, et tu aurais ta récompense. Mais quand tu fais un repas, invite les pauvres, les infirmes, les boiteux, les aveugles; et tant mieux pour toi s'ils n'ont rien à te rendre, car le tout te sera rendu dans la résurrection des justes[1]. » C'est peut-être dans un sens analogue qu'il répétait souvent : « Soyez de bons banquiers[2], » c'est-à-dire : Faites de bons placements pour le royaume de Dieu, en donnant vos biens aux pauvres, conformément au vieux proverbe : « Donner au pauvre, c'est prêter à Dieu[3]. »

Ce n'était pas là, du reste, un fait nouveau. Le mouvement démocratique le plus exalté dont l'humanité ait gardé le souvenir (le seul aussi qui ait réussi, car seul il s'est tenu dans le domaine de l'idée pure), agitait depuis longtemps la race juive. La pensée que Dieu est le vengeur du pauvre et du faible contre le riche et le puissant se retrouve à chaque page des écrits de l'Ancien Testament. L'histoire d'Israël est de toutes les histoires celle où l'esprit populaire a le plus constamment dominé. Les prophètes, vrais tribuns

---

1. Luc, XIV, 12-14.
2. Mot conservé par une tradition fort ancienne et fort suivie. Clément d'Alex., *Strom.*, I, 28. On le retrouve dans Origène, dans saint Jérôme, et dans un grand nombre de Pères de l'Église.
3. Prov., XIX, 17.

et en un sens les plus hardis tribuns, avaient tonné sans cesse contre les grands et établi une étroite relation d'une part entre les mots de « riche, impie, violent, méchant, » de l'autre entre les mots de « pauvre, doux, humble, pieux[1]. » Sous les Séleucides, les aristocrates ayant presque tous apostasié et passé à l'hellénisme, ces associations d'idées ne firent que se fortifier. Le Livre d'Hénoch contient des malédictions plus violentes encore que celles de l'Évangile contre le monde, les riches, les puissants[2]. Le luxe y est présenté comme un crime. Le « Fils de l'homme, » dans cette Apocalypse bizarre, détrône les rois, les arrache à leur vie voluptueuse, les précipite dans l'enfer[3]. L'initiation de la Judée à la vie profane, l'introduction récente d'un élément tout mondain de luxe et de bien-être, provoquaient une furieuse réaction en faveur de la simplicité patriarcale. « Malheur à vous qui méprisez la masure et l'héritage de vos pères! Malheur à vous qui bâtissez vos palais avec la sueur des autres! Chacune des pierres, chacune des briques qui les composent est un péché[4]. » Le nom

[1]. Voir en particulier Amos, II, 6; Is., LXIII, 9; Ps. XXV, 9; XXXVII, 11; LXIX, 33, et en général les dictionnaires hébreux, aux mots : אביון, דל, עני, ענו, חסיד, עשיר, הוללים, עריץ.
[2]. Ch. LXII, LXIII, XCVII, C, CIV.
[3]. *Hénoch,* ch. XLVI, 4-8.
[4]. *Hénoch,* XCIX, 13, 14.

de « pauvre » (*ébion*) était devenu synonyme de « saint, » d'« ami de Dieu. » C'était le nom que les disciples galiléens de Jésus aimaient à se donner; ce fut longtemps le nom des chrétiens judaïsants de la Batanée et du Hauran (Nazaréens, Hébreux), restés fidèles à la langue comme aux enseignements primitifs de Jésus, et qui se vantaient de posséder parmi eux les descendants de sa famille [1]. A la fin du IIe siècle, ces bons sectaires, demeurés en dehors du grand courant qui avait emporté les autres églises, sont traités d'hérétiques (*Ébionites*), et on invente pour expliquer leur nom un prétendu hérésiarque *Ébion* [2].

On entrevoit sans peine, en effet, que ce goût exagéré de pauvreté ne pouvait être bien durable. C'était là un de ces éléments d'utopie comme il s'en mêle toujours aux grandes fondations, et dont le temps fait justice. Transporté dans le large milieu de la société

---

[1]. Jules Africain dans Eusèbe, *H. E.*, I, 7; Eus., *De situ et nom. loc. hebr.*, au mot Χωβά; Orig., *Contre Celse*, II, 1; V, 61; Épiph., *Adv. hær.*, XXIX, 7, 9; XXX, 2, 18.

[2]. Voir surtout Origène, *Contre Celse*, II, 1; *De principiis*, IV, 22. Comparez Épiph., *Adv. hær.*, XXX, 17. Irénée, Origène, Eusèbe, les Constitutions apostoliques, ignorent l'existence d'un tel personnage. L'auteur des *Philosophumena* semble hésiter (VII, 34 et 35; X, 22 et 23). C'est par Tertullien et surtout par Épiphane qu'a été répandue la fable d'un *Ébion*. Du reste, tous les Pères sont d'accord sur l'étymologie 'Εβίων = πτωχός.

humaine, le christianisme devait un jour très-facilement consentir à posséder des riches dans son sein, de même que le bouddhisme, exclusivement monacal à son origine, en vint très-vite, dès que les conversions se multiplièrent, à admettre des laïques. Mais on garde toujours la marque de ses origines. Bien que vite dépassé et oublié, l'*ébionisme* laissa dans toute l'histoire des institutions chrétiennes un levain qui ne se perdit pas. La collection des *Logia* ou discours de Jésus se forma dans le milieu ébionite de la Batanée[1]. La « pauvreté » resta un idéal dont la vraie lignée de Jésus ne se détacha plus. Ne rien posséder fut le véritable état évangélique ; la mendicité devint une vertu, un état saint. Le grand mouvement ombrien du xiii° siècle, qui est, entre tous les essais de fondation religieuse, celui qui ressemble le plus au mouvement galiléen, se passa tout entier au nom de la pauvreté. François d'Assise, l'homme du monde qui, par son exquise bonté, sa communion délicate, fine et tendre avec la vie universelle, a le plus ressemblé à Jésus, fut un pauvre. Les ordres mendiants, les innombrables sectes communistes du moyen âge (Pauvres de Lyon, Bégards, Bons-Hommes, Fratricelles, Humiliés, Pauvres évan-

---

1. Épiph., *Adv. hær.*, xix, xxix et xxx, surtout xxix, 9.

géliques, etc.), groupés sous la bannière de « l'Evangile Eternel, » prétendirent être et furent en effet les vrais disciples de Jésus. Mais cette fois encore les plus impossibles rêves de la religion nouvelle furent féconds. La mendicité pieuse, qui cause à nos sociétés industrielles et administratives de si fortes impatiences, fut, à son jour et sous le ciel qui lui convenait, pleine de charme. Elle offrit à une foule d'âmes contemplatives et douces le seul état qui leur convienne. Avoir fait de la pauvreté un objet d'amour et de désir, avoir élevé le mendiant sur l'autel et sanctifié l'habit de l'homme du peuple, est un coup de maître dont l'économie politique peut n'être pas fort touchée, mais devant lequel le vrai moraliste ne peut rester indifférent. L'humanité, pour porter son fardeau, a besoin de croire qu'elle n'est pas complétement payée par son salaire. Le plus grand service qu'on puisse lui rendre est de lui répéter souvent qu'elle ne vit pas seulement de pain.

Comme tous les grands hommes, Jésus avait du goût pour le peuple et se sentait à l'aise avec lui. L'évangile dans sa pensée est fait pour les pauvres ; c'est à eux qu'il apporte la bonne nouvelle du salut[1]. Tous les dédaignés du judaïsme orthodoxe étaient ses

---

1. Matth., xi, 5 ; Luc, vi, 20-24.

préférés. L'amour du peuple, la pitié pour son impuissance, le sentiment du chef démocratique, qui sent vivre en lui l'esprit de la foule et se reconnaît pour son interprète naturel, éclatent à chaque instant dans ses actes et ses discours[1].

La troupe élue offrait en effet un caractère fort mêlé et dont les rigoristes devaient être très-surpris. Elle comptait dans son sein des gens qu'un juif qui se respectait n'eût pas fréquentés[2]. Peut-être Jésus trouvait-il dans cette société en dehors des règles communes plus de distinction et de cœur que dans une bourgeoisie pédante, formaliste, orgueilleuse de son apparente moralité. Les pharisiens, exagérant les prescriptions mosaïques, en étaient venus à se croire souillés par le contact des gens moins sévères qu'eux; on touchait presque pour les repas aux puériles distinctions des castes de l'Inde. Méprisant ces misérables aberrations du sentiment religieux, Jésus aimait à dîner chez ceux qui en étaient les victimes[3]; on voyait à table à côté de lui des personnes que l'on disait de mauvaise vie, peut-être pour cela seul, il est vrai, qu'elles ne partageaient pas les ridicules des faux dévots. Les pharisiens et les docteurs criaient

1. Matth., ix, 36; Marc, vi, 34.
2. Matth., ix, 10 et suiv.; Luc, xv entier.
3. Matth., ix, 11; Marc, ii, 16; Luc, v, 30.

au scandale. « Voyez, disaient-ils, avec quelles gens il mange ! » Jésus avait alors de fines réponses, qui exaspéraient les hypocrites : « Ce ne sont pas les gens bien portants qui ont besoin de médecin[1] ; » ou bien : « Le berger qui a perdu une brebis sur cent laisse les quatre-vingt-dix-neuf autres pour courir après la perdue, et, quand il l'a trouvée, il la rapporte avec joie sur ses épaules[2] ; » ou bien : « Le fils de l'homme est venu sauver ce qui était perdu[3] ; » ou encore : « Je ne suis pas venu appeler les justes, mais les pécheurs[4] ; » enfin cette délicieuse parabole du fils prodigue, où celui qui a failli est présenté comme ayant une sorte de privilége d'amour sur celui qui a toujours été juste. Des femmes faibles ou coupables, surprises de tant de charme, et goûtant pour la première fois le contact plein d'attrait de la vertu, s'approchaient librement de lui. On s'étonnait qu'il ne les repoussât pas. « Oh ! se disaient les puritains, cet homme n'est point un prophète ; car, s'il l'était, il s'apercevrait bien que la femme qui le touche est une pécheresse. » Jésus répondait par la parabole d'un créancier qui remit à ses débiteurs des dettes inégales, et il ne crai-

---

[1]. Matth., ix, 12.
[2]. Luc, xv, 4 et suiv.
[3]. Matth., xviii, 11 ; Luc, xix, 10.
[4]. Matth., ix, 13.

gnait pas de préférer le sort de celui à qui fut remise la dette la plus forte[1]. Il n'appréciait les états de l'âme qu'en proportion de l'amour qui s'y mêle. Des femmes, le cœur plein de larmes et disposées par leurs fautes aux sentiments d'humilité, étaient plus près de son royaume que les natures médiocres, lesquelles ont souvent peu de mérite à n'avoir point failli. On conçoit, d'un autre côté, que ces âmes tendres, trouvant dans leur conversion à la secte un moyen de réhabilitation facile, s'attachaient à lui avec passion.

Loin qu'il cherchât à adoucir les murmures que soulevait son dédain pour les susceptibilités sociales du temps, il semblait prendre plaisir à les exciter. Jamais on n'avoua plus hautement ce mépris du « monde, » qui est la condition des grandes choses et de la grande originalité. Il ne pardonnait au riche que quand le riche, par suite de quelque préjugé, était mal vu de la société[2]. Il préférait hautement les gens de

1. Luc, VII, 36 et suiv. Luc, qui aime à relever tout ce qui se rapporte au pardon des pécheurs (comp. x, 30 et suiv.; xv entier; XVII, 16 et suiv.; XIX, 2 et suiv.; XXIII, 39-43), a composé ce récit avec les traits d'une autre histoire, celle de l'onction des pieds, qui eut lieu à Béthanie quelques jours avant la mort de Jésus. Mais le pardon de la pécheresse était, sans contredit, un des traits essentiels de la vie anecdotique de Jésus. Cf. Jean, VIII, 3 et suiv.; Papias, dans Eusèbe, *Hist. eccl.*, III, 39.

2. Luc, XIX, 2 et suiv.

vie équivoque et de peu de considération aux notables orthodoxes. « Des publicains et des courtisanes, leur disait-il, vous précéderont dans le royaume de Dieu. Jean est venu; des publicains et des courtisanes ont cru en lui, et malgré cela vous ne vous êtes pas convertis[1]. » On comprend combien le reproche de n'avoir pas suivi le bon exemple que leur donnaient des filles de joie, devait être sanglant pour des gens faisant profession de gravité et d'une morale rigide.

Il n'avait aucune affectation extérieure, ni montre d'austérité. Il ne fuyait pas la joie, il allait volontiers aux divertissements des mariages. Un de ses miracles fut fait pour égayer une noce de petite ville. Les noces en Orient ont lieu le soir. Chacun porte une lampe; les lumières qui vont et viennent font un effet fort agréable. Jésus aimait cet aspect gai et animé, et tirait de là des paraboles [2]. Quand on comparait une telle conduite à celle de Jean Baptiste, on était scandalisé [3]. Un jour que les disciples de Jean et les Pharisiens observaient le jeûne : « Comment se fait-il, lui dit-on, que tandis que les disciples de Jean et des Pharisiens jeûnent et prient, les tiens mangent et boivent? » — « Laissez-les, dit Jésus; vou-

1. Matth., xxi, 31-32.
2. Matth., xxv, 1 et suiv.
3. Marc, ii, 18; Luc, v, 33.

lez-vous faire jeûner les paranymphes de l'époux, pendant que l'époux est avec eux. Des jours viendront où l'époux leur sera enlevé; ils jeûneront alors[1]. » Sa douce gaieté s'exprimait sans cesse par des réflexions vives, d'aimables plaisanteries. « A qui, disait-il, sont semblables les hommes de cette génération, et à qui les comparerai-je ? Ils sont semblables aux enfants assis sur les places, qui disent à leurs camarades :

> Voici que nous chantons,
> Et vous ne dansez pas.
> Voici que nous pleurons,
> Et vous ne pleurez pas[2].

Jean est venu, ne mangeant ni ne buvant, et vous dites : C'est un fou. Le Fils de l'homme est venu, vivant comme tout le monde, et vous dites : C'est un mangeur, un buveur de vin, l'ami des douaniers et des pécheurs. Vraiment, je vous l'assure, la sagesse n'est justifiée que par ses œuvres[3]. »

Il parcourait ainsi la Galilée au milieu d'une fête

---

1. Matth., IX, 14 et suiv.; Marc, II, 18 et suiv.; Luc, V, 33 et suiv.

2. Allusion à quelque jeu d'enfant.

3. Matth., XI, 16 et suiv.; Luc, VII, 34 et suiv. Proverbe qui veut dire : « L'opinion des hommes est aveugle. La sagesse des œuvres de Dieu n'est proclamée que par ses œuvres elles-mêmes. » Je lis ἔργων, avec le manuscrit B du Vatican, et non τέκνων.

perpétuelle. Il se servait d'une mule, monture en Orient si bonne et si sûre, et dont le grand œil noir, ombragé de longs cils, a beaucoup de douceur. Ses disciples déployaient quelquefois autour de lui une pompe rustique, dont leurs vêtements, tenant lieu de tapis, faisaient les frais. Ils les mettaient sur la mule qui le portait, ou les étendaient à terre sur son passage [1]. Quand il descendait dans une maison, c'était une joie et une bénédiction. Il s'arrêtait dans les bourgs et les grosses fermes, où il recevait une hospitalité empressée. En Orient, la maison où descend un étranger devient de suite un lieu public. Tout le village s'y rassemble; les enfants y font invasion; les valets les écartent; ils reviennent toujours. Jésus ne pouvait souffrir qu'on rudoyât ces naïfs auditeurs; il les faisait approcher de lui et les embrassait [2]. Les mères, encouragées par un tel accueil, lui apportaient leurs nourrissons pour qu'il les touchât [3]. Des femmes venaient verser de l'huile sur sa tête et des parfums sur ses pieds. Ses disciples les repoussaient parfois comme importunes; mais Jésus, qui aimait les usages antiques et tout ce qui indique la simplicité du cœur,

1. Matth., XXI, 7-8.
2. Matth., XIX, 13 et suiv.; Marc, IX, 35; X, 13 et suiv.; Luc, XVIII, 15-16.
3. *Ibid.*

réparait le mal fait par ses amis trop zélés. Il protégeait ceux qui voulaient l'honorer[1]. Aussi les enfants et les femmes l'adoraient. Le reproche d'aliéner de leur famille ces êtres délicats, toujours prompts à être séduits, était un de ceux que lui adressaient le plus souvent ses ennemis[2].

La religion naissante fut ainsi à beaucoup d'égards un mouvement de femmes et d'enfants. Ces derniers faisaient autour de Jésus comme une jeune garde pour l'inauguration de son innocente royauté, et lui décernaient de petites ovations auxquelles il se plaisait fort, l'appelant « fils de David, » criant *Hosanna*[3], et portant des palmes autour de lui. Jésus, comme Savonarole, les faisait peut-être servir d'instruments à des missions pieuses; il était bien aise de voir ces jeunes apôtres, qui ne le compromettaient pas, se lancer en avant et lui décerner des titres qu'il

---

[1]. Matth., XXVI, 7 et suiv.; Marc, XIV, 3 et suiv.; Luc, VII, 37 et suiv.

[2]. Évangile de Marcion, addition au v. 2 du ch. XXIII de Luc (Épiph., *Adv. hær.*, XLII, 11). Si les retranchements de Marcion sont sans valeur critique, il n'en est pas de même de ses additions quand elles peuvent provenir, non d'un parti pris, mais de l'état des manuscrits dont il se servait.

[3]. Cri qu'on poussait à la procession de la fête des Tabernacles, en agitant les palmes. Mischna, *Sukka,* III, 9. Cet usage existe encore chez les Israélites.

n'osait prendre lui-même. Il les laissait dire, et quand on lui demandait s'il entendait, il répondait d'une façon évasive que la louange qui sort de jeunes lèvres est la plus agréable à Dieu [1].

Il ne perdait aucune occasion de répéter que les petits sont des êtres sacrés [2], que le royaume de Dieu appartient aux enfants [3], qu'il faut devenir enfant pour y entrer [4], qu'on doit le recevoir en enfant [5], que le Père céleste cache ses secrets aux sages et les révèle aux petits [6]. L'idée de ses disciples se confond presque pour lui avec celle d'enfants [7]. Un jour qu'ils avaient entre eux une de ces querelles de préséance qui n'étaient point rares, Jésus prit un enfant, le mit au milieu d'eux, et leur dit : « Voilà le plus grand ; celui qui est humble comme ce petit est le plus grand dans le royaume du ciel [8]. »

C'était l'enfance, en effet, dans sa divine spontanéité, dans ses naïfs éblouissements de joie, qui prenait possession de la terre. Tous croyaient à chaque

1. Matth., XXI, 15-16.
2. Matth., XVIII, 5, 10, 14 ; Luc, XVII, 2.
3. Matth., XIX, 14 ; Marc, X, 14 ; Luc, XVIII, 16.
4. Matth., XVIII, 1 et suiv.; Marc, IX, 33 et suiv.; Luc, IX, 46.
5. Marc, X, 15.
6. Matth., XI, 25 ; Luc, X, 21.
7. Matth., X, 42 ; XVIII, 5, 14 ; Marc, IX, 36 ; Luc, XVII, 2.
8. Matth , XVIII, 4 ; Marc, IX, 33-36 ; Luc, IX, 46-48.

instant que le royaume tant désiré allait poindre. Chacun s'y voyait déjà assis sur un trône[1] à côté du maître. On s'y partageait les places[2]; on cherchait à supputer les jours. Cela s'appelait la « Bonne Nouvelle ; » la doctrine n'avait pas d'autre nom. Un vieux mot, « *paradis,* » que l'hébreu, comme toutes les langues de l'Orient, avait emprunté à la Perse, et qui désigna d'abord les parcs des rois achéménides, résumait le rêve de tous : un jardin délicieux où l'on continuerait à jamais la vie charmante que l'on menait ici-bas[3]. Combien dura cet enivrement? On l'ignore. Nul, pendant le cours de cette magique apparition, ne mesura plus le temps qu'on ne mesure un rêve. La durée fut suspendue ; une semaine fut comme un siècle. Mais qu'il ait rempli des années ou des mois, le rêve fut si beau que l'humanité en a vécu depuis, et que notre consolation est encore d'en recueillir le parfum affaibli. Jamais tant de joie ne souleva la poitrine de l'homme. Un moment, dans cet effort, le plus vigoureux qu'elle ait fait pour s'élever au-dessus de sa planète, l'humanité oublia le poids de plomb

---

1. Luc, XXII, 30.
2. Marc, X, 37, 40-41.
3. Luc, XXIII, 43 ; II Cor., XII, 4. Comp. *Carm. sibyll.,* proœm., 86; Talm. de Bab., *Chagiga,* 14 *b.*

qui l'attache à la terre, et les tristesses de la vie d'ici-bas. Heureux qui a pu voir de ses yeux cette éclosion divine, et partager, ne fût-ce qu'un jour, cette illusion sans pareille! Mais plus heureux encore, nous dirait Jésus, celui qui, degagé de toute illusion, reproduirait en lui-même l'apparition céleste, et, sans rêve millénaire, sans paradis chimérique, sans signes dans le ciel, par la droiture de sa volonté et la poésie de son âme, saurait de nouveau créer en son cœur le vrai royaume de Dieu!

CHAPITRE XII.

AMBASSADE DE JEAN PRISONNIER VERS JÉSUS. — MORT DE JEAN. — RAPPORTS DE SON ÉCOLE AVEC CELLE DE JÉSUS.

Pendant que la joyeuse Galilée célébrait dans les fêtes la venue du bien-aimé, le triste Jean, dans sa prison de Machéro, s'exténuait d'attente et de désirs. Les succès du jeune maître qu'il avait vu quelques mois auparavant à son école arrivèrent jusqu'à lui. On disait que le Messie prédit par les prophètes, celui qui devait rétablir le royaume d'Israël, était venu et démontrait sa présence en Galilée par des œuvres merveilleuses. Jean voulut s'enquérir de la vérité de ce bruit, et comme il communiquait librement avec ses disciples, il en choisit deux pour aller vers Jésus en Galilée [1].

Les deux disciples trouvèrent Jésus au comble de

1. Matth., XI 2 et suiv.; Luc, VII, 18 et suiv.

sa réputation. L'air de fête qui régnait autour de lui les surprit. Accoutumés aux jeûnes, à la prière obstinée, à une vie toute d'aspirations, ils s'étonnèrent de se voir tout à coup transportés au milieu des joies de la bienvenue[1]. Ils firent part à Jésus de leur message : « Es-tu celui qui doit venir? Devons-nous en attendre un autre? » Jésus, qui dès lors n'hésitait plus guère sur son propre rôle de messie, leur énuméra les œuvres qui devaient caractériser la venue du royaume de Dieu, la guérison des malades, la bonne nouvelle du salut prochain annoncée aux pauvres. Il faisait toutes ces œuvres. « Heureux donc, ajouta-t-il, celui qui ne doutera pas de moi ! » On ignore si cette réponse trouva Jean-Baptiste vivant, ou dans quelle disposition elle mit l'austère ascète. Mourut-il consolé et sûr que celui qu'il avait annoncé vivait déjà, ou bien conserva-t-il des doutes sur la mission de Jésus? Rien ne nous l'apprend. En voyant cependant son école se continuer assez longtemps encore parallèlement aux églises chrétiennes, on est porté à croire que, malgré sa considération pour Jésus, Jean ne l'envisagea pas comme devant réaliser les promesses divines. La mort vint du reste trancher ses perplexités. L'indomptable liberté du solitaire

---

1. Matth., IX, 14 et suiv.

devait couronner sa carrière inquiète et tourmentée par la seule fin qui fût digne d'elle.

Les dispositions indulgentes qu'Antipas avait d'abord montrées pour Jean ne purent être de longue durée. Dans les entretiens que, selon la tradition chrétienne, Jean aurait eus avec le tétrarque, il ne cessait de lui répéter que son mariage était illicite et qu'il devait renvoyer Hérodiade[1]. On s'imagine facilement la haine que la petite-fille d'Hérode le Grand dut concevoir contre ce conseiller importun. Elle n'attendait plus qu'une occasion pour le perdre.

Sa fille Salomé, née de son premier mariage, et comme elle ambitieuse et dissolue, entra dans ses desseins. Cette année (probablement l'an 30), Antipas se trouva, le jour anniversaire de sa naissance, à Machéro. Hérode le Grand avait fait construire dans l'intérieur de la forteresse un palais magnifique[2], où le tétrarque résidait fréquemment. Il y donna un grand festin, durant lequel Salomé exécuta une de ces danses de caractère qu'on ne considère pas en Syrie comme messéantes à une personne distinguée. Antipas charmé ayant demandé à la danseuse ce qu'elle désirait, celle-ci répondit, à l'instigation

---

[1]. Matth., XIV, 4 et suiv.; Marc, VI, 18 et suiv.; Luc, III, 19.
[2]. Jos., *De Bello jud.*, VII, VI, 2.

de sa mère : « La tête de Jean sur ce plateau[1]. » Antipas fut mécontent; mais il ne voulut pas refuser. Un garde prit le plateau, alla couper la tête du prisonnier, et l'apporta[2].

Les disciples du baptiste obtinrent son corps et le mirent dans un tombeau. Le peuple fut très-mécontent. Six ans après, Hâreth ayant attaqué Antipas, pour reprendre Machéro et venger le déshonneur de sa fille, Antipas fut complétement battu, et l'on regarda généralement sa défaite comme une punition du meurtre de Jean[3].

La nouvelle de cette mort fut portée à Jésus par des disciples mêmes du baptiste[4]. La dernière démarche que Jean avait faite auprès de Jésus avait achevé d'établir entre les deux écoles des liens étroits. Jésus, craignant de la part d'Antipas un surcroît de mauvais vouloir, prit quelques précautions et se retira au désert[5]. Beaucoup de monde l'y suivit. Grâce à une extrême frugalité, la troupe sainte y vécut; on crut naturellement voir en cela un mi-

1. Plateaux portatifs sur lesquels, en Orient, on sert les liqueurs et les mets.
2. Matth., XIV, 3 et suiv.; Marc, VI, 14-29; Jos., *Ant.*, XVIII, v, 2.
3. Josèphe, *Ant.*, XVIII, v, 1 et 2.
4. Matth., XIV, 12.
5. Matth., XIV, 13.

racle¹. A partir de ce moment, Jésus ne parla plus de Jean qu'avec un redoublement d'admiration. Il déclarait sans hésiter² qu'il était plus qu'un prophète, que la Loi et les prophètes anciens n'avaient eu de force que jusqu'à lui³, qu'il les avait abrogés, mais que le royaume du ciel l'abrogerait à son tour. Enfin, il lui prêtait dans l'économie du mystère chrétien une place à part, qui faisait de lui le trait d'union entre le vieux Testament et l'avénement du règne nouveau.

Le prophète Malachie, dont l'opinion en ceci fut vivement relevée⁴, avait annoncé avec beaucoup de force un précurseur du Messie, qui devait préparer les hommes au renouvellement final, un messager qui viendrait aplanir les voies devant l'élu de Dieu. Ce messager n'était autre que le prophète Élie, lequel, selon une croyance fort répandue, allait bientôt descendre du ciel, où il avait été enlevé, pour disposer les hommes par la pénitence au grand avénement et réconcilier Dieu avec son peuple⁵. Quelquefois, à Élie on asso-

1. Matth., xiv, 15 et suiv.; Marc, vi, 35 et suiv.; Luc, ix, 11 et suiv.; Jean, vi, 2 et suiv.
2. Matth., xi, 7 et suiv.; Luc, vii, 24 et suiv.
3. Matth., xi, 12-13; Luc, xvi, 16.
4. Malachie, iii et iv; *Ecclésiast.*, xlviii, 10. V. ci-dessus, ch. vi.
5. Matth., xi, 14; xvii, 10; Marc, vi, 15; viii, 28; ix, 10 et suiv.; Luc, ix, 8, 19.

ciait, soit le patriarche Hénoch, auquel, depuis un ou deux siècles, on s'était pris à attribuer une haute sainteté[1], soit Jérémie[2], qu'on envisageait comme une sorte de génie protecteur du peuple, toujours occupé à prier pour lui devant le trône de Dieu[3]. Cette idée de deux anciens prophètes devant ressusciter pour servir de précurseurs au Messie se retrouve d'une manière si frappante dans la doctrine des Parsis qu'on est très-porté à croire qu'elle venait de ce côté[4]. Quoi qu'il en soit, elle faisait, à l'époque de Jésus, partie intégrante des théories juives sur le Messie. Il était admis que l'apparition de « deux témoins fidèles, » vêtus d'habits de pénitence, serait le préambule du grand drame qui allait se dérouler, à la stupéfaction de l'univers[5].

1. *Ecclésiastique*, XLIV, 16.
2. Matth., XVI, 14.
3. II Macch., XV, 13 et suiv.
4. Textes cités par Anquetil-Duperron, *Zend-Avesta*, I, 2ᵉ part., p. 46, rectifiés par Spiegel, dans la *Zeitschrift der deutschen morgenlœndischen Gesellschaft*, I, 261 et suiv.; extraits du *Jamasp-Nameh*, dans l'*Avesta* de Spiegel, I, p. 34. Aucun des textes parsis qui impliquent vraiment l'idée de prophètes ressuscités et précurseurs n'est ancien; mais les idées contenues dans ces textes paraissent bien antérieures à l'époque de la rédaction desdits textes.
5. *Apoc.*, XI, 3 et suiv.

On comprend qu'avec ces idées, Jésus et ses disciples ne pouvaient hésiter sur la mission de Jean-Baptiste. Quand les scribes leur faisaient cette objection qu'il ne pouvait encore être question du Messie, puisque Élie n'était pas venu[1], ils répondaient qu'Élie était venu, que Jean était Élie ressuscité[2]. Par son genre de vie, par son opposition aux pouvoirs politiques établis, Jean rappelait en effet cette figure étrange de la vieille histoire d'Israël[3]. Jésus ne tarissait pas sur les mérites et l'excellence de son précurseur. Il disait que parmi les enfants des hommes il n'en était pas né de plus grand. Il blâmait énergiquement les pharisiens et les docteurs de ne pas avoir accepté son baptême, et de ne pas s'être convertis à sa voix[4].

Les disciples de Jésus furent fidèles à ces principes du maître. Le respect de Jean fut une tradition constante dans la première génération chrétienne[5]. On le supposa parent de Jésus[6]. Pour fonder la mission de celui-ci sur un témoignage admis de tous, on

1. Marc, IX, 10.
2. Matth., XI, 14; XVII, 10-13; Marc, VI, 15; IX, 10-12; Luc, IX, 8; Jean, I, 21-25.
3. Luc, I, 17.
4. Matth., XXI, 32; Luc, VII, 29-30.
5. *Act.*, XIX, 4.
6. Luc, I.

raconta que Jean, dès la première vue de Jésus, le proclama Messie; qu'il se reconnut son inférieur, indigne de délier les cordons de ses souliers; qu'il se refusa d'abord à le baptiser et soutint que c'était lui qui devait l'être par Jésus[1]. C'étaient là des exagérations, que réfutait suffisamment la forme dubitative du dernier message de Jean[2]. Mais, en un sens plus général, Jean resta dans la légende chrétienne ce qu'il fut en réalité, l'austère préparateur, le triste prédicateur de pénitence avant les joies de l'arrivée de l'époux, le prophète qui annonce le royaume de Dieu et meurt avant de le voir. Géant des origines chrétiennes, ce mangeur de sauterelles et de miel sauvage, cet âpre redresseur de torts, fut l'absinthe qui prépara les lèvres à la douceur du royaume de Dieu. Le décollé d'Hérodiade ouvrit l'ère des martyrs chrétiens; il fut le premier témoin de la conscience nouvelle. Les mondains, qui reconnurent en lui leur véritable ennemi, ne purent permettre qu'il vécût; son cadavre mutilé, étendu sur le seuil du christianisme, traça la voie sanglante où tant d'autres devaient passer après lui.

1. Matth., III, 14 et suiv.; Luc, III, 16; Jean, I, 15 et suiv.; v, 2-33.
2. Matth., XI, 2 et suiv.; Luc, VII, 18 et suiv.

L'école de Jean ne mourut pas avec son fondateur. Elle vécut quelque temps, distincte de celle de Jésus, et d'abord en bonne intelligence avec elle. Plusieurs années après la mort des deux maîtres, on se faisait encore baptiser du baptême de Jean. Certaines personnes étaient à la fois des deux écoles; par exemple, le célèbre Apollos, le rival de saint Paul (vers l'an 50), et un bon nombre de chrétiens d'Éphèse [1]. Josèphe se mit (l'an 53) à l'école d'un ascète nommé Banou [2], qui offre avec Jean-Baptiste la plus grande ressemblance, et qui était peut-être de son école. Ce Banou [3] vivait dans le désert, vêtu de feuilles d'arbres; il ne se nourrissait que de plantes ou de fruits sauvages, et prenait fréquemment pendant le jour et pendant la nuit des baptêmes d'eau froide pour se purifier. Jacques, celui qu'on appelait le « frère du Seigneur » (il y a peut-être ici quelque confusion d'homonymes), observait un ascétisme analogue [4]. Plus tard, vers l'an 80, le baptisme fut en lutte avec le christianisme, surtout en Asie-Mineure. Jean l'Évangéliste paraît le combattre

---

1. *Act.,* XVIII, 25 ; XIX, 1-5. Cf. Épiph., *Adv. hær.,* XXX, 16.
2. *Vita,* 2.
3. Serait-ce le Bounaï qui est compté par le Talmud (Bab., *Sanhédrin,* 43 *a*) au nombre des disciples de Jésus?
4. Hégésippe, dans Eusèbe, *H. E.,* II, 23.

d'une façon détournée[1]. Un des poëmes sibyllins[2] semble provenir de cette école. Quant aux sectes d'Hémérobaptistes, de Baptistes, d'Elchasaïtes (*Sabiens, Mogtasila* des écrivains arabes[3]), qui remplissent au second siècle la Syrie, la Palestine, la Babylonie, et dont les restes subsistent encore de nos jours chez les Mendaïtes, dits « chrétiens de Saint-Jean, » elles ont la même origine que le mouvement de Jean-Baptiste, plutôt qu'elles ne sont la descendance authentique de Jean. La vraie école de celui-ci, à demi fondue avec le christianisme, passa à l'état de petite hérésie chrétienne et s'éteignit obscurément. Jean avait bien vu de quel côté était l'avenir. S'il eût cédé à une rivalité mesquine, il serait aujourd'hui oublié dans la foule des sectaires de son temps. Par l'abnégation, il est arrivé à la gloire et à une position unique dans le panthéon religieux de l'humanité.

1. Évang., I, 26, 33; IV, 2; I Épître, v, 6. Cf. *Act.*, x, 47.
2. Livre IV. Voir surtout v. 157 et suiv.
3. Je rappelle que *Sabiens* est l'équivalent araméen du mot « Baptistes. » *Mogtasila* a le même sens en arabe.

CHAPITRE XIII.

PREMIÈRES TENTATIVES SUR JÉRUSALEM.

Jésus, presque tous les ans, allait à Jérusalem pour la fête de Pâques. Le détail de chacun de ces voyages est peu connu ; car les synoptiques n'en parlent pas[1], et les notes du quatrième évangile sont ici très-confuses[2]. C'est, à ce qu'il semble, l'an 31,

---

1. Ils les supposent cependant obscurément (Matth., XXIII, 37 ; Luc, XIII, 34). Ils connaissent aussi bien que Jean la relation de Jésus avec Joseph d'Arimathie. Luc même (x, 38-42) connaît la famille de Béthanie. Luc (IX, 51-54) a un sentiment vague du système du quatrième évangile sur les voyages de Jésus. Plusieurs discours contre les Pharisiens et les Sadducéens, placés par les synoptiques en Galilée, n'ont guère de sens qu'à Jérusalem. Enfin, le laps de huit jours est beaucoup trop court pour expliquer tout ce qui dut se passer entre l'arrivée de Jésus dans cette ville et sa mort.

2. Deux pèlerinages sont clairement indiqués (Jean, II, 13, et V, 1), sans parler du dernier voyage (VII, 10), après lequel Jésus ne

et certainement après la mort de Jean, qu'eut lieu le plus important des séjours de Jésus dans la capitale. Plusieurs des disciples le suivaient. Quoique Jésus attachât dès lors peu de valeur au pèlerinage, il s'y prêtait pour ne pas blesser l'opinion juive, avec laquelle il n'avait pas encore rompu. Ces voyages, d'ailleurs, étaient essentiels à son dessein; car il sentait déjà que, pour jouer un rôle de premier ordre, il fallait sortir de Galilée, et attaquer le judaïsme dans sa place forte, qui était Jérusalem.

La petite communauté galiléenne était ici fort dépaysée. Jérusalem était alors à peu près ce qu'elle est aujourd'hui, une ville de pédantisme, d'acrimonie, de disputes, de haines, de petitesse d'esprit. Le fanatisme y était extrême et les séditions religieuses très-fréquentes. Les pharisiens y dominaient; l'étude de la Loi, poussée aux plus insignifiantes minuties, réduite à des questions de casuiste, était l'unique étude. Cette culture exclusivement théologique et canonique ne contribuait en rien à polir les

---

retourna plus en Galilée. Le premier avait eu lieu pendant que Jean baptisait encore. Il appartiendrait, par conséquent, à la pâque de l'an 29. Mais les circonstances données comme appartenant à ce voyage sont d'une époque plus avancée (comp. surtout Jean, II, 14 et suiv., et Matth., XXI, 12-13; Marc, 15-17; Luc, XIX, 45-46).
. Il y a évidemment des transpositions de date dans ces chapitres de Jean, ou plutôt il a mêlé les circonstances de divers voyages.

esprits. C'était quelque chose d'analogue à la doctrine stérile du faquih musulman, à cette science creuse qui s'agite autour d'une mosquée, grande dépense de temps et de dialectique faite en pure perte, et sans que la bonne discipline de l'esprit en profite. L'éducation théologique du clergé moderne, quoique très-sèche, ne peut donner aucune idée de cela; car la Renaissance a introduit dans tous nos enseignements, même les plus rebelles, une part de belles-lettres et de bonne méthode, qui fait que la scolastique a pris plus ou moins une teinte d'humanités. La science du docteur juif, du *sofer* ou scribe, était purement barbare, absurde sans compensation, dénuée de tout élément moral[1]. Pour comble de malheur, elle remplissait celui qui s'était fatigué à l'acquérir d'un ridicule orgueil. Fier du prétendu savoir qui lui avait coûté tant de peine, le scribe juif avait pour la culture grecque le même dédain que le savant musulman a de nos jours pour la civilisation européenne, et que le vieux théologien catholique avait pour le savoir des gens du monde. Le propre de ces cultures scolastiques est de fermer l'esprit à tout ce qui est délicat, de ne laisser d'estime que pour les difficiles enfantillages où l'on a usé sa vie.

1. On en peut juger par le Talmud, écho de la scolastique juive de ce temps.

et qu'on envisage comme l'occupation naturelle des personnes faisant profession de gravité[1].

Ce monde odieux ne pouvait manquer de peser fort lourdement sur les âmes tendres et délicates du nord. Le mépris des Hiérosolymites pour les Galiléens rendait la séparation encore plus profonde. Dans ce beau temple, objet de tous leurs désirs, ils ne trouvaient souvent que l'avanie. Un verset du psaume des pèlerins[2], « J'ai choisi de me tenir à la porte dans la maison de mon Dieu, » semblait fait exprès pour eux. Un sacerdoce dédaigneux souriait de leur naïve dévotion, à peu près comme autrefois en Italie le clergé, familiarisé avec les sanctuaires, assistait froid et presque railleur à la ferveur du pèlerin venu de loin. Les Galiléens parlaient un patois assez corrompu; leur prononciation était vicieuse; ils confondaient les diverses aspirations, ce qui amenait des quiproquo dont on riait beaucoup[3]. En religion, on les tenait pour ignorants et peu orthodoxes[4]; l'expression « sot Galiléen » était devenue proverbiale[5]. On croyait (non sans raison) que le sang

1. Jos., *Ant.*, XX, xi, 2.
2. Ps. LXXXIV (Vulg. LXXXIII), 11.
3. Matth., xxvi, 73; Marc, xiv, 70; *Act.*, ii, 7; Talm. de Bab., *Erubin,* 53 *a* et suiv.; Bereschith rabba, 26 *c*.
4. Passage du traité *Erubin,* précité.
5. *Erubin,* loc. cit., 53 *b*.

juif était chez eux très-mélangé, et il passait pour constant que la Galilée ne pouvait produire un prophète [1]. Placés ainsi aux confins du judaïsme et presque en dehors, les pauvres Galiléens n'avaient pour relever leurs espérances qu'un passage d'Isaïe assez mal interprété [2] : « Terre de Zabulon et terre de Nephtali, Voie de la mer [3], Galilée des gentils! Le peuple qui marchait dans l'ombre a vu une grande lumière; le soleil s'est levé pour ceux qui étaient assis dans les ténèbres. » La renommée de la ville natale de Jésus était particulièrement mauvaise. C'était un proverbe populaire : « Peut-il venir quelque chose de bon de Nazareth [4]. »

La profonde sécheresse de la nature aux environs de Jérusalem devait ajouter au déplaisir de Jésus. Les vallées y sont sans eau; le sol, aride et pierreux. Quand l'œil plonge dans la dépression de la mer Morte, la vue a quelque chose de saisissant; ailleurs elle est monotone. Seule, la colline de Mizpa, avec ses souvenirs de la plus vieille histoire d'Israël, soutient le regard. La ville présentait, du temps de Jésus, à peu près la même

---

1. Jean, VII, 52.
2. IX, 1-2 ; Matth., IV, 13 et suiv.
3. Voir ci-dessus, p. 160, note 3.
4. Jean I, 46.

assise qu'aujourd'hui. Elle n'avait guère de monuments anciens, car jusqu'aux Asmonéens, les Juifs étaient restés étrangers à tous les arts; Jean Hyrcan avait commencé à l'embellir, et Hérode le Grand en avait fait une des plus superbes villes de l'Orient. Les constructions hérodiennes le disputent aux plus achevées de l'antiquité par leur caractère grandiose la perfection de l'exécution, la beauté des matériaux[1]. Une foule de superbes tombeaux, d'un goût original, s'élevaient vers le même temps aux environs de Jérusalem[2]. Le style de ces monuments était le style grec, mais approprié aux usages des Juifs, et considérablement modifié selon leurs principes. Les ornements de sculpture vivante, que les Hérodes se permettaient, au grand mécontentement des rigoristes, en étaient bannis et remplacés par une décoration végétale. Le goût des anciens habitants de la Phénicie et de la Palestine pour les monuments monolithes taillés sur la roche vive, semblait revivre en ces singuliers tombeaux découpés dans le rocher, et où les ordres grecs sont

---

1. Jos., *Ant.,* XV, VIII-XI; *B. J.,* V, v, 6; Marc, XIII, 1-2.
2. Tombeaux dits des Juges, des Rois, d'Absalom, de Zacharie, de Josaphat, de saint Jacques. Comparez la description du tombeau des Macchabées à Modin (I Macch., XIII, 27 et suiv.).

si bizarrement appliqués à une architecture de troglodytes. Jésus, qui envisageait les ouvrages d'art, comme un pompeux étalage de vanité, voyait tous ces monuments de mauvais œil[1]. Son spiritualisme absolu et son opinion arrêtée que la figure du vieux monde allait passer ne lui laissaient de goût que pour les choses du cœur.

Le temple, à l'époque de Jésus, était tout neuf, et les ouvrages extérieurs n'en étaient pas complétement terminés. Hérode en avait fait commencer la reconstruction l'an 20 ou 21 avant l'ère chrétienne, pour le mettre à l'unisson de ses autres édifices. Le vaisseau du temple fut achevé en dix-huit mois, les portiques en huit ans[2]; mais les parties accessoires se continuèrent lentement et ne furent terminées que peu de temps avant la prise de Jérusalem[3]. Jésus y vit probablement travailler, non sans quelque humeur secrète. Ces espérances d'un long avenir étaient comme une insulte à son prochain avénement. Plus clairvoyant que les incrédules et les fanatiques, il devinait que ces superbes con-

---

1. Matth., XXIII, 27, 29; XXIV, 4 et suiv.; Marc, XIII, 4 et suiv.; Luc, XIX, 44; XXI, 5 et suiv. Comparez *Livre d'Hénoch*, XCVII, 13-14; Talmud de Babylone, *Schabbath*, 33 *b*.
2. Jos., *Ant.*, XV, XI, 5, 6.
3. *Ibid.*, XX, IX, 7; Jean, II, 20.

structions étaient appelées à une courte durée [1].

Le temple, du reste, formait un ensemble merveilleusement imposant, dont le *haram* actuel [2], malgré sa beauté, peut à peine donner une idée. Les cours et les portiques environnants servaient journellement de rendez-vous à une foule considérable, si bien que ce grand espace était à la fois le temple, le forum, le tribunal, l'université. Toutes les discussions religieuses des écoles juives, tout l'enseignement canonique, les procès même et les causes civiles, toute l'activité de la nation, en un mot, était concentrée là [3]. C'était un perpétuel cliquetis d'arguments, un champ clos de disputes, retentissant de sophismes et de questions subtiles. Le temple avait ainsi beaucoup d'analogie avec une mosquée musulmane. Pleins d'égards à cette époque pour les religions étrangères, quand elles restaient sur leur propre territoire [4], les Romains s'interdirent l'entrée

---

1. Matth., XXIV, 2; XXVI, 61; XXVII, 40; Marc, XIII, 2; XIV, 58; XV, 29; Luc, XXI, 6; Jean, II, 19-20.
2. Nul doute que le temple et son enceinte n'occupassent l'emplacement de la mosquée d'Omar et du *haram*, ou Cour Sacrée, qui environne la mosquée. Le terre-plein du haram est, dans quelques parties, notamment à l'endroit où les Juifs vont pleurer, le soubassement même du temple d'Hérode.
3. Luc, II, 46 et suiv.; Mischna, *Sanhédrin*, x, 2.
4. Suet., *Aug.*, 93.

du sanctuaire; des inscriptions grecques et latines marquaient le point jusqu'où il était permis aux non-Juifs de s'avancer[1]. Mais la tour Antonia, quartier général de la force romaine, dominait toute l'enceinte et permettait de voir ce qui s'y passait[2]. La police du temple appartenait aux Juifs; un capitaine du temple en avait l'intendance, faisait ouvrir et fermer les portes, empêchait qu'on ne traversât l'enceinte avec un bâton à la main, avec des chaussures poudreuses, en portant des paquets ou pour abréger le chemin[3]. On veillait surtout scrupuleusement à ce que personne n'entrât à l'état d'impureté légale dans les portiques intérieurs. Les femmes avaient une loge absolument séparée.

C'est là que Jésus passait ses journées, durant le temps qu'il restait à Jérusalem. L'époque des fêtes amenait dans cette ville une affluence extraordinaire. Réunis en chambrées de dix et vingt personnes, les pèlerins envahissaient tout et vivaient dans cet entassement désordonné où se plaît l'Orient[4]. Jésus

1. Philo, *Legatio ad Caium,* § 31; Jos., *B. J.,* V, v, 2; VI, II, 4; *Act.,* XXI, 28.
2. Des traces considérables de la tour Antonia se voient encore dans la partie septentrionale du haram.
3. Mischna, *Berakoth,* IX, 5; Talm. de Babyl., *Jebamoth,* 6 *b;* Marc, XI, 16.
4. Jos., *B. J.,* II, XIV, 3; VI, IX, 3. Comp. Ps. CXXXIII (Vulg. CXXXII).

se perdait dans la foule, et ses pauvres Galiléens groupés autour de lui faisaient peu d'effet. Il sentait probablement qu'il était ici dans un monde hostile et qui ne l'accueillerait qu'avec dédain. Tout ce qu'il voyait l'indisposait. Le temple, comme en général les lieux de dévotion très-fréquentés, offrait un aspect peu édifiant. Le service du culte entraînait une foule de détails assez repoussants, surtout des opérations mercantiles, par suite desquelles de vraies boutiques s'étaient établies dans l'enceinte sacrée. On y vendait des bêtes pour les sacrifices; il s'y trouvait des tables pour l'échange de la monnaie; par moments, on se serait cru dans un bazar. Les bas officiers du temple remplissaient sans doute leurs fonctions avec la vulgarité irréligieuse des sacristains de tous les temps. Cet air profane et distrait dans le maniement des choses saintes blessait le sentiment religieux de Jésus, parfois porté jusqu'au scrupule[1]. Il disait qu'on avait fait de la maison de prière une caverne de voleurs. Un jour même, dit-on, la colère l'emporta; il frappa à coups de fouet ces ignobles vendeurs et renversa leurs tables[2]. En général, il aimait peu le temple. Le culte qu'il

1. Marc, xi, 16.
2. Matth., xxi, 12 et suiv.; Marc, xi, 15 et suiv.; Luc, xix, 45 et suiv.; Jean, ii, 14 et suiv.

avait conçu pour son Père, n'avait rien à faire avec des scènes de boucherie. Toutes ces vieilles institutions juives lui déplaisaient, et il souffrait d'être obligé de s'y conformer. Aussi le temple ou son emplacement n'inspirèrent-ils de sentiments pieux, dans le sein du christianisme, qu'aux chrétiens judaïsants. Les vrais hommes nouveaux eurent en aversion cet antique lieu sacré. Constantin et les premiers empereurs chrétiens y laissèrent subsister les constructions païennes d'Adrien [1]. Ce furent les ennemis du christianisme, comme Julien, qui pensèrent à cet endroit [2]. Quand Omar entra dans Jérusalem, l'emplacement du temple était à dessein pollué en haine des Juifs [3]. Ce fut l'islam, c'est-à-dire une sorte de résurrection du judaïsme dans sa forme exclusivement sémitique, qui lui rendit ses honneurs. Ce lieu a toujours été antichrétien.

L'orgueil des Juifs achevait de mécontenter Jésus, et de lui rendre le séjour de Jérusalem pénible. A mesure que les grandes idées d'Israël mûrissaient, le sacerdoce s'abaissait. L'institution des synagogues avait donné à l'interprète de la Loi, au docteur,

1. *Itin. a Burdig. Hierus.*, p. 152 (édit. Schott); S. Jérôme, In Is., II, 8, et in Matth., XXIV, 15.
2. Ammien Marcellin, XXIII, 1.
3. Eutychius, *Ann.*, II, 286 et suiv. (Oxford, 1659).

une grande supériorité sur le prêtre. Il n'y avait de prêtres qu'à Jérusalem, et là même, réduits à des fonctions toutes rituelles, à peu près comme nos prêtres de paroisse exclus de la prédication, ils étaient primés par l'orateur de la synagogue, le casuiste, le *sofer* ou scribe, tout laïque qu'était ce dernier. Les hommes célèbres du Talmud ne sont pas des prêtres; ce sont des savants selon les idées du temps. Le haut sacerdoce de Jérusalem tenait, il est vrai, un rang fort élevé dans la nation; mais il n'était nullement à la tête du mouvement religieux. Le souverain pontife, dont la dignité avait déjà été avilie par Hérode[1], devenait de plus en plus un fonctionnaire romain[2], qu'on révoquait fréquemment pour rendre la charge profitable à plusieurs. Opposés aux pharisiens, zélateurs laïques très-exaltés, les prêtres étaient presque tous des sadducéens, c'est-à-dire des membres de cette aristocratie incrédule qui s'était formée autour du temple, vivait de l'autel, mais en voyait la vanité[3]. La caste sacerdotale s'était séparée à tel point du sentiment national et de la grande direction religieuse qui entraînait le peuple, que le nom de « sadducéen »

1. Jos., *Ant.*, XV, III, 1, 3.
2. Jos., *Ant.*, XVIII, II.
3. *Act.*, IV, 1 et suiv.; V, 17; Jos., *Ant.*, XX, IX, 1; *Pirké Aboth*, I, 10.

(*sadoki*), qui désigna d'abord simplement un membre de la famille sacerdotale de Sadok, était devenu synonyme de « matérialiste » et d' « épicurien. »

Un élément plus mauvais encore était venu, depuis le règne d'Hérode le Grand, corrompre le haut sacerdoce. Hérode s'étant pris d'amour pour Mariamne, fille d'un certain Simon, fils lui-même de Boëthus d'Alexandrie, et ayant voulu l'épouser (vers l'an 28 avant J.-C.), ne vit d'autre moyen, pour anoblir son beau-père et l'élever jusqu'à lui, que de le faire grand-prêtre. Cette famille intrigante resta maîtresse, presque sans interruption, du souverain pontificat pendant trente-cinq ans[1]. Étroitement alliée à la famille régnante, elle ne le perdit qu'après la déposition d'Archélaüs, et elle le recouvra (l'an 42 de notre ère) après qu'Hérode Agrippa eut refait pour quelque temps l'œuvre d'Hérode le Grand. Sous le nom de *Boëthusim*[2], se forma ainsi une nouvelle noblesse sacerdotale, très-mondaine, très-peu dévote, qui se fondit à peu près avec les Sadokites. Les *Boëthusim*, dans le Talmud et les écrits rabbiniques, sont présentés comme des espèces de mécréants et toujours

---

[1]. Jos., *Ant.*, XV, ix, 3; XVII, vi, 4; xiii, 1; XVIII, i, 1; ii, 1; XIX, vi, 2; viii, 1.

[2]. Ce nom ne se trouve que dans les documents juifs. Je pense que les « Hérodiens » de l'Évangile sont les *Boëthusim*.

rapprochés des Sadducéens[1]. De tout cela résulta autour du temple une sorte de cour de Rome, vivant de politique, peu portée aux excès de zèle, les redoutant même, ne voulant pas entendre parler de saints personnages ni de novateurs, car elle profitait de la routine établie. Ces prêtres épicuriens n'avaient pas la violence des Pharisiens; ils ne voulaient que le repos; c'étaient leur insouciance morale, leur froide irréligion qui révoltaient Jésus. Bien que très-différents, les prêtres et les Pharisiens se confondirent ainsi dans ses antipathies. Mais étranger et sans crédit, il dut longtemps renfermer son mécontentement en lui-même et ne communiquer ses sentiments qu'à la société intime qui l'accompagnait.

1. Traité *Aboth Nathan,* 5; *Soferim,* III, hal. 5; Mischna, *Menachoth,* x, 3; Talmud de Babylone, *Schabbath,* 118 *a.* Le nom des *Boëthusim* s'échange souvent dans les livres talmudiques avec celui des Sadducéens ou avec le mot *Minim* (hérétiques). Comparez Thosiphta *Joma,* I, à Talm. de Jérus., même traité, I, 5, et Talm. de Bab., même traité, 19 *b;* Thos. *Sukka,* III, à Talm. de Bab., même traité, 43 *b;* Thos. *ibid.,* plus loin, à Talm. de Bab., même traité, 48 *b;* Thos. *Rosch hasschana,* I, à Mischna, même traité, II, 1, Talm. de Jérus., même traité, II, 1, et Talm. de Bab., même traité, 22 *b;* Thos. *Menachoth,* x, à Mischna, même traité, x, 3, Talm. de Bab., même traité, 65 *a,* Mischna, *Chagiga,* II, 4, et Megillath Taanith, I; Thos. *Iadaïm,* II, à Talm. de Jérus., *Baba Bathra,* VIII, 1, Talm. de Bab., même traité, 115 *b,* et Megillath Taanith, v.

Avant le dernier séjour, de beaucoup le plus long de tous qu'il fit à Jérusalem et qui se termina par sa mort, Jésus essaya cependant de se faire écouter. Il prêcha; on parla de lui; on s'entretint de certains actes que l'on considérait comme miraculeux. Mais de tout cela ne résulta ni une église établie à Jérusalem, ni un groupe de disciples hiérosolymites. Le charmant docteur, qui pardonnait à tous pourvu qu'on l'aimât, ne pouvait trouver beaucoup d'écho dans ce sanctuaire des vaines disputes et des sacrifices vieillis. Il en résulta seulement pour lui quelques bonnes relations, dont plus tard il recueillit les fruits. Il ne semble pas que dès lors il ait fait la connaissance de la famille de Béthanie qui lui apporta, au milieu des épreuves de ses derniers mois, tant de consolations. Mais de bonne heure il attira l'attention d'un certain Nicodème, riche pharisien, membre du sanhédrin et fort considéré à Jérusalem[1]. Cet homme, qui paraît avoir été honnête et de bonne foi, se sentit attiré vers le jeune

---

1. Il semble qu'il est question de lui dans le Talmud. Talm. de Bab., *Taanith*, 20 *a* ; *Gittin*, 56 *a* ; *Ketuboth*, 66 *b* ; traité *Aboth Nathan*, vii; Midrasch rabba, *Eka*, 64 *a*. Le passage *Taanith* l'identifie avec Bounaï, lequel, d'après *Sanhédrin* (v. ci-dessus, p. 203, note 3), était disciple de Jésus. Mais si Bounaï est le Banou de Josèphe, ce rapprochement est sans force.

Galiléen. Ne voulant pas se compromettre, il vint le voir de nuit et eut avec lui une longue conversation [1]. Il en garda sans doute une impression favorable, car plus tard il défendit Jésus contre les préventions de ses confrères [2], et, à la mort de Jésus, nous le trouverons entourant de soins pieux le cadavre du maître [3]. Nicodème ne se fit pas chrétien ; il crut devoir à sa position de ne pas entrer dans un mouvement révolutionnaire, qui ne comptait pas encore de notables adhérents. Mais il porta évidemment beaucoup d'amitié à Jésus et lui rendit des services, sans pouvoir l'arracher à une mort dont l'arrêt, à l'époque où nous sommes arrivés, était déjà comme écrit.

Quant aux docteurs célèbres du temps, Jésus ne paraît avoir eu de rapports avec eux. Hillel et Schammaï étaient morts; la plus grande autorité du temps était Gamaliel, petit-fils de Hillel. C'était un esprit libéral et un homme du monde, ouvert aux études profanes, formé à la tolérance par son commerce avec la haute société [4]. A l'encontre des Pharisiens très-sévères, qui marchaient voilés ou les

---

1. Jean, III, 1 et suiv.; VII, 50. On est certes libre de croire que le texte même de la conversation n'est qu'une création de Jean.
2. Jean, VII, 50 et suiv.
3. Jean, XIX, 39.
4. Mischna, *Baba metsia,* v, 8; Talm. de Bab., *Sota,* 49 *b.*

yeux fermés, il regardait les femmes, même les païennes[1]. La tradition le lui pardonna, comme d'avoir su le grec, parce qu'il approchait de la cour[2]. Après la mort de Jésus, il exprima sur la secte nouvelle des vues très-modérées[3]. Saint Paul sortit de son école[4]. Mais il est bien probable que Jésus n'y entra jamais.

Une pensée du moins que Jésus emporta de Jérusalem, et qui dès à présent paraît chez lui enracinée, c'est qu'il n'y a pas de pacte possible avec l'ancien culte juif. L'abolition des sacrifices qui lui avaient causé tant de dégoût, la suppression d'un sacerdoce impie et hautain, et dans un sens général l'abrogation de la Loi lui parurent d'une absolue nécessité. A partir de ce moment, ce n'est plus en réformateur juif, c'est en destructeur du judaïsme qu'il se pose. Quelques partisans des idées messianiques avaient déjà admis que le Messie apporterait une loi nouvelle, qui serait commune à toute la terre[5]. Les Esséniens, qui étaient à peine des juifs, paraissent aussi avoir été

---

1. Talm. de Jérus., *Berakoth*, IX, 2.
2. Passage *Sota*, précité, et *Baba Kama*, 83 a.
3. *Act.*, V, 34 et suiv.
4. *Act.*, XXII, 3.
5. *Orac. sib.*, l. III, 573 et suiv.; 715 et suiv.; 756-58. Comparez le Targum de Jonathan, Is., XII, 3.

indifférents au temple et aux observances mosaïques. Mais ce n'étaient là que des hardiesses isolées ou non avouées. Jésus le premier osa dire qu'à partir de lui, ou plutôt à partir de Jean[1], la Loi n'existait plus. Si quelquefois il usait de termes plus discrets[2], c'était pour ne pas choquer trop violemment les préjugés reçus. Quand on le poussait à bout, il levait tous les voiles, et déclarait que la Loi n'avait plus aucune force. Il usait à ce sujet de comparaisons énergiques : « On ne raccommode pas, disait-il, du vieux avec du neuf. On ne met pas le vin nouveau dans de vieilles outres[3]. » Voilà, dans la pratique, son acte de maître et de créateur. Ce temple exclut les non-Juifs de son enceinte par des affiches dédaigneuses. Jésus n'en veut pas. Cette Loi étroite, dure, sans charité, n'est faite que pour les enfants d'Abraham. Jésus prétend que tout homme de bonne volonté, tout homme qui l'accueille et l'aime, est fils d'Abraham[4]. L'orgueil du sang lui paraît l'ennemi

1. Luc, xvi, 16. Le passage de Matthieu, xi, 12-13, est moins clair, mais ne peut avoir d'autre sens.
2. Matth., v, 17-18 (Cf. Talm. de Bab., *Schabbath*, 116 b). Ce passage n'est pas en contradiction avec ceux où l'abolition de la Loi est impliquée. Il signifie seulement qu'en Jésus toutes les figures de l'Ancien Testament sont accomplies. Cf. Luc, xvi, 17.
3. Matth., ix, 16-17; Luc, v, 36 et suiv.
4. Luc, xix, 9.

capital qu'il faut combattre. Jésus, en d'autres termes, n'est plus juif. Il est révolutionnaire au plus haut degré; il appelle tous les hommes à un culte fondé sur leur seule qualité d'enfants de Dieu. Il proclame les droits de l'homme, non les droits du juif; la religion de l'homme, non la religion du juif; la délivrance de l'homme, non la délivrance du juif[1]. Ah! que nous sommes loin d'un Judas Gaulonite, d'un Mathias Margaloth, prêchant la révolution au nom de la Loi! La religion de l'humanité, établie non sur le sang, mais sur le cœur, est fondée. Moïse est dépassé; le temple n'a plus de raison d'être et est irrévocablement condamné.

1. Matth., xxiv, 14; xxviii, 19; Marc, xiii, 10; xvi, 15; Luc, xxiv, 47.

CHAPITRE XIV.

RAPPORTS DE JÉSUS AVEC LES PAÏENS ET LES SAMARITAINS.

Conséquent à ces principes, il dédaignait tout ce qui n'était pas la religion du cœur. Les vaines pratiques des dévots[1], le rigorisme extérieur, qui se fie pour le salut à des simagrées, l'avaient pour mortel ennemi. Il se souciait peu du jeûne[2]. Il préférait le pardon d'une injure au sacrifice[3]. L'amour de Dieu, la charité, le pardon réciproque, voilà toute sa loi[4]. Rien de moins sacerdotal. Le prêtre, par état, pousse toujours au sacrifice public, dont il est le ministre obligé ; il détourne de la prière privée, qui est un moyen de se pas-

1. Matth., xv, 9.
2. Matth., ix, 14; xi, 19.
3. Matth., v, 23 et suiv.; ix, 13 ; xii, 7.
4. Matth., xxii, 37 et suiv.; Marc, xii, 28 et suiv.; Luc, x, 25 et suiv.

ser de lui. On chercherait vainement dans l'Évangile une pratique religieuse recommandée par Jésus. Le baptême n'a pour lui qu'une importance secondaire [1]; et quant à la prière, il ne règle rien, sinon qu'elle se fasse du cœur. Plusieurs, comme il arrive toujours, croyaient remplacer par la bonne volonté des âmes faibles le vrai amour du bien, et s'imaginaient conquérir le royaume du ciel en lui disant : « *Rabbi, rabbi;* » il les repoussait, et proclamait que sa religion, c'est de bien faire [2]. Souvent il citait le passage d'Isaïe : « Ce peuple m'honore des lèvres, mais son cœur est loin de moi [3]. »

Le sabbat était le point capital sur lequel s'élevait l'édifice des scrupules et des subtilités pharisaïques. Cette institution antique et excellente était devenue un prétexte pour de misérables disputes de casuistes et une source de croyances superstitieuses [4]. On croyait que la nature l'observait; toutes les sources intermittentes passaient pour « sabbatiques [5]. »

---

1. Matth., III, 15; I Cor., I, 17.
2. Matth., VII, 21; Luc, VI, 46.
3. Matth., XV, 8; Marc, VII, 6. Cf. Isaïe, XXIX, 13.
4. Voir surtout le traité *Schabbath* de la Mischna, et le *Livre des Jubilés* (traduit de l'éthiopien dans les *Jahrbücher* d'Ewald, années 2 et 3), c. L.
5. Jos., *B. J.,* VII, v, 1; Pline, *H. N.,* XXXI, 18. Cf. Thomson, *The Land and the Book,* I, 406 et suiv.

C'était aussi le point sur lequel Jésus se plaisait le plus à défier ses adversaires[1]. Il violait ouvertement le sabbat, et ne répondait aux reproches qu'on lui en faisait que par de fines railleries. A plus forte raison dédaignait-il une foule d'observances modernes, que la tradition avait ajoutées à la Loi, et qui, par cela même, étaient les plus chères aux dévots. Les ablutions, les distinctions trop subtiles des choses pures et impures le trouvaient sans pitié : « Pouvez-vous aussi, leur disait-il, laver votre âme? Ce n'est pas ce que l'homme mange qui le souille, mais ce qui sort de son cœur. » Les pharisiens, propagateurs de ces momeries, étaient le point de mire de tous ses coups. Il les accusait d'enchérir sur la Loi, d'inventer des préceptes impossibles pour créer aux hommes des occasions de péché : « Aveugles, conducteurs d'aveugles, disait-il, prenez garde de tomber dans la fosse. » — « Race de vipères, ajoutait-il en secret, ils ne parlent que du bien, mais au dedans ils sont mauvais; ils font mentir le proverbe : « La bouche ne verse que le trop-plein du cœur[2]. »

---

1. Matth., XII, 1-14; Marc, II, 23-28; Luc, VI, 1-5; XIII, 14 et suiv.; XIV, 1 et suiv.
2. Matth., XII, 34; XV, 1 et suiv., 12 et suiv.; XXIII entier; Marc, VII, 1 et suiv., 15 et suiv.; Luc, VI, 45; XI, 39 et suiv.

Il ne connaissait pas assez les gentils pour songer à fonder sur leur conversion quelque chose de solide. La Galilée contenait un grand nombre de païens, mais non à ce qu'il semble, un culte des faux dieux public et organisé [1]. Jésus put voir ce culte se déployer avec toute sa splendeur dans le pays de Tyr et de Sidon, à Césarée de Philippe, et dans la Décapole [2]. Il y fit peu d'attention. Jamais on ne trouve chez lui ce pédantisme fatigant des Juifs de son temps, ces déclamations contre l'idolâtrie, si familières à ses coreligionnaires depuis Alexandre, et qui remplissent par exemple le livre de la « Sagesse [3]. » Ce qui le frappe dans les païens, ce n'est pas leur idolâtrie, c'est leur servilité [4]. Le jeune démocrate juif, frère en ceci de Judas le Gaulonite, n'admettant de maître que Dieu, était très-blessé des honneurs dont

1. Je crois que les païens de Galilée se trouvaient surtout aux frontières, à Kadès, par exemple, mais que le cœur même du pays, la ville de Tibériade exceptée, était tout juif. La ligne où finissent les ruines de temples et où commencent les ruines de synagogues est aujourd'hui nettement marquée à la hauteur du lac Huleh (Samachonitis). Les traces de sculpture païenne qu'on a cru trouver à Tell-Hum sont douteuses. La côte, en particulier la ville d'Acre, ne faisaient point partie de la Galilée.
2. Voir ci-dessus, p. 146-147.
3. Chap. XIII et suiv.
4. Matth., XX, 25 ; Marc, X, 42 ; Luc, XXII, 25.

on entourait la personne des souverains et des titres souvent mensongers qu'on leur donnait. A cela près, dans la plupart des cas où il rencontre des païens, il montre pour eux une grande indulgence ; parfois il affecte de concevoir sur eux plus d'espoir que sur les Juifs[1]. Le royaume de Dieu leur sera transféré. « Quand un propriétaire est mécontent de ceux à qui il a loué sa vigne, que fait-il ? Il la loue à d'autres, qui lui rapportent de bons fruits[2]. » Jésus devait tenir d'autant plus à cette idée que la conversion des gentils était, selon les idées juives, un des signes les plus certains de la venue du Messie[3]. Dans son royaume de Dieu, il fait asseoir au festin, à côté d'Abraham, d'Isaac et de Jacob, des hommes venus des quatre vents du ciel, tandis que les héritiers légitimes du royaume sont repoussés[4]. Souvent, il est vrai, on croit trouver dans les ordres qu'il donne à ses disciples une tendance toute contraire : il semble leur recommander de ne prêcher le sa-

---

1. Matth., VIII, 5 et suiv.; XV, 22 et suiv.; Marc, VII, 25 et suiv.; Luc, IV, 25 et suiv.

2. Matth., XXI, 41 ; Marc, XII, 9 ; Luc, XX, 16.

3. Is., II, 2 et suiv.; LX; Amos, IX, 11 et suiv.; Jérém., III, 17; Malach., I, 11 ; *Tobie,* XIII, 13 et suiv.; *Orac. sibyl.,* III, 715 et suiv. Comp. Matth., XXIV, 14 ; *Act.,* XV, 15 et suiv.

4. Matth., VIII, 11-12 ; XXI, 33 et suiv.; XXII, 1 et suiv.

lut qu'aux seuls Juifs orthodoxes [1] ; il parle des païens d'une manière conforme aux préjugés des Juifs [2]. Mais il faut se rappeler que les disciples, dont l'esprit étroit ne se prêtait pas à cette haute indifférence pour la qualité de fils d'Abraham, ont bien pu faire fléchir dans le sens de leurs propres idées les instructions de leur maître. En outre, il est fort possible que Jésus ait varié sur ce point, de même que Mahomet parle des Juifs, dans le Coran, tantôt de la façon la plus honorable, tantôt avec une extrême dureté, selon qu'il espère ou non les attirer à lui. La tradition, en effet, prête à Jésus deux règles de prosélytisme tout à fait opposées et qu'il a pu pratiquer tour à tour : « Celui qui n'est pas contre vous est pour vous; » — « Celui qui n'est pas avec moi est contre moi [3]. » Une lutte passionnée entraîne presque nécessairement ces sortes de contradictions.

Ce qui est certain, c'est qu'il compta parmi ses disciples plusieurs des gens que les Juifs appelaient « Hellènes [4]. » Ce mot avait, en Palestine, des sens fort divers.

---

1. Matth., VII, 6; X, 5-6; XV, 24; XXI, 43.
2. Matth., V, 46 et suiv.; VI, 7, 32; XVIII, 17; Luc, VI, 32 et suiv.; XII, 30.
3. Matth., XII, 30; Marc, IX, 39; Luc, IX, 50; XI, 23.
4. Josèphe le dit formellement (*Ant.*, XVIII, III, 3). Comp. Jean, VII, 35; XII, 20-21.

Il désignait tantôt des païens, tantôt des Juifs parlant grec et habitant parmi les païens[1], tantôt des gens d'origine païenne convertis au judaïsme[2]. C'est probablement dans cette dernière catégorie d'Hellènes que Jésus trouva de la sympathie[3]. L'affiliation au judaïsme avait beaucoup de degrés; mais les prosélytes restaient toujours dans un état d'infériorité à l'égard du juif de naissance. Ceux dont il s'agit ici étaient appelés « prosélytes de la porte » ou « gens craignant Dieu, » et assujettis aux préceptes de Noë, non aux préceptes mosaïques[4]. Cette infériorité même était sans doute la cause qui les rapprochait de Jésus et leur valait sa faveur.

Il en usait de même avec les Samaritains. Serrée comme un îlot entre les deux grandes provinces du judaïsme (la Judée et la Galilée), la Samarie formait en Palestine une espèce d'enclave, où se conservait le vieux culte du Garizim, frère et rival de celui de Jérusalem. Cette pauvre secte, qui n'avait ni le génie ni la savante organisation du judaïsme propre-

1. Talm. de Jérus., *Sota*, vii, 1.
2. Voir, en particulier, Jean, vii, 35; xii, 20; *Act.*, xiv, 1; xvii, 4; xviii, 4; xxi, 28.
3. Jean, xii, 20; *Act.*, viii, 27.
4. Mischna, *Baba metsia*, ix, 12; Talm. de Bab., *Sanh.*, 56 *b*; *Act.*, viii, 27; x, 2, 22, 35; xiii, 16, 26, 43, 50; xvi, 14; xvii, 4, 17; xviii, 7; Galat., ii, 3; Jos., *Ant.*, XIV, vii, 2.

ment dit, était traitée par les Hiérosolymites avec une extrême dureté[1]. On la mettait sur la même ligne que les païens, avec un degré de haine de plus[2]. Jésus, par une sorte d'opposition, était bien disposé pour elle. Souvent il préfère les Samaritains aux Juifs orthodoxes. Si, dans d'autres cas, il semble défendre à ses disciples d'aller les prêcher, réservant son Évangile pour les Israélites purs[3], c'est là encore, sans doute, un précepte de circonstance, auquel les apôtres auront donné un sens trop absolu. Quelquefois, en effet, les Samaritains le recevaient mal, parce qu'ils le supposaient imbu des préjugés de ses coreligionnaires[4]; de la même façon que de nos jours l'Européen libre penseur est envisagé comme un ennemi par le musulman, qui le croit toujours un chrétien fanatique. Jésus savait se mettre au-dessus de ces malentendus[5]. Il eut plusieurs disciples à Sichem, et il y passa au moins deux jours[6].

---

1. *Ecclésiastique*, L, 27-28; Jean, VIII, 48; Jos., *Ant.*, IX, XIV, 3; XI, VIII, 6; XII, v, 5; Talm. de Jérus., *Aboda zara*, v, 4; *Pesachim*, I, 1.

2. Matth., x, 5; Luc, XVII, 18. Comp. Talm. de Bab., *Cholin*, 6 *a*.

3. Matth., x, 5-6.

4. Luc, IX, 53.

5. Luc, IX, 56.

6. Jean, IV, 39-43.

Dans une circonstance, il ne rencontre de gratitude et de vraie piété que chez un samaritain [1]. Une de ses plus belles paraboles est celle de l'homme blessé sur la route de Jéricho. Un prêtre passe, le voit et continue son chemin. Un lévite passe et ne s'arrête pas. Un samaritain a pitié de lui, s'approche, verse de l'huile dans ses plaies et les bande [2]. Jésus conclut de là que la vraie fraternité s'établit entre les hommes par la charité, non par la foi religieuse. Le « prochain, » qui dans le judaïsme était surtout le coreligionnaire, est pour lui l'homme qui a pitié de son semblable sans distinction de secte. La fraternité humaine dans le sens le plus large sortait à pleins bords de tous ses enseignements.

Ces pensées, qui assiégeaient Jésus à sa sortie de Jérusalem, trouvèrent leur vive expression dans une anecdote qui a été conservée sur son retour. La route de Jérusalem en Galilée passe à une demi-heure de Sichem [3], devant l'ouverture de la vallée dominée par les monts Ebal et Garizim. Cette route était en général évitée par les pèlerins juifs, qui aimaient mieux dans leurs voyages faire le long détour de la Pérée que de s'exposer aux avanies des Sama-

---

[1]. Luc, XVII, 16 et suiv.
[2]. Luc, X, 30 et suiv.
[3]. Aujourd'hui Naplouse.

ritains ou de leur demander quelque chose. Il était défendu de manger et de boire avec eux [1]; c'était un axiome de certains casuistes qu' « un morceau de pain des Samaritains est de la chair de porc [2]. » Quand on suivait cette route, on faisait donc ses provisions d'avance; encore évitait-on rarement les rixes et les mauvais traitements [3]. Jésus ne partageait ni ces scrupules ni ces craintes. Arrivé dans la route, au point où s'ouvre sur la gauche la vallée de Sichem, il se trouva fatigué, et s'arrêta près d'un puits. Les Samaritains avaient, alors comme aujourd'hui, l'habitude de donner à toutes les localités de leur vallée des noms tirés des souvenirs patriarcaux; ils regardaient ce puits comme ayant été donné par Jacob à Joseph; c'était probablement celui-là même qui s'appelle encore maintenant *Bir-Iakoub*. Les disciples entrèrent dans la vallée et allèrent à la ville acheter des provisions; Jésus s'assit sur le bord du puits, ayant en face de lui le Garizim.

Il était environ midi. Une femme de Sichem vint puiser de l'eau. Jésus lui demanda à boire, ce qui excita chez cette femme un grand étonnement, les Juifs s'interdisant d'ordinaire tout commerce avec les

---

[1]. Luc, ix, 53; Jean, iv, 9.
[2]. Mischna, *Schebiit*, viii, 10.
[3]. Jos., *Ant.*, XX, v, 1; *B. J.*, II, xii, 3, *Vita*, 52.

Samaritains. Gagnée par l'entretien de Jésus, la femme reconnut en lui un prophète, et, s'attendant à des reproches sur son culte, elle prit les devants : « Seigneur, dit-elle, nos pères ont adoré sur cette montagne, tandis que vous autres, vous dites que c'est à Jérusalem qu'il faut adorer. — Femme, crois-moi, lui répondit Jésus, l'heure est venue où l'on n'adorera plus ni sur cette montagne ni à Jérusalem, mais où les vrais adorateurs adoreront le Père en esprit et en vérité [1]. »

Le jour où il prononça cette parole, il fut vraiment fils de Dieu. Il dit pour la première fois le mot sur lequel reposera l'édifice de la religion éternelle. Il fonda le culte pur, sans date, sans patrie, celui que pratiqueront toutes les âmes élevées jusqu'à la fin des temps. Non-seulement sa religion, ce jour-là, fut la bonne religion de l'humanité, ce fut la religion absolue; et si d'autres planètes ont des habitants doués de raison et de moralité, leur religion ne peut être différente de celle que Jésus a proclamée près du

---

1. Jean, IV, 21-23. Le v. 22, au moins le dernier membre, qui exprime une pensée opposée à celle des versets 21 et 23, paraît avoir été interpolé. Il ne faut pas trop insister sur la réalité historique d'une telle conversation, puisque Jésus ou son interlocutrice auraient seuls pu la raconter. Mais l'anecdote du chapitre IV de Jean représente certainement une des pensées les plus intimes de Jésus, et la plupart des circonstances du récit ont un cachet frappant de vérité.

puits de Jacob. L'homme n'a pu s'y tenir; car on n'atteint l'idéal qu'un moment. Le mot de Jésus a été un éclair dans une nuit obscure; il a fallu dix-huit cents ans pour que les yeux de l'humanité (que dis-je! d'une portion infiniment petite de l'humanité) s'y soient habitués. Mais l'éclair deviendra le plein jour, et, après avoir parcouru tous les cercles d'erreurs, l'humanité reviendra à ce mot-là, comme à l'expression immortelle de sa foi et de ses espérances.

CHAPITRE XV.

COMMENCEMENT DE LA LÉGENDE DE JÉSUS. — IDÉE QU'IL A LUI-MÊME DE SON RÔLE SURNATUREL.

Jésus rentra en Galilée ayant complétement perdu sa foi juive, et en pleine ardeur révolutionnaire. Ses idées maintenant s'expriment avec une netteté parfaite. Les innocents aphorismes de son premier âge prophétique, en partie empruntés aux rabbis antérieurs, les belles prédications morales de sa seconde période aboutissent à une politique décidée. La Loi sera abolie; c'est lui qui l'abolira[1].

[1]. Les hésitations des disciples immédiats de Jésus, dont une fraction considérable resta attachée au judaïsme, pourraient soulever ici quelques objections. Mais le procès de Jésus ne laisse place à aucun doute. Nous verrons qu'il y fut traité comme « séducteur. » Le Talmud donne la procédure suivie contre lui comme un exemple de celle qu'on doit suivre contre les « séducteurs, » qui cherchent à renverser la Loi de Moïse. (Talm. de Jérus., *Sanhédrin*, xiv, 16; Talm. de Bab., *Sanhédrin*, 43 *a*, 67 *a*).

Le Messie est venu; c'est lui qui l'est. Le royaume de Dieu va bientôt se révéler; c'est par lui qu'il se révélera. Il sait bien qu'il sera victime de sa hardiesse; mais le royaume de Dieu ne peut être conquis sans violence; c'est par des crises et des déchirements qu'il doit s'établir [1]. Le Fils de l'homme, après sa mort, viendra avec gloire, accompagné de légions d'anges, et ceux qui l'auront repoussé seront confondus.

L'audace d'une telle conception ne doit pas nous surprendre. Jésus s'envisageait depuis longtemps avec Dieu sur le pied d'un fils avec son père. Ce qui chez d'autres serait un orgueil insupportable, ne doit pas chez lui être traité d'attentat.

Le titre de « fils de David » fut le premier qu'il accepta, probablement sans tremper dans les fraudes innocentes par lesquelles on chercha à le lui assurer. La famille de David était, à ce qu'il semble, éteinte depuis longtemps [2]; les Asmonéens, d'origine sacer-

---

1. Matth., xi, 12; Luc, xvi, 16.
2. Il est vrai que certains docteurs, tels que Hillel, Gamaliel, sont donnés comme étant de la race de David. Mais ce sont là des allégations très-douteuses. Si la famille de David formait encore un groupe distinct et ayant de la notoriété, comment se fait-il qu'on ne la voie jamais figurer, à côté des Sadokites, des Boëthuses, des Asmonéens, des Hérodes, dans les grandes luttes du temps?

dotale, ne pouvaient chercher à s'attribuer une telle descendance; ni Hérode, ni les Romains ne songent un moment qu'il existe autour d'eux un représentant quelconque des droits de l'antique dynastie. Mais depuis la fin des Asmonéens, le rêve d'un descendant inconnu des anciens rois, qui vengerait la nation de ses ennemis, travaillait toutes les têtes. La croyance universelle était que le Messie serait fils de David et naîtrait comme lui à Bethléhem[1]. Le sentiment premier de Jésus n'était pas précisément cela. Le souvenir de David, qui préoccupait la masse des Juifs, n'avait rien de commun avec son règne céleste. Il se croyait fils de Dieu, et non pas fils de David. Son royaume et la délivrance qu'il méditait étaient d'un tout autre ordre. Mais l'opinion ici lui fit une sorte de violence. La conséquence immédiate de cette proposition : « Jésus est le Messie, » était cette autre proposition : « Jésus est fils de David. » Il se laissa donner un titre sans lequel il ne pouvait espérer aucun succès. Il finit, ce semble, par y prendre plaisir, car il faisait de la meilleure grâce les miracles qu'on lui demandait en l'interpellant ainsi[2]. Ici, comme dans plusieurs autres circon-

1. Matth., II, 5-6; XXII, 42; Luc, I, 32; Jean, VII, 41-42; *Act.*, II, 30.

2. Matth., IX, 27; XII, 23; XV, 22; XX, 30-31; Marc, X, 47, 52; Luc, XVIII, 38.

stances de sa vie, Jésus se plia aux idées qui avaient cours de son temps, bien qu'elles ne fussent pas précisément les siennes. Il associait à son dogme du « royaume de Dieu, » tout ce qui échauffait les cœurs et les imaginations. C'est ainsi que nous l'avons vu adopter le baptême de Jean, qui pourtant ne devait pas lui importer beaucoup.

Une grave difficulté se présentait : c'était sa naissance à Nazareth, qui était de notoriété publique. On ne sait si Jésus lutta contre cette objection. Peut-être ne se présenta-t-elle pas en Galilée, où l'idée que le fils de David devait être un bethléhémite était moins répandue. Pour le galiléen idéaliste, d'ailleurs, le titre de « fils de David » était suffisamment justifié, si celui à qui on le décernait relevait la gloire de sa race et ramenait les beaux jours d'Israël. Autorisa-t-il par son silence les généalogies fictives que ses partisans imaginèrent pour prouver sa descendance royale[1] ? Sut-il quelque chose des légendes inventées pour le faire naître à Bethléhem, et en particulier du tour par lequel on rattacha son origine bethléhémite au recensement qui eut lieu par l'ordre du légat impérial, Quirinius[2] ? On l'ignore. L'in-

---

1. Matth., i, 1 et suiv.; Luc, iii, 23 et suiv.
2. Matth., ii, 1 et suiv.; Luc, ii, 1 et suiv.

exactitude et les contradictions des généalogies[1] portent à croire qu'elles furent le résultat d'un travail populaire s'opérant sur divers points, et qu'aucune d'elles ne fut sanctionnée par Jésus[2]. Jamais il ne se désigne de sa propre bouche comme fils de David. Ses disciples, bien moins éclairés que lui, enchérissaient parfois sur ce qu'il disait de lui-même; le plus souvent il n'avait pas connaissance de ces exagérations. Ajoutons que, durant les trois premiers siècles, des fractions considérables du christianisme[3] nièrent obstinément la descendance royale de Jésus et l'authenticité des généalogies.

Sa légende était ainsi le fruit d'une grande conspiration toute spontanée et s'élaborait autour de lui de

---

1. Les deux généalogies sont tout à fait discordantes entre elles et peu conformes aux listes de l'Ancien Testament. Le récit de Luc sur le recensement de Quirinius implique un anachronisme. Voir ci-dessus, p. 19-20, note. Il est naturel, du reste, que la légende se soit emparée de cette circonstance. Les recensements frappaient beaucoup les Juifs, bouleversaient leurs idées étroites, et l'on s'en souvenait longtemps. Cf. *Act.*, v, 37.

2. Jules Africain (dans Eusèbe, *H. E.*, I, 7) suppose que ce furent les parents de Jésus qui, réfugiés en Batanée, essayèrent de recomposer les généalogies.

3. Les *Ebionim,* les « Hébreux, » les « Nazaréens, » Tatien, Marcion. Cf. Épiph., *Adv. hær.,* xxix, 9; xxx, 3, 14; xlvi, 1; Théodoret, *Hæret. fab.,* I, 20; Isidore de Péluse, Epist., I, 371, ad Pansophium.

son vivant. Aucun grand événement de l'histoire ne s'est passé sans donner lieu à un cycle de fables, et Jésus n'eût pu, quand il l'eût voulu, couper court à ces créations populaires. Peut-être un œil sagace eût-il su reconnaître dès lors le germe des récits qui devaient lui attribuer une naissance surnaturelle, soit en vertu de cette idée, fort répandue dans l'antiquité, que l'homme hors ligne ne peut être né des relations ordinaires des deux sexes; soit pour répondre à un chapitre mal entendu d'Isaïe[1], où l'on croyait lire que le Messie naîtrait d'une vierge; soit enfin par suite de l'idée que le « Souffle de Dieu, » déjà érigé en hypostase divine, est un principe de fécondité[2]. Déjà peut-être couraient sur son enfance plus d'une anecdote conçue en vue de montrer dans sa biographie l'accomplissement de l'idéal messianique[3], ou, pour mieux dire, des prophéties que l'exégèse allégorique du temps rapportait au Messie. D'autres fois, on lui créait dès le berceau des relations avec les hommes célèbres, Jean-Baptiste, Hérode le Grand, des astrologues chaldéens qui, dit-on, firent

---

1. Matth., I, 22-23.
2. Genèse, I, 2. Pour l'idée analogue chez les Égyptiens, voir Hérodote, III, 28; Pomp. Mela, I, 9; Plutarque, *Quæst. symp.*, VIII, I, 3; *De Isid. et Osir.*, 43.
3. Matth., I, 15, 23; Is., VII, 14 et suiv.

vers ce temps-là un voyage à Jérusalem[1], deux vieillards, Siméon et Anne, qui avaient laissé des souvenirs de haute sainteté[2]. Une chronologie assez lâche présidait à ces combinaisons, fondées pour la plupart sur des faits réels travestis[3]. Mais un singulier esprit de douceur et de bonté, un sentiment profondément populaire, pénétraient toutes ces fables, et en faisaient un supplément de la prédication[4]. C'est surtout après la mort de Jésus que de tels récits prirent de grands développements; on peut croire cependant qu'ils circulaient déjà de son vivant, sans rencontrer autre chose qu'une pieuse crédulité et une naïve admiration.

Que jamais Jésus n'ait songé à se faire passer pour une incarnation de Dieu lui-même, c'est ce dont on ne saurait douter. Une telle idée était profondément étrangère à l'esprit juif; il n'y en a nulle trace dans les évangiles synoptiques[5]; on ne la trouve indiquée que dans des parties de l'évangile de Jean qui ne

---

1. Matth., II, 1 et suiv.
2. Luc, II, 25 et suiv.
3. Ainsi la légende du Massacre des Innocents se rapporte probablement à quelque cruauté exercée par Hérode du côté de Bethléhem. Comp. Jos., *Ant.*, XIV, IX, 4.
4. Matth., I et II; Luc, I et II; S. Justin, *Dial. cum Tryph.*, 78, 106; *Protévang. de Jacques* (apocr.), 18 et suiv.
5. Certains passages, comme *Act.*, II, 22, l'excluent formellement.

peuvent être acceptées comme un écho de la pensée de Jésus. Parfois même Jésus semble prendre des précautions pour repousser une telle doctrine[1]. L'accusation de se faire Dieu ou l'égal de Dieu est présentée, même dans l'évangile de Jean, comme une calomnie des Juifs[2]. Dans ce dernier évangile, il se déclare moindre que son Père[3]. Ailleurs, il avoue que le Père ne lui a pas tout révélé[4]. Il se croit plus qu'un homme ordinaire, mais séparé de Dieu par une distance infinie. Il est fils de Dieu ; mais tous les hommes le sont ou peuvent le devenir à des degrés divers[5]. Tous, chaque jour, doivent appeler Dieu leur père ; tous les ressuscités seront fils de Dieu[6]. La filiation divine était attribuée dans l'Ancien Testament à des êtres qu'on ne prétendait nullement égaler à Dieu[7]. Le mot « fils » a, dans les langues sémitiques et dans

1. Matth., xix, 17; Marc, x, 18; Luc, xviii, 19.
2. Jean, v, 18 et suiv.; x, 33 et suiv.
3. Jean, xiv, 28.
4. Marc, xiii, 35.
5. Matth., v, 9, 45; Luc, iii, 38; vi, 35; xx, 36; Jean, i, 12-13; x, 34-35. Comp. *Act.,* xvii, 28-29; Rom., viii, 14, 19, 21 ; ix, 26 ; II Cor., vi, 18; Galat., iii, 26, et dans l'Ancien Testament, *Deutér.,* xiv, 1, et surtout *Sagesse,* ii, 13, 18.
6. Luc, xx, 36.
7. Gen., vi, 2; Job, i, 6; ii, 1; xxviii, 7; Ps. ii, 7; lxxxii, 6, II Sam., vii, 14.

la langue du Nouveau Testament, les sens les plus larges[1]. D'ailleurs, l'idée que Jésus se fait de l'homme n'est pas cette idée humble, qu'un froid déisme a introduite. Dans sa poétique conception de la nature, un seul souffle pénètre l'univers : le souffle de l'homme est celui de Dieu; Dieu habite en l'homme, vit par l'homme, de même que l'homme habite en Dieu, vit par Dieu[2]. L'idéalisme transcendant de Jésus ne lui permit jamais d'avoir une notion bien claire de sa propre personnalité. Il est son Père, son Père est lui. Il vit dans ses disciples; il est partout avec eux[3]; ses disciples sont un, comme lui et son Père sont un[4]. L'idée pour lui est tout; le corps, qui fait la distinction des personnes, n'est rien.

---

1. Le fils du diable (Matth., XIII, 38; *Act.,* XIII, 10); les fils de ce monde (Marc, III, 17; Luc, XVI, 8; XX, 34); les fils de la lumière (Luc, XVI, 8; Jean, XII, 36); les fils de la résurrection (Luc, XX, 36); les fils du royaume (Matth., VIII, 12; XIII, 38); les fils de l'époux (Matth., IX, 15; Marc, II, 19; Luc, [v, 34); les fils de la Géhenne (Matth., XXIII, 15); les fils de la paix (Luc, X, 6), etc. Rappelons que le Jupiter du paganisme est πατὴρ ἀνδρῶν τε θεῶν τε.

2. Comp. *Act.*, XVII, 28.

3. Matth., XVIII, 20; XXVIII, 20.

4. Jean, X, 30; XVII, 21. Voir en général les derniers discours de Jean, surtout le ch. XVII, qui expriment bien un côté de l'état psychologique de Jésus, quoiqu'on ne puisse les envisager comme de vrais documents historiques.

Le titre de « Fils de Dieu, » ou simplement de « Fils[1], » devint ainsi pour Jésus un titre analogue à « Fils de l'homme » et, comme celui-ci, synonyme de « Messie, » à la seule différence qu'il s'appelait lui-même « Fils de l'homme » et qu'il ne semble pas avoir fait le même usage du mot « Fils de Dieu[2]. » Le titre de Fils de l'homme exprimait sa qualité de juge; celui de Fils de Dieu sa participation aux desseins suprêmes et sa puissance. Cette puissance n'a pas de limites. Son Père lui a donné tout pouvoir. Il a le droit de changer même le sabbat[3]. Nul ne connaît le Père que par lui[4]. Le Père lui a exclusivement transmis le droit de juger[5]. La nature lui obéit; mais elle obéit aussi à quiconque croit et prie; la foi peut tout[6]. Il faut se rappeler que nulle idée des lois de la nature ne venait, dans son esprit, ni dans celui de ses auditeurs, marquer la limite de l'impossible. Les témoins de ses miracles remercient Dieu

1. Les passages à l'appui de cela sont trop nombreux pour être rapportés ici.

2. C'est seulement dans l'évangile de Jean que Jésus se sert de l'expression de « Fils de Dieu » ou de « Fils » comme synonyme du pronom *je*.

3. Matth., XII, 8; Luc, VI, 5.
4. Matth., XI, 27.
5. Jean, V, 22.
6. Matth., XVII, 18-19; Luc, XVII, 6.

« d'avoir donné de tels pouvoirs aux hommes[1]. » Il remet les péchés[2] ; il est supérieur à David, à Abraham, à Salomon, aux prophètes[3]. Nous ne savons sous quelle forme ni dans quelle mesure ces affirmations se produisaient. Jésus ne doit pas être jugé sur la règle de nos petites convenances. L'admiration de ses disciples le débordait et l'entraînait. Il est évident que le titre de *Rabbi,* dont il s'était d'abord contenté, ne lui suffisait plus ; le titre même de prophète ou d'envoyé de Dieu ne répondait plus à sa pensée. La position qu'il s'attribuait était celle d'un être surhumain, et il voulait qu'on le regardât comme ayant avec Dieu un rapport plus élevé que celui des autres hommes. Mais il faut remarquer que ces mots de « surhumain » et de « surnaturel, » empruntés à notre théologie mesquine, n'avaient pas de sens dans la haute conscience religieuse de Jésus. Pour lui, la nature et le développement de l'humanité n'étaient pas des règnes limités hors de Dieu, de chétives réalités, assujetties aux lois d'un empirisme désespérant. Il n'y avait pas pour lui de surnaturel, car il n'y avait pas de nature. Ivre de l'amour infini, il oubliait

---

1. Matth., ix, 8.

2. Matth., ix, 2 et suiv. ; Marc, ii, 5 et suiv. ; Luc, v, 20 ; vii, 47-48.

3. Matth., xii, 41-42 ; xxii, 43 et suiv. ; Jean, viii, 52 et suiv.

la lourde chaîne qui tient l'esprit captif; il franchissait d'un bond l'abîme, infranchissable pour la plupart, que la médiocrité des facultés humaines trace entre l'homme et Dieu.

On ne saurait méconnaître dans ces affirmations de Jésus le germe de la doctrine qui devait plus tard faire de lui une hypostase divine[1], en l'identifiant avec le Verbe, ou «Dieu second[2],» ou fils aîné de Dieu[3], ou *Ange métatrône* [4], que la théologie juive créait d'un autre côté [5]. Une sorte de besoin amenait cette

---

1. Voir surtout Jean, xiv et suiv. Mais il est douteux que nous ayons là l'enseignement authentique de Jésus.

2. Philon. cité dans Eusèbe, *Præp. Evang.*, VII, 13.

3. Philon, *De migr. Abraham*, § 1; *Quod Deus immut.*, § 6; *De confus. ling.*, §§ 14 et 28; *De profugis*, § 20; *De somniis*, I, § 37; *De agric. Noë*, § 12; *Quis rerum divin. hæres*, § 25 et suiv., 48 et suiv., etc.

4. Μετάθρονος, c'est-à-dire partageant le trône de Dieu; sorte de secrétaire divin, tenant le registre des mérites et des démérites: *Bereschith Rabba*, v, 6 c; Talm. de Bab., *Sanhédr.*, 38 b; *Chagiga*, 15 a; Targum de Jonathan, *Gen.*, v, 24.

5. Cette théorie du Λόγος ne renferme pas d'éléments grecs. Les rapprochements qu'on en a faits avec l'*Honover* des Parsis sont aussi sans fondement. Le *Minokhired* ou « Intelligence divine » a bien de l'analogie avec le Λόγος juif. (Voir les fragments du livre intitulé *Minokhired* dans Spiegel, *Parsi-Grammatik*, p. 161-162.) Mais le développement qu'a pris la doctrine du *Minokhired* chez les Parsis est moderne et peut impliquer une influence étrangère. L' « Intelligence divine » (*Mainyu-Khratû*) figure dans les livres zends; mais elle n'y sert pas de base à une théorie; elle entre seu-

théologie, pour corriger l'extrême rigueur du vieux monothéisme, à placer auprès de Dieu un assesseur, auquel le Père éternel est censé déléguer le gouvernement de l'univers. La croyance que certains hommes sont des incarnations de facultés ou de « puissances » divines, était répandue ; les Samaritains possédaient vers le même temps un thaumaturge nommé Simon, qu'on identifiait avec « la grande vertu de Dieu [1]. » Depuis près de deux siècles, les esprits spéculatifs du judaïsme se laissaient aller au penchant de faire des personnes distinctes avec les attributs divins ou avec certaines expressions qu'on rapportait à la divinité. Ainsi le « Souffle de Dieu, » dont il est souvent question dans l'Ancien Testament, est considéré comme un être à part, l' « Esprit-Saint. » De même, la « Sagesse de Dieu, » la « Parole de Dieu » deviennent des personnes existantes par elles-mêmes. C'était le germe du procédé qui a engendré les *Sephiroth* de la Cabbale, les *Æons* du gnosticisme, les hypostases chrétiennes, toute cette mythologie

lement dans quelques invocations. Les rapprochements que l'on a essayés entre la théorie alexandrine du Verbe et certains points de la théologie égyptienne peuvent n'être pas sans valeur. Mais rien n'indique que, dans les siècles qui précèdent l'ère chrétienne, le judaïsme palestinien ait fait aucun emprunt à l'Égypte.

1. *Act.*, VIII, 10.

sèche, consistant en abstractions personnifiées, à laquelle le monothéisme est obligé de recourir, quand il veut introduire en Dieu la multiplicité.

Jésus paraît être resté étranger à ces raffinements de théologie, qui devaient bientôt remplir le monde de disputes stériles. La théorie métaphysique du Verbe, telle qu'on la trouve dans les écrits de son contemporain Philon, dans les Targums chaldéens, et déjà dans le livre de la « Sagesse[1], » ne se laisse entrevoir ni dans les *Logia* de Matthieu, ni en général dans les synoptiques, interprètes si authentiques des paroles de Jésus. La doctrine du Verbe, en effet, n'avait rien de commun avec le messianisme. Le Verbe de Philon et des Targums n'est nullement le Messie. C'est Jean l'évangéliste ou son école qui plus tard cherchèrent à prouver que Jésus est le Verbe, et qui créèrent dans ce sens toute une nouvelle théologie, fort différente de celle du royaume de Dieu[2]. Le rôle essentiel du Verbe est

1. IX, 1-2; XVI, 12. Comp. VII, 12; VIII, 5 et suiv.; IX, et en général IX-XI. Ces prosopopées de la Sagesse personnifiée se trouvent dans des livres bien plus anciens. *Prov.*, VIII, IX; *Job*, XXVIII.

2. Jean, Évang., I, 1-14; I Épître, v, 7; *Apoc.*, XIX, 13. On remarquera, du reste, que, dans l'évangile de Jean, l'expression de « Verbe » ne revient pas hors du prologue, et que jamais le narrateur ne la place dans la bouche de Jésus.

celui de créateur et de providence; or Jésus ne prétendit jamais avoir créé le monde, ni le gouverner. Son rôle sera de le juger, de le renouveler. La qualité de président des assises finales de l'humanité, tel est l'attribut essentiel que Jésus s'attribue, le rôle que tous les premiers chrétiens lui prêtèrent [1]. Jusqu'au grand jour, il siége à la droite de Dieu comme son *Métatrône,* son premier ministre et son futur vengeur[2]. Le Christ surhumain des absides byzantines, assis en juge du monde, au milieu des apôtres, analogues à lui et supérieurs aux anges qui ne font qu'assister et servir, est la très-exacte représentation figurée de cette conception du « Fils de l'homme, » dont nous trouvons les premiers traits déjà si fortement indiqués dans le Livre de Daniel.

En tout cas, la rigueur d'une scolastique réfléchie n'était nullement d'un tel monde. Tout l'ensemble d'idées que nous venons d'exposer formait dans l'esprit des disciples un système théologique si peu arrêté que le Fils de Dieu, cette espèce de dédoublement de la divinité, ils le font agir purement en homme. Il

---

1. *Act.,* x, 42.
2. Matth., xxvi, 64; Marc, xvi, 19; Luc, xxii, 69.; *Act.,* vii, 55; Rom., viii, 34; Ephés., i, 20; Coloss., iii, 1; Hébr., i, 3, 13; viii, 1; x, 12; xii, 2; I de S. Pierre, iii, 22. V. les passages précités sur le rôle du *Métatrône* juif.

est tenté; il ignore bien des choses; il se corrige[1]; il est abattu, découragé, il demande à son Père de lui épargner des épreuves; il est soumis à Dieu, comme un fils [2]. Lui qui doit juger le monde, il ne connaît pas le jour du jugement[3]. Il prend des précautions pour sa sûreté[4]. Peu après sa naissance, on est obligé de le faire disparaître pour éviter des hommes puissants qui voulaient le tuer[5]. Dans les exorcismes, le diable le chicane et ne sort pas du premier coup[6]. Dans ses miracles, on sent un effort pénible, une fatigue comme si quelque chose sortait de lui[7]. Tout cela est simplement le fait d'un envoyé de Dieu, d'un homme protégé et favorisé de Dieu[8]. Il ne faut demander ici ni logique, ni conséquence. Le besoin que Jésus avait de se donner du crédit et l'enthousiasme de ses disciples entassaient les notions contradictoires. Pour les messianistes de l'école millénaire, pour les lecteurs acharnés des livres de Daniel

1. Matth., x, v, comparé à xxviii, 19.
2. Matth., xxvi, 39; Jean, xii, 27.
3. Marc, xiii, 32.
4. Matth., xii, 14-16; xiv, 13; Marc, iii, 6-7; ix, 29-30; Jean, vii, 1 et suiv.
5. Matth., ii, 20.
6. Matth., xvii, 20; Marc, ix, 25.
7. Luc, 45-46; Jean, xi, 33, 38
8. *Act.*, ii, 22.

et d'Hénoch, il était le Fils de l'homme ; pour les juifs de la croyance commune, pour les lecteurs d'Isaïe et de Michée, il était le Fils de David ; pour les affiliés, il était le Fils de Dieu, ou simplement le Fils. D'autres, sans que les disciples les en blâmassent, le prenaient pour Jean-Baptiste ressuscité, pour Élie, pour Jérémie, conformément à la croyance populaire que les anciens prophètes allaient se réveiller pour préparer les temps du Messie [1].

Une conviction absolue, ou, pour mieux dire, l'enthousiasme, qui lui ôtait jusqu'à la possibilité d'un doute, couvrait toutes ces hardiesses. Nous comprenons peu, avec nos natures froides et timorées, une telle façon d'être possédé par l'idée dont on se fait l'apôtre. Pour nous, races profondément sérieuses, la conviction signifie la sincérité avec soi-même. Mais la sincérité avec soi-même n'a pas beaucoup de sens chez les peuples orientaux, peu habitués aux délicatesses de l'esprit critique. Bonne foi et imposture sont des mots qui, dans notre conscience rigide, s'opposent comme deux termes inconciliables. En Orient, il y a de l'un à l'autre mille fuites et mille détours. Les auteurs de livres apocryphes (de « Da-

---

[1]. Matth., xiv, 2 ; xvi, 14 ; xvii, 3 et suiv. ; Marc, vi, 14-15 ; viii, 28 ; Luc, ix, 8 et suiv., 19.

niel », d' « Hénoch, » par exemple), hommes si exaltés, commettaient pour leur cause, et bien certainement sans ombre de scrupule, un acte que nous appellerions un faux. La vérité matérielle a très-peu de prix pour l'oriental; il voit tout à travers ses idées, ses intérêts, ses passions.

L'histoire est impossible, si l'on n'admet hautement qu'il y a pour la sincérité plusieurs mesures. Toutes les grandes choses se font par le peuple; or on ne conduit le peuple qu'en se prêtant à ses idées. Le philosophe qui, sachant cela, s'isole et se retranche dans sa noblesse, est hautement louable. Mais celui qui prend l'humanité avec ses illusions et cherche à agir sur elle et avec elle, ne saurait être blâmé. César savait fort bien qu'il n'était pas fils de Vénus; la France ne serait pas ce qu'elle est si l'on n'avait cru mille ans à la sainte ampoule de Reims. Il nous est facile à nous autres, impuissants que nous sommes, d'appeler cela mensonge, et, fiers de notre timide honnêteté, de traiter avec dédain les héros qui ont accepté dans d'autres conditions la lutte de la vie. Quand nous aurons fait avec nos scrupules ce qu'ils firent avec leurs mensonges, nous aurons le droit d'être pour eux sévères. Au moins faut-il distinguer profondément les sociétés comme la nôtre, où tout se passe au plein jour de la réflexion, des sociétés naïves et crédules, où sont nées les croyances qui ont dominé les siècles. Il n'est pas de grande fondation qui ne repose sur une légende. Le seul coupable en pareil cas, c'est l'humanité qui veut être trompée.

CHAPITRE XVI.

MIRACLES.

Deux moyens de preuve, les miracles et l'accomplissement des prophéties, pouvaient seuls, d'après l'opinion des contemporains de Jésus, établir une mission surnaturelle. Jésus et surtout ses disciples employèrent ces deux procédés de démonstration avec une parfaite bonne foi. Depuis longtemps Jésus était convaincu que les prophètes n'avaient écrit qu'en vue de lui. Il se retrouvait dans leurs oracles sacrés; il s'envisageait comme le miroir où tout l'esprit prophétique d'Israël avait lu l'avenir. L'école chrétienne, peut-être du vivant même de son fondateur, chercha à prouver que Jésus répondait parfaitement à tout ce que les prophètes avaient prédit du Messie[1]. Dans beaucoup de cas, ces rapprochements

---

1. Par exemple, Matth., I, 22; II, 5-6, 15, 18; IV, 15.

étaient tout extérieurs et sont pour nous à peine saisissables. C'étaient le plus souvent des circonstances fortuites ou insignifiantes de la vie du maître qui rappelaient aux disciples certains passages des Psaumes et des prophètes, où, par suite de leur constante préoccupation, ils voyaient des images de lui [1]. L'exégèse du temps consistait ainsi presque toute en jeux de mots, en citations amenées d'une façon artificielle et arbitraire. La synagogue n'avait pas une liste officiellement arrêtée des passages qui se rapportaient au règne futur. Les applications messianiques étaient libres, et constituaient des artifices de style bien plutôt qu'une sérieuse argumentation.

Quant aux miracles, ils passaient, à cette époque, pour la marque indispensable du divin et pour le signe des vocations prophétiques. Les légendes d'Élie et d'Élisée en étaient pleines. Il était reçu que le Messie en ferait beaucoup [2]. A quelques lieues de Jésus, à Samarie, un magicien nommé Simon se créait par ses prestiges un rôle presque divin [3]. Plus tard, quand on voulut fonder la vogue d'Apollonius de Tyane et

---

1. Matth., I, 23; IV, 6, 14; XXVI, 31, 54, 56; XXVII, 9, 35; Marc, XIV, 27; XV, 28; Jean, XII, 14-15; XVIII, 9; XIX, 19, 24, 28, 36.
2. Jean, VII, 34; *IV Esdras,* XIII, 50.
3. *Act.,* VIII, 9 et suiv.

prouver que sa vie avait été le voyage d'un dieu sur la terre, on ne crut pouvoir y réussir qu'en inventant pour lui un vaste cycle de miracles[1]. Les philosophes alexandrins eux-mêmes, Plotin et les autres, sont censés en avoir fait[2]. Jésus dut donc choisir entre ces deux partis, ou renoncer à sa mission, ou devenir thaumaturge. Il faut se rappeler que toute l'antiquité, à l'exception des grandes écoles scientifiques de la Grèce et de leurs adeptes romains, admettait le miracle; que Jésus, non-seulement y croyait, mais n'avait pas la moindre idée d'un ordre naturel réglé par des lois. Ses connaissances sur ce point n'étaient nullement supérieures à celles de ses contemporains. Bien plus, une de ses opinions le plus profondément enracinées était qu'avec la foi et la prière l'homme a tout pouvoir sur la nature[3]. La faculté de faire des miracles passait pour une licence régulièrement départie par Dieu aux hommes[4], et n'avait rien qui surprît.

La différence des temps a changé en quelque chose de très-blessant pour nous ce qui fit la puis-

[1]. Voir sa biographie par Philostrate.
[2]. Voir les Vies des sophistes, par Eunape; la Vie de Plotin, par Porphyre; celle de Proclus, par Marinus; celle d'Isidore attribuée à Damascius.
[3]. Matth., XVII, 19; XXI, 21-22; Marc, XI, 23-24.
[4]. Matth., IX, 8.

sance du grand fondateur, et si jamais le culte de Jésus s'affaiblit dans l'humanité, ce sera justement à cause des actes qui ont fait croire en lui. La critique n'éprouve devant ces sortes de phénomènes historiques aucun embarras. Un thaumaturge de nos jours, à moins d'une naïveté extrême, comme cela a eu lieu chez certaines stigmatisées de l'Allemagne, est odieux ; car il fait des miracles sans y croire ; il est un charlatan. Mais prenons un François d'Assise, la question est déjà toute changée ; le cycle miraculeux de la naissance de l'ordre de saint François, loin de nous choquer, nous cause un véritable plaisir. Les fondateurs du christianisme vivaient dans un état de poétique ignorance au moins aussi complet que sainte Claire et les *tres socii*. Ils trouvaient tout simple que leur maître eût des entrevues avec Moïse et Élie, qu'il commandât aux éléments, qu'il guérît les malades. Il faut se rappeler, d'ailleurs, que toute idée perd quelque chose de sa pureté dès qu'elle aspire à se réaliser. On ne réussit jamais sans que la délicatesse de l'âme éprouve quelques froissements. Telle est la faiblesse de l'esprit humain que les meilleures causes ne sont gagnées d'ordinaire que par de mauvaises raisons. Les démonstrations des apologistes primitifs du christianisme reposent sur de très-pauvres arguments. Moïse, Christophe Colomb,

Mahomet, n'ont triomphé des obstacles qu'en tenant compte chaque jour de la faiblesse des hommes et en ne donnant pas toujours les vraies raisons de la vérité. Il est probable que l'entourage de Jésus était plus frappé de ses miracles que de ses prédications si profondément divines. Ajoutons que sans doute la renommée populaire, avant et après la mort de Jésus, exagéra énormément le nombre de faits de ce genre. Les types des miracles évangéliques, en effet, n'offrent pas beaucoup de variété ; ils se répètent les uns les autres et semblent calqués sur un très-petit nombre de modèles, accommodés au goût du pays.

Il est impossible, parmi les récits miraculeux dont les évangiles renferment la fatigante énumération, de distinguer les miracles qui ont été prêtés à Jésus par l'opinion de ceux où il a consenti à jouer un rôle actif. Il est impossible surtout de savoir si les circonstances choquantes d'efforts, de frémissements, et autres traits sentant la jonglerie [1], sont bien historiques, ou s'ils sont le fruit de la croyance des rédacteurs, fortement préoccupés de théurgie, et vivant, sous ce rapport, dans un monde analogue à celui des « spirites » de nos jours [2]. Presque tous les

1. Luc, VIII, 45-46; Jean, XI, 33, 38.
2. *Act.,* II, 2 et suiv.; IV, 31; VIII, 15 et suiv.; X, 44 et suiv. Pendant près d'un siècle, les apôtres et leurs disciples ne

miracles que Jésus crut exécuter paraissent avoir été des miracles de guérison. La médecine était à cette époque en Judée ce qu'elle est encore aujourd'hui en Orient, c'est-à-dire nullement scientifique, absolument livrée à l'inspiration individuelle. La médecine scientifique, fondée depuis cinq siècles par la Grèce, était, à l'époque de Jésus, inconnue des Juifs de Palestine. Dans un tel état de connaissances, la présence d'un homme supérieur, traitant le malade avec douceur, et lui donnant par quelques signes sensibles l'assurance de son rétablissement, est souvent un remède décisif. Qui oserait dire que dans beaucoup de cas, et en dehors des lésions tout à fait caractérisées, le contact d'une personne exquise ne vaut pas les ressources de la pharmacie? Le plaisir de la voir guérit. Elle donne ce qu'elle peut, un sourire, une espérance, et cela n'est pas vain.

Jésus, pas plus que ses compatriotes, n'avait l'idée d'une science médicale rationnelle; il croyait avec tout le monde que la guérison devait s'opérer par des pratiques religieuses, et une telle croyance était parfaitement conséquente. Du moment qu'on regardait la maladie comme la punition d'un pé-

---

rèvent que miracles. Voir les *Actes*, les écrits de S. Paul, les extraits de Papias, dans Eusèbe, *Hist. eccl.*, III, 39, etc. Comp. Marc, III, 15; XVI, 17-18, 20.

ché[1], ou comme le fait d'un démon[2], nullement comme le résultat de causes physiques, le meilleur médecin était le saint homme, qui avait du pouvoir dans l'ordre surnaturel. Guérir était considéré comme une chose morale; Jésus, qui sentait sa force morale, devait se croire spécialement doué pour guérir. Convaincu que l'attouchement de sa robe[3], l'imposition de ses mains[4], faisaient du bien aux malades, il aurait été dur, s'il avait refusé à ceux qui souffraient un soulagement qu'il était en son pouvoir de leur accorder. La guérison des malades était considérée comme un des signes du royaume de Dieu, et toujours associée à l'émancipation des pauvres[5]. L'une et l'autre étaient les signes de la grande révolution qui devait aboutir au redressement de toutes les infirmités.

Un des genres de guérison que Jésus opère le plus souvent est l'exorcisme, ou l'expulsion des démons. Une facilité étrange à croire aux démons régnait dans tous les esprits. C'était une opinion universelle, non-seulement en Judée, mais dans le monde

---

1. Jean, v, 14; ix, 1 et suiv., 34.
2. Matth., ix, 32-33; xii, 22; Luc, xiii, 11, 16.
3. Luc, viii, 45-46.
4. Luc, iv, 40.
5. Matth., xi, 5 xv, 30-31; Luc, ix, 1-2, 6.

entier, que les démons s'emparent du corps de certaines personnes et les font agir contrairement à leur volonté. Un *div* persan, plusieurs fois nommé dans l'Avesta[1], *Aeschma-daëva,* « le div de la concupiscence, » adopté par les Juifs sous le nom d'*Asmodée*[2], devint la cause de tous les troubles hystériques chez les femmes[3]. L'épilepsie, les maladies mentales et nerveuses[4], où le patient semble ne plus s'appartenir, les infirmités dont la cause n'est pas apparente, comme la surdité, le mutisme[5], étaient expliquées de la même manière. L'admirable traité « De la maladie sacrée » d'Hippocrate, qui posa, quatre siècles et demi avant Jésus, les vrais principes de la médecine sur ce sujet, n'avait point banni du monde une pareille erreur. On supposait qu'il y avait des procédés plus ou moins efficaces pour chasser les démons; l'état d'exorciste était une profession régulière comme celle de

1. *Vendidad,* xi, 26; *Yaçna,* x, 18.
2. *Tobie,* iii, 8; vi, 14; Talm. de Bab., *Gittin,* 68 *a.*
3. Comp. Marc, xvi, 9; Luc, viii, 2; *Évangile de l'Enfance,* 16, 33; Code syrien, publié dans les *Anecdota syriaca* de M. Land, I, p. 152.
4. Jos., *Bell. jud.,* VII, vi, 3; Lucien, *Philopseud.,* 16; Philostrate, *Vie d'Apoll.,* III, 38; IV, 20; Arétée, *De causis morb. chron.,* 1, 4.
5. Matth., ix, 33; xii, 22; Marc, ix, 16, 24; Luc, xi, 14.

médecin[1]. Il n'est pas douteux que Jésus n'ait eu de son vivant la réputation de posséder les derniers secrets de cet art[2]. Il y avait alors beaucoup de fous en Judée, sans doute par suite de la grande exaltation des esprits. Ces fous, qu'on laissait errer, comme cela a lieu encore aujourd'hui dans les mêmes régions, habitaient les grottes sépulcrales abandonnées, retraite ordinaire des vagabonds. Jésus avait beaucoup de prise sur ces malheureux[3]. On racontait au sujet de ses cures mille histoires singulières, où toute la crédulité du temps se donnait carrière. Mais ici encore il ne faut pas s'exagérer les difficultés. Les désordres qu'on expliquait par des possessions étaient souvent fort légers. De nos jours, en Syrie, on regarde comme fous ou possédés d'un démon (ces deux idées n'en font qu'une, *medjnoun*[4]) des gens qui ont seulement quelque bizarrerie. Une

1. *Tobie,* VIII, 2-3; Matth., XII, 27; Marc, IX, 38; *Act.,* XIX, 13; Josèphe, *Ant.,* VIII, II, 5; Justin, *Dial. cum Tryphone,* 85; Lucien, Épigr. XXIII (XVII Dindorf.)

2. Matth., XVII, 20; Marc, IX, 24 et suiv.

3. Matth., VIII, 28; IX, 34; XII, 43 et suiv.; XVII, 14 et suiv., 20; Marc, V, 1 et suiv.; Luc, VIII, 27 et suiv.

4. Cette phrase, *Dæmonium habes* (Matth., XI, 18; Luc, VII, 33; Jean, VII, 20; VIII, 48 et suiv.; X, 20 et suiv.), doit se traduire par : « Tu es fou, » comme on dirait en arabe : *Medjnoun enté.* Le verbe δαιμονᾶν a aussi, dans toute l'antiquité classique, le sens de « être fou. »

douce parole suffit souvent dans ce cas pour chasser le démon. Tels étaient sans doute les moyens employés par Jésus. Qui sait si sa célébrité comme exorciste ne se répandit pas presque à son insu? Les personnes qui résident en Orient sont parfois surprises de se trouver, au bout de quelque temps, en possession d'une grande renommée de médecin, de sorcier, de découvreur de trésors, sans qu'elles puissent se rendre bien compte des faits qui ont donné lieu à ces bizarres imaginations.

Beaucoup de circonstances d'ailleurs semblent indiquer que Jésus ne fut thaumaturge que tard et à contre-cœur. Souvent il n'exécute ses miracles qu'après s'être fait prier, avec une sorte de mauvaise humeur et en reprochant à ceux qui les lui demandent la grossièreté de leur esprit[1]. Une bizarrerie, en apparence inexplicable, c'est l'attention qu'il met à faire ses miracles en cachette, et la recommandation qu'il adresse à ceux qu'il guérit de n'en rien dire à personne[2]. Quand les démons veulent le proclamer fils de Dieu, il leur défend d'ouvrir la bouche; c'est malgré lui qu'ils le reconnaissent[3].

1. Matth., XII, 39; XVI, 4; XVII, 16; Marc, VIII, 17 et suiv., IX, 18; Luc, IX, 41.
2. Matth., VIII, 4; IX, 30-31; XII, 16 et suiv.; Marc, I, 44; VII, 24 et suiv.; VIII, 26.
3. Marc, I, 24-25, 34; III, 12; Luc, IV, 41.

Ces traits sont surtout caractéristiques dans Marc, qui est par excellence l'évangéliste des miracles et des exorcismes. Il semble que le disciple qui a fourni les renseignements fondamentaux de cet évangile importunait Jésus de son admiration pour les prodiges, et que le maître, ennuyé d'une réputation qui lui pesait, lui ait souvent dit : « N'en parle point. » Une fois, cette discordance aboutit à un éclat singulier[1], à un accès d'impatience, où perce la fatigue que causaient à Jésus ces perpétuelles demandes d'esprits faibles. On dirait, par moments, que le rôle de thaumaturge lui est désagréable, et qu'il cherche à donner aussi peu de publicité que possible aux merveilles qui naissent en quelque sorte sous ses pas. Quand ses ennemis lui demandent un miracle, surtout un miracle céleste, un météore, il refuse obstinément[2]. Il est donc permis de croire qu'on lui imposa sa réputation de thaumaturge, qu'il n'y résista pas beaucoup, mais qu'il ne fit rien non plus pour y aider, et qu'en tout cas, il sentait la vanité de l'opinion à cet égard.

Ce serait manquer à la bonne méthode historique que d'écouter trop ici nos répugnances, et, pour nous soustraire aux objections qu'on pourrait être tenté

1. Matth., XVII, 16; Marc, IX, 18; Luc, IX, 41.
2. Matth., XII, 38 et suiv.; XVI, 1 et suiv.; Marc, VIII, 11.

d'élever contre le caractère de Jésus, de supprimer des faits qui, aux yeux de ses contemporains, furent placés sur le premier plan [1]. Il serait commode de dire que ce sont là des additions de disciples bien inférieurs à leur maître, qui, ne pouvant concevoir sa vraie grandeur, ont cherché à le relever par des prestiges indignes de lui. Mais les quatre narrateurs de la vie de Jésus sont unanimes pour vanter ses miracles; l'un d'eux, Marc, interprète de l'apôtre Pierre [2], insiste tellement sur ce point que, si l'on traçait le caractère du Christ uniquement d'après son évangile, on se le représenterait comme un exorciste en possession de charmes d'une rare efficacité, comme un sorcier très-puissant, qui fait peur et dont on aime à se débarrasser [3]. Nous admettrons donc sans hésiter que des actes qui seraient maintenant considérés comme des traits d'illusion ou de folie ont tenu une grande place dans la vie de Jésus. Faut-il sacrifier à ce côté ingrat le côté sublime d'une telle vie? Gardons-

1. Josèphe, *Ant.*, XVIII, III, 3.
2. Papias, dans Eusèbe, *Hist. eccl.*, III, 39.
3. Marc, IV, 40; V, 15, 17, 33, 36; VI, 50; X, 32. Cf. Matth., VIII, 27, 34; IX, 8; XIV, 27; XVII, 6-7; XXVIII, 5, 10; Luc, IV, 36; V, 17; VIII, 25, 35, 37; IX, 34. L'Évangile apocryphe dit de Thomas l'Israélite porte ce trait jusqu'à la plus choquante absurdité. Comparez les *Miracles de l'enfance,* dans Thilo, *Cod. apocr. N. T.,* p. cx, note.

nous-en. Un simple sorcier, à la manière de Simon le Magicien, n'eût pas amené une révolution morale comme celle que Jésus a faite. Si le thaumaturge eût effacé dans Jésus le moraliste et le réformateur religieux, il fût sorti de lui une école de théurgie, et non le christianisme.

Le problème, d'ailleurs, se pose de la même manière pour tous les saints et les fondateurs religieux. Des faits, aujourd'hui morbides, tels que l'épilepsie, les visions, ont été autrefois un principe de force et de grandeur. La médecine sait dire le nom de la maladie qui fit la fortune de Mahomet[1]. Presque jusqu'à nos jours, les hommes qui ont le plus fait pour le bien de leurs semblables (l'excellent Vincent de Paul lui-même!) ont été, qu'ils l'aient voulu ou non, thaumaturges. Si l'on part de ce principe que tout personnage historique à qui l'on attribue des actes que nous tenons au XIXe siècle pour peu sensés ou charlatanesques a été un fou ou un charlatan, toute critique est faussée. L'école d'Alexandrie fut une noble école, et cependant elle se livra aux pratiques d'une théurgie extravagante. Socrate et Pascal ne furent pas exempts d'hallucinations. Les faits doivent s'expliquer par des causes qui leur soient proportionnées.

1. *Hysteria muscularis* de Schœnlein.

Les faiblesses de l'esprit humain n'engendrent que faiblesse; les grandes choses ont toujours de grandes causes dans la nature de l'homme, bien que souvent elles se produisent avec un cortége de petitesses qui pour les esprits superficiels en offusquent la grandeur.

Dans un sens général, il est donc vrai de dire que Jésus ne fut thaumaturge et exorciste que malgré lui. Le miracle est d'ordinaire l'œuvre du public bien plus que de celui à qui on l'attribue. Jésus se fût obstinément refusé à faire des prodiges que la foule en eût créé pour lui; le plus grand miracle eût été qu'il n'en fît pas; jamais les lois de l'histoire et de la psychologie populaire n'eussent subi une plus forte dérogation. Les miracles de Jésus furent une violence que lui fit son siècle, une concession que lui arracha la nécessité passagère. Aussi l'exorciste et le thaumaturge sont tombés; mais le réformateur religieux vivra éternellement.

Même ceux qui ne croyaient pas en lui étaient frappés de ces actes et cherchaient à en être témoins[1]. Les païens et les gens peu initiés éprouvaient un sentiment de crainte, et cherchaient à l'éconduire de leur canton[2]. Plusieurs songeaient peut-être à abu-

---

1. Matth., XIV, 1 et suiv.; Marc, VI, 14; Luc, IX, 7; XXIII, 8.
2. Matth., VIII, 34; Marc, V, 17; VIII, 37.

ser de son nom pour des mouvements séditieux[1]. Mais la direction toute morale et nullement politique du caractère de Jésus le sauvait de ces entraînements. Son royaume à lui était dans le cercle d'enfants qu'une pareille jeunesse d'imagination et un même avant-goût du ciel avaient groupés et retenaient autour de lui.

[1]. Jean, vi, 14-15.

CHAPITRE XVII.

FORME DÉFINITIVE DES IDÉES DE JÉSUS SUR LE ROYAUME DE DIEU.

Nous supposons que cette dernière phase de l'activité de Jésus dura environ dix-huit mois, depuis son retour du pèlerinage pour la Pâque de l'an 31 jusqu'à son voyage pour la fête des Tabernacles de l'an 32 [1]. Dans cet espace, la pensée de Jésus ne paraît s'être enrichie d'aucun élément nouveau ; mais tout ce qui était en lui se développa et se produisit avec un degré toujours croissant de puissance et d'audace.

L'idée fondamentale de Jésus fut, dès son premier jour, l'établissement du royaume de Dieu. Mais ce royaume de Dieu, ainsi que nous l'avons déjà dit,

---

1. Jean, v, 1 ; vii, 2. Nous suivons le système de Jean, d'après lequel la vie publique de Jésus dura trois ans. Les synoptiques, au contraire, groupent tous les faits dans un cadre d'un an.

Jésus paraît l'avoir entendu dans des sens très-divers. Par moments, on le prendrait pour un chef démocratique, voulant tout simplement le règne des pauvres et des déshérités. D'autres fois, le royaume de Dieu est l'accomplissement littéral des visions apocalyptiques de Daniel et d'Hénoch. Souvent, enfin, le royaume de Dieu est le royaume des âmes, et la délivrance prochaine est la délivrance par l'esprit. La révolution voulue par Jésus est alors celle qui a eu lieu en réalité, l'établissement d'un culte nouveau, plus pur que celui de Moïse. — Toutes ces pensées paraissent avoir existé à la fois dans la conscience de Jésus. La première, toutefois, celle d'une révolution temporelle, ne paraît pas l'avoir beaucoup arrêté. Jésus ne regarda jamais la terre, ni les riches de la terre, ni le pouvoir matériel comme valant la peine qu'il s'en occupât. Il n'eut aucune ambition extérieure. Quelquefois, par une conséquence naturelle, sa grande importance religieuse était sur le point de se changer en importance sociale. Des gens venaient lui demander de se constituer juge et arbitre dans des questions d'intérêts. Jésus repoussait ces propositions avec fierté, presque comme des injures[1]. Plein de

---

1. Luc, XII, 13-14.

son idéal céleste, il ne sortit jamais de sa dédaigneuse pauvreté. Quant aux deux autres conceptions du royaume de Dieu, Jésus paraît toujours les avoir gardées simultanément. S'il n'eût été qu'un enthousiaste, égaré par les apocalypses dont se nourrissait l'imagination populaire, il fût resté un sectaire obscur, inférieur à ceux dont il suivait les idées. S'il n'eût été qu'un puritain, une sorte de Channing ou de « Vicaire Savoyard, » il n'eût obtenu sans contredit aucun succès. Les deux parties de son système, ou, pour mieux dire, ses deux conceptions du royaume de Dieu se sont appuyées l'une l'autre, et cet appui réciproque a fait son incomparable succès. Les premiers chrétiens sont des visionnaires, vivant dans un cercle d'idées que nous qualifierions de rêveries; mais en même temps ce sont les héros de la guerre sociale qui a abouti à l'affranchissement de la conscience et à l'établissement d'une religion d'où le culte pur, annoncé par le fondateur, finira à la longue par sortir.

Les idées apocalyptiques de Jésus, dans leur forme la plus complète, peuvent se résumer ainsi :

L'ordre actuel de l'humanité touche à son terme. Ce terme sera une immense révolution, « une angoisse » semblable aux douleurs de l'enfantement ; une *palingénésie* ou « renaissance » (selon le mot de

Jésus lui-même [1]), précédée de sombres calamités et annoncée par d'étranges phénomènes [2]. Au grand jour, éclatera dans le ciel le signe du Fils de l'homme; ce sera une vision bruyante et lumineuse comme celle du Sinaï, un grand orage déchirant la nue, un trait de feu jaillissant en un clin d'œil d'Orient en Occident. Le Messie apparaîtra dans les nuages, revêtu de gloire et de majesté, au son des trompettes, entouré d'anges. Ses disciples siégeront à côté de lui sur des trônes. Les morts alors ressusciteront, et le Messie procédera au jugement [3].

1. Matth., XIX, 28.
2. Matth., XXIV, 3 et suiv.; Marc, XIII, 4 et suiv.; Luc, XVII, 22 et suiv.; XXI, 7 et suiv. Il faut remarquer que la peinture de la fin des temps prêtée ici à Jésus par les synoptiques renferme beaucoup de traits qui se rapportent au siége de Jérusalem. Luc écrivait quelque temps après ce siége (XXI, 9, 20, 24). La rédaction de Matthieu au contraire (XXVI, 15, 16, 22, 29) nous reporte exactement au moment du siége ou très-peu après. Nul doute, cependant, que Jésus n'annonçât de grandes terreurs comme devant précéder sa réapparition. Ces terreurs étaient une partie intégrante de toutes les apocalypses juives. *Hénoch,* XCIX-C, CII, CIII (division de Dillmann); *Carm. sibyll.,* III, 334 et suiv.; 633 et suiv.; IV, 168 et suiv.; V, 511 et suiv. Dans Daniel aussi, le règne des Saints ne viendra qu'après que la désolation aura été à son comble (VII, 25 et suiv.; VIII, 23 et suiv.; IX, 26-27; XII, 1).
3. Matth., XVI, 27; XIX, 28; XX, 21; XXIV, 30 et suiv.; XXV, 31 et suiv.; XXVI, 64; Marc, XIV, 62; Luc, XXII, 30; I Cor., XV, 52; I Thess., IV, 15 et suiv.

274   ORIGINES DU CHRISTIANISME.

Dans ce jugement, les hommes seront partagés en deux catégories, selon leurs œuvres[1]. Les anges seront les exécuteurs de la sentence[2]. Les élus entreront dans un séjour délicieux, qui leur a été préparé depuis le commencement du monde[3]; là ils s'assoiront, vêtus de lumière, à un festin présidé par Abraham[4], les patriarches et les prophètes. Ce sera le petit nombre[5]. Les autres iront dans la *Géhenne*. La Géhenne était la vallée occidentale de Jérusalem. On y avait pratiqué à diverses époques le culte du feu, et l'endroit était devenu une sorte de cloaque. La Géhenne est donc dans la pensée de Jésus une vallée ténébreuse, obscène, pleine de feu. Les exclus du royaume y seront brûlés et rongés par les vers, en compagnie de Satan et de ses anges rebelles[6]. Là, il y aura des pleurs et des grincements de dents[7]. Le

---

1. Matth., XIII, 38 et suiv.; XXV, 33.
2. Matth., XIII, 39, 41, 49.
3. Matth., XXV, 34. Comp. Jean, XIV, 2.
4. Matth., VIII, 11; XIII, 43; XXVI, 29; Luc, XIII, 28; XVI, 22; XXII, 30.
5. Luc, XIII, 23 et suiv.
6. Matth., XXV, 41. L'idée de la chute des anges, si développée dans le Livre d'Hénoch, était universellement admise dans le cercle de Jésus. Épître de Jude, 6 et suiv.; II⁰ Ep. attribuée à saint Pierre, II, 4, 11; *Apoc.*, XII, 9; Évang. de Jean, VIII, 44.
7. Matth., V, 22; VIII, 12; X, 28; XIII, 40, 42, 50; XVIII, 8; XXIV, 51; XXV, 30; Marc, IX, 43, etc.

royaume de Dieu sera comme une salle fermée, lumineuse à l'intérieur, au milieu de ce monde de ténèbres et de tourments [1].

Ce nouvel ordre de choses sera éternel. Le paradis et la Géhenne n'auront pas de fin. Un abîme infranchissable les sépare l'un de l'autre [2]. Le Fils de l'homme, assis à la droite de Dieu, présidera à cet état définitif du monde et de l'humanité [3].

Que tout cela fût pris à la lettre par les disciples et par le maître lui-même à certains moments, c'est ce qui éclate dans les écrits du temps avec une évidence absolue. Si la première génération chrétienne a une croyance profonde et constante, c'est que le monde est sur le point de finir [4] et que la grande « révélation [5] » du Christ va bientôt avoir lieu. Cette vive proclamation : « Le temps est proche [6] ! » qui ouvre et ferme

---

1. Matth., VIII, 12 ; XXII, 13 ; XXV, 30. Comp. Jos., *B. J.*, III, VIII, 5.
2. Luc, XVI, 28.
3. Marc, III, 29 ; Luc, XXII, 69 ; *Act.*, VII, 55.
4. *Act.*, II, 17 ; III, 19 et suiv. ; I Cor., XV, 23-24, 52 ; I Thess., III, 13 ; IV, 14 et suiv. ; V, 23 ; II Thess., II, 8 ; I Tim., VI, 14 ; II Tim., IV, 1 ; Tit., II, 13 ; Épître de Jacques, V, 3, 8 ; Épître de Jude, 18 ; IIe de Pierre, III entier ; l'Apocalypse tout entière, et en particulier I, 1 ; II, 5, 16 ; III, 11 ; XI, 14 ; XXII, 6, 7, 12, 20. Comp. IVe livre d'Esdras, IV, 26.
5. Luc, XVII, 30 ; I Cor., I, 7-8 ; II Thess., I, 7 ; I de saint Pierre, I, 7, 13 ; *Apoc.*, I, 1.
6. *Apoc.*, I, 3 ; XXII, 10.

l'Apocalypse, cet appel sans cesse répété : « Que celui qui a des oreilles entende[1] ! » sont les cris d'espérance et de ralliement de tout l'âge apostolique. Une expression syriaque *Maran atha*, « Notre-Seigneur arrive[2] ! » devint une sorte de mot de passe que les croyants se disaient entre eux pour se fortifier dans leur foi et leurs espérances. L'Apocalypse, écrite l'an 68 de notre ère[3], fixe le terme à trois ans et demi[4]. L'« Ascension d'Isaïe[5] » adopte un calcul fort approchant de celui-ci.

Jésus n'alla jamais à une telle précision. Quand on l'interrogeait sur le temps de son avénement, il refusait toujours de répondre ; une fois même il déclare que la date de ce grand jour n'est connue que du Père, qui ne l'a révélée ni aux anges ni au Fils[6]. Il disait que le moment où l'on épiait le royaume de Dieu avec une curiosité inquiète était justement celui

---

1. Matth., xi, 15 ; xiii, 9, 43 ; Marc, iv, 9, 23 ; vii, 16 ; Luc, viii, 8 ; xiv, 35 ; *Apoc.*, ii, 7, 11, 27, 29 ; iii, 6, 13, 22 ; xiii, 9.

2. I Cor., xvi, 22.

3. *Apoc.*, xvii, 9 et suiv. Le sixième empereur que l'auteur donne comme régnant est Galba. L'empereur mort qui doit revenir est Néron, dont le nom est donné en chiffres (xiii, 18).

4. *Apoc.*, xi, 2, 3 ; xii, 14. Comp. Daniel, vii, 25 ; xii, 7.

5. Chap. iv, v. 12 et 14. Comp. Cedrenus, p. 68 (Paris, 1647).

6. Matth., xxiv, 36 ; Marc, xiii, 32.

où il ne viendrait pas [1]. Il répétait sans cesse que ce serait une surprise comme du temps de Noé et de Lot; qu'il fallait se tenir sur ses gardes, toujours prêt à partir; que chacun devait veiller et tenir sa lampe allumée comme pour un cortége de noces, qui arrive à l'improviste [2]; que le Fils de l'homme viendrait de la même façon qu'un voleur, à l'heure où l'on ne s'y attendrait pas [3]; qu'il apparaîtrait comme un éclair, courant d'un bout à l'autre de l'horizon [4]. Mais ses déclarations sur la proximité de la catastrophe ne laissent lieu à aucune équivoque [5]. « La génération présente, disait-il, ne passera pas sans que tout cela s'accomplisse. Plusieurs de ceux qui sont ici présents ne goûteront pas la mort sans avoir vu le Fils de l'homme venir dans sa royauté [6]. » Il reproche à ceux qui ne croient pas en lui de ne pas savoir lire les pronostics du règne futur. « Quand vous voyez le rouge du soir, disait-il, vous prévoyez qu'il

1 Luc, XVII, 20. Comp. Talmud de Babyl., *Sanhédrin*, 97 a.
2. Matth., XXIV, 36 et suiv.; Marc, XIII, 32 et suiv.; Luc, XII, 35 et suiv.; XVII, 20 et suiv.
3. Luc, XII, 40; II Petr., III, 10.
4. Luc, XVII, 24.
5. Matth., X, 23; XXIV-XXV entiers, et surtout XXIV, 29, 34; Marc, XIII, 30; Luc, XIII, 35; XXI, 28 et suiv.
6. Matth., XVI, 28; XXIII, 36, 39; XXIV, 34; Marc, VIII, 39; Luc, IX, 27; XXI, 32.

fera beau ; quand vous voyez le rouge du matin, vous annoncez la tempête. Comment, vous qui jugez la face du ciel, ne savez-vous pas reconnaître les signes du temps [1] ? » Par une illusion commune à tous les grands réformateurs, Jésus se figurait le but beaucoup plus proche qu'il n'était ; il ne tenait pas compte de la lenteur des mouvements de l'humanité ; il s'imaginait réaliser en un jour ce qui, dix-huit cents ans plus tard, ne devait pas encore être achevé.

Ces déclarations si formelles préoccupèrent la famille chrétienne pendant près de soixante-dix ans. Il était admis que quelques-uns des disciples verraient le jour de la révélation finale sans mourir auparavant. Jean en particulier était considéré comme étant de ce nombre [2]. Plusieurs croyaient qu'il ne mourrait jamais. Peut-être était-ce là une opinion tardive, produite vers la fin du premier siècle par l'âge avancé où Jean semble être parvenu, cet âge ayant donné occasion de croire que Dieu voulait le garder indéfiniment jusqu'au grand jour, afin de réaliser la parole de Jésus. Quoi qu'il en soit, à sa mort, la foi de plusieurs fut ébranlée, et ses disciples donnèrent à la prédiction du Christ un sens plus adouci [3].

1. Matth., XVI, 2-4; Luc, XII, 54-56.
2. Jean, XXI, 22-23.
3. Jean, XXI, 22-23. Le chapitre XXI du quatrième évangile

En même temps que Jésus admettait pleinement les croyances apocalyptiques, telles qu'on les trouve dans les livres juifs apocryphes, il admettait le dogme qui en est le complément, ou plutôt la condition, la résurrection des morts. Cette doctrine, comme nous l'avons déjà dit[1], était encore assez neuve en Israël; une foule de gens ne la connaissaient pas, ou n'y croyaient pas[2]. Elle était de foi pour les pharisiens et pour les adeptes fervents des croyances messianiques[3]. Jésus l'accepta sans réserve, mais toujours dans le sens le plus idéaliste. Plusieurs se figuraient que, dans le monde des ressuscités, on mangerait, on boirait, on se marierait. Jésus admet bien dans son royaume une pâque nouvelle, une table et un vin nouveau[4]; mais il en exclut formellement le mariage. Les Sadducéens avaient à ce sujet un argument grossier en apparence, mais dans le fond

---

est une addition, comme le prouve la clausule finale de la rédaction primitive, qui est au verset 31 du chapitre xx. Mais l'addition est presque contemporaine de la publication même dudit évangile.

1. Ci-dessus, p. 54-55.
2. Marc, ix, 9; Luc, xx, 27 et suiv.
3. Dan., xii, 2 et suiv.; II Macch., chap. vii, entier; xii, 45-46; xiv, 46; *Act.,* xxiii, 6, 8; Jos., *Ant.,* XVIII, i, 3; *B. J.,* II, viii, 14; III, viii, 5.
4. Matth., xxvi, 29; Luc, xxii, 30.

assez conforme à la vieille théologie. On se souvient que, selon les anciens sages, l'homme ne se survivait que dans ses enfants. Le code mosaïque avait consacré cette théorie patriarcale par une institution bizarre, le lévirat. Les Sadducéens tiraient de là des conséquences subtiles contre la résurrection. Jésus y échappait en déclarant formellement que dans la vie éternelle la différence de sexe n'existerait plus, et que l'homme serait semblable aux anges [1]. Quelquefois il semble ne promettre la résurrection qu'aux justes [2], le châtiment des impies consistant à mourir tout entiers et à rester dans le néant [3]. Plus souvent, cependant, Jésus veut que la résurrection s'applique aux méchants pour leur éternelle confusion [4].

Rien, on le voit, dans toutes ces théories, n'était absolument nouveau. Les évangiles et les écrits des apôtres ne contiennent guère, en fait de doctrines apocalyptiques, que ce qui se trouve déjà dans « Da-

---

1. Matth., XXII, 24 et suiv.; Luc, XX, 34-38; Évangile ébionite dit « des Égyptiens, » dans Clém. d'Alex., *Strom.*, II, 9, 13; Clem. Rom., Epist. II, 12.

2. Luc, XIV, 14; XX, 35-36. C'est aussi l'opinion de saint Paul : I Cor., XV, 23 et suiv.; I Thess., IV, 12 et suiv. V. ci-dessus, p. 55.

3. Comp. IV⁰ livre d'Esdras, IX, 22.

4. Matth., XXV, 32 et suiv.

niel[1], » « Hénoch [2], » les « Oracles Sibyllins[3] » d'origine juive. Jésus accepta ces idées, généralement répandues chez ses contemporains. Il en fit le point d'appui de son action, ou, pour mieux dire, l'un de ses points d'appui ; car il avait un sentiment trop profond de son œuvre véritable pour l'établir uniquement sur des principes aussi fragiles, aussi exposés à recevoir des faits une foudroyante réfutation.

Il est évident, en effet, qu'une telle doctrine, prise en elle-même d'une façon littérale, n'avait aucun avenir. Le monde, s'obstinant à durer, la faisait crouler. Un âge d'homme tout au plus lui était réservé. La foi de la première génération chrétienne s'explique ; mais la foi de la seconde génération ne s'explique plus. Après la mort de Jean, ou du dernier survivant quel qu'il fût du groupe qui avait vu le maître, la parole de celui-ci était convaincue de mensonge [4]. Si la doctrine de Jésus n'avait été que la croyance à une prochaine fin du monde, elle dormirait certainement aujourd'hui dans l'oubli. Qu'est-ce donc qui l'a sauvée ? La grande largeur des conceptions évangéliques,

---

1. Voir surtout les chapitres II, VI-VIII, X-XIII.
2. Ch. I, XLV-LII, LXII, XCIII, 9 et suiv.
3. Liv. III, 573 et suiv.; 652 et suiv.; 766 et suiv.; 795 et suiv.
4. Ces angoisses de la conscience chrétienne se traduisent avec naïveté dans la IIe épître attribuée à saint Pierre, III, 8 et suiv.

laquelle a permis de trouver sous le même symbole des doctrines appropriées à des états intellectuels très-divers. Le monde n'a point fini, comme Jésus l'avait annoncé, comme ses disciples le croyaient. Mais il a été renouvelé, et en un sens renouvelé comme Jésus le voulait. C'est parce qu'elle était à double face que sa pensée a été féconde. Sa chimère n'a pas eu le sort de tant d'autres qui ont traversé l'esprit humain, parce qu'elle recélait un germe de vie qui, introduit, grâce à une enveloppe fabuleuse, dans le sein de l'humanité, y a porté des fruits éternels.

Et ne dites pas que c'est là une interprétation bienveillante, imaginée pour laver l'honneur de notre grand maître du cruel démenti infligé à ses rêves par la réalité. Non, non. Ce vrai royaume de Dieu, ce royaume de l'esprit, qui fait chacun roi et prêtre ; ce royaume qui, comme le grain de sénevé, est devenu un arbre qui ombrage le monde, et sous les rameaux duquel les oiseaux ont leur nid, Jésus l'a compris, l'a voulu, l'a fondé. A côté de l'idée fausse, froide, impossible d'un avénement de parade, il a conçu la réelle cité de Dieu, la « palingénésie » véritable, le Sermon sur la montagne, l'apothéose du faible, l'amour du peuple, le goût du pauvre, la réhabilitation de tout ce qui est humble, vrai et naïf. Cette réhabilitation, il l'a rendue en artiste incomparable par des traits qui dureront éternellement. Chacun de nous lui doit ce qu'il y a de meilleur en lui. Pardonnons-lui son espérance d'une apocalypse vaine, d'une venue à grand triomphe sur les nuées du ciel. Peut-être était-ce là l'erreur des autres plutôt que la sienne, et s'il est vrai que lui-même ait partagé l'illusion de tous, qu'importe, puisque son rêve l'a rendu fort contre la mort, et l'a soutenu dans une lutte à laquelle sans cela peut-être il eût été inégal?

Il faut donc maintenir plusieurs sens à la cité divine conçue par Jésus. Si son unique pensée eût été que la fin des temps était proche et qu'il fallait s'y préparer, il n'eût pas dépassé Jean-Baptiste. Renoncer à un monde près de crouler, se détacher peu à peu de la vie présente, aspirer au règne qui allait venir, tel eût été le dernier mot de sa prédication. L'enseignement de Jésus eut toujours une bien plus large portée. Il se proposa de créer un état nouveau de l'humanité, et non pas seulement de préparer la fin de celui qui existe. Élie ou Jérémie, reparaissant pour disposer les hommes aux crises suprêmes, n'eussent point prêché comme lui. Cela est si vrai que cette morale prétendue des derniers jours s'est trouvée être la morale éternelle, celle qui a sauvé l'humanité. Jésus lui-même, dans beaucoup de cas, se sert de manières de parler qui ne rentrent pas du tout dans la théorie apocalyptique. Souvent il déclare que le royaume de Dieu est déjà commencé, que tout homme le porte en soi et peut, s'il en est digne, en jouir, que ce royaume chacun le crée sans bruit par la vraie conversion du cœur[1]. Le royaume de Dieu n'est alors que le bien[2], un ordre de choses meilleur que celui qui existe, le règne de la justice, que le fidèle, selon sa mesure, doit contribuer à fonder, ou encore la liberté de l'âme, quelque chose d'analogue à la « délivrance » bouddhique, fruit du détachement. Ces vérités, qui sont pour nous purement abstraites, étaient pour Jésus des réalités vivantes. Tout est dans sa pensée concret et substantiel : Jésus est l'homme qui a cru le plus énergiquement à la réalité de l'idéal.

En acceptant les utopies de son temps et de sa race, Jésus sut ainsi en faire de hautes vérités, grâce à de féconds malentendus. Son royaume de Dieu, c'était sans doute la prochaine apocalypse qui allait se dérouler dans le ciel. Mais c'était encore, et probablement c'était surtout le royaume de l'âme, créé par la liberté et par le sentiment filial que l'homme vertueux ressent sur le sein de son Père. C'était la religion pure, sans pratiques, sans temple, sans prêtre;

---

1. Matth., VI, 10, 33; Marc, XII, 34; Luc, XI, 2; XII, 31; XVII, 20, 21 et suiv.

2. Voir surtout Marc, XII, 34.

c'était le jugement moral du monde décerné à la conscience de l'homme juste et au bras du peuple. Voilà ce qui était fait pour vivre, voilà ce qui a vécu. Quand, au bout d'un siècle de vaine attente, l'espérance matérialiste d'une prochaine fin du monde s'est épuisée, le vrai royaume de Dieu se dégage. De complaisantes explications jettent un voile sur le règne réel qui ne veut pas venir. L'Apocalypse de Jean, le premier livre canonique du Nouveau Testament[1], étant trop formellement entachée de l'idée d'une catastrophe immédiate, est rejetée sur un second plan, tenue pour inintelligible, torturée de mille manières et presque repoussée. Au moins, en ajourne-t-on l'accomplissement à un avenir indéfini. Quelques pauvres attardés qui gardent encore, en pleine époque réfléchie, les espérances des premiers disciples deviennent des hérétiques (Ebionites, Millénaires), perdus dans les bas-fonds du christianisme. L'humanité avait passé à un autre royaume de Dieu. La part de vérité contenue dans la pensée de Jésus l'avait emporté sur la chimère qui l'obscurcissait.

Ne méprisons pas cependant cette chimère, qui a été l'écorce grossière de la bulbe sacrée dont nous vivons. Ce fantastique royaume du ciel, cette pour-

---

[1]. Justin, *Dial. cum Tryph.*, 81.

suite sans fin d'une cité de Dieu, qui a toujours préoccupé le christianisme dans sa longue carrière, a été le principe du grand instinct d'avenir qui a animé tous les réformateurs, disciples obstinés de l'Apocalypse, depuis Joachim de Flore jusqu'au sectaire protestant de nos jours. Cet effort impuissant pour fonder une société parfaite a été la source de la tension extraordinaire qui a toujours fait du vrai chrétien un athlète en lutte contre le présent. L'idée du « royaume de Dieu » et l'Apocalypse, qui en est la complète image, sont ainsi, en un sens, l'expression la plus élevée et la plus poétique du progrès humain. Certes, il devait aussi en sortir de grands égarements. Suspendue comme une menace permanente au-dessus de l'humanité, la fin du monde, par les effrois périodiques qu'elle causa durant des siècles, nuisit beaucoup à tout développement profane. La société n'étant plus sûre de son existence, en contracta une sorte de tremblement et ces habitudes de basse humilité, qui rendent le moyen âge si inférieur aux temps antiques et aux temps modernes[1]. Un profond changement s'était, d'ailleurs, opéré dans la

---

[1]. Voir, pour exemples, le prologue de Grégoire de Tours à son *Histoire ecclésiastique des Francs*, et les nombreux actes de la première moitié du moyen âge commençant par la formule « A l'approche du soir du monde... »

manière d'envisager la venue du Christ. La première fois qu'on annonça à l'humanité que sa planète allait finir, comme l'enfant qui accueille la mort avec un sourire, elle éprouva le plus vif accès de joie qu'elle eût jamais ressenti. En vieillissant, le monde s'était attaché à la vie. Le jour de grâce, si longtemps attendu par les âmes pures de Galilée, était devenu pour ces siècles de fer un jour de colère : *Dies iræ, dies illa!* Mais, au sein même de la barbarie, l'idée du royaume de Dieu resta féconde. Malgré l'église féodale, des sectes, des ordres religieux, de saints personnages continuèrent de protester, au nom de l'Évangile, contre l'iniquité du monde. De nos jours même, jours troublés où Jésus n'a pas de plus authentiques continuateurs que ceux qui semblent le répudier, les rêves d'organisation idéale de la société, qui ont tant d'analogie avec les aspirations des sectes chrétiennes primitives, ne sont en un sens que l'épanouissement de la même idée, une des branches de cet arbre immense où germe toute pensée d'avenir, et dont le « royaume de Dieu » sera éternellement la tige et la racine. Toutes les révolutions sociales de l'humanité seront entées sur ce mot-là. Mais entachées d'un grossier matérialisme, aspirant à l'impossible, c'est-à-dire à fonder l'universel bonheur sur des mesures politiques et économiques, les tentatives « socialistes » de notre temps resteront infécondes, jusqu'à ce qu'elles prennent pour règle le véritable esprit de Jésus, je veux dire l'idéalisme absolu, ce principe que pour posséder la terre il faut y renoncer.

Le mot de « royaume de Dieu » exprime, d'un autre côté, avec un rare bonheur, le besoin qu'éprouve l'âme d'un supplément de destinée, d'une compensation à la vie actuelle. Ceux qui ne se plient pas à concevoir l'homme comme un composé de deux substances, et qui trouvent le dogme déiste de l'immortalité de l'âme en contradiction avec la physiologie, aiment à se reposer dans l'espérance d'une réparation finale, qui sous une forme inconnue satisfera aux besoins du cœur de l'homme. Qui sait si le dernier terme du progrès, dans des millions de siècles, n'amènera pas la conscience absolue de l'univers, et dans cette conscience le réveil de tout ce qui a vécu? Un sommeil d'un million d'années n'est pas plus long qu'un sommeil d'une heure. Saint Paul, en cette hypothèse, aurait encore eu raison de dire: *In ictu oculi*[1]*!* Il est sûr que l'humanité morale et vertueuse aura sa revanche, qu'un jour le sentiment de l'honnête pauvre homme jugera le monde, et que ce jour-là la figure idéale de Jésus sera la confusion de l'homme frivole

---

1. I Cor., xv, 52.

qui n'a pas cru à la vertu, de l'homme égoïste qui n'a pas su y atteindre. Le mot favori de Jésus reste donc plein d'une éternelle beauté. Une sorte de divination grandiose semble l'avoir tenu dans un vague sublime embrassant à la fois divers ordres de vérités.

CHAPITRE XVIII.

INSTITUTIONS DE JÉSUS.

Ce qui prouve bien, du reste, que Jésus ne s'absorba jamais entièrement dans ses idées apocalyptiques, c'est qu'au temps même où il en était le plus préoccupé, il jette avec une rare sûreté de vues les bases d'une église destinée à durer. Il n'est guère possible de douter qu'il n'ait lui-même choisi parmi ses disciples ceux qu'on appelait par excellence les « apôtres » ou les « douze, » puisqu'au lendemain de sa mort on les trouve formant un corps et remplissant par élection les vides qui se produisaient dans leur sein [1]. C'étaient les deux fils de Jonas, les deux fils de Zébédée, Jacques, fils de Cléophas, Philippe, Nathanaël bar-Tolmaï, Thomas, Lévi, fils d'Alphée ou Matthieu, Simon le zélote, Thad-

1. *Act.*, I, 15 et suiv.; I Cor., xv, 5; Gal., I, 10.

dée ou Lebbée, Juda de Kerioth [1]. Il est probable que l'idée des douze tribus d'Israël ne fut pas étrangère au choix de ce nombre [2]. Les « douze, » en tout cas, formaient un groupe de disciples privilégiés, où Pierre gardait sa primauté toute fraternelle [3], et auquel Jésus confia le soin de propager son œuvre. Rien qui sentît le collége sacerdotal régulièrement organisé ; les listes des « douze » qui nous ont été conservées présentent beaucoup d'incertitudes et de contradictions ; deux ou trois de ceux qui y figurent restèrent complétement obscurs. Deux au moins, Pierre et Philippe [4], étaient mariés et avaient des enfants.

Jésus gardait évidemment pour les douze des secrets, qu'il leur défendait de communiquer à tous [5]. Il semble parfois que son plan était d'entourer sa personne de quelque mystère, de rejeter les grandes preuves après sa mort, de ne se révéler complétement qu'à ses disciples, confiant à ceux-ci le soin

---

[1]. Matth., x, 2 et suiv.; Marc, III, 16 et suiv.; Luc, VI, 14 et suiv.; *Act.*, I, 13; Papias, dans Eusèbe, *Hist. eccl.*, III, 39.

[2]. Matth., XIX, 28; Luc, XXII, 30.

[3]. *Act.*, I, 15; II, 14; V, 2-3, 29; VIII, 19; XV, 7; Gal., I, 18.

[4]. Pour Pierre, voir ci-dessus, p. 150; pour Philippe, voir Papias, Polycrate et Clément d'Alexandrie, cités par Eusèbe, *Hist. eccl.*, III, 30, 31, 39; V, 24.

[5]. Matth., XVI, 20; XVII, 9; Marc, VIII, 30; IX, 8.

de le démontrer plus tard au monde[1]. « Ce que je vous dis dans l'ombre, prêchez-le au grand jour; ce que je vous dis à l'oreille, proclamez-le sur les toits. » Cela lui épargnait les déclarations trop précises et créait une sorte d'intermédiaire entre l'opinion et lui. Ce qu'il y a de certain, c'est qu'il avait pour les apôtres des enseignements réservés, et qu'il leur développait plusieurs paraboles, dont il laissait le sens indécis pour le vulgaire[2]. Un tour énigmatique et un peu de bizarrerie dans la liaison des idées étaient à la mode dans l'enseignement des docteurs, comme on le voit par les sentences du *Pirké Aboth*. Jésus expliquait à ses intimes ce que ses apophthegmes ou ses apologues avaient de singulier, et dégageait pour eux son enseignement du luxe de comparaisons qui parfois l'obscurcissait[3]. Beaucoup de ces explications paraissent avoir été soigneusement conservées[4].

Dès le vivant de Jésus, les apôtres prêchèrent[5], mais sans jamais beaucoup s'écarter de lui. Leur prédication, du reste, se bornait à annoncer la pro-

---

1. Matth., x, 26, 27 ; Marc, iv, 21 et suiv.; Luc, viii, 17; xii, 2 et suiv.; Jean, xiv, 22.
2. Matth., xiii, 10 et suiv., 34 et suiv.; Marc, iv, 10 et suiv., 33 et suiv.; Luc, viii, 9 et suiv.; xii, 41.
3. Matth., xvi, 6 et suiv.; Marc, vii, 17-23.
4. Matth., xiii, 18 et suiv.; Marc, vii, 18 et suiv.
5. Luc, ix, 6.

chaine venue du royaume de Dieu [1]. Ils allaient de ville en ville, recevant l'hospitalité, ou pour mieux dire la prenant d'eux-mêmes selon l'usage. L'hôte, en Orient, a beaucoup d'autorité ; il est supérieur au maître de la maison ; celui-ci a en lui la plus grande confiance. Cette prédication du foyer est excellente pour la propagation des doctrines nouvelles. On communique le trésor caché ; on paye ainsi ce que l'on reçoit ; la politesse et les bons rapports y aidant, la maison est touchée, convertie. Otez l'hospitalité orientale, la propagation du christianisme serait impossible à expliquer. Jésus, qui tenait fort aux bonnes vieilles mœurs, engageait les disciples à ne se faire aucun scrupule de profiter de cet ancien droit public, probablement déjà aboli dans les grandes villes où il y avait des hôtelleries [2]. « L'ouvrier, disait-il, est digne de son salaire. » Une fois installés chez quelqu'un, ils devaient y rester, mangeant et buvant ce qu'on leur offrait, tant que durait leur mission.

Jésus désirait qu'à son exemple les messagers de la bonne nouvelle rendissent leur prédication aimable par des manières bienveillantes et polies. Il voulait qu'en

1. Luc, x, 11.
2. Le mot grec πανδοκεῖον a passé dans toutes les langues de l'Orient sémitique pour désigner une hôtellerie.

entrant dans une maison, ils lui donnassent le *selâm* ou souhait de bonheur. Quelques-uns hésitaient, le *selâm* étant alors comme aujourd'hui, en Orient, un signe de communion religieuse, qu'on ne hasarde pas avec les personnes d'une foi douteuse. « Ne craignez rien, disait Jésus ; si personne dans la maison n'est digne de votre *selâm*, il reviendra à vous [1]. » Quelquefois, en effet, les apôtres du royaume de Dieu étaient mal reçus, et venaient se plaindre à Jésus, qui cherchait d'ordinaire à les calmer. Quelques-uns, persuadés de la toute-puissance de leur maître, étaient blessés de cette longanimité. Les fils de Zébédée voulaient qu'il appelât le feu du ciel sur les villes inhospitalières [2]. Jésus accueillait leurs emportements avec sa fine ironie, et les arrêtait par ce mot : « Je ne suis pas venu perdre les âmes, mais les sauver. »

Il cherchait de toute manière à établir en principe que ses apôtres c'était lui-même [3]. On croyait qu'il leur avait communiqué ses vertus merveilleuses. Ils chassaient les démons, prophétisaient, et formaient une école d'exorcistes renommés [4], bien que cer-

1. Matth., x, 11 et suiv.; Marc, vi, 10 et suiv.; Luc, x, 5 et suiv. Comp. IIe épître de Jean, 10-11.
2. Luc, ix, 52 et suiv.
3. Matth., x, 40-42; xxv, 35 et suiv.; Marc, ix, 40; Luc, x, 16; Jean, xiii, 20.
4. Matth., vii, 22; x, 1; Marc, iii, 15, vi, 13; Luc, x, 17.

tains cas fussent au-dessus de leur force ¹. Ils faisaient aussi des guérisons, soit par l'imposition des mains, soit par l'onction de l'huile ², l'un des procédés fondamentaux de la médecine orientale. Enfin, comme les psylles, ils pouvaient manier les serpents et boire impunément des breuvages mortels ³. A mesure qu'on s'éloigne de Jésus, cette théurgie devient de plus en plus choquante. Mais il n'est pas douteux qu'elle ne fût de droit commun dans l'Église primitive, et qu'elle ne figurât en première ligne dans l'attention des contemporains ⁴. Des charlatans, comme il arrive d'ordinaire, exploitèrent ce mouvement de crédulité populaire. Dès le vivant de Jésus, plusieurs, sans être ses disciples, chassaient les démons en son nom. Les vrais disciples en étaient fort blessés et cherchaient à les empêcher. Jésus, qui voyait en cela un hommage à sa renommée, ne se montrait pas pour eux bien sévère⁵. Il faut observer, du reste, que ces pouvoirs étaient en quelque sorte passés en métier. Poussant jusqu'au bout la logique de l'absurde, certaines gens chassaient les démons par Béelzébub⁶,

1. Matth., XVII, 18-19.
2. Marc, VI, 13 ; XVI, 18 ; Epist. Jacobi, V, 14.
3. Marc, XVI, 18 ; Luc, X, 19.
4. Marc, XVI, 20.
5. Marc, IX, 37-38 ; Luc, IX, 49-50.
6. Ancien dieu des Philistins, transformé par les Juifs en démon.

prince des démons. On se figurait que ce souverain des légions infernales devait avoir toute autorité sur ses subordonnés, et qu'en agissant par lui on était sûr de faire fuir l'esprit intrus [1]. Quelques-uns cherchaient même à acheter des disciples de Jésus le secret des pouvoirs miraculeux qui leur avaient été conférés [2].

Un germe d'église commençait dès lors à paraître. Cette idée féconde du pouvoir des hommes réunis (*ecclesia*) semble bien une idée de Jésus. Plein de sa doctrine tout idéaliste, que ce qui fait la présence des âmes, c'est l'union par l'amour, il déclarait que, toutes les fois que quelques hommes s'assembleraient en son nom, il serait au milieu d'eux. Il confie à l'Église le droit de lier et délier (c'est-à-dire de rendre certaines choses licites ou illicites), de remettre les péchés, de réprimander, d'avertir avec autorité, de prier avec certitude d'être exaucé [3]. Il est possible que beaucoup de ces paroles aient été prêtées au maître, afin de donner une base à l'autorité collective par laquelle on chercha plus tard à remplacer la sienne. En tout cas, ce ne fut qu'après sa mort que l'on vit se constituer des églises particulières, et encore cette première constitution se fit-elle purement et simplement sur

---

1. Matth., xii, 24 et suiv.
2. *Act.*, viii, 18 et suiv.
3. Matth., xviii, 17 et suiv.; Jean, xx, 23.

le modèle des synagogues. Plusieurs personnages qui avaient beaucoup aimé Jésus et fondé sur lui de grandes espérances, comme Joseph d'Arimathie, Lazare, Marie de Magdala, Nicodème, n'entrèrent pas, ce semble, dans ces églises, et s'en tinrent au souvenir tendre ou respectueux qu'ils avaient gardé de lui.

Du reste, nulle trace, dans l'enseignement de Jésus, d'une morale appliquée ni d'un droit canonique tant soit peu défini. Une seule fois, sur le mariage, il se prononce avec netteté et défend le divorce [1]. Nulle théologie non plus, nul symbole. A peine quelques vues sur le Père, le Fils, l'Esprit [2], dont on tirera plus tard la Trinité et l'Incarnation, mais qui restaient encore à l'état d'images indéterminées. Les derniers livres du canon juif connaissent déjà le Saint-Esprit, sorte d'hypostase divine, quelquefois identifiée avec la Sagesse ou le Verbe [3]. Jésus insista sur ce point [4], et annonça à ses disciples un baptême par le feu et l'esprit [5], bien préférable à celui de Jean, baptême que ceux-ci crurent un jour recevoir, après la mort de

---

1. Matth., xix, 3 et suiv.
2. Matth., xxviii, 19. Comp. Matth., iii, 16-17; Jean, xv, 26.
3. *Sap.*, i, 7; vii, 7; ix, 17; xii, 1; *Eccli.*, i, 9; xv, 5; xxiv, 27; xxxix, 8; *Judith*, xvi, 17.
4. Matth., x, 20; Luc, xii, 12; xxiv, 49; Jean, xiv, 26; xv, 26.
5. Matth., iii, 11; Marc, i, 8; Luc, iii, 16; Jean, i, 26; iii, 5; Act., i, 5, 8; x, 47.

Jésus, sous la forme d'un grand vent et de mèches de feu[1]. L'Esprit Saint ainsi envoyé par le Père leur enseignera toute vérité, et rendra témoignage à celles que Jésus lui-même a promulguées[2]. Jésus, pour désigner cet Esprit, se servait du mot *Peraklit*, que le syro-chaldaïque avait emprunté au grec (παράκλητος), et qui paraît avoir eu dans son esprit la nuance d' « avocat [3], conseiller [4], » et parfois celle d' « interprète des vérités célestes, » de « docteur chargé de révéler aux hommes les mystères encore cachés [5]. » Lui-même s'envisage pour ses disciples comme un *peraklit* [6], et l'Esprit qui reviendra après sa mort ne fera que le remplacer. C'était ici une application du procédé que la théologie juive et la théologie chrétienne allaient suivre durant des siècles, et qui devait produire toute une série d'assesseurs divins, le *Métatrône,* le *Synadelphe* ou *Sandalphon*, et toutes les personnifications de la Cabbale. Seulement, dans le judaïsme, ces créations devaient rester des spéculations particulières et libres, tandis que

---

1. *Act.,* II, 1-4 ; XI, 15 ; XIX, 6. Cf. Jean, VII, 39.
2. Jean, XV, 26 ; XVI, 13.
3. A *peraklit* on opposait *katigor* (κατήγορος), « l'accusateur. »
4. Jean, XIV, 16 ; I épître de Jean, II, 1.
5. Jean, XIV, 26 ; XV, 26 ; XVI, 7 et suiv. Comp. Philon, *De Mundi opificio*, § 6.
6. Jean, XIV, 16. Comp. l'épître précitée, *l. c.*

dans le christianisme, à partir du IVe siècle, elles devaient former l'essence même de l'orthodoxie et du dogme universel.

Inutile de faire observer combien l'idée d'un livre religieux, renfermant un code et des articles de foi, était éloignée de la pensée de Jésus. Non-seulement il n'écrivit pas, mais il était contraire à l'esprit de la secte naissante de produire des livres sacrés. On se croyait à la veille de la grande catastrophe finale. Le Messie venait mettre le sceau sur la Loi et les prophètes, non promulguer des textes nouveaux. Aussi, à l'exception de l'Apocalypse, qui fut en un sens le seul livre révélé du christianisme naissant, tous les autres écrits de l'âge apostolique sont-ils des ouvrages de circonstance, n'ayant nullement la prétention de fournir un ensemble dogmatique complet. Les évangiles eurent d'abord un caractère tout privé et une autorité bien moindre que la tradition [1].

La secte, cependant, n'avait-elle pas quelque sacrement, quelque rite, quelque signe de ralliement? Elle en avait un, que toutes les traditions font remonter jusqu'à Jésus. Une des idées favorites du maître, c'est qu'il était le pain nouveau, pain très-supérieur à la manne et dont l'humanité allait vivre.

---

1. Papias, dans Eusèbe, *Hist. eccl.*, III, 39.

Cette idée, germe de l'Eucharistie, prenait quelquefois dans sa bouche des formes singulièrement concrètes. Une fois surtout, il se laissa aller, dans la synagogue de Capharnahum, à un mouvement hardi, qui lui coûta plusieurs de ses disciples. « Oui, oui, je vous le dis, ce n'est pas Moïse, c'est mon Père qui vous a donné le pain du ciel[1]. » Et il ajoutait : « C'est moi qui suis le pain de vie; celui qui vient à moi n'aura jamais faim, et celui qui croit en moi n'aura jamais soif[2]. » Ces paroles excitèrent un vif murmure : « Qu'entend-il, se disait-on, par ces mots : Je suis le pain de vie? N'est-ce pas là Jésus, le fils de Joseph, dont nous connaissons le père et la mère? Comment peut-il dire qu'il est descendu du ciel? » Et Jésus insistant avec plus de force encore : « Je suis le pain de vie; vos pères ont mangé la manne dans le désert et sont morts. C'est ici le pain qui est descendu du ciel, afin que celui qui en mange ne meure point. Je suis le pain vivant; si quelqu'un mange de ce pain, il vivra éternellement ; et le pain que je donnerai, c'est ma chair, pour la vie du monde[3]. » Le scandale fut au comble : « Com-

1. Jean, VI, 32 et suiv.
2. On trouve un tour analogue, provoquant un malentendu semblable, dans Jean, IV, 10 et suiv.
3. Tous ces discours portent trop fortement l'empreinte du style

ment peut-il donner sa chair à manger ? » Jésus renchérissant encore : « Oui, oui, dit-il, si vous ne mangez la chair du Fils de l'homme, et si vous ne buvez son sang, vous n'aurez point la vie en vous. Celui qui mange ma chair et qui boit mon sang est en possession de la vie éternelle, et je le ressusciterai au dernier jour. Car ma chair est véritablement une nourriture, et mon sang est véritablement un breuvage. Celui qui mange ma chair et qui boit mon sang, demeure en moi, et moi en lui. Comme je vis par le Père qui m'a envoyé, ainsi celui qui me mange vit par moi. C'est ici le pain qui est descendu du ciel. Ce pain n'est pas comme la manne, que vos pères ont mangée et qui ne les a pas empêchés de mourir ; celui qui mangera ce pain vivra éternellement. » Une telle obstination dans le paradoxe révolta plusieurs disciples, qui cessèrent de le fréquenter. Jésus ne se rétracta pas ; il ajouta seulement : « C'est l'esprit qui vivifie. La chair ne sert de rien. Les paroles que je vous dis sont esprit et vie. » Les douze restèrent fidèles, malgré cette prédication bizarre. Ce fut pour Céphas en particulier l'occasion de montrer un absolu

propre à Jean pour qu'il soit permis de les croire exacts. L'anecdote rapportée au chapitre vi du quatrième évangile ne saurait cependant être dénuée de réalité historique.

dévouement et de proclamer une fois de plus : « Tu es le Christ, fils de Dieu. »

Il est probable que dès lors, dans les repas communs de la secte, s'était établi quelque usage auquel se rapportait le discours si mal accueilli par les gens de Capharnahum. Mais les traditions apostoliques à ce sujet sont fort divergentes et probablement incomplètes à dessein. Les évangiles synoptiques supposent un acte sacramentel unique, ayant servi de base au rite mystérieux, et ils le placent à la dernière Cène. Jean, qui justement nous a conservé l'incident de la synagogue de Capharnahum, ne parle pas d'un tel acte, quoiqu'il raconte la dernière Cène fort au long. Ailleurs, nous voyons Jésus reconnu à la fraction du pain[1], comme si ce geste eût été pour ceux qui l'avaient fréquenté le plus caractéristique de sa personne. Quand il fut mort, la forme sous laquelle il apparaissait au pieux souvenir de ses disciples était celle de président d'un banquet mystique, tenant le pain, le bénissant, le rompant et le présentant aux assistants[2]. Il est probable que c'était là une de ses habitudes, et qu'à ce moment il était particulièrement aimable et attendri. Une cir-

1. Luc, XXIV, 30, 35.
2. Luc, *l. c.;* Jean, XXI, 13.

constance matérielle, la présence du poisson sur la table (indice frappant qui prouve que le rite prit naissance sur le bord du lac de Tibériade[1]), fut elle-même presque sacramentelle et devint une partie nécessaire des images qu'on se fit du festin sacré[2].

Les repas étaient devenus dans la communauté naissante un des moments les plus doux. A ce moment, on se rencontrait; le maître parlait à chacun et entretenait une conversation pleine de gaieté et de charme. Jésus aimait cet instant et se plaisait à voir sa famille spirituelle ainsi groupée autour de lui[3]. La participation au même pain était considérée comme une sorte de communion, de lien réciproque. Le maître usait à cet égard de termes extrêmement énergiques, qui furent pris plus tard avec une littéralité effrénée. Jésus est à la fois très-idéaliste dans

1. Comp. Matth., VII, 10; XIV, 17 et suiv.; XV, 34 et suiv.; Marc, VI, 38 et suiv.; Luc, IX, 13 et suiv.; XI, 11; XXIV, 42; Jean, VI, 9 et suiv.; XXI, 9 et suiv. Le bassin du lac de Tibériade est le seul endroit de la Palestine où le poisson forme une partie considérable de l'alimentation.

2. Jean, XXI, 13; Luc, XXIV, 42-43. Comparez les plus vieilles représentations de la Cène rapportées ou rectifiées par M. de Rossi dans sa dissertation sur l'ΙΧΘΥΣ (*Spicilegium Solesmense* de dom Pitra, t. III, p. 568 et suiv.). L'intention de l'anagramme que renferme le mot ΙΧΘΥΣ se combina probablement avec une tradition plus ancienne sur le rôle du poisson dans les repas évangéliques.

3. Luc, XXII, 15.

les conceptions et très-matérialiste dans l'expression. Voulant rendre cette pensée que le croyant ne vit que de lui, que tout entier (corps, sang et âme) il était la vie du vrai fidèle, il disait à ses disciples : « Je suis votre nourriture, » phrase qui, tournée en style figuré, devenait : « Ma chair est votre pain, mon sang est votre breuvage. » Puis, les habitudes de langage de Jésus, toujours fortement substantielles, l'emportaient plus loin encore. A table, montrant l'aliment, il disait : « Me voici; » tenant le pain : « Ceci est mon corps; » tenant le vin : « Ceci est mon sang; » toutes manières de parler qui étaient l'équivalent de : « Je suis votre nourriture. »

Ce rite mystérieux obtint du vivant de Jésus une grande importance. Il était probablement établi assez longtemps avant le dernier voyage à Jérusalem, et il fut le résultat d'une doctrine générale bien plus que d'un acte déterminé. Après la mort de Jésus, il devint le grand symbole de la communion chrétienne[1], et ce fut au moment le plus solennel de la vie du Sauveur qu'on en rapporta l'établissement. On voulut voir dans la consécration du pain et du vin un mémorial d'adieu que Jésus, au moment de quitter la vie, aurait laissé

---

1. *Act.*, II, 42, 46.

à ses disciples [1]. On retrouva Jésus lui-même dans ce sacrement. L'idée toute spirituelle de la présence des âmes, qui était l'une des plus familières au maître, qui lui faisait dire, par exemple, qu'il était de sa personne au milieu de ses disciples [2] quand ils étaient réunis en son nom, rendait cela facilement admissible. Jésus, nous l'avons déjà dit [3], n'eut jamais une notion bien arrêtée de ce qui fait l'individualité. Au degré d'exaltation où il était parvenu, l'idée chez lui primait tout à un tel point que le corps ne comptait plus. On est un quand on s'aime, quand on vit l'un de l'autre; comment lui et ses disciples n'eussent-ils pas été un [4]? Ses disciples adoptèrent le même langage. Ceux qui, durant des années, avaient vécu de lui le virent toujours tenant le pain, puis le calice « entre ses mains saintes et vénérables [5], » et s'offrant lui-même à eux. Ce fut lui que l'on mangea et que l'on but; il devint la vraie Pâque, l'ancienne ayant été abrogée par son sang. Impossible de traduire dans notre idiome essentiel-

---

1. *I Cor.*, XI, 20 et suiv.
2. Matth., XVIII, 20.
3. V. ci-dessus, p. 244.
4. Jean, XII entier.
5. Canon des Messes grecques et de la Messe latine (fort ancien).

lement déterminé, où la distinction rigoureuse du sens propre et de la métaphore doit toujours être faite, des habitudes de style dont le caractère essentiel est de prêter à la métaphore, ou pour mieux dire à l'idée, une pleine réalité.

CHAPITRE XIX.

PROGRESSION CROISSANTE D'ENTHOUSIASME ET D'EXALTATION.

Il est clair qu'une telle société religieuse, fondée uniquement sur l'attente du royaume de Dieu, devait être en elle-même fort incomplète. La première génération chrétienne vécut tout entière d'attente et de rêve. A la veille de voir finir le monde, on regardait comme inutile tout ce qui ne sert qu'à continuer le monde. La propriété était interdite [1]. Tout ce qui attache l'homme à la terre, tout ce qui le détourne du ciel devait être fui. Quoique plusieurs disciples fussent mariés, on ne se mariait plus, ce semble, dès qu'on entrait dans la secte [2]. Le célibat était hautement préféré; dans le mariage même, la continence

---

1. Luc, xiv, 33; *Act.*, iv, 32 et suiv.; v, 1-11.
2. Matth., xix, 10 et suiv.; Luc, xviii, 29 et suiv.

était recommandée [1]. Un moment, le maître semble approuver ceux qui se mutileraient en vue du royaume de Dieu [2]. Il était en cela conséquent avec son principe : « Si ta main ou ton pied t'est une occasion de péché, coupe-les, et jette-les loin de toi ; car il vaut mieux que tu entres boiteux ou manchot dans la vie éternelle, que d'être jeté avec tes deux pieds et tes deux mains dans la géhenne. Si ton œil t'est une occasion de péché, arrache-le et jette-le loin de toi ; car il vaut mieux entrer borgne dans la vie éternelle que d'avoir ses deux yeux, et d'être jeté dans la géhenne [3]. » La cessation de la génération fut souvent considérée comme le signe et la condition du royaume de Dieu [4].

Jamais, on le voit, cette Église primitive n'eût formé une société durable, sans la grande variété des germes déposés par Jésus dans son enseignement. Il faudra plus d'un siècle encore pour que la vraie Église chrétienne, celle qui a converti le monde, se dégage de cette petite secte des « saints du dernier jour, » et

---

1. C'est la doctrine constante de Paul. Comp. *Apoc.*, xiv, 4.
2. Matth., xix, 12.
3. Matth., xviii, 8-9. Cf. Talm. de Babyl., *Niddah*, 13 *b*.
4. Matth., xxii, 30 ; Marc, xii, 25 ; Luc, xx, 35 ; Évangile ébionite dit « des Égyptiens, » dans Clém. d'Alex., *Strom.*, III, 9, 13, et Clem. Rom., Epist. II, 12.

devienne un cadre applicable à la société humaine tout entière. La même chose, du reste, eut lieu dans le bouddhisme, qui ne fut fondé d'abord que pour des moines. La même chose fût arrivée dans l'ordre de saint François, si cet ordre avait réussi dans sa prétention de devenir la règle de la société humaine tout entière. Nées à l'état d'utopies, réussissant par leur exagération même, les grandes fondations dont nous venons de parler ne remplirent le monde qu'à condition de se modifier profondément et de laisser tomber leurs excès. Jésus ne dépassa pas cette première période toute monacale, où l'on croit pouvoir impunément tenter l'impossible. Il ne fit aucune concession à la nécessité. Il prêcha hardiment la guerre à la nature, la totale rupture avec le sang. « En vérité, je vous le déclare, disait-il, quiconque aura quitté sa maison, sa femme, ses frères, ses parents, ses enfants, pour le royaume de Dieu, recevra le centuple en ce monde, et, dans le monde à venir, la vie éternelle [1]. »

Les instructions que Jésus est censé avoir données à ses disciples respirent la même exaltation [2].

1. Luc, XVIII, 29-30.
2. Matth., X entier; XXIV, 9; Marc, VI, 8 et suiv.; IX, 40; XIII, 9-13; Luc, IX, 3 et suiv.; X, 1 et suiv.; XII, 4 et suiv.; XXI, 17; Jean, XV, 18 et suiv.; XVII, 14.

Lui, si facile pour ceux du dehors, lui qui se contente parfois de demi-adhésions[1], est pour les siens d'une rigueur extrême. Il ne voulait pas d'à-peu-près. On dirait un « Ordre » constitué par les règles les plus austères. Fidèle à sa pensée que les soucis de la vie troublent l'homme et l'abaissent, Jésus exige de ses associés un entier détachement de la terre, un dévouement absolu à son œuvre. Ils ne doivent porter avec eux ni argent, ni provisions de route, pas même une besace, ni un vêtement de rechange. Ils doivent pratiquer la pauvreté absolue, vivre d'aumônes et d'hospitalité. « Ce que vous avez reçu gratuitement, transmettez-le gratuitement[2], » disait-il en son beau langage. Arrêtés, traduits devant les juges, qu'ils ne préparent pas leur défense; l'avocat céleste, le *Peraklit*, leur inspirera ce qu'ils doivent dire. Le Père leur enverra d'en haut son Esprit, qui deviendra le principe de tous leurs actes, le directeur de leurs pensées, leur guide à travers le monde[3]. Chassés d'une ville, qu'ils secouent sur elle la poussière de leurs souliers, en lui donnant acte toutefois, pour qu'elle ne puisse alléguer son ignorance, de la proximité du royaume de

---

1. Marc, IX, 38 et suiv.
2. Matth., x, 8. Comp. Midrasch Ialkout, *Deutéron.*, sect. 824.
3. Matth., x, 20; Jean, XIV, 16 et suiv., 26; xv, 26; XVI, 7, 13.

Dieu. « Avant que vous ayez épuisé, ajoutait-il, les villes d'Israël, le Fils de l'homme apparaîtra. »

Une ardeur étrange anime tous ces discours, qui peuvent être en partie la création de l'enthousiasme des disciples [1], mais qui même en ce cas viennent indirectement de Jésus, puisqu'un tel enthousiasme était son œuvre. Jésus annonce à ceux qui veulent le suivre de grandes persécutions et la haine du genre humain. Il les envoie comme des agneaux au milieu des loups. Ils seront flagellés dans les synagogues, traînés en prison. Le frère sera livré par son frère, le fils par son père. Quand on les persécute dans un pays, qu'ils fuient dans un autre. « Le disciple, disait-il, n'est pas plus que son maître, ni le serviteur plus que son patron. Ne craignez point ceux qui ôtent la vie du corps, et qui ne peuvent rien sur l'âme. On a deux passereaux pour une obole, et cependant un de ces oiseaux ne tombe pas sans la permission de votre Père. Les cheveux de votre tête sont comptés. Ne craignez rien ; vous valez beaucoup de passereaux [2]. » — « Quiconque, disait-il encore, me confessera devant les hommes, je le reconnaîtrai devant mon Père ; mais quiconque

---

1. Les traits Matth., x, 38 ; xvi, 24 ; Marc, viii, 34 ; Luc, xiv, 27, ne peuvent avoir été conçus qu'après la mort de Jésus.
2. Matth., x, 24-31 ; Luc, xii, 4-7.

aura rougi de moi devant les hommes, je le renierai devant les anges, quand je viendrai entouré de la gloire de mon Père, qui est aux cieux[1]. »

Dans ces accès de rigueur, il allait jusqu'à supprimer la chair. Ses exigences n'avaient plus de bornes. Méprisant les saines limites de la nature de l'homme, il voulait qu'on n'existât que pour lui, qu'on n'aimât que lui seul. « Si quelqu'un vient à moi, disait-il, et ne hait pas son père, sa mère, sa femme, ses enfants, ses frères, ses sœurs, et même sa propre vie, il ne peut être mon disciple[2]. » — « Si quelqu'un ne renonce pas à tout ce qu'il possède, il ne peut être mon disciple[3]. » Quelque chose de plus qu'humain et d'étrange se mêlait alors à ses paroles; c'était comme un feu dévorant la vie à sa racine, et réduisant tout à un affreux désert. Le sentiment âpre et triste de dégoût pour le monde, d'abnégation outrée, qui caractérise la perfection chrétienne, eut pour fondateur, non le fin et joyeux moraliste des premiers jours, mais le géant sombre qu'une sorte de pressentiment grandiose jetait de plus en plus hors de l'humanité. On dirait que, dans ces moments de guerre

---

1. Matth., x, 32-33; Marc, viii, 38; Luc, ix, 26; xii, 8-9.
2. Luc, xiv, 26. Il faut tenir compte ici de l'exagération du style de Luc.
3. Luc, xiv, 33.

contre les besoins les plus légitimes du cœur, il avait oublié le plaisir de vivre, d'aimer, de voir, de sentir. Dépassant toute mesure, il osait dire : « Si quelqu'un veut être mon disciple, qu'il renonce à lui-même et me suive ! Celui qui aime son père et sa mère plus que moi n'est pas digne de moi ; celui qui aime son fils ou sa fille plus que moi n'est pas digne de moi. Tenir à la vie, c'est se perdre ; sacrifier sa vie pour moi et pour la bonne nouvelle, c'est se sauver. Que sert à un homme de gagner le monde entier et de se perdre lui-même [1] ? » Deux anecdotes, du genre de celles qu'il ne faut pas accepter comme historiques, mais qui se proposent de rendre un trait de caractère en l'exagérant, peignaient bien ce défi jeté à la nature. Il dit à un homme : « Suis-moi ! » — « Seigneur, lui répond cet homme, laisse-moi d'abord aller ensevelir mon père. » Jésus reprend : « Laisse les morts ensevelir leurs morts ; toi, va et annonce le règne de Dieu. » — Un autre lui dit : « Je te suivrai, Seigneur, mais permets-moi auparavant d'aller mettre ordre aux affaires de ma maison. » Jésus lui répond : « Celui qui met la main à la charrue et regarde derrière lui, n'est pas

---

1. Matth., x, 37-39 ; xvi, 24-25 ; Luc, ix, 23-25 ; xiv, 26-27 ; xvii, 33 ; Jean, xii, 25.

fait pour le royaume de Dieu[1]. » Une assurance extraordinaire, et parfois des accents de singulière douceur, renversant toutes nos idées, faisaient passer ces exagérations. « Venez à moi, criait-il, vous tous qui êtes fatigués et chargés, et je vous soulagerai. Prenez mon joug sur vos épaules; apprenez de moi que je suis doux et humble de cœur, et vous trouverez le repos de vos âmes; car mon joug est doux, et mon fardeau léger[2]. »

Un grand danger résultait pour l'avenir de cette morale exaltée, exprimée dans un langage hyperbolique et d'une effrayante énergie. A force de détacher l'homme de la terre, on brisait la vie. Le chrétien sera loué d'être mauvais fils, mauvais patriote, si c'est pour le Christ qu'il résiste à son père et combat sa patrie. La cité antique, la république, mère de tous, l'État, loi commune de tous, sont constitués en hostilité avec le royaume de Dieu. Un germe fatal de théocratie est introduit dans le monde.

Une autre conséquence se laisse dès à présent entrevoir. Transportée dans un état calme et au sein d'une société rassurée sur sa propre durée, cette morale, faite pour un moment de crise, devait sembler impossible.

---

1. Matth., VIII, 21-22; Luc, IX, 59-62.
2. Matth., XI, 28-30.

L'Évangile était ainsi destiné à devenir pour les chrétiens une utopie, que bien peu s'inquiéteraient de réaliser. Ces foudroyantes maximes devaient dormir pour le grand nombre dans un profond oubli, encouragé par le clergé lui-même ; l'homme évangélique sera un homme dangereux. De tous les humains le plus intéressé, le plus orgueilleux, le plus dur, le plus attaché à la terre, un Louis XIV, par exemple, devait trouver des prêtres pour lui persuader, en dépit de l'Évangile, qu'il était chrétien. Mais toujours aussi des Saints devaient se rencontrer pour prendre à la lettre les sublimes paradoxes de Jésus. La perfection étant placée en dehors des conditions ordinaires de la société, la vie évangélique complète ne pouvant être menée que hors du monde, le principe de l'ascétisme et de l'état monacal était posé. Les sociétés chrétiennes auront deux règles morales, l'une médiocrement héroïque pour le commun des hommes, l'autre exaltée jusqu'à l'excès pour l'homme parfait ; et l'homme parfait, ce sera le moine assujetti à des règles qui ont la prétention de réaliser l'idéal évangélique. Il est certain que cet idéal, ne fût-ce que par l'obligation du célibat et de la pauvreté, ne pouvait être de droit commun. Le moine est ainsi, en un sens, le seul vrai chrétien. Le bon sens vulgaire se révolte devant ces excès ; à l'en croire, l'impossible est le signe de la faiblesse et de l'erreur. Mais le bon sens vulgaire est un mauvais juge quand il s'agit des grandes choses. Pour obtenir moins de l'humanité, il faut lui demander plus. L'immense progrès moral dû à l'Évangile vient de ses exagérations. C'est par là qu'il a été, comme le stoïcisme, mais avec infiniment plus d'ampleur, un argument vivant des forces divines qui sont en l'homme, un monument élevé à la puissance de la volonté.

On imagine sans peine que pour Jésus, à l'heure où nous sommes arrivés, tout ce qui n'était pas le royaume de Dieu avait absolument disparu. Il était, si on peut le dire, totalement hors de la nature : la famille, l'amitié, la patrie, n'avaient plus aucun sens pour lui. Sans doute, il avait fait dès lors le sacrifice de sa vie. Parfois, on est tenté de croire que, voyant dans sa propre mort un moyen de fonder son royaume, il conçut de propos délibéré le dessein de se faire tuer [1]. D'autres fois (quoiqu'une telle pensée n'ait été érigée en dogme que plus tard), la mort se présente à lui comme un sacrifice, destiné à apaiser son Père et à sauver les hommes [2]. Un goût singulier de persécution et de supplices [3] le pénétrait. Son sang

---

1. Matth., XVI, 21-23; XVII, 12, 21-22.
2. Marc, X, 45.
3. Luc, VI, 22 et suiv.

lui paraissait comme l'eau d'un second baptême dont il devait être baigné, et il semblait possédé d'une hâte étrange d'aller au-devant de ce baptême qui seul pouvait étancher sa soif[1].

La grandeur de ses vues sur l'avenir était par moments surprenante. Il ne se dissimulait pas l'épouvantable orage qu'il allait soulever dans le monde. « Vous croyez peut-être, disait-il avec hardiesse et beauté, que je suis venu apporter la paix sur la terre ; non, je suis venu y jeter le glaive. Dans une maison de cinq personnes, trois seront contre deux, et deux contre trois. Je suis venu mettre la division entre le fils et le père, entre la fille et la mère, entre la bru et la belle-mère. Désormais les ennemis de chacun seront dans sa maison[2]. » — « Je suis venu porter le feu sur la terre ; tant mieux si elle brûle déjà[3] ! » — « On vous chassera des synagogues, disait-il encore, et l'heure viendra où, en vous tuant, on croira rendre un culte à Dieu[4]. Si le monde vous hait, sachez qu'il m'a haï avant vous. Souvenez-vous de la parole que je vous ai dite : Le serviteur n'est pas plus

---

1. Luc, XII, 50.
2. Matth., X, 34-36 ; Luc, XII, 51-53. Comparez Michée, VII, 5-6.
3. Luc, XII, 49. Voir le texte grec.
4. Jean, XVI, 2.

grand que son maître. S'ils m'ont persécuté, ils vous persécuteront[1]. »

Entraîné par cette effrayante progression d'enthousiasme, commandé par les nécessités d'une prédication de plus en plus exaltée, Jésus n'était plus libre ; il appartenait à son rôle et en un sens à l'humanité. Parfois on eût dit que sa raison se troublait. Il avait comme des angoisses et des agitations intérieures [2]. La grande vision du royaume de Dieu, sans cesse flamboyant devant ses yeux, lui donnait le vertige. Ses disciples par moments le crurent fou [3]. Ses ennemis le déclarèrent possédé [4]. Son tempérament, excessivement passionné, le portait à chaque instant hors des bornes de la nature humaine. Son œuvre n'étant pas une œuvre de raison, et se jouant de toutes les classifications de l'esprit humain, ce qu'il exigeait le plus impérieusement, c'était la « foi[5]. » Ce mot était celui qui se répétait le plus souvent dans le petit cénacle. C'est le mot de tous les mouvements populaires. Il est clair qu'aucun de ces mouvements ne se ferait, s'il fallait que celui qui les excite gagnât l'un

---

[1]. Jean, xv, 18-20.
[2]. Jean, xii, 27.
[3]. Marc, iii, 21 et suiv.
[4]. Marc, iii, 22 ; Jean, vii, 20 ; viii, 48 et suiv. ; x, 20 et suiv.
[5]. Matth., viii, 10 ; ix, 2, 22, 28-29 ; xvii, 19 ; Jean, vi, 29, etc.

après l'autre ses disciples par de bonnes preuves, logiquement déduites. La réflexion n'amène qu'au doute, et si les auteurs de la Révolution française, par exemple, eussent dû être préalablement convaincus par des méditations suffisamment longues, tous fussent arrivés à la vieillesse sans rien faire. Jésus, de même, visait moins à la conviction régulière qu'à l'entraînement. Pressant, impératif, il ne souffrait aucune opposition : il faut se convertir, il attend. Sa douceur naturelle semblait l'avoir abandonné; il était quelquefois rude et bizarre[1]. Ses disciples par moments ne le comprenaient plus, et éprouvaient devant lui une espèce de sentiment de crainte[2]. Quelquefois sa mauvaise humeur contre toute résistance l'entraînait jusqu'à des actes inexplicables et en apparence absurdes[3].

Ce n'est pas que sa vertu baissât; mais sa lutte au nom de l'idéal contre la réalité devenait insoutenable. Il se meurtrissait et se révoltait au contact de la terre. L'obstacle l'irritait. Sa notion de Fils de Dieu se troublait et s'exagérait. La loi fatale qui condamne l'idée à déchoir dès qu'elle cherche à con-

1. Matth., XVII, 16; Marc, III, 5; IX, 18; Luc, VIII, 45; IX, 41.
2. C'est surtout dans Marc que ce trait est sensible : IV, 40; V, 15; IX, 31; X, 32.
3. Marc, XI, 12-14, 20 et suiv.

vertir les hommes, s'appliquait à lui. Les hommes en le touchant l'abaissaient à leur niveau. Le ton qu'il avait pris ne pouvait être soutenu plus de quelques mois; il était temps que la mort vînt dénouer une situation tendue à l'excès, l'enlever aux impossibilités d'une voie sans issue, et, en le délivrant d'une épreuve trop prolongée, l'introduire désormais impeccable dans sa céleste sérénité.

CHAPITRE XX

OPPOSITION CONTRE JÉSUS.

Durant la première période de sa carrière, il ne semble pas que Jésus eût rencontré d'opposition sérieuse. Sa prédication, grâce à l'extrême liberté dont on jouissait en Galilée et au nombre des maîtres qui s'élevaient de toutes parts, n'eut d'éclat que dans un cercle de personnes assez restreint. Mais depuis que Jésus était entré dans une voie brillante de prodiges et de succès publics, l'orage commença à gronder. Plus d'une fois il dut se cacher et fuir[1]. Antipas cependant ne le gêna jamais, quoique Jésus s'exprimât quelquefois fort sévèrement sur son compte[2]. A Tibériade, sa résidence ordinaire,

1. Matth., XII, 14-16; Marc, III, 7; IX, 29-30.
2. Marc, VIII, 15; Luc, XIII, 32.

le tétrarque n'était qu'à une ou deux lieues du canton choisi par Jésus pour le centre de son activité ; il entendit parler de ses miracles, qu'il prenait sans doute pour des tours habiles, et il désira en voir[1]. Les incrédules étaient alors fort curieux de ces sortes de prestiges[2]. Avec son tact ordinaire, Jésus refusa. Il se garda bien de s'égarer en un monde irréligieux, qui voulait tirer de lui un vain amusement ; il n'aspirait à gagner que le peuple ; il garda pour les simples des moyens bons pour eux seuls.

Un moment, le bruit se répandit que Jésus n'était autre que Jean-Baptiste ressuscité d'entre les morts. Antipas fut soucieux et inquiet[3] ; il employa la ruse pour écarter le nouveau prophète de ses domaines. Des pharisiens, sous apparence d'intérêt pour Jésus, vinrent lui dire qu'Antipas voulait le faire tuer. Jésus, malgré sa grande simplicité, vit le piége et ne partit pas[4]. Ses allures toutes pacifiques, son éloignement pour l'agitation populaire, finirent par rassurer le tétrarque et dissiper le danger.

Il s'en faut que dans toutes les villes de la Galilée

---

1. Luc, IX, 9 ; XXIII, 8.
2. *Lucius*, attribué à Lucien, 4.
3. Matth., XIV, 1 et suiv. ; Marc, VI, 14 et suiv. ; Luc, IX, 7 et suiv.
4. Luc, XIII, 31 et suiv.

l'accueil fait à la nouvelle doctrine fût également bienveillant. Non-seulement l'incrédule Nazareth continuait à repousser celui qui devait faire sa gloire; non-seulement ses frères persistaient à ne pas croire en lui [1]; les villes du lac elles-mêmes, en général bienveillantes, n'étaient pas toutes converties. Jésus se plaint souvent de l'incrédulité et de la dureté de cœur qu'il rencontre, et, quoiqu'il soit naturel de faire en de tels reproches la part de l'exagération du prédicateur, quoiqu'on y sente cette espèce de *convicium seculi* que Jésus affectionnait à l'imitation de Jean-Baptiste [2], il est clair que le pays était loin de convoler tout entier au royaume de Dieu. « Malheur à toi, Chorazin! malheur à toi, Bethsaïde! s'écriait-il; car si Tyr et Sidon eussent vu les miracles dont vous avez été témoins, il y a longtemps qu'elles feraient pénitence sous le cilice et sous la cendre. Aussi vous dis-je qu'au jour du jugement, Tyr et Sidon auront un sort plus supportable que le vôtre. Et toi, Capharnahum, qui crois t'élever jusqu'au ciel, tu seras abaissée jusqu'aux enfers; car si les miracles qui ont été faits en ton sein eussent été faits à Sodome, Sodome existerait encore aujourd'hui. C'est pourquoi je te dis

---

1. Jean, vii, 5.
2. Matth., xii, 39, 45; xiii, 15; xvi, 4; Luc, xi, 29.

qu'au jour du jugement la terre de Sodome sera traitée moins rigoureusement que toi[1]. » — « La reine de Saba, ajoutait-il, se lèvera au jour du jugement contre les hommes de cette génération, et les condamnera, parce qu'elle est venue des extrémités du monde pour entendre la sagesse de Salomon ; or il y a ici plus que Salomon. Les Ninivites s'élèveront au jour du jugement contre cette génération et la condamneront, parce qu'ils firent pénitence à la prédication de Jonas ; or il y a ici plus que Jonas [2]. » Sa vie vagabonde, d'abord pour lui pleine de charme, commençait aussi à lui peser. « Les renards, disait-il, ont leurs tanières et les oiseaux du ciel leurs nids ; mais le Fils de l'homme n'a pas où reposer sa tête[3]. » L'amertume et le reproche se faisaient de plus en plus jour en son cœur. Il accusait les incrédules de se refuser à l'évidence, et disait que, même à l'instant où le Fils de l'homme apparaîtrait dans sa pompe céleste, il y aurait encore des gens pour douter de lui[4].

Jésus, en effet, ne pouvait accueillir l'opposition avec la froideur du philosophe, qui, comprenant

[1]. Matth., xi, 21-24 ; Luc, x, 12-15.
[2]. Matth., xii, 41-42 ; Luc, xi, 31-32.
[3]. Matth., viii, 20 ; Luc, ix, 58.
[4]. Luc, xviii, 8.

la raison des opinions diverses qui se partagent le monde, trouve tout simple qu'on ne soit pas de son avis. Un des principaux défauts de la race juive est son âpreté dans la controverse, et le ton injurieux qu'elle y mêle presque toujours. Il n'y eut jamais dans le monde de querelles aussi vives que celles des Juifs entre eux. C'est le sentiment de la nuance qui fait l'homme poli et modéré. Or le manque de nuances est un des traits les plus constants de l'esprit sémitique. Les œuvres fines, les dialogues de Platon, par exemple, sont tout à fait étrangères à ces peuples. Jésus, qui était exempt de presque tous les défauts de sa race, et dont la qualité dominante était justement une délicatesse infinie, fut amené malgré lui à se servir dans la polémique du style de tous [1]. Comme Jean-Baptiste [2], il employait contre ses adversaires des termes très-durs. D'une mansuétude exquise avec les simples, il s'aigrissait devant l'incrédulité, même la moins agressive [3]. Ce n'était plus ce doux maître du « Discours sur la montagne, » n'ayant encore rencontré ni résistance ni difficulté. La passion, qui était au fond de son caractère, l'entraînait aux plus vives invectives.

1. Matth., XII, 34; XV, 14; XXIII, 33.
2. Matth., III, 7.
3. Matth., XII, 30; Luc, XXI, 23.

Ce mélange singulier ne doit pas surprendre. Un homme de nos jours a présenté le même contraste avec une rare vigueur, c'est M. de Lamennais. Dans son beau livre des « Paroles d'un croyant, » la colère la plus effrénée et les retours les plus suaves alternent comme en un mirage. Cet homme, qui était dans le commerce de la vie d'une grande bonté, devenait intraitable jusqu'à la folie pour ceux qui ne pensaient pas comme lui. Jésus, de même, s'appliquait non sans raison le passage du livre d'Isaïe[1] : « Il ne disputera pas, ne criera pas; on n'entendra point sa voix dans les places; il ne rompra pas tout à fait le roseau froissé, et il n'éteindra pas le lin qui fume encore[2]. » Et pourtant plusieurs des recommandations qu'il adresse à ses disciples renferment les germes d'un vrai fanatisme[3], germes que le moyen âge devait développer d'une façon cruelle. Faut-il lui en faire un reproche ? Aucune révolution ne s'accomplit sans un peu de rudesse. Si Luther, si les acteurs de la Révolution française eussent dû observer les règles de la politesse, la réforme et la révolution ne se seraient point faites. Félicitons-nous de même que Jésus n'ait rencontré aucune loi qui punît l'outrage

---

1. XLII, 2-3.
2. Matth., XII, 19-20.
3. Matth., X, 14-15, 21 et suiv., 34 et suiv.; Luc, XIX, 27.

envers une classe de citoyens. Les pharisiens eussent été inviolables. Toutes les grandes choses de l'humanité ont été accomplies au nom de principes absolus. Un philosophe critique eût dit à ses disciples : respectez l'opinion des autres, et croyez que personne n'a si complétement raison que son adversaire ait complétement tort. Mais l'action de Jésus n'a rien de commun avec la spéculation désintéressée du philosophe. Se dire qu'on a un moment touché l'idéal et qu'on a été arrêté par la méchanceté de quelques-uns, est une pensée insupportable pour une âme ardente. Que dut-elle être pour le fondateur d'un monde nouveau ?

L'obstacle invincible aux idées de Jésus venait surtout du judaïsme orthodoxe, représenté par les pharisiens. Jésus s'éloignait de plus en plus de l'ancienne Loi. Or, les pharisiens étaient les vrais juifs, le nerf et la force du judaïsme. Quoique ce parti eût son centre à Jérusalem, il avait cependant des adeptes établis en Galilée, ou qui y venaient souvent [1]. C'étaient en général des hommes d'un esprit étroit, donnant beaucoup à l'extérieur, d'une dévotion dédaigneuse, officielle, satisfaite et assurée d'elle-même [2].

1. Marc, VII, 1; Luc, v, 17 et suiv.; VII, 36.
2. Matth., VI, 2, 5, 16; IX, 11, 14; XII, 2; XXIII, 5, 15, 23; Luc, v, 30; VI, 2, 7; XI, 39 et suiv.; XVIII, 12; Jean, IX, 16; *Pirké*

Leurs manières étaient ridicules et faisaient sourire même ceux qui les respectaient. Les sobriquets que leur donnait le peuple, et qui sentent la caricature, en sont la preuve. Il y avait le « pharisien bancroche » (*Nikfi*), qui marchait dans les rues en traînant les pieds et les heurtant contre les cailloux; le « pharisien front-sanglant » (*Kizaï*), qui allait les yeux fermés pour ne pas voir les femmes, et se choquait le front contre les murs, si bien qu'il l'avait toujours ensanglanté; le « pharisien pilon » (*Medoukia*), qui se tenait plié en deux comme le manche d'un pilon; le « pharisien fort d'épaules » (*Schikmi*), qui marchait le dos voûté comme s'il portait sur ses épaules le fardeau entier de la Loi; le « pharisien *Qu'y a-t-il à faire? je le fais,* » toujours à la piste d'un précepte à accomplir, et enfin le « pharisien teint, » pour lequel tout l'extérieur de la dévotion n'était qu'un vernis d'hypocrisie [1]. Ce rigorisme, en

Aboth, I, 16; Jos., *Ant.,* XVII, II, 4; XVIII, I, 3; *Vita,* 38; Talm. de Bab., *Sota,* 22 *b.*

1. Talm. de Jérusalem, *Berakoth,* IX, sub fin.; *Sota,* V, 7; Talm. de Babylone, *Sota,* 22 *b.* Les deux rédactions de ce curieux passage offrent de sensibles différences. Nous avons en général suivi la rédaction de Babylone, qui semble plus naturelle. Cf. Epiph., *Adv. hær.,* XVI, 1. Les traits d'Épiphane et plusieurs de ceux du Talmud peuvent, du reste, se rapporter à une époque postérieure à Jésus, époque où « pharisien » était devenu synonyme de « dévot. »

effet, n'était souvent qu'apparent et cachait en réalité un grand relâchement moral [1]. Le peuple néanmoins en était dupe. Le peuple, dont l'instinct est toujours droit, même quand il s'égare le plus fortement sur les questions de personnes, est très-facilement trompé par les faux dévots. Ce qu'il aime en eux est bon et digne d'être aimé; mais il n'a pas assez de pénétration pour discerner l'apparence de la réalité.

L'antipathie qui, dans un monde aussi passionné, dut éclater tout d'abord entre Jésus et des personnes de ce caractère, est facile à comprendre. Jésus ne voulait que la religion du cœur; celle des pharisiens consistait presque uniquement en observances. Jésus recherchait les humbles et les rebutés de toute sorte ; les pharisiens voyaient en cela une insulte à leur religion d'hommes comme il faut. Un pharisien était un homme infaillible et impeccable, un pédant certain d'avoir raison, prenant la première place à la synagogue, priant dans les rues, faisant l'aumône à son de trompe, regardant si on le salue. Jésus soutenait que chacun doit attendre le jugement de Dieu avec crainte et humblement. Il s'en faut que la mauvaise direction religieuse représentée par le pharisaïsme régnât sans contrôle. Bien des hommes

---

1. Matth., v, 20; xv, 4; xxiii, 3, 16 et suiv.; Jean, viii, 7; Jos., *Ant.*, XII, ix, 1; XIII, x, 5.

avant Jésus, ou de son temps, tels que Jésus, fils de Sirach, l'un des vrais ancêtres de Jésus de Nazareth, Gamaliel, Antigone de Soco, le doux et noble Hillel surtout, avaient enseigné des doctrines religieuses beaucoup plus élevées et déjà presque évangéliques. Mais ces bonnes semences avaient été étouffées. Les belles maximes de Hillel résumant toute la Loi en l'équité[1], celles de Jésus, fils de Sirach, faisant consister le culte dans la pratique du bien[2], étaient oubliées ou anathématisées[3]. Schammaï, avec son esprit étroit et exclusif, l'avait emporté. Une masse énorme de « traditions » avait étouffé la Loi[4], sous prétexte de la protéger et de l'interpréter. Sans doute, ces mesures conservatrices avaient eu leur côté utile; il est bon que le peuple juif ait aimé sa Loi jusqu'à la folie, puisque c'est cet amour frénétique qui, en sauvant le mosaïsme sous Antiochus Épiphane et sous Hérode, a gardé le levain d'où devait sortir le christianisme. Mais prises en elles-mêmes, toutes ces vieilles précautions n'étaient que puériles. La synagogue, qui en avait le dépôt, n'était

---

1. Talm. de Bab., *Schabbath*, 31 *a*; *Joma*, 35 *b*.
2. *Eccli*, XVII, 21 et suiv.; XXXV, 1 et suiv.
3. Talm. de Jérus, *Sanhédrin*, XI, 1; Talm. de Bab., *Sanhédrin*, 100 *b*.
4. Matth., XV, 2.

plus qu'une mère d'erreurs. Son règne était fini, et pourtant lui demander d'abdiquer, c'était lui demander l'impossible, ce qu'une puissance établie n'a jamais fait ni pu faire.

Les luttes de Jésus avec l'hypocrisie officielle étaient continues. La tactique ordinaire des réformateurs qui apparaissent dans l'état religieux que nous venons de décrire, et qu'on peut appeler « formalisme traditionnel, » est d'opposer le « texte » des livres sacrés aux « traditions. » Le zèle religieux est toujours novateur, même quand il prétend être conservateur au plus haut degré. De même que les néo-catholiques de nos jours s'éloignent sans cesse de l'Évangile, de même les pharisiens s'éloignaient à chaque pas de la Bible. Voilà pourquoi le réformateur puritain est d'ordinaire essentiellement « biblique, » partant du texte immuable pour critiquer la théologie courante, qui a marché de génération en génération. Ainsi firent plus tard les karaïtes, les protestants. Jésus porta bien plus énergiquement la hache à la racine. On le voit parfois, il est vrai, invoquer le texte contre les fausses *Masores* ou traditions des pharisiens[1]. Mais, en général, il fait peu d'exégèse; c'est à la conscience qu'il en appelle. Du même coup

---

1. Matth., xv, 2 et suiv.; Marc, vii, 2 et suiv.

il tranche le texte et les commentaires. Il montre bien aux pharisiens qu'avec leurs traditions ils altèrent gravement le mosaïsme ; mais il ne prétend nullement lui-même revenir à Moïse. Son but était en avant, non en arrière. Jésus était plus que le réformateur d'une religion vieillie ; c'était le créateur de la religion éternelle de l'humanité.

Les disputes éclataient surtout à propos d'une foule de pratiques extérieures introduites par la tradition, et que ni Jésus ni ses disciples n'observaient[1]. Les pharisiens lui en faisaient de vifs reproches. Quand il dînait chez eux, il les scandalisait fort en ne s'astreignant pas aux ablutions d'usage. « Donnez l'aumône, disait-il, et tout pour vous deviendra pur [2]. » Ce qui blessait au plus haut degré son tact délicat, c'était l'air d'assurance que les pharisiens portaient dans les choses religieuses, leur dévotion mesquine, qui aboutissait à une vaine recherche de préséances et de titres, nullement à l'amélioration des cœurs. Une admirable parabole rendait cette pensée avec infiniment de charme et de justesse. « Un jour, disait-il, deux hommes montèrent au temple pour prier. L'un était pharisien, et

1. Matth., xv, 2 et suiv.; Marc, vii, 4, 8; Luc, v, sub fin., et vi, init.; xi, 38 et suiv.
2. Luc, xi, 41.

l'autre publicain. Le pharisien debout disait en lui-même : « O Dieu, je te rends grâces de ce que je « ne suis pas comme les autres hommes (par « exemple comme ce publicain), voleur, injuste, « adultère. Je jeûne deux fois la semaine, je donne « la dîme de tout ce que je possède. » Le publicain, au contraire, se tenant éloigné, n'osait lever les yeux au ciel ; mais il se frappait la poitrine en disant : « O Dieu, sois indulgent pour moi, pauvre pécheur. » Je vous le déclare, celui-ci s'en retourna justifié dans sa maison, mais non l'autre[1]. »

Une haine qui ne pouvait s'assouvir que par la mort fut la conséquence de ces luttes. Jean-Baptiste avait déjà provoqué des inimitiés du même genre[2]. Mais les aristocrates de Jérusalem, qui le dédaignaient, avaient laissé les simples gens le tenir pour un prophète[3]. Cette fois, la guerre était à mort. C'était un esprit nouveau qui apparaissait dans le monde et qui frappait de déchéance tout ce qui l'avait précédé. Jean-Baptiste était profondément juif ; Jésus l'était à peine. Jésus s'adresse toujours à la finesse du sentiment moral. Il n'est disputeur que quand il argumente contre les pharisiens, l'adversaire le forçant, comme

1. Luc, XVIII, 9-14 ; comp. *ibid.*, XIV, 7-11.
2. Matth., III, 7 et suiv. ; XVII, 12-13.
3. Matth., XIV, 5 ; XXI, 26 ; Marc, XI, 32 ; Luc, XX, 6.

cela arrive presque toujours, à prendre son propre ton[1]. Ses exquises moqueries, ses malignes provocations frappaient toujours au cœur. Stigmates éternels, elles sont restées figées dans la plaie. Cette tunique de Nessus du ridicule, que le juif, fils des pharisiens, traîne en lambeaux après lui depuis dix-huit siècles, c'est Jésus qui l'a tissée avec un artifice divin. Chefs-d'œuvre de haute raillerie, ses traits se sont inscrits en lignes de feu sur la chair de l'hypocrite et du faux dévot. Traits incomparables, traits dignes d'un fils de Dieu! Un dieu seul sait tuer de la sorte. Socrate et Molière ne font qu'effleurer la peau. Celui-ci porte jusqu'au fond des os le feu et la rage.

Mais il était juste aussi que ce grand maître en ironie payât de la vie son triomphe. Dès la Galilée, les pharisiens cherchèrent à le perdre et employèrent contre lui la manœuvre qui devait leur réussir plus tard à Jérusalem. Ils essayèrent d'intéresser à leur querelle les partisans du nouvel ordre politique qui s'était établi[2]. Les facilités que Jésus trouvait en Galilée pour s'échapper et la faiblesse du gouvernement d'Antipas déjouèrent ces tentatives. Il alla lui-même s'offrir au danger. Il voyait bien que son ac-

1. Matth., xii, 3-8; xxiii, 16 et suiv.
2. Marc, iii, 6.

tion, s'il restait confiné en Galilée, était nécessairement bornée. La Judée l'attirait comme par un charme; il voulut tenter un dernier effort pour gagner la ville rebelle, et sembla prendre à tâche de justifier le proverbe qu'un prophète ne doit point mourir hors de Jérusalem [1].

1. Luc, XIII, 33.

CHAPITRE XXI.

DERNIER VOYAGE DE JÉSUS A JÉRUSALEM.

Depuis longtemps Jésus avait le sentiment des dangers qui l'entouraient[1]. Pendant un espace de temps qu'on peut évaluer à dix-huit mois, il évita d'aller en pèlerinage à Jérusalem[2]. A la fête des Tabernacles de l'an 32 (selon l'hypothèse que nous avons adoptée), ses parents, toujours malveillants et incrédules[3], l'engagèrent à y venir. L'évangéliste Jean semble insinuer qu'il y avait dans cette invitation quelque projet caché pour le perdre. « Révèle-toi au monde, lui disaient-ils ; on ne fait pas ces choses-là dans le secret. Va en Judée, pour qu'on voie ce que tu sais faire. » Jésus, se défiant de quelque

1. Matth., xvi, 20-21; Marc, viii, 30-31.
2. Jean, vii, 1.
3. Jean, vii, 5.

trahison, refusa d'abord ; puis, quand la caravane des pèlerins fut partie, il se mit en route de son côté, à l'insu de tous et presque seul[1]. Ce fut le dernier adieu qu'il dit à la Galilée. La fête des Tabernacles tombait à l'équinoxe d'automne. Six mois devaient encore s'écouler jusqu'au dénouement fatal. Mais durant cet intervalle, Jésus ne revit pas ses chères provinces du nord. Le temps des douceurs est passé; il faut maintenant parcourir pas à pas la voie douloureuse qui se terminera par les angoisses de la mort.

Ses disciples et les femmes pieuses qui le servaient le retrouvèrent en Judée[2]. Mais combien tout ici était changé pour lui! Jésus était un étranger à Jérusalem. Il sentait qu'il y avait là un mur de résistance qu'il ne pénétrerait pas. Entouré de piéges et d'objections, il était sans cesse poursuivi par le mauvais vouloir des pharisiens[3]. Au lieu de cette faculté illimitée de croire, heureux don des natures jeunes, qu'il trouvait en Galilée, au lieu de ces populations bonnes et douces chez lesquelles l'objection (qui est toujours le fruit d'un peu de malveillance et d'indocilité) n'avait point d'accès, il rencontrait ici à chaque pas une incrédulité obstinée, sur laquelle les moyens d'action

1. Jean, vii, 10.
2. Matth., xxvii, 55; Marc, xv, 41; Luc, xxiii, 49, 55.
3. Jean, vii, 20, 25, 30, 32.

qui lui avaient si bien réussi dans le nord avaient peu de prise. Ses disciples, en qualité de Galiléens, étaient méprisés. Nicodème, qui avait eu avec lui dans un de ses précédents voyages un entretien de nuit, faillit se compromettre au sanhédrin pour avoir voulu le défendre. « Eh quoi ! toi aussi tu es Galiléen? lui dit-on; consulte les Écritures; est-ce qu'il peut venir un prophète de Galilée [1] ? »

La ville, comme nous l'avons déjà dit, déplaisait à Jésus. Jusque-là, il avait toujours évité les grands centres, préférant pour son action les campagnes et les villes de médiocre importance. Plusieurs des préceptes qu'il donnait à ses apôtres étaient absolument inapplicables hors d'une simple société de petites gens [2]. N'ayant nulle idée du monde, accoutumé à son aimable communisme galiléen, il lui échappait sans cesse des naïvetés, qui à Jérusalem pouvaient paraître singulières [3]. Son imagination, son goût de la nature se trouvaient à l'étroit dans ces murailles. La vraie religion ne devait pas sortir du tumulte des villes, mais de la tranquille sérénité des champs.

1. Jean, vii, 50 et suiv.
2. Matth., x, 11-13; Marc, vi, 10; Luc, x, 5-8.
3. Matth., xxi, 3; xxvi, 18; Marc, xi, 3; xiv, 13-14; Luc, xix, 31; xxii, 10-12.

L'arrogance des prêtres lui rendait les parvis du temple désagréables. Un jour, quelques-uns de ses disciples, qui connaissaient mieux que lui Jérusalem, voulurent lui faire remarquer la beauté des constructions du temple, l'admirable choix des matériaux, la richesse des offrandes votives qui couvraient les murs : « Vous voyez tous ces édifices, dit-il ; eh bien ! je vous le déclare, il n'en restera pas pierre sur pierre[1]. » Il refusa de rien admirer, si ce n'est une pauvre veuve qui passait à ce moment-là, et jetait dans le tronc une petite obole : « Elle a donné plus que les autres, dit-il ; les autres ont donné de leur superflu ; elle, de son nécessaire[2]. » Cette façon de regarder en critique tout ce qui se faisait à Jérusalem, de relever le pauvre qui donnait peu, de rabaisser le riche qui donnait beaucoup[3], de blâmer le clergé opulent qui ne faisait rien pour le bien du peuple, exaspéra naturellement la caste sacerdotale. Siége d'une aristocratie conservatrice, le temple, comme le *haram* musulman qui lui a succédé, était le dernier endroit du monde où la révolution pouvait réussir. Qu'on suppose un novateur allant

1. Matth., xxiv, 1-2 ; Marc, xiii, 1-2 ; Luc, xix, 44 ; xxi, 5-6. Cf Marc, xi, 11.
2. Marc, xii, 41 et suiv.; Luc, xxi, 1 et suiv.
3. Marc, xii, 41.

de nos jours prêcher le renversement de l'islamisme autour de la mosquée d'Omar! C'était là pourtant le centre de la vie juive, le point où il fallait vaincre ou mourir. Sur ce calvaire, où certainement Jésus souffrit plus qu'au Golgotha, ses jours s'écoulaient dans la dispute et l'aigreur, au milieu d'ennuyeuses controverses de droit canon et d'exégèse, pour lesquelles sa grande élévation morale lui donnait peu d'avantage, que dis-je? lui créait une sorte d'infériorité.

Au sein de cette vie troublée, le cœur sensible et bon de Jésus réussit à se créer un asile où il jouit de beaucoup de douceur. Après avoir passé la journée aux disputes du temple, Jésus descendait le soir dans la vallée de Cédron, prenait un peu de repos dans le verger d'un établissement agricole (probablement une exploitation d'huile) nommé *Gethsémani*[1], qui servait de lieu de plaisance aux habitants, et allait passer la nuit sur le mont des Oliviers, qui borne au levant l'horizon de la ville[2]. Ce côté est le seul, aux environs de Jérusalem,

---

1. Marc, XI, 19; Luc, XXII, 39; Jean, XVIII, 1-2. Ce verger ne pouvait être fort loin de l'endroit où la piété des catholiques a entouré d'un mur quelques vieux oliviers. Le mot *Gethsémani* semble signifier « pressoir à huile. »

2. Luc, XXI, 37; XXII, 39; Jean, VIII, 1-2.

qui offre un aspect quelque peu riant et vert. Les plantations d'oliviers, de figuiers, de palmiers y étaient nombreuses et donnaient leurs noms aux villages, fermes ou enclos de Bethphagé, Gethsémani, Béthanie [1]. Il y avait sur le mont des Oliviers deux grands cèdres, dont le souvenir se conserva longtemps chez les Juifs dispersés; leurs branches servaient d'asile à des nuées de colombes, et sous leur ombrage s'étaient établis de petits bazars [2]. Toute cette banlieue fut en quelque sorte le quartier de Jésus et de ses disciples; on voit qu'ils la connaissaient presque champ par champ et maison par maison.

Le village de Béthanie, en particulier [3], situé au sommet de la colline, sur le versant qui donne vers la mer Morte et le Jourdain, à une heure et demie de Jérusalem, était le lieu de prédilection de Jésus [4]. Il y fit la connaissance d'une famille composée de trois personnes, deux sœurs et un frère, dont l'amitié eut pour lui beaucoup de charme [5]. Des deux sœurs, l'une, nommée Marthe, était une

---

1. Talm. de Bab., *Pesachim,* 53 *a.*
2. Talm. de Jérus., *Taanith,* iv, 8.
3. Aujourd'hui *El-Azirié* (de *El-Azir,* nom arabe de Lazare); dans des textes chrétiens du moyen âge, *Lazarium.*
4. Matth., xxi, 17-18; Marc, xi, 11-12.
5. Jean, xi, 5.

personne obligeante, bonne, empressée[1]; l'autre, au contraire, nommée Marie, plaisait à Jésus par une sorte de langueur[2], et par ses instincts spéculatifs très-développés. Souvent, assise aux pieds de Jésus, elle oubliait à l'écouter les devoirs de la vie réelle. Sa sœur, alors, sur qui retombait tout le service, se plaignait doucement : « Marthe, Marthe, lui disait Jésus, tu te tourmentes et te soucies de beaucoup de choses; or, une seule est nécessaire. Marie a choisi la meilleure part, qui ne lui sera point enlevée[3]. » Le frère, Eléazar, ou Lazare, était aussi fort aimé de Jésus[4]. Enfin, un certain Simon le Lépreux, qui était le propriétaire de la maison, faisait, ce semble, partie de la famille[5]. C'est là qu'au sein d'une pieuse amitié Jésus oubliait les dégoûts de la vie publique. Dans ce tranquille intérieur, il se consolait des tracasseries que les pharisiens et les scribes ne cessaient de lui susciter. Il s'asseyait souvent sur le mont des Oliviers, en face du mont Moria[6], ayant sous les yeux la splendide perspective des terrasses

1. Luc, x, 38-42; Jean, xii, 2.
2. Jean, xi, 20.
3. Luc, x, 38 et suiv.
4. Jean, xi, 35-36.
5. Matth., xxvi, 6; Marc, xiv, 3; Luc, vii, 40, 43; Jean, xii, 1 et suiv.
6. Marc, xiii, 3.

du temple et de ses toits couverts de lames étincelantes. Cette vue frappait d'admiration les étrangers; au lever du soleil surtout, la montagne sacrée éblouissait les yeux et paraissait comme une masse de neige et d'or[1]. Mais un profond sentiment de tristesse empoisonnait pour Jésus le spectacle qui remplissait tous les autres israélites de joie et de fierté. « Jérusalem, Jérusalem, qui tues les prophètes et lapides ceux qui te sont envoyés, s'écriait-il dans ces moments d'amertume, combien de fois j'ai essayé de rassembler tes enfants comme la poule rassemble ses petits sous ses ailes, et tu n'as pas voulu[2]! »

Ce n'est pas que plusieurs bonnes âmes, ici comme en Galilée, ne se laissassent toucher. Mais tel était le poids de l'orthodoxie dominante que très-peu osaient l'avouer. On craignait de se décréditer aux yeux des Hiérosolymites en se mettant à l'école d'un galiléen. On eût risqué de se faire chasser de la synagogue, ce qui dans une société bigote et mesquine était le dernier affront[3]. L'excommunication d'ailleurs entraînait la confiscation de tous les biens[4]. Pour

---

1. Josèphe, *B. J.*, V, v, 6.
2. Matth., XXIII, 37; Luc, XIII, 34.
3. Jean, VII, 13; XII, 42-43; XIX, 38.
4. I Esdr., x, 8; Épître aux Hébr., x, 34; Talm. de Jérus., *Moëd katon*, III, 1.

cesser d'être juif, on ne devenait pas romain ; on restait sans défense sous le coup d'une législation théocratique de la plus atroce sévérité. Un jour, les bas officiers du temple, qui avaient assisté à un des discours de Jésus et en avaient été enchantés, vinrent confier leurs doutes aux prêtres : « Est-ce que quelqu'un des princes ou des pharisiens a cru en lui? leur fut-il répondu ; toute cette foule, qui ne connaît pas la Loi, est une canaille maudite [1]. » Jésus restait ainsi à Jérusalem un provincial admiré des provinciaux comme lui, mais repoussé par toute l'aristocratie de la nation. Les chefs d'écoles et de sectes étaient trop nombreux pour qu'on fût fort ému d'en voir paraître un de plus. Sa voix eut à Jérusalem peu d'éclat. Les préjugés de race et de secte, les ennemis directs de l'esprit de l'évangile, y étaient trop enracinés.

Son enseignement, dans ce monde nouveau, se modifia nécessairement beaucoup. Ses belles prédications, dont l'effet était toujours calculé sur la jeunesse de l'imagination et la pureté de la conscience morale des auditeurs, tombaient ici sur la pierre. Lui, si à l'aise au bord de son charmant petit lac, était gêné, dépaysé en face des pédants. Ses affirmations

---

[1]. Jean, VII, 45 et suiv.

perpétuelles de lui-même prirent quelque chose de fastidieux[1]. Il dut se faire controversiste, juriste, exégète, théologien. Ses conversations, d'ordinaire pleines de grâce, deviennent un feu roulant de disputes[2], une suite interminable de batailles scolastiques. Son harmonieux génie s'exténue en des argumentations insipides sur la Loi et les prophètes[3], où nous aimerions mieux ne pas le voir quelquefois jouer le rôle d'agresseur[4]. Il se prête, avec une condescendance qui nous blesse, aux examens captieux que des ergoteurs sans tact lui font subir[5]. En général, il se tirait d'embarras avec beaucoup de finesse. Ses raisonnements, il est vrai, étaient souvent subtils (la simplicité d'esprit et la subtilité se touchent ; quand le simple veut raisonner, il est toujours un peu sophiste) ; on peut trouver que quelquefois il recherche les malentendus et les prolonge à dessein[6] ; son argumentation, jugée d'après les règles de la logique aristotélicienne, est très-faible. Mais quand le charme sans pareil de son

1. Jean, VIII, 13 et suiv.
2. Matth., XXI, 23-37.
3. Matth., XXII, 23 et suiv.
4. Matth., XXII, 42 et suiv.
5. Matth., XXII, 36 et suiv., 46.
6. Voir surtout les discussions rapportées par Jean, chapitre VIII par exemple ; il est vrai que l'authenticité de pareils morceaux n'est que relative.

esprit trouvait à se montrer, c'étaient des triomphes. Un jour on crut l'embarrasser en lui présentant une femme adultère et en lui demandant comment il fallait la traiter. On sait l'admirable réponse de Jésus [1]. La fine raillerie de l'homme du monde, tempérée par une bonté divine, ne pouvait s'exprimer en un trait plus exquis. Mais l'esprit qui s'allie à la grandeur morale est celui que les sots pardonnent le moins. En prononçant ce mot d'un goût si juste et si pur : « Que celui d'entre vous qui est sans péché lui jette la première pierre ! » Jésus perça au cœur l'hypocrisie, et du même coup signa son arrêt de mort.

Il est probable, en effet, que sans l'exaspération causée par tant de traits amers, Jésus eût pu longtemps rester inaperçu et se perdre dans l'épouvantable orage qui allait bientôt emporter la nation juive tout entière. Le haut sacerdoce et les sadducéens avaient pour lui plutôt du dédain que de la haine. Les grandes familles sacerdotales, les *Boëthusim*, la famille de Hanan, ne se montraient guère fana-

[1]. Jean, VIII, 3 et suiv. Ce passage ne faisait point d'abord partie de l'évangile de saint Jean ; il manque dans les manuscrits les plus anciens, et le texte en est assez flottant. Néanmoins, il est de tradition évangélique primitive, comme le prouvent les particularités singulières des versets 6, 8, qui ne sont pas dans le goût de Luc et des compilateurs de seconde main, lesquels ne mettent rien qui ne s'explique de soi-même. Cette histoire se trouvait, à ce

tiques que de repos. Les sadducéens repoussaient comme Jésus les « traditions » des pharisiens[1]. Par une singularité fort étrange, c'étaient ces incrédules, niant la résurrection, la loi orale, l'existence des anges, qui étaient les vrais Juifs, ou pour mieux dire, la vieille loi dans sa simplicité ne satisfaisant plus aux besoins religieux du temps, ceux qui s'y tenaient strictement et repoussaient les inventions modernes faisaient aux dévots l'effet d'impies, à peu près comme un protestant évangélique paraît aujourd'hui un mécréant dans les pays orthodoxes. En tout cas, ce n'était pas d'un tel parti que pouvait venir une réaction bien vive contre Jésus. Le sacerdoce officiel, les yeux tournés vers le pouvoir politique et intimement lié avec lui, ne comprenait rien à ces mouvements enthousiastes. C'était la bourgeoisie pharisienne, c'étaient les innombrables *soferim* ou scribes, vivant de la science des « traditions, » qui prenaient l'alarme et qui étaient en réalité menacés dans leurs préjugés et leurs intérêts par la doctrine du maître nouveau.

Un des plus constants efforts des pharisiens était d'attirer Jésus sur le terrain des questions politiques et de le compromettre dans le parti de Judas le Gau-

qu'il semble, dans l'évangile selon les Hébreux (Papias, cité par Eusèbe, *Hist. eccl.*, III, 39).
1. Jos., *Ant.*, XIII, x, 6; XVIII, I, 4.

lonite. La tactique était habile; car il fallait la profonde ingénuité de Jésus pour ne s'être point encore brouillé avec l'autorité romaine, nonobstant sa proclamation du royaume de Dieu. On voulut déchirer cette équivoque et le forcer à s'expliquer. Un jour, un groupe de pharisiens et de ces politiques qu'on nommait « Hérodiens » (probablement des *Boëthusim*), s'approcha de lui, et sous apparence de zèle pieux : « Maître, lui dirent-ils, nous savons que tu es véridique et que tu enseignes la voie de Dieu sans égard pour qui que ce soit. Dis-nous donc ce que tu penses : Est-il permis de payer le tribut à César? » Ils espéraient une réponse qui donnât un prétexte pour le livrer à Pilate. Celle de Jésus fut admirable. Il se fit montrer l'effigie de la monnaie : « Rendez, dit-il, à César ce qui est à César, à Dieu ce qui est à Dieu [1]. » Mot profond qui a décidé de l'avenir du christianisme! Mot d'un spiritualisme accompli et d'une justesse merveilleuse, qui a fondé la séparation du spirituel et du temporel, et a posé la base du vrai libéralisme et de la vraie civilisation !

Son doux et pénétrant génie lui inspirait, quand il était seul avec ses disciples, des accents pleins de charme : « En vérité, en vérité, je vous le dis, celui

[1]. Matth., XXII, 15 et suiv.; Marc, XII, 13 et suiv.; Luc, XX, 20 et suiv. Comp. Talm. de Jérus., *Sanhédrin*, II, 3.

qui n'entre pas par la porte dans la bergerie est un voleur. Celui qui entre par la porte est le vrai berger. Les brebis entendent sa voix; il les appelle par leur nom et les mène aux pâturages; il marche devant elles, et les brebis le suivent, parce qu'elles connaissent sa voix. Le larron ne vient que pour dérober, pour tuer, pour détruire. Le mercenaire, à qui les brebis n'appartiennent pas, voit venir le loup, abandonne les brebis et s'enfuit. Mais moi, je suis le bon berger; je connais mes brebis; mes brebis me connaissent; et je donne ma vie pour elles[1]. » L'idée d'une prochaine solution à la crise de l'humanité lui revenait fréquemment : « Quand le figuier, disait-il, se couvre de jeunes pousses et de feuilles tendres, vous savez que l'été approche. Levez les yeux, et voyez le monde; il est blanc pour la moisson[2]. »

Sa forte éloquence se retrouvait toutes les fois qu'il s'agissait de combattre l'hypocrisie. « Sur la chaire de Moïse, sont assis les scribes et les pharisiens. Faites ce qu'ils vous disent; mais ne faites pas comme ils font; car ils disent et ne font pas. Ils composent des charges pesantes, impossibles à porter, et ils les mettent sur les épaules des autres;

---

1. Jean, x, 1-16.
2. Matth., xxiv, 32; Marc, xiii, 28; Luc, xxi, 30; Jean, iv, 35.

quant à eux, ils ne voudraient pas les remuer du bout du doigt.

« Ils font toutes leurs actions pour être vus des hommes: ils se promènent en longues robes; ils portent de larges phylactères [1]; ils ont de grandes bordures à leurs habits [2]; ils aiment à avoir les premières places dans les festins et les premiers siéges dans les synagogues, à être salués dans les rues et appelés « Maître. » Malheur à eux!...

« Malheur à vous, scribes et pharisiens hypocrites, qui avez pris la clef de la science et ne vous en servez que pour fermer aux hommes le royaume des cieux [3]! Vous n'y entrez pas, et vous empêchez les autres d'y entrer. Malheur à vous, qui engloutissez les maisons des veuves, en simulant de longues prières! Votre jugement sera en proportion. Malheur à vous, qui parcourez les terres et les mers pour ga-

---

1. *Totafôth* ou *tefillin,* lames de métal ou bandes de parchemin, contenant des passages de la Loi, que les Juifs dévots portaient attachées au front et au bras gauche, en exécution littérale des passages *Ex.*, XIII, 9; *Deutéronome,* VI, 8; XI, 18.
2. *Zizith,* bordures ou franges rouges que les Juifs portaient au coin de leur manteau pour se distinguer des païens (*Nombres,* XV, 38-39; *Deutér.,* XXII, 12).
3. Les pharisiens excluent les hommes du royaume de Dieu par leur casuistique méticuleuse, qui en rend l'entrée trop difficile et qui décourage les simples.

gner un proselyte, et qui ne savez en faire qu'un fils de la Géhenne! Malheur à vous, car vous êtes comme les tombeaux qui ne paraissent pas, et sur lesquels on marche sans le savoir[1]!

« Insensés et aveugles! qui payez la dîme pour un brin de menthe, d'anet, et de cumin, et qui négligez des commandements bien plus graves, la justice, la pitié, la bonne foi! Voilà les préceptes qu'il fallait observer; les autres, il était bien de ne pas les négliger. Guides aveugles, qui filtrez votre vin pour ne pas avaler un insecte, et qui engloutissez un chameau, malheur à vous!

«Malheur à vous, scribes et pharisiens hypocrites! Car vous nettoyez le dehors de la coupe et du plat[2]; mais le dedans, qui est plein de rapine et de cupidité, vous n'y prenez point garde. Pharisien aveugle[3],

---

1. Le contact des tombeaux rendait impur. Aussi avait-on soin d'en marquer soigneusement la périphérie sur le sol. Talm. de Bab., *Baba Bathra,* 58 *a; Baba Metsia,* 45 *b.* Le reproche que Jésus adresse ici aux pharisiens est d'avoir inventé une foule de petits préceptes qu'on viole sans y penser et qui ne servent qu'à multiplier les contraventions à la Loi.

2. La purification de la vaisselle était assujettie, chez les pharisiens, aux règles les plus compliquées (Marc, VII, 4).

3. Cette épithète, souvent répétée (Matth., XXIII, 16, 17, 19, 24, 26), renferme peut-être une allusion à l'habitude qu'avaient certains pharisiens de marcher les yeux fermés par affectation de sainteté. Voir ci-dessus, p. 328.

lave d'abord le dedans; puis tu songeras à la propreté du dehors[1].

«Malheur à vous, scribes et pharisiens hypocrites! Car vous ressemblez à des sépulcres blanchis[2], qui du dehors semblent beaux, mais qui au dedans sont pleins d'os de morts et de toute sorte de pourriture. En apparence, vous êtes justes; mais au fond vous êtes remplis de feinte et de péché.

«Malheur à vous, scribes et pharisiens hypocrites, qui bâtissez les tombeaux des prophètes, et ornez les monuments des justes, et qui dites : Si nous eussions vécu du temps de nos pères, nous n'eussions pas trempé avec eux dans le meurtre des prophètes ! Ah! vous convenez donc que vous êtes les enfants de ceux qui ont tué les prophètes. Eh bien! achevez de combler la mesure de vos pères. La Sagesse de Dieu a eu bien raison de dire[3] : « Je vous enverrai des

1. Luc (XI, 37 et suiv.) suppose, non peut-être sans raison, que ce verset fut prononcé dans un repas, en réponse à de vains scrupules des pharisiens.

2. Les tombeaux étant impurs, on avait coutume de les blanchir à la chaux, pour avertir de ne pas s'en approcher. V. page précédente, note 1, et Mischna, *Maasar scheni,* v, 1; Talm. de Jérus., *Schekalim,* I, 1; *Maasar scheni,* v, 1; *Moëd katon,* I, 2; *Sota,* IX, 1; Talm. de Bab., *Moëd katon,* 5 *a.* Peut-être y a-t-il dans la comparaison dont se sert Jésus une allusion aux « pharisiens teints. » (V. ci-dessus, p. 328.)

3. On ignore à quel livre est empruntée cette citation.

« prophètes, des sages, des savants ; vous tuerez et
« crucifierez les uns, vous ferez fouetter les autres
« dans vos synagogues, vous les poursuivrez de ville
« en ville ; afin qu'un jour retombe sur vous tout le
« sang innocent qui a été répandu sur la terre, de-
« puis le sang d'Abel le juste jusqu'au sang de Zacha-
« rie, fils de Barachie [1], que vous avez tué entre le
« temple et l'autel. » Je vous le dis, c'est à la génération présente que tout ce sang sera redemandé [2]. »

Son dogme terrible de la substitution des gentils, cette idée que le royaume de Dieu allait être transféré à d'autres, ceux à qui il était destiné n'en ayant pas voulu [3], revenait comme une menace sanglante contre l'aristocratie, et son titre de Fils de Dieu qu'il avouait ouvertement dans de vives paraboles [4], où ses ennemis

---

[1]. Il y a ici une légère confusion, qui se retrouve dans le targum dit de Jonathan (*Lament.*, II, 20), entre Zacharie, fils de Joïada, et Zacharie, fils de Barachie, le prophète. C'est du premier qu'il s'agit (*II Paral.*, XXIV, 21). Le livre des Paralipomènes, où l'assassinat de Zacharie, fils de Joïada, est raconté, ferme le canon hébreu. Ce meurtre est le dernier dans la liste des meurtres d'hommes justes, dressée selon l'ordre où ils se présentent dans la Bible. Celui d'Abel est au contraire le premier.

[2]. Matth., XXIII, 2-36 ; Marc, XII, 38-40 ; Luc, XI, 39-52 ; XX, 46-47.

[3]. Matth., VIII, 11-12 ; XX, 1 et suiv. ; XXI, 28 et suiv., 33 et suiv., 43 ; XXII, 1 et suiv. ; Marc, XII, 1 et suiv. ; Luc, XX, 9 et suiv.

[4]. Matth., XXI, 37 et suiv. ; Jean, X, 36 et suiv.

jouaient le rôle de meurtriers des envoyés célestes, était un défi au judaïsme légal. L'appel hardi qu'il adressait aux humbles était plus séditieux encore. Il déclarait qu'il était venu éclairer les aveugles et aveugler ceux qui croient voir[1]. Un jour, sa mauvaise humeur contre le temple lui arracha un mot imprudent : « Ce temple bâti de main d'homme, dit-il, je pourrais, si je voulais, le détruire, et en trois jours j'en rebâtirais un autre non construit de main d'homme[2]. » On ne sait pas bien quel sens Jésus attachait à ce mot, où ses disciples cherchèrent des allégories forcées. Mais comme on ne voulait qu'un prétexte, le mot fut vivement relevé. Il figurera dans les considérants de l'arrêt de mort de Jésus, et retentira à son oreille parmi les angoisses dernières du Golgotha. Ces discussions irritantes finissaient toujours par des orages. Les pharisiens lui jetaient des pierres[3]; en quoi ils ne faisaient qu'exécuter un article de la Loi, ordonnant de lapider sans l'entendre tout prophète, même thaumaturge, qui détournerait le peuple du vieux culte[4]. D'autres fois, ils l'appelaient fou, pos-

1. Jean, ix, 39.
2. La forme la plus authentique de ce mot paraît être dans Marc, xiv, 58; xv, 29. Cf. Jean, ii, 19; Matth., xxvi, 61; xxvii, 40.
3. Jean, viii, 39; x, 31; xi, 8.
4. *Deutér.*, xiii, 1 et suiv. Comp. Luc, xx, 6; Jean, x, 33; II Cor., xi, 25.

sédé, samaritain[1], ou cherchaient même à le tuer[2]. On prenait note de ses paroles pour invoquer contre lui les lois d'une théocratie intolérante, que la domination romaine n'avait pas encore abrogées[3].

1. Jean, x, 20.
2. Jean, v, 18; vii, 1, 20, 25, 30; viii, 37, 40.
3. Luc, xi, 53-54.

CHAPITRE XXII.

MACHINATIONS DES ENNEMIS DE JÉSUS.

Jésus passa l'automne et une partie de l'hiver à Jérusalem. Cette saison y est assez froide. Le portique de Salomon, avec ses allées couvertes, était le lieu où il se promenait habituellement[1]. Ce portique se composait de deux galeries, formées par trois rangs de colonnes, et recouvertes d'un plafond en bois sculpté[2]. Il dominait la vallée de Cédron, qui était sans doute moins encombrée de déblais qu'elle ne l'est aujourd'hui. L'œil, du haut du portique, ne mesurait pas le fond du ravin, et il semblait, par suite de l'inclinaison des talus, qu'un abîme s'ouvrît à pic sous le mur[3]. L'autre côté de la vallée possédait

---

1. Jean, x, 23.
2. Jos., *B. J.*, V, v, 2. Comp. *Ant.*, XV, xi, 5; XX, ix, 7.
3. Jos., endroits cités.

déjà sa parure de somptueux tombeaux. Quelques-uns des monuments qu'on y voit aujourd'hui étaient peut-être ces cénotaphes en l'honneur des anciens prophètes [1] que Jésus montrait du doigt, quand, assis sous le portique, il foudroyait les classes officielles, qui abritaient derrière ces masses colossales leur hypocrisie ou leur vanité [2].

A la fin du mois de décembre, il célébra à Jérusalem la fête établie par Judas Macchabée en souvenir de la purification du temple après les sacriléges d'Antiochus Épiphane [3]. On l'appelait aussi la « Fête des lumières, » parce que durant les huit journées de la fête on tenait dans les maisons des lampes allumées [4]. Jésus entreprit peu après un voyage en Pérée et sur les bords du Jourdain, c'est-à-dire dans les pays mêmes qu'il avait visités quelques années auparavant, lorsqu'il suivait l'école de Jean [5], et où il avait lui-même administré le baptême. Il y recueillit, ce semble,

---

1. Voir ci-dessus, p. 352. Je suis porté à supposer que les tombeaux dits de Zacharie et d'Absalom étaient des monuments de ce genre. Cf. *Itin. a Burdig. Hierus.*, p. 153 (édit. Schott).

2. Matth., XXIII, 29; Luc, XI, 47.

3. Jean, X, 22. Comp. I Macch., IV, 52 et suiv.; II Macch., X, 6 et suiv.

4. Jos., *Ant.*, XII, VII, 7.

5. Jean, X, 40. Cf. Matth., XIX, 1; Marc, X, 1. Ce voyage est connu des synoptiques. Mais ils semblent croire que Jésus le fit en venant de Galilée à Jérusalem par la Pérée.

quelques consolations, surtout à Jéricho. Cette ville, soit comme tête de route très-importante, soit à cause de ses jardins de parfums et de ses riches cultures[1], avait un poste de douane assez considérable. Le receveur en chef, Zachée, homme riche, désira voir Jésus[2]. Comme il était de petite taille, il monta sur un sycomore près de la route où devait passer le cortége. Jésus fut touché de cette naïveté d'un personnage considérable. Il voulut descendre chez Zachée, au risque de produire du scandale. On murmura beaucoup, en effet, de le voir honorer de sa visite la maison d'un pécheur. En partant, Jésus déclara son hôte bon fils d'Abraham, et comme pour ajouter au dépit des orthodoxes, Zachée devint un saint : il donna, dit-on, la moitié de ses biens aux pauvres et répara au double les torts qu'il pouvait avoir faits. Ce ne fut pas là du reste la seule joie de Jésus. Au sortir de la ville, le mendiant Bartimée[3] lui fit beaucoup de plaisir en l'appelant obstinément « fils de David, » quoiqu'on lui enjoignît de se taire. Le cycle des miracles galiléens sembla un moment se rouvrir dans ce pays, que beau-

---

[1]. *Eccli.*, xxiv, 18; Strabon, XVI, ii, 41; Justin, XXXVI, 3; Jos., *Ant.*, IV, vi, 1; XIV, iv, 1; XV, iv, 2.
[2]. Luc, xix, 1 et suiv.
[3]. Matth., xx, 29; Marc, x, 46 et suiv.; Luc, xviii, 35.

coup d'analogies rattachaient aux provinces du Nord. La délicieuse oasis de Jéricho, alors bien arrosée, devait être un des endroits les plus beaux de la Syrie. Josèphe en parle avec la même admiration que de la Galilée, et l'appelle comme cette dernière province un « pays divin[1]. »

Jésus, après avoir accompli cette espèce de pèlerinage aux lieux de sa première activité prophétique, revint à son séjour chéri de Béthanie, où se passa un fait singulier qui semble avoir eu sur la fin de sa vie des conséquences décisives[2]. Fatigués du mauvais accueil que le royaume de Dieu trouvait dans la capitale, les amis de Jésus désiraient un grand miracle qui frappât vivement l'incrédulité hiérosolymite. La résurrection d'un homme connu à Jérusalem dut paraître ce qu'il y avait de plus convaincant. Il faut se rappeler ici que la condition essentielle de la vraie critique est de comprendre la diversité des temps, et de se dépouiller des répugnances instinctives qui sont le fruit d'une éducation purement raisonnable. Il faut se rappeler aussi que dans cette ville impure et pesante de Jérusalem, Jésus n'était plus lui-même. Sa conscience, par la faute des hommes et non par la

---

[1]. *B. J.*, IV, VIII, 3. Comp. *ibid.*, I, VI, 6; I, XVIII, 5, et *Antiq.*, XV, IV, 2.

[2]. Jean, XI, 1 et suiv.

sienne, avait perdu quelque chose de sa limpidité primordiale. Désespéré, poussé à bout, il ne s'appartenait plus. Sa mission s'imposait à lui, et il obéissait au torrent. Comme cela arrive toujours dans les grandes carrières divines, il subissait les miracles que l'opinion exigeait de lui bien plus qu'il ne les faisait. A la distance où nous sommes, et en présence d'un seul texte, offrant des traces évidentes d'artifices de composition, il est impossible de décider si, dans le cas présent, tout est fiction ou si un fait réel arrivé à Béthanie servit de base aux bruits répandus. Il faut reconnaître cependant que le tour de la narration de Jean a quelque chose de profondément différent des récits de miracles, éclos de l'imagination populaire, qui remplissent les synoptiques. Ajoutons que Jean est le seul évangéliste qui ait une connaissance précise des relations de Jésus avec la famille de Béthanie, et qu'on ne comprendrait pas qu'une création populaire fût venue prendre sa place dans un cadre de souvenirs aussi personnels. Il est donc vraisemblable que le prodige dont il s'agit ne fut pas un de ces miracles complétement légendaires et dont personne n'est responsable. En d'autres termes, nous pensons qu'il se passa à Béthanie quelque chose qui fut regardé comme une résurrection.

La renommée attribuait déjà à Jésus deux ou trois

faits de ce genre ¹. La famille de Béthanie put être amenée presque sans s'en douter à l'acte important qu'on désirait. Jésus y était adoré. Il semble que Lazare était malade, et que ce fut même sur un message des sœurs alarmées que Jésus quitta la Pérée². La joie de son arrivée put ramener Lazare à la vie. Peut-être aussi l'ardent désir de fermer la bouche à ceux qui niaient outrageusement la mission divine de leur ami entraîna-t-elle ces personnes passionnées au delà de toutes les bornes. Peut-être Lazare, pâle encore de sa maladie, se fit-il entourer de bandelettes comme un mort et enfermer dans son tombeau de famille. Ces tombeaux étaient de grandes chambres taillées dans le roc, où l'on pénétrait par une ouverture carrée, que fermait une dalle énorme. Marthe et Marie vinrent au-devant de Jésus, et, sans le laisser entrer dans Béthanie, le conduisirent à la grotte. L'émotion qu'éprouva Jésus près du tombeau de son ami, qu'il croyait mort³, put être prise par les assistants pour ce trouble, ce frémissement ⁴ qui accompagnaient les miracles; l'opinion populaire vou-

---

1. Matth., IX, 18 et suiv.; Marc, V, 22 et suiv.; Luc, VII, 11 et suiv.; VIII, 41 et suiv.
2. Jean, XI, 3 et suiv.
3. Jean, XI, 35 et suiv.
4. Jean, XI, 33, 38.

lant que la vertu divine fût dans l'homme comme un principe épileptique et convulsif. Jésus (toujours dans l'hypothèse ci-dessus énoncée) désira voir encore une fois celui qu'il avait aimé, et, la pierre ayant été écartée, Lazare sortit avec ses bandelettes et la tête entourée d'un suaire. Cette apparition dut naturellement être regardée par tout le monde comme une résurrection. La foi ne connaît d'autre loi que l'intérêt de ce qu'elle croit le vrai. Le but qu'elle poursuit étant pour elle absolument saint, elle ne se fait aucun scrupule d'invoquer de mauvais arguments pour sa thèse, quand les bons ne réussissent pas. Si telle preuve n'est pas solide, tant d'autres le sont!... Si tel prodige n'est pas réel, tant d'autres l'ont été!... Intimement persuadés que Jésus était thaumaturge, Lazare et ses deux sœurs purent aider un de ses miracles à s'exécuter, comme tant d'hommes pieux qui, convaincus de la vérité de leur religion, ont cherché à triompher de l'obstination des hommes par des moyens dont ils voyaient bien la faiblesse. L'état de leur conscience était celui des stigmatisées, des convulsionnaires, des possédées de couvent, entraînées par l'influence du monde où elles vivent et par leur propre croyance à des actes feints. Quant à Jésus, il n'était pas plus maître que saint Bernard, que saint François d'Assise de modérer l'avidité de la foule et de ses propres disciples pour le merveilleux. La mort, d'ailleurs, allait dans quelques jours lui rendre sa liberté divine, et l'arracher aux fatales nécessités d'un rôle qui chaque jour devenait plus exigeant, plus difficile à soutenir.

Tout semble faire croire, en effet, que le miracle de Béthanie contribua sensiblement à avancer la fin de Jésus [1]. Les personnes qui en avaient été témoins se répandirent dans la ville, et en parlèrent beaucoup. Les disciples racontèrent le fait avec des détails de mise en scène combinés en vue de l'argumentation. Les autres miracles de Jésus étaient des actes passagers, acceptés spontanément par la foi, grossis par la renommée populaire, et sur lesquels, une fois passés, on ne revenait plus. Celui-ci était un véritable événement, qu'on prétendait de notoriété publique, et avec lequel on espérait fermer la bouche aux pharisiens [2]. Les ennemis de Jésus furent fort irrités de tout ce bruit. Ils essayèrent, dit-on, de tuer Lazare [3]. Ce qu'il y a de certain, c'est que dès lors un conseil fut assemblé par les chefs des prêtres [4], et que dans ce conseil la question fut nettement posée :

1. Jean, XI, 46 et suiv.; XII, 2, 9 et suiv., 17 et suiv.
2. Jean, XII, 9-10, 17-18.
3. Jean, XII, 10.
4. Jean, XI, 47 et suiv.

« Jésus et le judaïsme pouvaient-ils vivre ensemble? »
Poser la question, c'était la résoudre, et sans être prophète, comme le veut l'évangéliste, le grand-prêtre put très-bien prononcer son axiome sanglant :
« Il est utile qu'un homme meure pour tout le peuple. »

« Le grand-prêtre de cette année, » pour prendre une expression du quatrième évangéliste, qui rend très-bien l'état d'abaissement où se trouvait réduit le souverain pontificat, était Joseph Kaïapha, nommé par Valérius Gratus et tout dévoué aux Romains. Depuis que Jérusalem dépendait des procurateurs, la charge de grand-prêtre était devenue une fonction amovible ; les destitutions s'y succédaient presque chaque année[1]. Kaïapha, cependant, se maintint plus longtemps que les autres. Il avait revêtu sa charge l'an 25, et il ne la perdit que l'an 36. On ne sait rien de son caractère. Beaucoup de circonstances portent à croire que son pouvoir n'était que nominal. A côté et au-dessus de lui, en effet, nous voyons toujours un autre personnage, qui paraît avoir exercé, au moment décisif qui nous occupe, un pouvoir prépondérant.

Ce personnage était le beau-père de Kaïapha,

---

1. Jos., *Ant.*, XV, III, 1; XVIII, II, 2; v, 3; XX, IX, 1, 4.

Hanan ou Annas [1], fils de Seth, vieux grand-prêtre déposé, qui, au milieu de cette instabilité du pontificat, conserva au fond toute l'autorité. Hanan avait reçu le souverain sacerdoce du légat Quirinius, l'an 7 de notre ère. Il perdit ses fonctions l'an 14, à l'avénement de Tibère ; mais il resta très-considéré. On continuait à l'appeler « grand-prêtre, » quoiqu'il fût hors de charge[2], et à le consulter sur toutes les questions graves. Pendant cinquante ans, le pontificat demeura presque sans interruption dans sa famille ; cinq de ses fils revêtirent successivement cette dignité[3], sans compter Kaïapha, qui était son gendre. C'était ce qu'on appelait la « Famille sacerdotale, » comme si le sacerdoce y fût devenu héréditaire[4]. Les grandes charges du temple leur étaient aussi presque toutes dévolues[5]. Une autre famille, il est vrai, alternait avec celle de Hanan dans le pontificat ; c'était celle de Boëthus[6]. Mais les *Boëthusim*, qui devaient l'origine de leur fortune à une cause assez peu honorable, étaient bien moins estimés de la bourgeoisie

---

1. L'*Ananus* de Josèphe. C'est ainsi que le nom hébreu *Johanan* devenait en grec *Joannes* ou *Joannas*.
2. Jean, xviii, 15-23 ; *Act.*, iv, 6.
3. Jos., *Ant.*, XX, ix, 1.
4. Jos., *Ant.*, XV, iii, 1 ; *B. J.*, IV, v, 6 et 7 ; *Act.*, iv, 6.
5. Jos., *Ant.*, XX, ix, 3.
6. Jos., *Ant.*, XV, ix, 3 ; XIX, vi, 2 ; viii, 1.

pieuse. Hanan était donc en réalité le chef du parti sacerdotal. Kaïapha ne faisait rien que par lui; on s'était habitué à associer leurs noms, et même celui de Hanan était toujours mis le premier [1]. On comprend, en effet, que sous ce régime de pontificat annuel et transmis à tour de rôle selon le caprice des procurateurs, un vieux pontife, ayant gardé le secret des traditions, vu se succéder beaucoup de fortunes plus jeunes que la sienne, et conservé assez de crédit pour faire déléguer le pouvoir à des personnes qui, selon la famille, lui étaient subordonnées, devait être un très-important personnage. Comme toute l'aristocratie du temple[2], il était sadducéen, « secte, dit Josèphe, particulièrement dure dans les jugements. » Tous ses fils furent aussi d'ardents persécuteurs [3]. L'un d'eux, nommé comme son père Hanan, fit lapider Jacques, frère du Seigneur, dans des circonstances qui ne sont pas sans analogie avec la mort de Jésus. L'esprit de la famille était altier, audacieux, cruel [4]; elle avait ce genre particulier de méchanceté dédaigneuse et sournoise qui caractérise la politique juive. Aussi est-ce sur Hanan et les siens que doit peser la

1. Luc, III, 2.
2. *Act.*, v, 17.
3. Jos., *Ant.*, XX, IX, 1.
4. Jos., *Ant.*, XX, IX, 1.

responsabilité de tous les actes qui vont suivre. Ce fut Hanan (ou, si l'on veut, le parti qu'il représentait) qui tua Jésus. Hanan fut l'acteur principal dans ce drame terrible, et bien plus que Caïphe, bien plus que Pilate, il aurait dû porter le poids des malédictions de l'humanité.

C'est dans la bouche de Caïphe que l'évangéliste tient à placer le mot décisif qui amena la sentence de mort de Jésus [1]. On supposait que le grand-prêtre possédait un certain don de prophétie; le mot devint ainsi pour la communauté chrétienne un oracle plein de sens profonds. Mais un tel mot, quel que soit celui qui l'ait prononcé, fut la pensée de tout le parti sacerdotal. Ce parti était fort opposé aux séditions populaires. Il cherchait à arrêter les enthousiastes religieux, prévoyant avec raison que, par leurs prédications exaltées, ils amèneraient la ruine totale de la nation. Bien que l'agitation provoquée par Jésus n'eût rien de temporel, les prêtres virent comme conséquence dernière de cette agitation une aggravation du joug romain et le renversement du temple, source de leurs richesses et de leurs honneurs[2]. Certes, les causes qui devaient amener, trente-sept ans plus tard, la ruine de Jérusalem étaient ailleurs que

1. Jean, XI, 49-50. Cf. *ibid.*, XVIII, 14.
2. Jean, XI, 48.

dans le christianisme naissant. Elles étaient dans Jérusalem même, et non en Galilée. Cependant on ne peut dire que le motif allégué, en cette circonstance, par les prêtres fût tellement hors de la vraisemblance qu'il faille y voir de la mauvaise foi. En un sens général, Jésus, s'il réussissait, amenait bien réellement la ruine de la nation juive. Partant des principes admis d'emblée par toute l'ancienne politique, Hanan et Kaïapha étaient donc en droit de dire : « Mieux vaut la mort d'un homme que la ruine d'un peuple. » C'est là un raisonnement, selon nous, détestable. Mais ce raisonnement a été celui des partis conservateurs depuis l'origine des sociétés humaines. Le « parti de l'ordre » (je prends cette expression dans le sens étroit et mesquin) a toujours été le même. Pensant que le dernier mot du gouvernement est d'empêcher les émotions populaires, il croit faire acte de patriotisme en prévenant par le meurtre juridique l'effusion tumultueuse du sang. Peu soucieux de l'avenir, il ne songe pas qu'en déclarant la guerre à toute initiative, il court risque de froisser l'idée destinée à triompher un jour. La mort de Jésus fut une des mille applications de cette politique. Le mouvement qu'il dirigeait était tout spirituel; mais c'était un mouvement; dès lors les hommes d'ordre, persuadés que l'essentiel pour l'humanité est de ne point s'agiter, devaient empêcher l'esprit nouveau de s'étendre. Jamais on ne vit par un plus frappant exemple combien une telle conduite va contre son but. Laissé libre, Jésus se fût épuisé dans une lutte désespérée contre l'impossible. La haine inintelligente de ses ennemis décida du succès de son œuvre et mit le sceau à sa divinité.

La mort de Jésus fut ainsi résolue dès le mois de février ou le commencement de mars[1]. Mais Jésus échappa encore pour quelque temps. Il se retira dans une ville peu connue, nommée Ephraïn ou Ephron, du côté de Béthel, à une petite journée de Jérusalem[2]. Il y vécut quelques jours avec ses disciples, laissant passer l'orage. Mais les ordres pour l'arrêter, dès qu'on le reconnaîtrait à Jérusalem, étaient donnés. La solennité de Pâque approchait, et on pensait que Jésus, selon sa coutume, viendrait célébrer cette fête à Jérusalem[3].

1. Jean, xi, 53.
2. Jean, xi, 54. Cf. *II Chron.*, xiii, 19; Jos., *B. J.*, IV, ix, 9; Eusèbe et S. Jérôme, *De situ et nom. loc. hebr.*, aux mots Ἐφρών et Ἐφραίμ.
3. Jean, xi, 55-56. Pour l'ordre des faits, dans toute cette partie, nous suivons le système de Jean. Les synoptiques paraissent peu renseignés sur la période de la vie de Jésus qui précède la Passion.

CHAPITRE XXIII.

DERNIÈRE SEMAINE DE JÉSUS.

Il partit, en effet, avec ses disciples, pour revoir une dernière fois la ville incrédule. Les espérances de son entourage étaient de plus en plus exaltées. Tous croyaient, en montant à Jérusalem, que le royaume de Dieu allait s'y manifester [1]. L'impiété des hommes étant à son comble, c'était un grand signe que la consommation était proche. La persuasion à cet égard était telle que l'on se disputait déjà la préséance dans le royaume [2]. Ce fut, dit-on, le moment que Salomé choisit pour demander en faveur de ses fils les deux siéges à droite et à gauche du Fils de l'homme [3]. Le maître, au contraire, était obsédé de

1. Luc, XIX, 11.
2. Luc, XXII, 24 et suiv.
3. Matth., XX, 20 et suiv.; Marc, X, 35 et suiv.

graves pensées. Parfois, il laissait percer contre ses ennemis un ressentiment sombre ; il racontait la parabole d'un homme noble, qui partit pour recueillir un royaume dans des pays éloignés ; mais à peine est-il parti que ses concitoyens ne veulent plus de lui. Le roi revient, ordonne d'amener devant lui ceux qui n'ont pas voulu qu'il règne sur eux, et les fait mettre tous à mort [1]. D'autres fois, il détruisait de front les illusions des disciples. Comme ils marchaient sur les routes pierreuses du nord de Jérusalem, Jésus pensif devançait le groupe de ses compagnons. Tous le regardaient en silence, éprouvant un sentiment de crainte et n'osant l'interroger. Déjà, à diverses reprises, il leur avait parlé de ses souffrances futures, et ils l'avaient écouté à contre-cœur [2]. Jésus prit enfin la parole, et, ne leur cachant plus ses pressentiments, il les entretint de sa fin prochaine [3]. Ce fut une grande tristesse dans toute la troupe. Les disciples s'attendaient à voir apparaître bientôt le signe dans les nues. Le cri inaugural du royaume de Dieu : « Béni soit celui qui vient au nom du Seigneur [4], » retentissait déjà dans la troupe en accents

---

1. Luc, xix, 12-27.
2. Matth., xvi, 21 et suiv.; Marc, viii, 31 et suiv.
3. Matth., xx, 17 et suiv.; Marc, x, 31 et suiv.; Luc, xviii, 31 et suiv.
4. Matth., xxiii, 39; Luc, xiii, 35.

joyeux. Cette sanglante perspective les troubla. A chaque pas, de la route fatale, le royaume de Dieu s'approchait ou s'éloignait dans le mirage de leurs rêves. Pour lui, il se confirmait dans la pensée qu'il allait mourir, mais que sa mort sauverait le monde [1]. Le malentendu entre lui et ses disciples devenait à chaque instant plus profond.

L'usage était de venir à Jérusalem plusieurs jours avant la Pâque, afin de s'y préparer. Jésus arriva après les autres, et un moment ses ennemis se crurent frustrés de l'espoir qu'ils avaient eu de le saisir [2]. Le sixième jour avant la fête (samedi, 8 de nisan = 28 mars [3]), il atteignit enfin Béthanie. Il descendit, selon son habitude, dans la maison de Lazare, Marthe et Marie, ou de Simon le Lépreux. On lui fit un grand accueil. Il y eut chez Simon le Lépreux [4] un dîner où se réunirent beaucoup de personnes, attirées par le désir de le voir, et aussi de voir Lazare, dont on racontait tant de choses depuis quelques jours. Lazare était assis à table et semblait attirer les regards. Marthe servait, selon sa coutume [5]. Il semble qu'on

1. Matth., xx, 28.
2. Jean, xi, 56.
3. La pâque se célébrait le 14 de nisan. Or l'an 33, le 1ᵉʳ nisan répondait à la journée du samedi, 21 mars.
4. Matth., xxvi, 6 ; Marc, xiv, 3. Cf. Luc, vii, 40, 43-44.
5. Il est très-ordinaire, en Orient, qu'une personne qui vous

cherchât par un redoublement de respects extérieurs à vaincre la froideur du public et à marquer fortement la haute dignité de l'hôte qu'on recevait. Marie, pour donner au festin un plus grand air de fête, entra pendant le dîner, portant un vase de parfum qu'elle répandit sur les pieds de Jésus. Elle cassa ensuite le vase, selon un vieil usage qui consistait à briser la vaisselle dont on s'était servi pour traiter un étranger de distinction[1]. Enfin, poussant les témoignages de son culte à des excès jusque-là inconnus, elle se prosterna et essuya avec ses longs cheveux les pieds de son maître[2]. Toute la maison fut remplie de la bonne odeur du parfum, à la grande joie de tous, excepté de l'avare Juda de Kerioth. Eu égard aux habitudes économes de la communauté, c'était là une vraie prodigalité. Le trésorier avide calcula de suite combien le parfum aurait pu être vendu et ce qu'il eût rapporté à la caisse des pauvres. Ce sentiment peu affectueux, qui semblait mettre quelque chose au-dessus de lui, mécontenta Jésus. Il aimait

est attachée par un lien d'affection ou de domesticité aille vous servir quand vous mangez chez autrui.

1. J'ai vu cet usage se pratiquer encore à Sour.
2. Il faut se rappeler que les pieds des convives n'étaient point, comme chez nous, cachés sous la table, mais étendus à la hauteur du corps sur le divan ou *triclinium*.

les honneurs ; car les honneurs servaient à son but et établissaient son titre de fils de David. Aussi quand on lui parla de pauvres, il répondit assez vivement : « Vous aurez toujours des pauvres avec vous ; mais moi, vous ne m'aurez pas toujours. » Et s'exaltant, il promit l'immortalité à la femme qui, en ce moment critique, lui donnait un gage d'amour [1].

Le lendemain (dimanche, 9 de nisan), Jésus descendit de Béthanie à Jérusalem [2]. Quand, au détour de la route, sur le sommet du mont des Oliviers, il vit la cité se dérouler devant lui, il pleura, dit-on, sur elle, et lui adressa un dernier appel [3]. Au bas de la montagne, à quelques pas de la porte, en entrant dans la zone voisine du mur oriental de la ville, qu'on appelait *Bethphagé*, sans doute à cause des figuiers dont elle était plantée [4], il eut encore un moment de satisfaction

---

1. Matth., xxvi, 6 et suiv.; Marc, xiv, 3 et suiv.; Jean, xi, 2; xii, 2 et suiv. Comparez Luc, vii, 36 et suiv.

2. Jean, xii, 12.

3. Luc, xix, 41 et suiv.

4. Mischna, *Menachoth*, xi, 2; Talm. de Bab., *Sanhédrin*, 14 b; *Pesachim*, 63 b, 91 a; *Sota*, 45 a; *Baba metsia*, 85 a. Il résulte de ces passages que Bethphagé était une sorte de *pomœrium*, qui s'étendait au pied du soubassement oriental du temple, et qui avait lui-même son mur de clôture. Les passages Matth., xxi, 1, Marc, xi, 1, Luc, xix, 29, n'impliquent pas nettement que Bethphagé fût un village, comme l'ont supposé Eusèbe et S. Jérôme.

humaine[1]. Le bruit de son arrivée s'était répandu. Les Galiléens qui étaient venus à la fête en conçurent beaucoup de joie et lui préparèrent un petit triomphe. On lui amena une ânesse, suivie, selon l'usage, de son petit. Les Galiléens étendirent leurs plus beaux habits en guise de housse sur le dos de cette pauvre monture, et le firent asseoir dessus. D'autres, cependant, déployaient leurs vêtements sur la route et la jonchaient de rameaux verts. La foule qui le précédait et le suivait, en portant des palmes, criait : « Hosanna au fils de David ! béni soit celui qui vient au nom du Seigneur ! » Quelques personnes même lui donnaient le titre de roi d'Israël[2]. « Rabbi, fais-les taire, » lui dirent les pharisiens. — « S'ils se taisent, les pierres crieront, » répondit Jésus, et il entra dans la ville. Les Hiérosolymites, qui le connaissaient à peine, demandaient qui il était : « C'est Jésus, le prophète de Nazareth en Galilée, » leur répondait-on. Jérusalem était une ville d'environ 50,000 âmes[3]. Un petit événement, comme l'entrée

1. Matth., XXI, 1 et suiv.; Marc, XI, 1 et suiv.; Luc, XIX, 29 et suiv.; Jean, XII, 12 et suiv.
2. Luc, XIX, 38; Jean, XII, 13.
3. Le chiffre de 120,000, donné par Hécatée (dans Josèphe. *Contre Apion*, I, 22), paraît exagéré. Cicéron parle de Jérusalem comme d'une bicoque (*Ad Atticum*, II, IX). Les anciennes enceintes, quelque système qu'on adopte, ne comportent pas une

d'un étranger quelque peu célèbre, ou l'arrivée d'une bande de provinciaux, ou un mouvement du peuple aux avenues de la ville, ne pouvait manquer, dans les circonstances ordinaires, d'être vite ébruité. Mais au temps des fêtes, la confusion était extrême [1]. Jérusalem, ces jours-là, appartenait aux étrangers. Aussi est-ce parmi ces derniers que l'émotion paraît avoir été la plus vive. Des prosélytes parlant grec, qui étaient venus à la fête, furent piqués de curiosité, et voulurent voir Jésus. Ils s'adressèrent à ses disciples [2]; on ne sait pas bien ce qui résulta de cette entrevue. Pour Jésus, selon sa coutume, il alla passer la nuit à son cher village de Béthanie [3]. Les trois jours suivants (lundi, mardi, mercredi), il descendit pareillement à Jérusalem; après le coucher du soleil, il remontait soit à Béthanie, soit aux fermes du flanc occidental du mont des Oliviers, où il avait beaucoup d'amis [4].

Une grande tristesse paraît, en ces dernières jour-

population quadruple de celle d'aujourd'hui, laquelle n'atteint pas 15,000 habitants. V. Robinson, *Bibl. Res.*, I, 421-422 (2ᵉ édition); Fergusson, *Topogr. of Jerus.*, p. 51; Forster, *Syria and Palestine*, p. 82.

1. Jos., *B. J.*, II, xiv, 3 ; VI, ix, 3.
2. Jean, xii, 20 et suiv.
3. Matth., xxi, 17; Marc, xi, 11.
4. Matth., xxi, 17-18; Marc, xi, 11-12, 19; Luc, xxi, 37-38.

nées, avoir rempli l'âme, d'ordinaire si gaie et si sereine, de Jésus. Tous les récits sont d'accord pour lui prêter avant son arrestation un moment d'hésitation et de trouble, une sorte d'agonie anticipée. Selon les uns, il se serait tout à coup écrié : « Mon âme est troublée. O Père, sauve-moi de cette heure[1]. » On croyait qu'une voix du ciel à ce moment se fit entendre; d'autres disaient qu'un ange vint le consoler[2]. Selon une version très-répandue, le fait aurait eu lieu au jardin de Gethsémani. Jésus, disait-on, s'éloigna à un jet de pierre de ses disciples endormis, ne prenant avec lui que Céphas et les deux fils Zébédée. Alors il pria la face contre terre. Son âme fut triste jusqu'à la mort; une angoisse terrible pesa sur lui; mais la résignation à la volonté divine l'emporta[3]. Cette scène, par suite de l'art instinctif qui a présidé à la rédaction des synoptiques, et qui leur fait souvent obéir dans l'agencement du récit à des raisons de convenance ou d'effet, a été placée à la dernière nuit de Jésus, et au moment de

---

1. Jean, XII, 27 et suiv. On comprend que le ton exalté de Jean et sa préoccupation exclusive du rôle divin de Jésus aient effacé du récit les circonstances de faiblesse naturelle racontées par les synoptiques.

2. Luc, XXII, 43; Jean, XII, 28-29.

3. Matth., XVIII, 36 et suiv.; Marc, XIV, 32 et suiv.; Luc, XXII, 39 et suiv.

son arrestation. Si cette version était la vraie, on ne comprendrait guère que Jean, qui aurait été le témoin intime d'un épisode si émouvant, n'en parlât pas dans le récit très-circonstancié qu'il fait de la soirée du jeudi[1]. Tout ce qu'il est permis de dire c'est que, durant ses derniers jours, le poids énorme de la mission qu'il avait acceptée pesa cruellement sur Jésus. La nature humaine se réveilla un moment. Il se prit peut-être à douter de son œuvre. La terreur, l'hésitation s'emparèrent de lui et le jetèrent dans une défaillance pire que la mort. L'homme qui a sacrifié à une grande idée son repos et les récompenses légitimes de la vie éprouve toujours un moment de retour triste, quand l'image de la mort se présente à lui pour la première fois et cherche à lui persuader que tout est vain. Peut-être quelques-uns de ces touchants souvenirs que conservent les âmes les plus fortes, et qui par moments les percent comme un glaive, lui vinrent-ils à ce moment. Se rappela-t-il les claires fontaines de la Galilée, où il aurait pu se rafraîchir; la vigne et le figuier sous lesquels il avait pu s'asseoir;

---

1. Cela se comprendrait d'autant moins que Jean met une sorte d'affectation à relever les circonstances qui lui sont personnelles ou dont il a été le seul témoin (XIII, 23 et suiv.; XVIII, 15 et suiv.; XIX, 26 et suiv., 35; XX, 2 et suiv.; XXI, 20 et suiv.).

les jeunes filles qui auraient peut-être consenti à l'aimer? Maudit-il son âpre destinée, qui lui avait interdit les joies concédées à tous les autres? Regretta-t-il sa trop haute nature, et, victime de sa grandeur, pleura-t-il de n'être pas resté un simple artisan de Nazareth? On l'ignore. Car tous ces troubles intérieurs restèrent évidemment lettre close pour ses disciples. Ils n'y comprirent rien, et suppléèrent par de naïves conjectures à ce qu'il y avait d'obscur pour eux dans la grande âme de leur maître. Il est sûr, au moins, que sa nature divine reprit bientôt le dessus. Il pouvait encore éviter la mort; il ne le voulut pas. L'amour de son œuvre l'emporta. Il accepta de boire le calice jusqu'à la lie. Désormais, en effet, Jésus se retrouve tout entier et sans nuage. Les subtilités du polémiste, la crédulité du thaumaturge et de l'exorciste sont oubliées. Il ne reste que le héros incomparable de la Passion, le fondateur des droits de la conscience libre, le modèle accompli que toutes les âmes souffrantes méditeront pour se fortifier et se consoler.

Le triomphe de Bethphagé, cette audace de provinciaux, fêtant aux portes de Jérusalem l'avénement de leur roi-messie, acheva d'exaspérer les pharisiens et l'aristocratie du temple. Un nouveau conseil eut lieu le mercredi (12 de nisan), chez Joseph Kaïapha[1]. L'arrestation immédiate de Jésus fut résolue. Un grand sentiment d'ordre et de police conservatrice présida à toutes les mesures. Il s'agissait d'éviter une esclandre. Comme la fête de Pâque, qui commençait cette année le vendredi soir, était un moment d'encombrement et d'exaltation, on résolut de devancer ces jours-là. Jésus était populaire[2]; on craignait une émeute. L'arrestation fut donc fixée au lendemain jeudi. On résolut aussi de ne pas s'emparer de lui dans le temple, où il venait tous les jours[3], mais d'épier ses habitudes, pour le saisir dans quelque endroit secret. Les agents des prêtres sondèrent les disciples, espérant obtenir des renseignements utiles de leur faiblesse ou de leur simplicité. Ils trouvèrent ce qu'ils cherchaient dans Juda de Kerioth. Ce malheureux, par des motifs impossibles à expliquer, trahit son maître, donna toutes les indications nécessaires, et se chargea même (quoiqu'un tel excès de noirceur soit à peine croyable) de conduire la brigade qui devait opérer l'arrestation. Le souvenir d'horreur que la sottise ou la méchanceté de cet homme laissa dans la tradition chrétienne a dû introduire ici quelque exagération. Juda jusque-là

1. Matth., xxvi, 1-5; Marc, xiv, 1-2; Luc, xxii, 1-2.
2. Matth., xxi, 46.
3. Matth., xxvi, 55.

avait été un disciple comme un autre ; il avait même
le titre d'apôtre ; il avait fait des miracles et chassé
les démons. La légende, qui ne veut que des couleurs tranchées, n'a pu admettre dans le cénacle que
onze saints et un réprouvé. La réalité ne procède point
par catégories si absolues. L'avarice, que les synoptiques donnent pour motif au crime dont il s'agit, ne
suffit pas pour l'expliquer. Il serait singulier qu'un
homme qui tenait la caisse et qui savait ce qu'il
allait perdre par la mort du chef, eût échangé les
profits de son emploi [1] contre une très-petite
somme d'argent [2]. Juda avait-il été blessé dans
son amour-propre par la semonce qu'il reçut au
dîner de Béthanie ? Cela ne suffit pas encore. Jean
voudrait en faire un voleur, un incrédule depuis le
commencement [3], ce qui n'a aucune vraisemblance.
On aime mieux croire à quelque sentiment de jalousie, à quelque dissension intestine. La haine particulière que Jean témoigne contre Juda [4] confirme cette
hypothèse. D'un cœur moins pur que les autres, Juda
aura pris, sans s'en apercevoir, les sentiments étroits
de sa charge. Par un travers fort ordinaire dans les

1. Jean, XII, 6.
2. Jean ne parle même pas d'un salaire en argent.
3. Jean, VI, 65 ; XII, 6.
4. Jean, VI, 65, 71-72 ; XII, 6 ; XIII, 2, 27 et suiv.

fonctions actives, il en sera venu à mettre les intérêts de la caisse au-dessus de l'œuvre même à laquelle elle était destinée. L'administrateur aura tué l'apôtre. Le murmure qui lui échappe à Béthanie semble supposer que parfois il trouvait que le maître coûtait trop cher à sa famille spirituelle. Sans doute cette mesquine économie avait causé dans la petite société bien d'autres froissements.

Sans nier que Juda de Kerioth ait contribué à l'arrestation de son maître, nous croyons donc que les malédictions dont on le charge ont quelque chose d'injuste. Il y eut peut-être dans son fait plus de maladresse que de perversité. La conscience morale de l'homme du peuple est vive et juste, mais instable et inconséquente. Elle ne sait pas résister à un entraînement momentané. Les sociétés secrètes du parti républicain cachaient dans leur sein beaucoup de conviction et de sincérité, et cependant les dénonciateurs y étaient fort nombreux. Un léger dépit suffisait pour faire d'un sectaire un traître. Mais si la folle envie de quelques pièces d'argent fit tourner la tête au pauvre Juda, il ne semble pas qu'il eût complétement perdu le sentiment moral, puisque, voyant les conséquences de sa faute, il se repentit[1], et, dit-on, se donna la mort.

1. Matth., XXVII, 3 et suiv.

Chaque minute, à ce moment, devient solennelle et a compté plus que des siècles entiers dans l'histoire de l'humanité. Nous sommes arrivés au jeudi, 13 de nisan (2 avril). C'était le lendemain soir que commençait la fête de Pâque, par le festin où l'on mangeait l'agneau. La fête se continuait les sept jours suivants, durant lesquels on mangeait les pains azymes. Le premier et le dernier de ces sept jours avaient un caractère particulier de solennité. Les disciples étaient déjà occupés des préparatifs pour la fête [1]. Quant à Jésus, on est porté à croire qu'il connaissait la trahison de Juda, et qu'il se doutait du sort qui l'attendait. Le soir, il fit avec ses disciples son dernier repas. Ce n'était pas le festin rituel de la pâque, comme on l'a supposé plus tard, en commettant une erreur d'un jour [2]; mais pour l'Église primitive, le souper du jeudi fut la vraie pâque, le sceau de l'alliance nouvelle. Chaque disciple y rap-

---

1. Matth., XXVI, 1 et suiv.; Marc, XIV, 12; Luc, XXII, 7; Jean, XIII, 29.
2. C'est le système des synoptiques (Matth., XXVI, 17 et suiv.; Marc, XIV, 12 et suiv.; Luc, XXII, 7 et suiv., 15). Mais Jean, dont le récit a pour cette partie une autorité prépondérante, suppose formellement que Jésus mourut le jour même où l'on mangeait l'agneau (XIII, 1-2, 29; XVIII, 28; XIX, 14, 31). Le Talmud fait aussi mourir Jésus « la veille de Pâque » (Talm. de Bab., Sanhédrin, 43 a, 67 a).

porta ses plus chers souvenirs, et une foule de traits touchants que chacun gardait du maître furent accumulés sur ce repas, qui devint la pierre angulaire de la piété chrétienne et le point de départ des plus fécondes institutions.

Nul doute, en effet, que l'amour tendre dont le cœur de Jésus était rempli pour la petite église qui l'entourait n'ait débordé à ce moment [1]. Son âme sereine et forte se trouvait légère sous le poids des sombres préoccupations qui l'assiégeaient. Il eut un mot pour chacun de ses amis. Deux d'entre eux, Jean et Pierre, surtout, furent l'objet de tendres marques d'attachement. Jean (c'est lui du moins qui l'assure) était couché sur le divan, à côté de Jésus, et sa tête reposait sur la poitrine du maître. Vers la fin du repas, le secret qui pesait sur le cœur de Jésus faillit lui échapper : « En vérité, dit-il, je vous le dis, un de vous me trahira [2]. » Ce fut pour ces hommes naïfs un moment d'angoisse ; ils se regardèrent les uns les autres, et chacun s'interrogea. Juda était présent ; peut-être Jésus, qui avait depuis quelque temps des raisons de se défier de lui, chercha-t-il par ce mot à tirer de ses regards ou de

1. Jean, XIII, 1 et suiv.
2. Matth., XXVI, 21 et suiv.; Marc, XIV, 18 et suiv.; Luc, XX, 21 et suiv.; Jean, XIII, 21 et suiv.; XXI, 20.

son maintien embarrassé l'aveu de sa faute. Mais le disciple infidèle ne perdit pas contenance; il osa même, dit-on, demander comme les autres : « Serait-ce moi, rabbi ? »

Cependant, l'âme droite et bonne de Pierre était à la torture. Il fit signe à Jean de tâcher de savoir de qui le maître parlait. Jean, qui pouvait converser avec Jésus sans être entendu, lui demanda le mot de cette énigme. Jésus n'ayant que des soupçons ne voulut prononcer aucun nom; il dit seulement à Jean de bien remarquer celui à qui il allait offrir du pain trempé. En même temps, il trempa le pain et l'offrit à Juda. Jean et Pierre seuls eurent connaissance du fait. Jésus adressa à Juda quelques paroles qui renfermaient un sanglant reproche, mais ne furent pas comprises des assistants. On crut que Jésus lui donnait des ordres pour la fête du lendemain, et il sortit [1].

Sur le moment, ce repas ne frappa personne, et à part les appréhensions dont le maître fit la confidence à ses disciples, qui ne comprirent qu'à demi, il ne s'y passa rien d'extraordinaire. Mais après la mort de Jésus, on attacha à cette soirée un sens singulièrement solennel, et l'imagination des croyants y répandit une teinte de suave mysticité. Ce

---

[1]. Jean, XIII, 24 et suiv., qui lève les invraisemblances du récit des synoptiques.

qu'on se rappelle le mieux d'une personne chère, ce sont ses derniers temps. Par une illusion inévitable, on prête aux entretiens qu'on a eus alors avec elle un sens qu'ils n'ont pris que par la mort; on rapproche en quelques heures les souvenirs de plusieurs années. La plupart des disciples ne virent plus leur maître après le souper dont nous venons de parler. Ce fut le banquet d'adieu. Dans ce repas, ainsi que dans beaucoup d'autres, Jésus pratiqua son rite mystérieux de la fraction du pain. Comme on crut de bonne heure que le repas en question eut lieu le jour de Pâque et fut le festin pascal, l'idée vint naturellement que l'institution eucharistique se fit à ce moment suprême. Partant de l'hypothèse que Jésus savait d'avance avec précision le moment de sa mort, les disciples devaient être amenés à supposer qu'il réserva pour ses dernières heures une foule d'actes importants. Comme, d'ailleurs, une des idées fondamentales des premiers chrétiens était que la mort de Jésus avait été un sacrifice, remplaçant tous ceux de l'ancienne Loi, la « Cène, » qu'on supposait s'être passée une fois pour toutes la veille de la Passion, devint le sacrifice par excellence, l'acte constitutif de la nouvelle alliance, le signe du sang répandu pour le salut de tous[1]. Le

---

1. Luc, xxii, 20.

pain et le vin, mis en rapport avec la mort elle-même, furent ainsi l'image du Testament nouveau que Jésus avait scellé de ses souffrances, la commémoration du sacrifice du Christ jusqu'à son avénement[1].

De très-bonne heure, ce mystère se fixa en un petit récit sacramentel, que nous possédons sous quatre formes[2] très-analogues entre elles. Jean, si préoccupé des idées eucharistiques[3], qui raconte le dernier repas avec tant de prolixité, qui y rattache tant de circonstances et tant de discours[4]; Jean qui, seul parmi les narrateurs évangéliques, a ici la valeur d'un témoin oculaire, ne connaît pas ce récit. C'est la preuve qu'il ne regardait pas l'institution de l'Eucharistie comme une particularité de la Cène. Pour lui, le rite de la Cène, c'est le lavement des pieds. Il est probable que dans certaines familles chrétiennes primitives, ce dernier rite obtint une importance qu'il perdit depuis[5]. Sans doute Jésus, dans quelques circonstances, l'avait pratiqué pour donner à ses disciples une leçon d'humilité fraternelle. On le rapporta à la veille de sa mort,

1. I Cor., xi, 26.
2. Matth., xxvi, 26-28; Marc, xiv, 22-24; Luc, xxii, 19-24; I Cor., xi, 23-25.
3. Ch. vi.
4. Ch. xiii-xvii.
5. Jean, xiii, 14-15. Cf. Matth., xx, 26 et suiv.; Luc, xxii, 26 et suiv.

par suite de la tendance que l'on eut à grouper autour de la Cène toutes les grandes recommandations morales et rituelles de Jésus.

Un haut sentiment d'amour, de concorde, de charité, de déférence mutuelle animait du reste les souvenirs qu'on croyait garder des dernières heures de Jésus[1]. C'est toujours l'unité de son Église, constituée par lui ou par son esprit, qui est l'âme des symboles et des discours que la tradition chrétienne fit remonter à ce moment sacré : « Je vous donne un commandement nouveau, disait-il : c'est de vous aimer les uns les autres comme je vous ai aimés. Le signe auquel on connaîtra que vous êtes mes disciples, sera que vous vous aimiez. Je ne vous appelle plus des serviteurs, parce que le serviteur n'est pas dans la confidence de son maître; mais je vous appelle mes amis, parce que je vous ai communiqué tout ce que j'ai appris de mon Père. Ce que je vous ordonne, c'est de vous aimer les uns les autres[2]. »

---

1. Jean, XIII, 1 et suiv. Les discours placés par Jean à la suite du récit de la Cène ne peuvent être pris pour historiques. Ils sont pleins de tours et d'expressions qui ne sont pas dans le style des discours de Jésus, et qui, au contraire, rentrent très-bien dans le langage habituel de Jean. Ainsi l'expression « petits enfants » au vocatif (Jean, XIII, 33) est très-fréquente dans la première épître de Jean. Elle ne paraît pas avoir été familière à Jésus.

2. Jean, XIII, 33-35; XV, 12-17.

A ce dernier moment, quelques rivalités, quelques luttes de préséance se produisirent encore [1]. Jésus fit remarquer que si lui, le maître, avait été au milieu de ses disciples comme leur serviteur, à plus forte raison devaient-ils se subordonner les uns aux autres. Selon quelques-uns, en buvant le vin, il aurait dit : « Je ne goûterai plus de ce fruit de la vigne jusqu'à ce que je le boive nouveau avec vous dans le royaume de mon Père [2]. » Selon d'autres, il leur aurait promis bientôt un festin céleste, où ils seraient assis sur des trônes à ses côtés [3].

Il semble que, vers la fin de la soirée, les pressentiments de Jésus gagnèrent les disciples. Tous sentirent qu'un grave danger menaçait le maître et qu'on touchait à une crise. Un moment Jésus songea à quelques précautions et parla d'épées. Il y en avait deux dans la compagnie. « C'est assez, » dit-il [4]. Il ne donna aucune suite à cette idée ; il vit bien que de timides provinciaux ne tiendraient pas devant la force armée des grands pouvoirs de Jérusalem. Céphas, plein de cœur et se croyant sûr de lui-même, jura qu'il irait avec lui en prison et à la mort. Jésus,

---

[1]. Luc, XXII, 24-27. Cf. Jean, XIII, 4 et suiv.
[2]. Matth., XXVI, 29; Marc, XIV, 25; Luc, XXII, 18.
[3]. Luc, XXII, 29-30.
[4]. Luc, XXII, 36-38.

avec sa finesse ordinaire, lui exprima quelques doutes. Selon une tradition, qui remontait probablement à Pierre lui-même, Jésus l'assigna au chant du coq[1]. Tous, comme Céphas, jurèrent qu'ils ne faibliraient pas.

1. Matth., xxvi, 31 et suiv.; Marc, xiv, 29 et suiv.; Luc, xxii, 33 et suiv.; Jean, xiii, 36 et suiv.

CHAPITRE XXIV.

ARRESTATION ET PROCÈS DE JÉSUS.

La nuit était complétement tombée [1] quand on sortit de la salle [2]. Jésus, selon son habitude, passa le val du Cédron, et se rendit, accompagné des disciples, dans le jardin de Gethsémani, au pied du mont des Oliviers [3]. Il s'y assit. Dominant ses amis de son immense supériorité, il veillait et priait. Eux dormaient à côté de lui, quand tout à coup une troupe armée se présenta à la lueur des torches. C'étaient

---

1. Jean, XIII, 30.
2. La circonstance d'un chant religieux, rapportée par Matth., XXVI, 30, et Marc, XIV, 26, vient de l'opinion où sont ces deux évangélistes que le dernier repas de Jésus fut le festin pascal. Avant et après le festin pascal, on chantait des psaumes. Talm. de Bab., *Pesachim*, cap. IX, hal. 3 et fol. 118 *a*, etc.
3. Matth., XXVI, 36; Marc, XIV, 32; Luc, XXII, 39; Jean, XVIII, 1-2.

des sergents du temple, armés de bâtons, sorte de brigade de police qu'on avait laissée aux prêtres; ils étaient soutenus par un détachement de soldats romains avec leurs épées; le mandat d'arrestation émanait du grand-prêtre et du sanhédrin[1]. Judas, connaissant les habitudes de Jésus, avait indiqué cet endroit comme celui où on pouvait le surprendre avec le plus de facilité. Judas, selon l'unanime tradition des premiers temps, accompagnait lui-même l'escouade[2], et même, selon quelques-uns[3], il aurait poussé l'odieux jusqu'à prendre pour signe de sa trahison un baiser. Quoi qu'il en soit de cette circonstance, il est certain qu'il y eut un commencement de résistance de la part des disciples[4]. Un d'eux (Pierre, selon des témoins oculaires[5]) tira l'épée et blessa à l'oreille un des serviteurs du grand-prêtre nommé Malek. Jésus arrêta ce premier mouvement. Il se livra lui-même aux soldats. Faibles et incapables d'agir avec suite, surtout contre des autorités qui avaient tant de prestige,

1. Matth., xxvi, 47; Marc, xiv, 43; Jean, xviii, 3, 12.
2. Matth., xxvi, 47; Marc, xiv, 43; Luc, xxii, 47; Jean, xviii, 3; Act., i, 16.
3. C'est la tradition des synoptiques. Dans le récit de Jean, Jésus se nomme lui-même.
4. Les deux traditions sont d'accord sur ce point.
5. Jean, xviii, 10.

les disciples prirent la fuite et se dispersèrent. Seuls, Pierre et Jean ne quittèrent pas de vue leur maître. Un autre jeune homme inconnu le suivait, couvert d'un vêtement léger. On voulut l'arrêter; mais le jeune homme s'enfuit, en laissant sa tunique entre les mains des agents[1].

La marche que les prêtres avaient résolu de suivre contre Jésus était très-conforme au droit établi. La procédure contre le « séducteur » (*mésith*), qui cherche à porter atteinte à la pureté de la religion, est expliquée dans le Talmud avec des détails dont la naïve impudence fait sourire. Le guet-apens judiciaire y est érigé en partie essentielle de l'instruction criminelle. Quand un homme est accusé de « séduction, » on aposte deux témoins, que l'on cache derrière une cloison; on s'arrange pour attirer le prévenu dans une chambre contiguë, où il puisse être entendu des deux témoins sans que lui-même les aperçoive. On allume deux chandelles près de lui, pour qu'il soit bien constaté que les témoins « le voient[2]. » Alors on lui fait répéter son blasphème. On l'engage à se rétracter: S'il persiste, les témoins qui l'ont entendu l'amènent au tribunal, et on le lapide. Le Talmud ajoute que ce

[1]. Marc, xiv, 51-52.
[2]. En matière criminelle, on n'admettait que des témoins oculaires. Mischna, *Sanhédrin* iv, 5.

fut de la sorte qu'on se comporta envers Jésus, qu'il fut condamné sur la foi de deux témoins qu'on avait apostés, que le crime de « séduction » est, du reste, le seul pour lequel on prépare ainsi les témoins [1].

Les disciples de Jésus nous apprennent, en effet, que le crime reproché à leur maître était la « séduction [2], » et, à part quelques minuties, fruit de l'imagination rabbinique, le récit des évangiles répond trait pour trait à la procédure décrite par le Talmud. Le plan des ennemis de Jésus était de le convaincre, par enquête testimoniale et par ses propres aveux, de blasphème et d'attentat contre la religion mosaïque, de le condamner à mort selon la loi, puis de faire approuver la condamnation par Pilate. L'autorité sacerdotale, comme nous l'avons déjà vu, résidait tout entière de fait entre les mains de Hanan. L'ordre d'arrestation venait probablement de lui. Ce fut chez ce puissant personnage que l'on mena d'abord Jésus [3]. Hanan l'interrogea sur sa doctrine et ses disciples.

---

1. Talm. de Jérus., *Sanhédrin*, xiv, 16; Talm. de Bab., même traité, 43 *a,* 67 *a.* Cf. *Schabbath,* 104 *b.*

2. Matth., xxvii, 63; Jean, vii, 12, 47.

3. Jean, xviii, 13 et suiv. Cette circonstance, que l'on ne trouve que dans Jean, est la plus forte preuve de la valeur historique du quatrième évangile.

Jésus refusa avec une juste fierté d'entrer dans de longues explications. Il s'en référa à son enseignement, qui avait été public; il déclara n'avoir jamais eu de doctrine secrète; il engagea l'ex-grand-prêtre à interroger ceux qui l'avaient écouté. Cette réponse était parfaitement naturelle; mais le respect exagéré dont le vieux pontife était entouré la fit paraître audacieuse; un des assistants y répliqua, dit-on, par un soufflet.

Pierre et Jean avaient suivi leur maître jusqu'à la demeure de Hanan. Jean, qui était connu dans la maison, fut admis sans difficulté; mais Pierre fut arrêté à l'entrée, et Jean fut obligé de prier la portière de le laisser passer. La nuit était froide. Pierre resta dans l'antichambre et s'approcha d'un brasier autour duquel les domestiques se chauffaient. Il fut bientôt reconnu pour un disciple de l'accusé. Le malheureux, trahi par son accent galiléen, poursuivi de questions par les valets, dont l'un était parent de Malek et l'avait vu à Gethsémani, nia par trois fois qu'il eût jamais eu la moindre relation avec Jésus. Il pensait que Jésus ne pouvait l'entendre, et il ne songeait pas que cette lâcheté dissimulée renfermait une grande indélicatesse. Mais sa bonne nature lui révéla bientôt la faute qu'il venait de commettre. Une circonstance fortuite, le chant du coq, lui rappela un mot que Jésus lui avait dit. Touché au cœur, il sortit et se mit à pleurer amèrement[1].

Hanan, bien qu'auteur véritable du meurtre juridique qui allait s'accomplir, n'avait pas de pouvoirs pour prononcer la sentence de Jésus; il le renvoya à son gendre Kaïapha, qui portait le titre officiel. Cet homme, instrument aveugle de son beau-père, devait naturellement tout ratifier. Le sanhédrin était rassemblé chez lui[2]. L'enquête commença; plusieurs témoins, préparés d'avance selon le procédé inquisitorial exposé dans le Talmud, comparurent devant le tribunal. Le mot fatal, que Jésus avait réellement prononcé : « Je détruirai le temple de Dieu, et je le rebâtirai en trois jours, » fut cité par deux témoins. Blasphémer le temple de Dieu était, d'après la loi juive, blasphémer Dieu lui-même[3]. Jésus garda le silence et refusa d'expliquer la parole incriminée. S'il faut en croire un récit, le grand-prêtre alors l'aurait adjuré de dire s'il était le Messie; Jésus l'aurait confessé et aurait proclamé devant l'assemblée la prochaine venue de son règne céleste[4]. Le cou-

---

1. Matth., xxvi, 69 et suiv.; Marc, xiv, 66 et suiv.; Luc, xxii, 54 et suiv.; Jean, xviii, 15 et suiv.; 25 et suiv.
2. Matth., xvi, 57; Marc, xiv, 53; Luc, xxii, 66.
3. Matth., xxiii, 16 et suiv.
4. Matth., xxvi, 64; Marc, xiv, 62; Luc, xxii, 69. Jean ne sait rien de cette scène.

rage de Jésus, décidé à mourir, n'exige pas cela. Il est plus probable qu'ici, comme chez Hanan, il garda le silence. Ce fut en général, à ce dernier moment, sa règle de conduite. La sentence était arrêtée; on ne cherchait que des prétextes. Jésus le sentait, et n'entreprit pas une défense inutile. Au point de vue du judaïsme orthodoxe, il était bien vraiment un blasphémateur, un destructeur du culte établi; or ces crimes étaient punis de mort par la loi[1]. D'une seule voix, l'assemblée le déclara coupable de crime capital. Les membres du conseil qui penchaient secrètement vers lui étaient absents ou ne votèrent pas[2]. La frivolité ordinaire aux aristocraties depuis longtemps établies ne permit pas aux juges de réfléchir longuement sur les conséquences de la sentence qu'ils rendaient. La vie de l'homme était alors sacrifiée bien légèrement; sans doute les membres du sanhédrin ne songèrent pas que leurs fils rendraient compte à une postérité irritée de l'arrêt prononcé avec un si insouciant dédain.

Le sanhédrin n'avait pas le droit de faire exécuter une sentence de mort[3]. Mais, dans la confusion de pouvoirs qui régnait alors en Judée, Jésus n'en était

1. *Lévit.*, xxiv, 14 et suiv.; *Deutér.*, xiii, 1 et suiv.
2. Luc, xxiii, 50-51.
3. Jean, xviii, 31; Jos., *Ant.*, XX, ix, 1.

pas moins dès ce moment un condamné. Il demeura le reste de la nuit exposé aux mauvais traitements d'une valetaille infime, qui ne lui épargna aucun affront[1].

Le matin, les chefs des prêtres et les anciens se trouvèrent de nouveau réunis[2]. Il s'agissait de faire ratifier par Pilate la condamnation prononcée par le sanhédrin, et frappée d'insuffisance depuis l'occupation des Romains. Le procurateur n'était pas investi comme le légat impérial du droit de vie et de mort. Mais Jésus n'était pas citoyen romain; il suffisait de l'autorisation du gouverneur pour que l'arrêt prononcé contre lui eût son cours. Comme il arrive toutes les fois qu'un peuple politique soumet une nation où la loi civile et la loi religieuse se confondent, les Romains étaient amenés à prêter à la loi juive une sorte d'appui officiel. Le droit romain ne s'appliquait pas aux Juifs. Ceux-ci restaient sous le droit canonique que nous trouvons consigné dans le Talmud, de même que les Arabes d'Algérie sont encore régis par le code de l'islam. Quoique neutres en religion, les Romains sanctionnaient ainsi fort souvent des pénalités portées pour des délits religieux. La situation était à peu près celle des villes saintes

1. Matth., xxvi, 67-68; Marc, xiv, 65; Luc, xxii, 63-65.
2. Matth., xxvii, 1; Marc, xv, 1; Luc, xxii, 66; xxiii, 1; Jean, xviii, 28.

de l'Inde sous la domination anglaise, ou bien encore ce que serait l'état de Damas, le lendemain du jour où la Syrie serait conquise par une nation européenne. Josèphe prétend (mais certes on en peut douter) que si un Romain franchissait les stèles qui portaient des inscriptions défendant aux païens d'avancer, les Romains eux-mêmes le livraient aux Juifs pour le mettre à mort [1].

Les agents des prêtres lièrent donc Jésus et l'amenèrent au prétoire, qui était l'ancien palais d'Hérode [2], joignant la tour Antonia [3]. On était au matin du jour où l'on devait manger l'agneau pascal (vendredi, 14 de nisan = 3 avril). Les Juifs se seraient souillés en entrant dans le prétoire et n'auraient pu faire le festin sacré. Ils restèrent dehors [4]. Pilate, averti de leur présence, monta au *bima* [5] ou tribunal situé en plein air [6], à l'endroit qu'on nommait *Gabbatha* ou en grec *Lithostrotos*, à cause du carrelage qui revêtait le sol.

1. Jos., *Ant.*, XV, xi, 5; *B. J.*, VI, ii, 4.
2. Philon, *Legatio ad Caium*, § 38. Jos., *B. J.*, II, xiv, 8.
3. A l'endroit où est encore aujourd'hui le sérail du pacha de Jérusalem.
4. Jean, xviii, 28.
5. Le mot grec βῆμα était passé en syro-chaldaïque.
6. Jos., *B. J.*, II, ix, 3; xiv, 8; Matth., xxvii, 27; Jean, xviii, 33.

A peine informé de l'accusation, il témoigna sa mauvaise humeur d'être mêlé à cette affaire [1]. Puis il s'enferma dans le prétoire avec Jésus. Là eut lieu un entretien dont les détails précis nous échappent, aucun témoin n'ayant pu le redire aux disciples, mais dont la couleur paraît avoir été bien devinée par Jean. Son récit, en effet, est en parfait accord avec ce que l'histoire nous apprend de la situation réciproque des deux interlocuteurs.

Le procurateur Pontius, surnommé Pilatus, sans doute à cause du *pilum* ou javelot d'honneur dont lui ou un de ses ancêtres fut décoré [2], n'avait eu jusque-là aucune relation avec la secte naissante. Indifférent aux querelles intérieures des Juifs, il ne voyait dans tous ces mouvements de sectaires que les effets d'imaginations intempérantes et de cerveaux égarés. En général, il n'aimait pas les Juifs. Mais les Juifs le détestaient plus encore; ils le trouvaient dur, méprisant, emporté; ils l'accusaient de crimes invraisemblables [3]. Centre d'une grande fermentation popu-

1. Jean, xviii, 29.
2. Virg., *Æn.*, XII, 121 ; Martial, *Épigr.*, I, xxxii; X, xlviii; Plutarque, *Vie de Romulus*, 29. Comparez la *hasta pura*, décoration militaire. Orelli et Henzen, *Inscr. lat.*, n°⁵ 3574, 6852, etc. *Pilatus* est, dans cette hypothèse, un mot de la même forme que *Torquatus*.
3. Philon, *Leg. ad Caium*, § 38.

laire, Jérusalem était une ville très-séditieuse et pour un étranger un insupportable séjour. Les exaltés prétendaient que c'était chez le nouveau procurateur un dessein arrêté d'abolir la loi juive [1]. Leur fanatisme étroit, leurs haines religieuses révoltaient ce large sentiment de justice et de gouvernement civil, que le Romain le plus médiocre portait partout avec lui. Tous les actes de Pilate qui nous sont connus le montrent comme un bon administrateur [2]. Dans les premiers temps de l'exercice de sa charge, il avait eu avec ses administrés des difficultés qu'il avait tranchées d'une manière très-brutale, mais où il semble que, pour le fond des choses, il avait raison. Les Juifs devaient lui paraître des gens arriérés; il les jugeait sans doute comme un préfet libéral jugeait autrefois les Bas-Bretons, se révoltant pour une nouvelle route ou pour l'établissement d'une école. Dans ses meilleurs projets pour le bien du pays, notamment en tout ce qui tenait aux travaux publics, il avait rencontré la Loi comme un obstacle infranchissable. La Loi enserrait la vie à tel point qu'elle s'opposait à tout changement et à toute amélioration. Les constructions romaines, même les plus utiles, étaient de

1. Jos., *Ant.*, XVIII, III, 1, init.
2. Jos., *Ant.*, XVIII, II-IV.

la part des Juifs zélés l'objet d'une grande antipathie[1]. Deux écussons votifs, avec des inscriptions qu'il avait fait apposer à sa résidence, laquelle était voisine de l'enceinte sacrée, provoquèrent un orage encore plus violent[2]. Pilate tint d'abord peu de compte de ces susceptibilités; il se vit ainsi engagé dans des répressions sanglantes [3], qui plus tard finirent par amener sa destitution [4]. L'expérience de tant de conflits l'avait rendu fort prudent dans ses rapports avec un peuple intraitable, qui se vengeait de ses maîtres en les obligeant à user envers lui de rigueurs odieuses. Le procurateur se voyait avec un suprême déplaisir amené à jouer en cette nouvelle affaire un rôle de cruauté, pour une loi qu'il haïssait [5]. Il savait que le fanatisme religieux, quand il a obtenu quelque violence des gouvernements civils, est ensuite le premier à en faire peser sur eux la responsabilité, presque à les en accuser. Suprême injustice ; car le vrai coupable, en pareil cas, est l'instigateur !

Pilate eût donc désiré sauver Jésus. Peut-être l'at-

---

[1]. Talm. de Bab., *Schabbath,* 33 *b.*
[2]. Philon, *Leg. ad Caïum,* § 38.
[3]. Jos., *Ant.,* XVIII, III, 1 et 2; *Bell. Jud.,* II, IX, 2 et suiv.; Luc, XIII, 1.
[4]. Jos., *Ant.,* XVIII, IV, 1-2.
[5]. Jean, XVIII, 35.

titude digne et calme de l'accusé fit-elle sur lui de l'impression. Selon une tradition[1], Jésus aurait trouvé un appui dans la propre femme du procurateur. Celle-ci avait pu entrevoir le doux Galiléen de quelque fenêtre du palais, donnant sur les cours du temple. Peut-être le revit-elle en songe, et le sang de ce beau jeune homme, qui allait être versé, lui donna-t-il le cauchemar. Ce qu'il y a de certain, c'est que Jésus trouva Pilate prévenu en sa faveur. Le gouverneur l'interrogea avec bonté et avec l'intention de chercher tous les moyens de le renvoyer absous.

Le titre de « roi des Juifs, » que Jésus ne s'était jamais donné, mais que ses ennemis présentaient comme le résumé de son rôle et de ses prétentions, était naturellement celui par lequel on pouvait exciter les ombrages de l'autorité romaine. C'est par ce côté, comme séditieux et comme coupable de crime d'État, qu'on se mit à l'accuser. Rien n'était plus injuste; car Jésus avait toujours reconnu l'empire romain pour le pouvoir établi. Mais les partis religieux conservateurs n'ont pas coutume de reculer devant la calomnie. On tirait malgré lui toutes les conséquences de sa doctrine; on le transformait en

1. Matth., XXVII, 19.

disciple de Juda le Gaulonite; on prétendait qu'il défendait de payer le tribut à César[1]. Pilate lui demanda s'il était réellement le roi des Juifs[2]. Jésus ne dissimula rien de ce qu'il pensait. Mais la grande équivoque qui avait fait sa force, et qui après sa mort devait constituer sa royauté, le perdit cette fois. Idéaliste, c'est-à-dire ne distinguant pas l'esprit et la matière, Jésus, la bouche armée de son glaive à deux tranchants, selon l'image de l'Apocalypse, ne rassura jamais complétement les puissances de la terre. S'il faut en croire Jean, il aurait avoué sa royauté, mais prononcé en même temps cette profonde parole : « Mon royaume n'est pas de ce monde. » Puis il aurait expliqué la nature de sa royauté, se résumant tout entière dans la possession et la proclamation de la vérité. Pilate ne comprit rien à cet idéalisme supérieur[3]. Jésus lui fit sans doute l'effet d'un rêveur inoffensif. Le manque total de prosélytisme religieux et philosophique chez les Romains de cette époque leur faisait regarder le dévouement à la vérité comme une chimère. Ces débats les ennuyaient et leur paraissaient dénués de sens. Ne voyant pas quel levain dangereux pour l'empire se

---

1. Luc, XXIII, 2, 5.
2. Matth., XXVII, 11; Marc, XV, 2; Luc, XXIII, 3; Jean, XVIII, 33.
3. Jean, XVIII, 38.

cachait dans les spéculations nouvelles, ils n'avaient aucune raison d'employer la violence contre elles. Tout leur mécontentement tombait sur ceux qui venaient leur demander des supplices pour de vaines subtilités. Vingt ans plus tard, Gallion suivait encore la même conduite avec les Juifs[1]. Jusqu'à la ruine de Jérusalem, la règle administrative des Romains fut de rester complétement indifférents dans ces querelles de sectaires entre eux[2].

Un expédient se présenta à l'esprit du gouverneur pour concilier ses propres sentiments avec les exigences du peuple fanatique dont il avait déjà tant de fois ressenti la pression. Il était d'usage à propos de la fête de Pâque de délivrer au peuple un prisonnier. Pilate, sachant que Jésus n'avait été arrêté que par suite de la jalousie des prêtres[3], essaya de le faire bénéficier de cette coutume. Il parut de nouveau sur le *bima*, et proposa à la foule de relâcher « le roi

1. *Act.*, XVIII, 14-15.
2. Tacite (*Ann.*, XV, 44) présente la mort de Jésus comme une exécution politique de Ponce Pilate. Mais, à l'époque où écrivai Tacite, la politique romaine envers les chrétiens était changée ; o les tenait pour coupables de ligue secrète contre l'État. Il était naturel que l'historien latin crût que Pilate, en faisant mourir Jésus, avait obéi à des raisons de sûreté publique. Josèphe est bien plus exact (*Ant.*, XVIII, III, 3).
3. Marc, XV, 10.

des Juifs. » La proposition faite en ces termes avait un certain caractère de largeur en même temps que d'ironie. Les prêtres en virent le danger. Ils agirent promptement[1], et pour combattre la proposition de Pilate, ils suggérèrent à la foule le nom d'un prisonnier qui jouissait dans Jérusalem d'une grande popularité. Par un singulier hasard, il s'appelait aussi Jésus[2] et portait le surnom de Bar-Abba ou Bar-Rabban[3]. C'était un personnage fort connu[4]; il avait été arrêté à la suite d'une émeute accompagnée de meurtre[5]. Une clameur générale s'éleva : « Non celui-là; mais Jésus Bar-Rabban. » Pilate fut obligé de délivrer Jésus Bar-Rabban.

Son embarras augmentait. Il craignait que trop d'indulgence pour un accusé auquel on donnait le titre de « roi des Juifs » ne le compromît. Le fanatisme, d'ailleurs, amène tous les pouvoirs à traiter avec lui. Pilate se crut obligé de faire quelque concession; mais hésitant encore à répandre le sang pour satisfaire des gens qu'il détestait, il voulut

1. Matth., xxvii, 20; Marc, xv, 11.
2. Le nom de Jésus a disparu dans la plupart des manuscrits. Cette leçon a néanmoins pour elle de très-fortes autorités.
3. Matth., xxvii, 16.
4. Cf. saint Jérôme, In Matth., xxvii, 16.
5. Marc, xv, 7; Luc, xxiii, 19. Jean (xviii, 40), qui en fait un voleur, paraît ici beaucoup moins dans le vrai que Marc.

tourner la chose en comédie. Affectant de rire du titre pompeux que l'on donnait à Jésus, il le fit fouetter[1]. La flagellation était le préliminaire ordinaire du supplice de la croix[2]. Peut-être Pilate voulut-il laisser croire que cette condamnation était déjà prononcée, tout en espérant que le préliminaire suffirait. Alors eut lieu, selon tous les récits, une scène révoltante. Des soldats lui mirent sur le dos une casaque rouge, sur la tête une couronne formée de branches épineuses, et un roseau à la main. On l'amena ainsi affublé sur la tribune, en face du peuple. Les soldats défilaient devant lui, le souffletaient tour à tour, et disaient en s'agenouillant : « Salut, roi des Juifs[3]. » D'autres, dit-on, crachaient sur lui et frappaient sa tête avec le roseau. On comprend difficilement que la gravité romaine se soit prêtée à des actes si honteux. Il est vrai que Pilate, en qualité de procurateur, n'avait guère sous ses ordres que des troupes auxiliaires[4]. Des citoyens romains, comme étaient les légionnaires, ne fussent pas descendus à de telles indignités.

---

1. Matth., xxvii, 26; Marc, xv, 15; Jean, xix, 1.
2. Jos., *B. J.*, II, xiv, 9; V, xi, 1; VII, vi, 4; Tite-Live, XXXIII, 36; Quinte-Curce, VII, xi, 28.
3. Matth., xxvii, 27 et suiv.; Marc, xv, 16 et suiv.; Luc, xxiii, 11; Jean, xix, 2 et suiv.
4. Voir *Inscript. rom. de l'Algérie*, n° 5, fragm. B.

Pilate avait-il cru par cette parade mettre sa responsabilité à couvert? Espérait-il détourner le coup qui menaçait Jésus en accordant quelque chose à la haine des Juifs[1], et en substituant au dénouement tragique une fin grotesque d'où il semblait résulter que l'affaire ne méritait pas une autre issue? Si telle fut sa pensée, elle n'eut aucun succès. Le tumulte grandissait et devenait une véritable sédition. Les cris : « Qu'il soit crucifié ! qu'il soit crucifié ! » retentissaient de tous côtés. Les prêtres, prenant un ton de plus en plus exigeant, déclaraient la Loi en péril, si le séducteur n'était puni de mort[2]. Pilate vit clairement que, pour sauver Jésus, il faudrait réprimer une émeute sanglante. Il essaya cependant encore de gagner du temps. Il rentra dans le prétoire, s'informa de quel pays était Jésus, cherchant un prétexte pour décliner sa propre compétence[3]. Selon une tradition, il aurait même renvoyé Jésus à Antipas, qui, dit-on, était alors à Jérusalem[4]. Jésus se

---

1. Luc, XXIII, 16, 22.
2. Jean, XIX, 7.
3. Jean, XIX, 9. Cf. Luc, XXIII, 6 et suiv.
4. Il est probable que c'est là une première tentative d'« Harmonie des Évangiles.» Luc aura eu sous les yeux un récit où la mort de Jésus était attribuée par erreur à Hérode. Pour ne pas sacrifier entièrement cette version, il aura mis bout à bout les deux traditions, d'autant plus qu'il savait peut-être vaguement que Jésus

prêta peu à ces efforts bienveillants ; il se renferma, comme chez Kaïapha, dans un silence digne et grave, qui étonna Pilate. Les cris du dehors devenaient de plus en plus menaçants. On dénonçait déjà le peu de zèle du fonctionnaire qui protégeait un ennemi de César. Les plus grands adversaires de la domination romaine se trouvèrent transformés en sujets loyaux de Tibère, pour avoir le droit d'accuser de lèse-majesté le procurateur trop tolérant. « Il n'y a ici, disaient-ils, d'autre roi que l'empereur ; quiconque se fait roi se met en opposition avec l'empereur. Si le gouverneur acquitte cet homme, c'est qu'il n'aime pas l'empereur.[1] » Le faible Pilate n'y tint pas ; il lut d'avance le rapport que ses ennemis enverraient à Rome, et où on l'accuserait d'avoir soutenu un rival de Tibère. Déjà, dans l'affaire des écussons votifs[2], les Juifs avaient écrit à l'empereur

(comme Jean nous l'apprend) comparut devant trois autorités. Dans beaucoup d'autres cas, Luc semble avoir un sentiment éloigné des faits qui sont propres à la narration de Jean. Du reste, le troisième évangile renferme, pour l'histoire du crucifiement, une série d'additions que l'auteur paraît avoir puisées dans un document plus récent, et où l'arrangement en vue d'un but d'édification était sensible.

1. Jean, xix, 12, 15. Cf. Luc, xxiii, 2. Pour apprécier l'exactitude de la couleur de cette scène chez les évangélistes, voyez Philon, *Leg. ad Caïum,* § 38.

2. Voir ci-dessus, p. 402.

et avaient eu raison. Il craignit pour sa place. Par une condescendance qui devait livrer son nom aux fouets de l'histoire, il céda, rejetant, dit-on, sur les Juifs toute la responsabilité de ce qui allait arriver. Ceux-ci, au dire des chrétiens, l'auraient pleinement acceptée, en s'écriant : « Que son sang retombe sur nous et sur nos enfants [1] ! »

Ces mots furent-ils réellement prononcés? On en peut douter. Mais ils sont l'expression d'une profonde vérité historique. Vu l'attitude que les Romains avaient prise en Judée, Pilate ne pouvait guère faire que ce qu'il fit. Combien de sentences de mort dictées par l'intolérance religieuse ont forcé la main au pouvoir civil! Le roi d'Espagne qui, pour complaire à un clergé fanatique, livrait au bûcher des centaines de ses sujets, était plus blâmable que Pilate; car il représentait un pouvoir plus complet que n'était encore à Jérusalem celui des Romains. Quand le pouvoir civil se fait persécuteur ou tracassier, à la sollicitation du prêtre, il fait preuve de faiblesse. Mais que le gouvernement qui à cet égard est sans péché jette à Pilate la première pierre. Le « bras séculier, » derrière lequel s'abrite la cruauté cléricale, n'est pas le coupable. Nul n'est

---

1. Matth., XXVII, 24-25.

admis à dire qu'il a horreur du sang, quand il le fait verser par ses valets.

Ce ne furent donc ni Tibère ni Pilate qui condamnèrent Jésus. Ce fut le vieux parti juif; ce fut la loi mosaïque. Selon nos idées modernes, il n'y a nulle transmission de démérite moral du père au fils; chacun ne doit compte à la justice humaine et à la justice divine que de ce qu'il a fait. Tout juif, par conséquent, qui souffre encore aujourd'hui pour le meurtre de Jésus a droit de se plaindre ; car peut-être eût-il été Simon le Cyrénéen; peut-être au moins n'eût-il pas été avec ceux qui crièrent : « Crucifiez-le ! » Mais les nations ont leur responsabilité comme les individus. Or si jamais crime fut le crime d'une nation, ce fut la mort de Jésus. Cette mort fut « légale, » en ce sens qu'elle eut pour cause première une loi qui était l'âme même de la nation. La loi mosaïque, dans sa forme moderne, il est vrai, mais acceptée, prononçait la peine de mort contre toute tentative pour changer le culte établi. Or, Jésus, sans nul doute, attaquait ce culte et aspirait à le détruire. Les Juifs le dirent à Pilate avec une franchise simple et vraie : « Nous avons une Loi, et selon cette Loi il doit mourir; car il s'est fait Fils de Dieu[1]. » La loi était détestable ;

1. Jean, xix, 7.

mais c'était la loi de la férocité antique, et le héros qui s'offrait pour l'abroger devait avant tout la subir.

Hélas! il faudra plus de dix-huit cents ans pour que le sang qu'il va verser porte ses fruits. En son nom, durant des siècles, on infligera des tortures et la mort à des penseurs aussi nobles que lui. Aujourd'hui encore, dans des pays qui se disent chrétiens, des pénalités sont prononcées pour des délits religieux. Jésus n'est pas responsable de ces égarements. Il ne pouvait prévoir que tel peuple à l'imagination égarée le concevrait un jour comme un affreux Moloch, avide de chair brûlée. Le christianisme a été intolérant; mais l'intolérance n'est pas un fait essentiellement chrétien. C'est un fait juif, en ce sens que le judaïsme dressa pour la première fois la théorie de l'absolu en religion, et posa le principe que tout novateur, même quand il apporte des miracles à l'appui de sa doctrine, doit être reçu à coups de pierres, lapidé par tout le monde, sans jugement[1]. Certes, le monde païen eut aussi ses violences religieuses. Mais s'il avait eu cette loi-là, comment fût-il devenu chrétien? Le Pentateuque a de la sorte été dans le monde le premier code de la terreur religieuse. Le judaïsme a donné l'exemple

1. *Deutér.*, XIII, 1 et suiv.

d'un dogme immuable, armé du glaive. Si, au lieu de poursuivre les Juifs d'une haine aveugle, le christianisme eût aboli le régime qui tua son fondateur, combien il eût été plus conséquent, combien il eût mieux mérité du genre humain!

CHAPITRE XXV.

MORT DE JÉSUS.

Bien que le motif réel de la mort de Jésus fût tout religieux, ses ennemis avaient réussi, au prétoire, à le présenter comme coupable de crime d'État; ils n'eussent pas obtenu du sceptique Pilate une condamnation pour cause d'hétérodoxie. Conséquents à cette idée, les prêtres firent demander pour Jésus, par la foule, le supplice de la croix. Ce supplice n'était pas juif d'origine; si la condamnation de Jésus eût été purement mosaïque, on lui eût appliqué la lapidation[1]. La croix était un supplice romain, réservé pour les

---

1. Jos., *Ant.*, XX, IX, 1. Le Talmud, qui présente la condamnation de Jésus comme toute religieuse, prétend, en effet, qu'il fut lapidé, ou du moins, qu'après avoir été pendu, il fut lapidé, comme cela arrivait souvent (Mischna, *Sanhédrin,* VI, 4). Talm. de Jérusalem, *Sanhédrin,* XIV, 16; Talm. de Bab., même traité, 43 *a*, 67 *a*.

esclaves et pour les cas où l'on voulait ajouter à la mort l'aggravation de l'ignominie. En l'appliquant à Jésus, on le traitait comme les voleurs de grand chemin, les brigands, les bandits, ou comme ces ennemis de bas étage auxquels les Romains n'accordaient pas les honneurs de la mort par le glaive [1]. C'était le chimérique « roi des Juifs, » non le dogmatiste hétérodoxe, que l'on punissait. Par suite de la même idée, l'exécution dut être abandonnée aux Romains. On sait que, chez les Romains, les soldats, comme ayant pour métier de tuer, faisaient l'office de bourreaux. Jésus fut donc livré à une cohorte de troupes auxiliaires, et tout l'odieux des supplices introduits par les mœurs cruelles des nouveaux conquérants se déroula pour lui. Il était environ midi [2]. On le revêtit de ses habits qu'on lui avait ôtés pour la parade de la tribune, et comme la cohorte avait déjà en réserve deux voleurs qu'elle devait exécuter, on réunit les trois condamnés, et le cortége se mit en marche pour le lieu de l'exécution.

Ce lieu était un endroit nommé Golgotha, situé

---

1. Jos., *Ant.*, XVII, x, 10; XX, vi, 2; *B. J.*, V, xi, 1; Apulée, *Métam.*, III, 9; Suétone, *Galba,* 9; Lampride, *Alex. Sev.*, 23.
2. Jean, xix, 14. D'après Marc, xv, 25, il n'eût guère été que huit heures du matin, puisque, selon cet évangéliste, Jésus fut crucifié à neuf heures.

hors de Jérusalem, mais près des murs de la ville [1]. Le nom de *Golgotha* signifie *crâne;* il correspond, ce semble, à notre mot *Chaumont,* et désignait probablement un tertre dénudé, ayant la forme d'un crâne chauve. On ne sait pas avec exactitude l'emplacement de ce tertre. Il était sûrement au nord ou au nord-ouest de la ville, dans la haute plaine inégale qui s'étend entre les murs et les deux vallées de Cédron et de Hinnom [2], région assez vulgaire, attristée encore par les fâcheux détails du voisinage d'une grande cité. Il est difficile de placer le Golgotha à l'endroit précis où, depuis Constantin, la chrétienté tout entière l'a vénéré [3]. Cet endroit est trop engagé dans l'intérieur de la ville, et on est porté à croire qu'à l'époque de Jésus il était compris dans l'enceinte des murs [4].

[1]. Matth., xxvii, 33; Marc, xv, 22; Jean, xix, 20; *Epist. ad Hebr.,* xiii, 12.

[2]. *Golgotha,* en effet, semble n'être pas sans rapport avec la colline de *Gareb* et la localité de *Goath,* mentionnées dans Jérémie, xxxi, 39. Or, ces deux endroits paraissent avoir été au nord-ouest de la ville. J'inclinerais à placer le lieu où Jésus fut crucifié près de l'angle extrême que fait le mur actuel vers l'ouest, ou bien sur les buttes qui dominent la vallée de Hinnom, au-dessus de *Birket-Mamilla.*

[3]. Les preuves par lesquelles on a essayé d'établir que le Saint Sépulcre a été déplacé depuis Constantin manquent de solidité.

[4]. M. de Vogüé a découvert, à 76 mètres à l'est de l'empla-

Le condamné à la croix devait porter lui-même cement traditionnel du Calvaire, un pan de mur judaïque analogue à celui d'Hébron, qui, s'il appartient à l'enceinte du temps de Jésus, laisserait ledit emplacement traditionnel en dehors de la ville. L'existence d'un caveau sépulcral (celui qu'on appelle «Tombeau de Joseph d'Arimathie») sous le mur de la coupole du Saint-Sépulcre porterait aussi à supposer que cet endroit était hors des murs. Deux considérations historiques, dont l'une est assez forte, peuvent d'ailleurs être invoquées en faveur de la tradition. La première, c'est qu'il serait singulier que ceux qui cherchèrent à fixer sous Constantin la topographie évangélique, ne se fussent pas arrêtés devant l'objection qui résulte de *Jean,* XIX, 20, et de *Hébr.,* XIII, 12. Comment, libres dans leur choix, se fussent-ils exposés de gaîté de cœur à une si grave difficulté ? La seconde considération, c'est qu'on pouvait avoir, pour se guider, du temps de Constantin, les restes d'un édifice, le temple de Vénus sur le Golgotha, élevé par Adrien. On est donc par moments porté à croire que l'œuvre des topographes dévots du temps de Constantin eut quelque chose de sérieux, qu'ils cherchèrent des indices et que, bien qu'ils ne se refusassent pas certaines fraudes pieuses, ils se guidèrent par des analogies. S'ils n'eussent suivi qu'un vain caprice, ils eussent placé le Golgotha à un endroit plus apparent, au sommet de quelqu'un des mamelons voisins de Jérusalem, pour suivre l'imagination chrétienne, qui de très-bonne heure voulut que la mort du Christ eût eu lieu sur une montagne. Mais la difficulté des enceintes est très-grave. Ajoutons que l'érection du temple de Vénus sur le Golgotha prouve peu de chose. Eusèbe (*Vita Const.,* III, 26), Socrate (*H. E.,* I, 17), Sozomène (*H. E.,* II, 1), S. Jérôme (*Epist.* XLIX, ad Paulin.), disent bien qu'il y avait un sanctuaire de Vénus sur l'emplacement qu'ils croient être celui du saint tombeau ; mais il n'est pas sûr : 1° qu'Adrien l'ait élevé; 2° qu'il l'ait élevé sur un endroit qui s'appelait de son temps «Golgotha ; » 3° qu'il ait eu l'intention de l'élever à la place où Jésus souffrit la mort.

l'instrument de son supplice [1]. Mais Jésus, plus faible de corps que ses deux compagnons, ne put porter la sienne. L'escouade rencontra un certain Simon de Cyrène, qui revenait de la campagne, et les soldats, avec les brusques procédés des garnisons étrangères, le forcèrent de porter l'arbre fatal. Peut-être usaient-ils en cela d'un droit de corvée reconnu, les Romains ne pouvant se charger eux-mêmes du bois infâme. Il semble que Simon fut plus tard de la communauté chrétienne. Ses deux fils, Alexandre et Rufus [2], y étaient fort connus. Il raconta peut-être plus d'une circonstance dont il avait été témoin. Aucun disciple n'était à ce moment auprès de Jésus [3].

On arriva enfin à la place des exécutions. Selon l'usage juif, on offrit à boire aux patients un vin fortement aromatisé, boisson enivrante, que par un sentiment de pitié on donnait au condamné pour l'étourdir [4]. Il paraît que souvent les dames de Jérusalem apportaient elles-mêmes aux infortunés qu'on menait

[1]. Plutarque, *De sera num. vind.*, 19; Artémidore, *Onirocrit.*, II, 56.

2. Marc, xv, 21.

3. La circonstance *Luc*, XXIII, 27-31 est de celles où l'on sent le travail d'une imagination pieuse et attendrie. Les paroles qu'on y prête à Jésus n'ont pu être écrites qu'après le siége de Jérusalem.

4. Talm. de Bab., *Sanhédrin*, fol. 43 *a*. Comp. *Prov.*, XXI, 6.

au supplice ce vin de la dernière heure ; quand aucune d'elles ne se présentait, on l'achetait sur les fonds de la caisse publique[1]. Jésus, après avoir effleuré le vase du bout des lèvres, refusa de boire[2]. Ce triste soulagement des condamnés vulgaires n'allait pas à sa haute nature. Il préféra quitter la vie dans la parfaite clarté de son esprit, et attendre avec une pleine conscience la mort qu'il avait voulue et appelée. On le dépouilla alors de ses vêtements[3], et on l'attacha à la croix. La croix se composait de deux poutres liées en forme de T[4]. Elle était peu élevée, si bien que les pieds du condamné touchaient presque à terre. On commençait par la dresser[5] ; puis on y attachait le patient, en lui enfonçant des clous dans les mains ; les pieds étaient souvent cloués, quelquefois seulement liés avec des cordes[6]. Un bil-

1. Talm. de Bab., *Sanhédrin*, l. c.
2. Marc, xv, 23. Matth., xxvii, 34, fausse ce détail, pour obtenir une allusion messianique au Ps. lxix, 22.
3. Matth., xxvii, 35 ; Marc, xv, 24 ; Jean, xix, 23. Cf. Artémidore, *Onirocr.*, II, 53.
4. Lucien, *Jud. voc.*, 12. Comparez le crucifix grotesque tracé à Rome sur un mur du mont Palatin. *Civiltà cattolica*, fasc. clxi, p. 529 et suiv.
5. Jos., *B. J.*, VII, vi, 4 ; Cic., *In Verr.*, V, 66 ; Xénoph. Ephes., *Ephesiaca*, IV, 2.
6. Luc, xxiv, 39 ; Jean, xx, 25-27 ; Plaute, *Mostellaria*, II, i,

lot de bois, sorte d'antenne, était attaché au fût de la croix, vers le milieu, et passait entre les jambes du condamné, qui s'appuyait dessus[1]. Sans cela les mains se fussent déchirées et le corps se fût affaissé. D'autres fois, une tablette horizontale était fixée à la hauteur des pieds et les soutenait[2].

Jésus savoura ces horreurs dans toute leur atrocité. Une soif brûlante, l'une des tortures du crucifiement[3], le dévorait. Il demanda à boire. Il y avait près de là un vase plein de la boisson ordinaire des soldats romains, mélange de vinaigre et d'eau, appelé *posca*. Les soldats devaient porter avec eux leur *posca* dans toutes les expéditions[4], au nombre desquelles une exécution était comptée. Un soldat trempa une éponge dans ce breuvage, la mit au bout d'un roseau, et la porta aux lèvres de Jésus, qui la suça[5]. Les deux voleurs étaient crucifiés à ses côtés. Les exécuteurs, auxquels on abandonnait d'ordinaire

---

13; Lucain, *Phars.*, VI, 543 et suiv., 547; Justin, *Dial. cum Tryph.*, 97; Tertullien, *Adv. Marcionem*, III, 19.

1. Irénée, *Adv. hær.*, II, 24; Justin, *Dial. cum Tryphone*, 91.
2. Voir le *graffito* précité.
3. Voir le texte arabe publié par Kosegarten, *Chrest. arab.*, p. 64.
4. Spartien, *Vie d'Adrien*, 10; Vulcatius Gallicanus, *Vie d'Avidius Cassius*, 5.
5. Matth., XXVII, 48; Marc, XV, 36; Luc, XXIII, 36; Jean, XIX, 28-30.

les menues dépouilles (*pannicularia*) des suppliciés[1], tirèrent au sort ses vêtements, et, assis au pied de la croix, le gardaient[2]. Selon une tradition, Jésus aurait prononcé cette parole, qui fut dans son cœur, sinon sur ses lèvres : « Père, pardonne-leur ; ils ne savent ce qu'ils font[3]. »

Un écriteau, suivant la coutume romaine, était attaché au haut de la croix, portant en trois langues, en hébreu, en grec et en latin : LE ROI DES JUIFS. Il y avait dans cette rédaction quelque chose de pénible et d'injurieux pour la nation. Les nombreux passants qui la lurent en furent blessés. Les prêtres firent observer à Pilate qu'il eût fallu adopter une rédaction qui impliquât seulement que Jésus s'était dit roi des Juifs. Mais Pilate, déjà impatienté de cette affaire, refusa de rien changer à ce qui était écrit[4].

Ses disciples avaient fui. Jean néanmoins déclare

---

1. Dig., XLVII, xx, *De bonis damnat.*, 6. Adrien limita cet usage.
2. Matth., XXVII, 36. Cf. Pétrone, *Satyr.*, CXI, CXII.
3. Luc, XXIII, 34. En général les dernières paroles prêtées à Jésus, surtout telles que Luc les rapporte, prêtent au doute. L'intention d'édifier ou de montrer l'accomplissement des prophéties s'y fait sentir. Dans ces cas d'ailleurs, chacun entend à sa guise. Les dernières paroles des condamnés célèbres sont toujours recueillies de deux ou trois façons complétement différentes par les témoins les plus rapprochés.
4. Jean, XIX, 19-22.

avoir été présent et être resté constamment debout au pied de la croix [1]. On peut affirmer avec plus de certitude que les fidèles amies de Galilée, qui avaient suivi Jésus à Jérusalem, et continuaient à le servir, ne l'abandonnèrent pas. Marie Cléophas, Marie de Magdala, Jeanne, femme de Khouza, Salomé, d'autres encore, se tenaient à une certaine distance [2] et ne le quittaient pas des yeux [3]. S'il fallait en croire Jean [4], Marie, mère de Jésus, eût été aussi au pied de la croix, et Jésus, voyant réunis sa mère et son disciple chéri, eût dit à l'un : « Voilà ta mère, » à l'autre : « Voilà ton fils. » Mais on ne comprendrait pas comment les évangélistes synoptiques, qui nomment les

---

1. Jean, xix, 25 et suiv.

2. Les synoptiques sont d'accord pour placer le groupe fidèle « loin » de la croix. Jean dit : « à côté, » dominé par le désir qu'il a de s'être approché très-près de la croix de Jésus.

3. Matth., xxvii, 55-56 ; Marc, xv, 40-41 ; Luc, xxiii, 49, 55 ; xxiv, 10 ; Jean, xix, 25. Cf. Luc, xxiii, 27-31.

4. Jean, xix, 25 et suiv. Luc, toujours intermédiaire entre les deux premiers synoptiques et Jean, place aussi, mais à distance, « tous ses amis. » (xxiii, 49.) L'expression γνωστοί peut, il est vrai, convenir aux « parents. » Luc cependant (ii, 44) distingue les γνωστοί des συγγενεῖς. Ajoutons que les meilleurs manuscrits portent οἱ γνωστοὶ αὐτῷ, et non οἱ γνωστοὶ αὐτοῦ. Dans les *Actes* (i, 14), Marie, mère de Jésus, est mise aussi en compagnie des femmes galiléennes ; ailleurs (*Évang.*, ii, 35), Luc lui prédit qu'un glaive de douleur lui percera le cœur. Mais on s'explique d'autant moins qu'il l'omette à la croix.

autres femmes, eussent omis celle dont la présence était un trait si frappant. Peut-être même la hauteur extrême du caractère de Jésus ne rend-elle pas un tel attendrissement personnel vraisemblable, au moment où, uniquement préoccupé de son œuvre, il n'existait plus que pour l'humanité[1].

A part ce petit groupe de femmes, qui de loin consolaient ses regards, Jésus n'avait devant lui que le spectacle de la bassesse humaine ou de sa stupidité. Les passants l'insultaient. Il entendait autour de lui de sottes railleries et ses cris suprêmes de douleur tournés en odieux jeux de mots : « Ah! le voilà, disait-on, celui qui s'est appelé Fils de Dieu! Que son père, s'il veut, vienne maintenant le délivrer! — Il a sauvé les autres, murmurait-on encore, et il ne peut se sauver lui-même. S'il est roi d'Israël, qu'il descende de la croix, et nous croyons en lui! — Eh bien! disait

---

1. C'est là, selon moi, un de ces traits où se trahissent la personnalité de Jean et le désir qu'il a de se donner de l'importance. Jean, après la mort de Jésus, paraît en effet avoir recueilli la mère de son maître, et l'avoir comme adoptée (Jean, XIX, 27). La grande considération dont jouit Marie dans l'église naissante le porta sans doute à prétendre que Jésus, dont il voulait se donner pour le disciple favori, lui avait recommandé en mourant ce qu'il avait de plus cher. La présence auprès de lui de ce précieux dépôt lui assurait sur les autres apôtres une sorte de préséance, et donnait à sa doctrine une haute autorité.

un troisième, toi qui détruis le temple de Dieu, et le rebâtis en trois jours, sauve-toi, voyons[1]! » — Quelques-uns, vaguement au courant de ses idées apocalyptiques, crurent l'entendre appeler Élie, et dirent : « Voyons si Élie viendra le délivrer. » Il paraît que les deux voleurs crucifiés à ses côtés l'insultaient aussi[2]. Le ciel était sombre[3] ; la terre, comme dans tous les environs de Jérusalem, sèche et morne. Un moment, selon certains récits, le cœur lui défaillit ; un nuage lui cacha la face de son Père ; il eut une agonie de désespoir, plus cuisante mille fois que tous les tourments. Il ne vit que l'ingratitude des hommes ; il se repentit peut-être de souffrir pour une race vile, et il s'écria : « Mon Dieu, mon Dieu, pourquoi m'as-tu abandonné ? » Mais son instinct divin l'emporta encore. A mesure que la vie du corps s'éteignait, son âme se rassérénait et revenait peu à peu à sa céleste origine. Il retrouva le sentiment de sa mission ; il vit dans sa mort le salut du monde ; il perdit de vue le spectacle hideux qui se déroulait à ses pieds, et, profondément uni à son Père, il commença sur le gibet la vie divine qu'il

1. Matth., XXVII, 40 et suiv.; Marc, XV, 29 et suiv.
2. Matth., XXVII, 44; Marc, XV, 32. Luc, suivant son goût pour la conversion des pécheurs, a ici modifié la tradition.
3. Matth., XXVII, 45; Marc, XV, 33; Luc, XXIII, 44.

VIE DE JÉSUS.   425

allait mener dans le cœur de l'humanité pour des siècles infinis.

L'atrocité particulière du supplice de la croix était qu'on pouvait vivre trois et quatre jours dans cet horrible état sur l'escabeau de douleur [1]. L'hémorrhagie des mains s'arrêtait vite et n'était pas mortelle. La vraie cause de la mort était la position contre nature du corps, laquelle entraînait un trouble affreux dans la circulation, de terribles maux de tête et de cœur, et enfin la rigidité des membres. Les crucifiés de forte complexion ne mouraient que de faim [2]. L'idée mère de ce cruel supplice n'était pas de tuer directement le condamné par des lésions déterminées, mais d'exposer l'esclave, cloué par les mains dont il n'avait pas su faire bon usage, et de le laisser pourrir sur le bois. L'organisation délicate de Jésus le préserva de cette lente agonie. Tout porte à croire que la rupture instantanée d'un vaisseau au cœur amena pour lui, au bout de trois heures, une mort subite. Quelques moments avant de rendre l'âme, il avait encore la voix forte [3]. Tout à coup, il poussa un cri terrible [4], où les uns

[1]. Pétrone, *Sat.*, CXI et suiv.; Origène, *In Matth. Comment. series*, 140; texte arabe publié dans Kosegarten, *op. cit.*, p. 63 et suiv.
[2]. Eusèbe, *Hist. eccl.*, VIII, 8.
[3]. Matth., XXVII, 46 ; Marc, XV, 34.
[4]. Matth., XXVII, 50; Marc, XV, 37; Luc, XXIII, 46; Jean, XIX, 30.

entendirent : « O Père, je remets mon esprit entre tes mains ! » et que les autres, plus préoccupés de l'accomplissement des prophéties, rendirent par ces mots : « Tout est consommé ! » Sa tête s'inclina sur sa poitrine, et il expira.

Repose maintenant dans ta gloire, noble initiateur. Ton œuvre est achevée; ta divinité est fondée. Ne crains plus de voir crouler par une faute l'édifice de tes efforts. Désormais hors des atteintes de la fragilité, tu assisteras, du haut de la paix divine, aux conséquences infinies de tes actes. Au prix de quelques heures de souffrance, qui n'ont pas même atteint ta grande âme, tu as acheté la plus complète immortalité. Pour des milliers d'années, le monde va relever de toi! Drapeau de nos contradictions, tu seras le signe autour duquel se livrera la plus ardente bataille. Mille fois plus vivant, mille fois plus aimé depuis ta mort que durant les jours de ton passage ici-bas, tu deviendras à tel point la pierre angulaire de l'humanité qu'arracher ton nom de ce monde serait l'ébranler jusqu'aux fondements. Entre toi et Dieu, on ne distinguera plus. Pleinement vainqueur de la mort, prends-possession de ton royaume, où te suivront, par la voie royale que tu as tracée, des siècles d'adorateurs.

CHAPITRE XXVI.

JÉSUS AU TOMBEAU.

Il était environ trois heures de l'après-midi, selon notre manière de compter[1], quand Jésus expira. Une loi juive[2] défendait de laisser un cadavre suspendu au gibet au delà de la soirée du jour de l'exécution. Il n'est pas probable que, dans les exécutions faites par les Romains, cette prescription fût observée. Mais comme le lendemain était le sabbat, et un sabbat d'une solennité particulière, les Juifs exprimèrent à l'autorité romaine[3] le désir que ce saint jour ne fût

---

1. Matth., xxvii, 46; Marc, xv, 37; Luc, xxiii, 44. Comp. Jean, xix, 14.

2. *Deutéron.*, xxi, 22-23; Josué, viii, 29; x, 26 et suiv. Cf. Jos., *B. J.*, IV, v, 2; Mischna, *Sanhédrin*, vi, 5.

3. Jean dit : « à Pilate » ; mais cela ne se peut, car Marc (xv, 44-45) veut que le soir Pilate ignorât encore la mort de Jésus.

pas souillé par un tel spectacle[1]. On acquiesça à leur demande; des ordres furent donnés pour qu'on hâtât la mort des trois condamnés, et qu'on les détachât de la croix. Les soldats exécutèrent cette consigne en appliquant aux deux voleurs un second supplice, bien plus prompt que celui de la croix, le *crurifragium*, brisement des jambes [2], supplice ordinaire des esclaves et des prisonniers de guerre. Quant à Jésus, ils le trouvèrent mort, et ne jugèrent pas à propos de lui casser les jambes. Un d'entre eux, seulement, pour enlever toute incertitude sur le décès réel de ce troisième crucifié, et l'achever s'il lui restait quelque souffle, lui perça le côté d'un coup de lance. On crut voir couler du sang et de l'eau, ce qu'on regarda comme un signe de la cessation de vie.

Jean, qui prétend l'avoir vu[3], insiste beaucoup sur ce détail. Il est évident en effet que des doutes s'élevèrent sur la réalité de la mort de Jésus. Quelques heures de suspension à la croix paraissaient aux personnes habituées à voir des crucifiements

1. Comparez Philon, *In Flaccum*, § 10.
2. Il n'y a pas d'autre exemple du *crurifragium* appliqué à la suite du crucifiement. Mais souvent, pour abréger les tortures du patient, on lui donnait un coup de grâce. Voir le passage d'Ibn-Hischâm, traduit dans la *Zeitschrift für die Kunde des Morgenlandes*, I, p. 99-100.
3. Jean, xix, 31-35.

tout à fait insuffisantes pour amener un tel résultat. On citait beaucoup de cas de crucifiés qui, détachés à temps, avaient été rappelés à la vie par des cures énergiques [1]. Origène plus tard se crut obligé d'invoquer le miracle pour expliquer une fin si prompte [2]. Le même étonnement se retrouve dans le récit de Marc [3]. A vrai dire, la meilleure garantie que possède l'historien sur un point de cette nature, c'est la haine soupçonneuse des ennemis de Jésus. Il est douteux que les Juifs fussent dès lors préoccupés de la crainte que Jésus ne passât pour ressuscité ; mais en tout cas ils devaient veiller à ce qu'il fût bien mort. Quelle qu'ait pu être à certaines époques la négligence des anciens en tout ce qui était constatation légale et conduite stricte des affaires, on ne peut croire que les intéressés n'aient pas pris à cet égard quelques précautions [4].

Selon la coutume romaine, le cadavre de Jésus aurait dû rester suspendu pour devenir la proie des

---

1. Hérodote, VII, 194 ; Jos., *Vita*, 75.
2. *In Matth. Comment. series,* 140.
3. Marc, xv, 44-45.
4. Les besoins de l'argumentation chrétienne portèrent plus tard à exagérer ces précautions, surtout quand les Juifs eurent adopté pour système de soutenir que le corps de Jésus avait été volé. Matth., xxvii, 62 et suiv. ; xxviii, 11-15.

oiseaux[1]. Selon la loi juive, enlevé le soir, il eût été déposé dans le lieu infâme destiné à la sépulture des suppliciés[2]. Si Jésus n'avait eu pour disciples que ses pauvres Galiléens, timides et sans crédit, la chose se serait passée de cette seconde manière. Mais nous avons vu que, malgré son peu de succès à Jérusalem, Jésus avait gagné la sympathie de quelques personnes considérables, qui attendaient le royaume de Dieu, et qui, sans s'avouer ses disciples, avaient pour lui un profond attachement. Une de ces personnes, Joseph de la petite ville d'Arimathie (*Ha-ramathaïm*[3]), alla le soir demander le corps au procurateur[4]. Joseph était un homme riche et honorable, membre du sanhédrin. La loi romaine, à cette époque, ordonnait d'ailleurs de délivrer le cadavre du supplicié à qui le réclamait[5]. Pilate, qui ignorait la circonstance du *crurifragium*, s'étonna que Jésus fût sitôt mort, et fit

1. Horace, *Epitres*, I, xvi, 48; Juvénal, xiv, 77; Lucain, VI, 544; Plaute, *Miles glor.*, II, iv, 19; Artémidore, *Onir.*, II, 53; Pline, XXXVI, 24; Plutarque, *Vie de Cléomène*, 39; Pétrone, *Sat.*, cxi-cxii.
2. Mischna, *Sanhédrin*, vi, 5.
3. Probablement identique à l'antique Rama de Samuel, dans la tribu d'Ephraïm.
4. Matth., xxvii, 57 et suiv.; Marc, xv, 42 et suiv.; Luc, xxiii, 50 et suiv.; Jean, xix, 38 et suiv.
5. Digeste, XLVIII, xxiv, *De cadaveribus punitorum*.

venir le centurion qui avait commandé l'exécution, pour savoir ce qu'il en était. Après avoir reçu les assurances du centurion, Pilate accorda à Joseph l'objet de sa demande. Le corps, probablement, était déjà descendu de la croix. On le livra à Joseph pour en faire selon son plaisir.

Un autre ami secret, Nicodème[1], que déjà nous avons vu plus d'une fois employer son influence en faveur de Jésus, se retrouva à ce moment. Il arriva portant une ample provision des substances nécessaires à l'embaumement. Joseph et Nicodème ensevelirent Jésus selon la coutume juive, c'est-à-dire en l'enveloppant dans un linceul avec de la myrrhe et de l'aloès. Les femmes galiléennes étaient présentes[2], et sans doute accompagnaient la scène de cris aigus et de pleurs.

Il était tard, et tout cela se fit fort à la hâte. On n'avait pas encore choisi le lieu où on déposerait le corps d'une manière définitive. Ce transport d'ailleurs eût pu se prolonger jusqu'à une heure avancée et entraîner une violation du sabbat; or les disciples observaient encore avec conscience les prescriptions de la loi juive. On se décida donc pour une sépulture provisoire[3]. Il

1. Jean, xix, 39 et suiv.
2. Matth., xxvii, 61; Marc, xv, 47; Luc, xxiii, 55.
3. Jean, xix, 41-42.

y avait près de là, dans un jardin, un tombeau récemment creusé dans le roc et qui n'avait jamais servi. Il appartenait probablement à quelque affilié[1]. Les grottes funéraires, quand elles étaient destinées à un seul cadavre, se composaient d'une petite chambre, au fond de laquelle la place du corps était marquée par une auge ou couchette évidée dans la paroi et surmontée d'un arceau[2]. Comme ces grottes étaient creusées dans le flanc de rochers inclinés, on y entrait de plain-pied; la porte était fermée par une pierre très-difficile à manier. On déposa Jésus dans le caveau; on roula la pierre à la porte, et l'on se promit de revenir pour lui donner une sépulture plus complète. Mais le lendemain étant un sabbat

---

1. Une tradition (Matth., xxvii, 60) désigne comme propriétaire du caveau Joseph d'Arimathie lui-même.

2. Le caveau qui, à l'époque de Constantin, fut considéré comme le tombeau du Christ, offrait cette forme, ainsi qu'on peut le conclure de la description d'Arculfe (dans Mabillon, *Acta SS. Ord. S. Bened.*, sect. III, pars II, p. 504) et des vagues traditions qui restent à Jérusalem dans le clergé grec sur l'état du rocher actuellement dissimulé par l'édicule du Saint-Sépulcre. Mais les indices sur lesquels on se fonda sous Constantin pour identifier ce tombeau avec celui du Christ furent faibles ou nuls (voir surtout Sozomène, *H. E.*, II, 1). Lors même qu'on admettrait la position du Golgotha comme à peu près exacte, le Saint-Sépulcre n'aurait encore aucun caractère bien sérieux d'authenticité. En tout cas, l'aspect des lieux a été totalement modifié.

solennel, le travail fut remis au surlendemain[1].

Les femmes se retirèrent après avoir soigneusement remarqué comment le corps était posé. Elles employèrent les heures de la soirée qui leur restaient à faire de nouveaux préparatifs pour l'embaumement. Le samedi, tout le monde se reposa[2].

Le dimanche matin, les femmes, Marie de Magdala la première, vinrent de très-bonne heure au tombeau[3]. La pierre était déplacée de l'ouverture, et le corps n'était plus à l'endroit où on l'avait mis. En même temps, les bruits les plus étranges se répandirent dans la communauté chrétienne. Le cri : « Il est ressuscité ! » courut parmi les disciples comme un éclair. L'amour lui fit trouver partout une créance facile. Que s'était-il passé ? C'est en traitant de l'histoire des apôtres que nous aurons à examiner ce point et à rechercher l'origine des légendes relatives à la résurrection. La vie de Jésus, pour l'historien, finit avec son dernier soupir. Mais telle était la trace qu'il avait laissée dans le cœur de ses disciples et de quelques amies dévouées que, durant des semaines encore, il fut pour eux vivant et consolateur. Son corps

1. Luc, XXIII, 56.
2. Luc, XXIII, 54-56.
3. Matthieu, XXVIII, 1; Marc, XVI, 1; Luc, XXIV, 1; Jean, XX, 1.

avait-il été enlevé [1], ou bien l'enthousiasme, toujours crédule, fit-il éclore après coup l'ensemble de récits par lesquels on chercha à établir la foi à la résurrection ? C'est ce que, faute de documents contradictoires, nous ignorerons à jamais. Disons cependant que la forte imagination de Marie de Magdala [2] joua dans cette circonstance un rôle capital [3]. Pouvoir divin de l'amour ! moments sacrés où la passion d'une hallucinée donne au monde un Dieu ressuscité !

1. Voir Matth., xxviii, 15; Jean, xx, 2.
2. Elle avait été possédée de sept démons (Marc, xvi, 9; Luc, viii, 2).
3. Cela est sensible surtout dans les versets 9 et suivants du chapitre xvi de Marc. Ces versets forment une conclusion du second évangile, différente de la conclusion xvi, 1-8, après laquelle s'arrêtent beaucoup de manuscrits. Dans le quatrième évangile (xx, 1-2, 11 et suiv., 18), Marie de Magdala est aussi le seul témoin primitif de la résurrection.

CHAPITRE XXVII.

SORT DES ENNEMIS DE JÉSUS.

Selon le calcul que nous adoptons, la mort de Jésus tomba l'an 33 de notre ère[1]. Elle ne peut en tout cas être ni antérieure à l'an 29, la prédication de Jean et de Jésus ayant commencé l'an 28[2], ni postérieure à l'an 35, puisque l'an 36, et, ce semble, avant Pâque, Pilate et Kaïapha perdirent l'un et l'autre leurs fonctions[3]. La mort de Jésus paraît du reste avoir été tout à fait étrangère à ces deux destitutions[4]. Dans sa retraite, Pilate ne songea pro-

---

1. L'an 33 répond bien à une des données du problème, savoir que le 14 de nisan ait été un vendredi. Si on rejette l'an 33, pour trouver une année qui remplisse ladite condition, il faut au moins remonter à l'an 29 ou descendre à l'an 36.
2. Luc, III, 1.
3. Jos., *Ant.*, XVIII, IV, 2 et 3.
4. L'assertion contraire de Tertullien et d'Eusèbe découle d'un

bablement pas un moment à l'épisode oublié qui devait transmettre sa triste renommée à la postérité la plus lointaine. Quant à Kaïapha, il eut pour successeur Jonathan, son beau-frère, fils de ce même Hanan qui avait joué dans le procès de Jésus le rôle principal. La famille sadducéenne de Hanan garda encore longtemps le pontificat, et, plus puissante que jamais, ne cessa de faire aux disciples et à la famille de Jésus la guerre acharnée qu'elle avait commencée contre le fondateur. Le christianisme, qui lui dut l'acte définitif de sa fondation, lui dut aussi ses premiers martyrs. Hanan passa pour un des hommes les plus heureux de son siècle[1]. Le vrai coupable de la mort de Jésus finit sa vie au comble des honneurs et de la considération, sans avoir douté un instant qu'il eût rendu un grand service à la nation. Ses fils continuèrent de régner autour du temple, à grand'peine réprimés par les procurateurs[2] et bien des fois se passant de leur consentement pour satisfaire leurs instincts violents et hautains.

---

apocryphe sans valeur (V. Thilo, *Cod. apocr., N. T.*, p. 813 et suiv.). Le suicide de Pilate (Eusèbe, *H. E.*, II, 7; *Chron.* ad ann. 1 Caii) paraît aussi provenir d'actes légendaires.

1. Jos., *Ant.*, XX, ix, 1.
2. Jos., *l. c.*

Antipas et Hérodiade disparurent aussi bientôt de la scène politique. Hérode Agrippa ayant été élevé à la dignité de roi par Caligula, la jalouse Hérodiade jura, elle aussi, d'être reine. Sans cesse pressé par cette femme ambitieuse, qui le traitait de lâche parce qu'il souffrait un supérieur dans sa famille, Antipas surmonta son indolence naturelle et se rendit à Rome, afin de solliciter le titre que venait d'obtenir son neveu (39 de notre ère). Mais l'affaire tourna au plus mal. Desservi par Hérode Agrippa auprès de l'empereur, Antipas fut destitué, et traîna le reste de sa vie d'exil en exil, à Lyon, en Espagne. Hérodiade le suivit dans ses disgrâces [1]. Cent ans au moins devaient encore s'écouler avant que le nom de leur obscur sujet, devenu dieu, revînt dans ces contrées éloignées rappeler sur leurs tombeaux le meurtre de Jean-Baptiste.

Quant au malheureux Juda de Kerioth, des légendes terribles coururent sur sa mort. On prétendit que du prix de sa perfidie il avait acheté un champ aux environs de Jérusalem. Il y avait justement, au sud du mont Sion, un endroit nommé *Hakeldama* (le champ du sang) [2]. On supposa que c'était la propriété ac-

---

[1]. Jos., *Ant.*, XVIII, vii, 1, 2 ; *B. J.*, II, ix, 6.
[2]. S. Jérôme, *De situ et nom. loc. hebr.*, au mot *Acheldama*. Eusèbe (*ibid.*) dit au nord. Mais les Itinéraires confirment la leçon

quise par le traître[1]. Selon une tradition, il se tua[2]. Selon une autre, il fit dans son champ une chute, par suite de laquelle ses entrailles se répandirent à terre[3]. Selon d'autres, il mourut d'une sorte d'hydropisie, accompagnée de circonstances repoussantes que l'on prit pour un châtiment du ciel[4]. Le désir de montrer dans Judas l'accomplissement des menaces que le Psalmiste prononce contre l'ami perfide[5] a pu donner lieu à ces légendes. Peut-être, retiré dans son champ de Hakeldama, Judas mena-t-il une vie douce et obscure, pendant que ses anciens amis conquéraient le monde et y semaient le bruit de son infamie. Peut-être aussi l'épouvantable haine qui pesait sur sa tête aboutit-elle à des actes violents, où l'on vit le doigt du ciel.

---

de S. Jérôme. La tradition qui nomme *Haceldama* la nécropole située au bas de la vallée de Hinnom remonte au moins à l'époque de Constantin.

1. *Act.,* I, 18-19. Matthieu, ou plutôt son interpolateur, a ici donné un tour moins satisfaisant à la tradition, afin d'y rattacher la circonstance d'un cimetière pour les étrangers, qui se trouvait près de là.

2. Matth., XXVII, 5.

3. *Act.,* l. c.; Papias, dans Œcumenius, *Enarr. in Act. Apost.,* II, et dans Fr. Münter, *Fragm. Patrum græc.* (Hafniae, 1788), fasc. I, p. 17 et suiv.; Théophylacte, In Matth., XXVII, 5.

4. Papias, dans Münter, *l. c.*; Théophylacte, *l. c.*

5. Psaumes LXIX et CIX.

Le temps des grandes vengeances chrétiennes était, du reste, bien éloigné. La secte nouvelle ne fut pour rien dans la catastrophe que le judaïsme allait bientôt subir. La synagogue ne comprit que beaucoup plus tard à quoi l'on s'expose en appliquant des lois d'intolérance. L'empire était certes plus loin encore de soupçonner que son futur destructeur était né. Pendant près de trois cents ans, il suivra sa voie sans se douter qu'à côté de lui croissent des principes destinés à faire subir au monde une complète transformation. A la fois théocratique et démocratique, l'idée jetée par Jésus dans le monde fut, avec l'invasion des Germains, la cause de dissolution la plus active pour l'œuvre des Césars. D'une part, le droit de tous les hommes à participer au royaume de Dieu était proclamé. De l'autre, la religion était désormais en principe séparée de l'État. Les droits de la conscience, soustraits à la loi politique, arrivent à constituer un pouvoir nouveau, le « pouvoir spirituel. » Ce pouvoir a menti plus d'une fois à son origine ; durant des siècles, les évêques ont été des princes et le pape a été un roi. L'empire prétendu des âmes s'est montré à diverses reprises comme une affreuse tyrannie, employant pour se maintenir la torture et le bûcher. Mais le jour viendra où la séparation portera ses fruits, où le domaine des choses de l'esprit cessera de s'appeler un « pouvoir » pour s'appeler une « liberté. » Sorti de la conscience d'un homme du peuple, éclos devant le peuple, aimé et admiré d'abord du peuple, le christianisme fut empreint d'un caractère originel qui ne s'effacera jamais. Il fut le premier triomphe de la révolution, la victoire du sentiment populaire, l'avénement des simples de cœur, l'inauguration du beau comme le peuple l'entend. Jésus ouvrit ainsi dans les sociétés aristocratiques de l'antiquité la brèche par laquelle tout passera.

Le pouvoir civil, en effet, bien qu'innocent de la mort de Jésus (il ne fit que contre-signer la sentence, et encore malgré lui), devait en porter lourdement la responsabilité. En présidant à la scène du Calvaire, l'État se porta le coup le plus grave. Une légende pleine d'irrévérences de toutes sortes prévalut et fit le tour du monde, légende où les autorités constituées jouent un rôle odieux, où c'est l'accusé qui a raison, où les juges et les gens de police se liguent contre la vérité. Séditieuse au plus haut degré, l'histoire de la Passion, répandue par des milliers d'images populaires, montra les aigles romaines sanctionnant le plus inique des supplices, des soldats l'exécutant, un préfet l'ordonnant. Quel coup pour toutes les puissances établies ! Elles ne s'en sont jamais bien relevées. Comment prendre à l'égard des pauvres gens des airs d'infaillibilité, quand on a sur la conscience la grande méprise de Gethsémani[1] ?

[1]. Ce sentiment populaire vivait encore en Bretagne au temps de mon enfance. Le gendarme y était considéré, comme ailleurs le juif, avec une sorte de répulsion pieuse; car c'est lui qui arrêta Jésus!

CHAPITRE XXVIII.

CARACTÈRE ESSENTIEL DE L'ŒUVRE DE JÉSUS.

Jésus, on le voit, ne sortit jamais par son action du cercle juif. Quoique sa sympathie pour tous les dédaignés de l'orthodoxie le portât à admettre les païens dans le royaume de Dieu, quoiqu'il ait plus d'une fois résidé en terre païenne, et qu'une ou deux fois on le surprenne en rapports bienveillants avec des infidèles[1], on peut dire que sa vie s'écoula tout entière dans le petit monde, très-fermé, où il était né. Les pays grecs et romains n'entendirent pas parler de lui; son nom ne figure dans les auteurs profanes que cent ans plus tard, et encore d'une façon indirecte, à propos des mouvements séditieux provoqués par sa doctrine ou des persécutions dont ses

---

1. Matth., VIII, 5 et suiv.; Luc, VII, 1 et suiv.; Jean, XII, 20 et suiv. Comp. Jos., *Ant.,* XVIII, III, 3.

disciples étaient l'objet[1]. Dans le sein même du judaïsme, Jésus ne fit pas une impression bien durable. Philon, mort vers l'an 50, n'a aucun soupçon de lui. Josèphe, né l'an 37 et écrivant dans les dernières années du siècle, mentionne son exécution en quelques lignes[2], comme un événement d'importance secondaire; dans l'énumération des sectes de son temps, il omet les chrétiens[3]. La *Mischna*, d'un autre côté, n'offre aucune trace de l'école nouvelle; les passages des deux Gémares où le fondateur du christianisme est nommé ne nous reportent pas au delà du IV⁰ ou du v⁰ siècle[4]. L'œuvre essentielle de Jésus fut de créer autour de lui un cercle de disciples auxquels il inspira un attachement sans bornes, et dans le sein desquels il déposa le germe de sa doctrine. S'être fait aimer, « à ce point qu'après sa mort on ne cessa pas de l'aimer, » voilà le

---

1. Tacite, *Ann.*, XV, 45; Suétone, *Claude*, 25.
2. *Ant.*, XVIII, III, 3. Ce passage a été altéré par une main chrétienne.
3. *Ant.*, XVIII, I; *B. J.*, II, VIII; *Vita*, 2.
4. Talm. de Jérusalem, *Sanhédrin*, XIV, 16; *Aboda zara*, II, 2; *Schabbath*, XIV, 4; Talm. de Babylone, *Sanhédrin*, 43 a, 67 a; *Schabbath*, 104 b, 116 b. Comp. *Chagiga*, 4 b; *Gittin*, 57 a, 90 a. Les deux Gémares empruntent la plupart de leurs données sur Jésus à une légende burlesque et obscène, inventée par les adversaires du christianisme et sans valeur historique.

chef-d'œuvre de Jésus et ce qui frappa le plus ses contemporains[1]. Sa doctrine était quelque chose de si peu dogmatique qu'il ne songea jamais à l'écrire ni à la faire écrire. On était son disciple non pas en croyant ceci ou cela, mais en s'attachant à sa personne et en l'aimant. Quelques sentences bientôt recueillies de souvenir, et surtout son type moral et l'impression qu'il avait laissée, furent ce qui resta de lui. Jésus n'est pas un fondateur de dogmes, un faiseur de symboles; c'est l'initiateur du monde à un esprit nouveau. Les moins chrétiens des hommes furent, d'une part, les docteurs de l'Église grecque, qui, à partir du IV⁰ siècle, engagèrent le christianisme dans une voie de puériles discussions métaphysiques, et, d'une autre part, les scolastiques du moyen âge latin, qui voulurent tirer de l'Évangile les milliers d'articles d'une « Somme » colossale. Adhérer à Jésus en vue du royaume de Dieu, voilà ce qui s'appela d'abord être chrétien.

On comprend de la sorte comment, par une destinée exceptionnelle, le christianisme pur se présente encore, au bout de dix-huit siècles, avec le caractère d'une religion universelle et éternelle. C'est qu'en effet la religion de Jésus est à quelques égards la religion définitive. Fruit d'un mouvement des âmes par-

---

[1]. Jos., *Ant.*, XVIII, III, 3.

faitement spontané, dégagé à sa naissance de toute étreinte dogmatique, ayant lutté trois cents ans pour la liberté de conscience, le christianisme, malgré les chutes qui ont suivi, recueille encore les fruits de cette excellente origine. Pour se renouveler, il n'a qu'à revenir à l'Évangile. Le royaume de Dieu, tel que nous le concevons, diffère notablement de l'apparition surnaturelle que les premiers chrétiens espéraient voir éclater dans les nues. Mais le sentiment que Jésus a introduit dans le monde est bien le nôtre. Son parfait idéalisme est la plus haute règle de la vie détachée et vertueuse. Il a créé le ciel des âmes pures, où se trouve ce qu'on demande en vain à la terre, la parfaite noblesse des enfants de Dieu, la pureté absolue, la totale abstraction des souillures du monde, la liberté enfin, que la société réelle exclut comme une impossibilité, et qui n'a toute son amplitude que dans le domaine de la pensée. Le grand maître de ceux qui se réfugient dans ce royaume de Dieu idéal est encore Jésus. Le premier, il a proclamé la royauté de l'esprit; le premier, il a dit, au moins par ses actes : « Mon royaume n'est pas de ce monde. » La fondation de la vraie religion est bien son œuvre. Après lui, il n'y a plus qu'à développer et à féconder.

« Christianisme » est ainsi devenu presque synonyme de « religion. » Tout ce qu'on fera en dehors de cette grande et bonne tradition chrétienne sera stérile. Jésus a fondé la religion dans l'humanité, comme Socrate y a fondé la philosophie, comme Aristote y a fondé la science. Il y a eu de la philosophie avant Socrate et de la science avant Aristote. Depuis Socrate et depuis Aristote, la philosophie et la science ont fait d'immenses progrès; mais tout a été bâti sur le fondement qu'ils ont posé. De même, avant Jésus, la pensée religieuse avait traversé bien des révolutions; depuis Jésus, elle a fait de grandes conquêtes : on n'est pas sorti, cependant, on ne sortira pas de la notion essentielle que Jésus a créée; il a fixé pour toujours l'idée du culte pur. La religion de Jésus, en ce sens, n'est pas limitée. L'Église a eu ses époques et ses phases; elle s'est renfermée dans des symboles qui n'ont eu ou qui n'auront qu'un temps : Jésus a fondé la religion absolue, n'excluant rien, ne déterminant rien, si ce n'est le sentiment. Ses symboles ne sont pas des dogmes arrêtés, mais des images susceptibles d'interprétations indéfinies. On chercherait vainement une proposition théologique dans l'Évangile. Toutes les professions de foi sont des travestissements de l'idée de Jésus, à peu près comme la scolastique du moyen âge, en proclamant Aristote le maître unique d'une science achevée, faussait la pensée d'Aristote. Aristote, s'il eût assisté aux débats de l'école, eût répudié cette doctrine étroite; il eût été du parti de la science progressive contre la routine, qui se couvrait de son autorité; il eût applaudi à ses contradicteurs. De même, si Jésus revenait parmi nous, il reconnaîtrait pour disciples, non ceux qui prétendent le renfermer tout entier dans quelques phrases de catéchisme, mais ceux qui travaillent à le continuer. La gloire éternelle, dans tous les ordres de grandeurs, est d'avoir posé la première pierre. Il se peut que, dans la « Physique » et dans la « Météorologie » des temps modernes, il ne se retrouve pas un mot des traités d'Aristote qui portent ces titres; Aristote n'en reste pas moins le fondateur de la science de la nature. Quelles que puissent être les transformations du dogme, Jésus restera en religion le créateur du sentiment pur; le Sermon sur la montagne ne sera pas dépassé. Aucune révolution ne fera que nous ne nous rattachions en religion à la grande ligne intellectuelle et morale en tête de laquelle brille le nom de Jésus. En ce sens, nous sommes chrétiens, même quand nous nous séparons sur presque tous les points de la tradition chrétienne qui nous a précédés.

Et cette grande fondation fut bien l'œuvre personnelle de Jésus. Pour s'être fait adorer à ce point, il faut qu'il ait été adorable. L'amour ne va pas sans un objet digne de l'allumer, et nous ne saurions rien de Jésus si ce n'est la passion qu'il inspira à son entourage, que nous devrions affirmer encore qu'il fut grand et pur. La foi, l'enthousiasme, la constance de la première génération chrétienne ne s'expliquent qu'en supposant à l'origine de tout le mouvement un homme de proportions colossales. A la vue des merveilleuses créations des âges de foi, deux impressions également funestes à la bonne critique historique s'élèvent dans l'esprit. D'une part, on est porté à supposer ces créations trop impersonnelles; on attribue à une action collective ce qui souvent a été l'œuvre d'une volonté puissante et d'un esprit supérieur. D'un autre côté, on se refuse à voir des hommes comme nous dans les auteurs de ces mouvements extraordinaires qui ont décidé du sort de l'humanité. Prenons un sentiment plus large des pouvoirs que la nature recèle en son sein. Nos civilisations, régies par une police minutieuse, ne sauraient nous donner aucune idée de ce que valait l'homme à des époques où l'originalité de chacun avait pour se développer un champ plus libre. Supposons un solitaire demeurant dans les carrières voisines de nos capitales, sortant de là de temps en temps pour se présenter aux palais des souverains, forçant la consigne et, d'un ton impérieux, annonçant aux rois l'approche des révolutions dont il a été le promoteur. Cette idée seule nous fait sourire. Tel, cependant, fut Élie. Élie le Thesbite, de nos jours, ne franchirait pas le guichet des Tuileries. La prédication de Jésus, sa libre activité en Galilée ne sortent pas moins complétement des conditions sociales auxquelles nous sommes habitués. Dégagées de nos conventions polies, exemptes de l'éducation uniforme qui nous raffine, mais qui diminue si fort notre individualité, ces âmes entières portaient dans l'action une énergie surprenante. Elles nous apparaissent comme les géants d'un âge héroïque qui n'aurait pas eu de réalité. Erreur profonde ! Ces hommes-là étaient nos frères ; ils eurent notre taille, sentirent et pensèrent comme nous. Mais le souffle de Dieu était libre chez eux ; chez nous, il est enchaîné par les liens de fer d'une société mesquine et condamnée à une irrémédiable médiocrité.

Plaçons donc au plus haut sommet de la grandeur humaine la personne de Jésus. Ne nous laissons pas égarer par des défiances exagérées en présence d'une légende qui nous tient toujours dans un monde surhumain. La vie de François d'Assise n'est aussi qu'un tissu de miracles. A-t-on jamais douté cependant de l'existence et du rôle de François d'Assise ? Ne disons pas davantage que la gloire de la fondation du christianisme doit revenir à la foule des premiers chrétiens, et non à celui que la légende a déifié. L'inégalité des hommes est bien plus marquée en Orient que chez nous. Il n'est pas rare de voir s'y élever, au milieu d'une atmosphère générale de méchanceté, des caractères dont la grandeur nous étonne. Bien loin que Jésus ait été créé par ses disciples, Jésus apparaît en tout comme supérieur à ses disciples. Ceux-ci, saint Paul et saint Jean exceptés, étaient des hommes sans invention ni génie. Saint Paul luimême ne supporte aucune comparaison avec Jésus, et quant à saint Jean, je montrerai plus tard que son rôle, très-élevé en un sens, fut loin d'être à tous égards irréprochable. De là l'immense supériorité des Évangiles au milieu des écrits du Nouveau Testament. De là cette chute pénible qu'on éprouve en passant de l'histoire de Jésus à celle des apôtres. Les évangélistes eux-mêmes, qui nous ont légué l'image de Jésus, sont si fort au-dessous de celui dont ils parlent que sans cesse ils le défigurent, faute d'atteindre à sa hauteur. Leurs écrits sont pleins d'erreurs et de contre-sens. On sent à chaque ligne un discours d'une beauté divine fixé par des rédacteurs qui ne le comprennent pas, et qui substituent leurs propres idées à celles qu'ils ne saisissent qu'à demi. En somme, le caractère de Jésus, loin d'avoir été embelli par ses biographes, a été diminué par eux. La critique, pour le retrouver tel qu'il fut, a besoin d'écarter une série de méprises, provenant de la médiocrité d'esprit des disciples. Ceux-ci l'ont peint comme ils le concevaient, et souvent, en croyant l'agrandir, l'ont en réalité amoindri.

Je sais que nos idées modernes sont plus d'une fois froissées dans cette légende, conçue par une autre race, sous un autre ciel, au milieu d'autres besoins sociaux. Il est des vertus qui, à quelques égards, sont plus conformes à notre goût. L'honnête et suave Marc-Aurèle, l'humble et doux Spinoza, n'ayant pas cru au miracle, ont été exempts de quelques erreurs que Jésus partagea. Le second, dans son obscurité profonde, eut un avantage que Jésus ne chercha pas. Par notre extrême délicatesse dans l'emploi des moyens de conviction, par notre sincérité absolue et notre amour désintéressé de l'idée pure, nous avons fondé, nous tous qui avons voué notre vie à la science, un nouvel idéal de moralité. Mais les appréciations de l'histoire générale ne doivent pas se renfermer dans des considérations de mérite personnel. Marc-Aurèle et ses nobles maîtres ont été sans action durable sur le monde. Marc-Aurèle laisse après lui des livres délicieux, un fils exécrable, un monde qui s'en va. Jésus reste pour l'humanité un principe inépuisable de renaissances morales. La philosophie ne suffit pas au grand nombre. Il lui faut la sainteté. Un Apollonius de Tyane, avec sa légende miraculeuse, devait avoir plus de succès qu'un Socrate, avec sa froide raison. « Socrate, disait-on, laisse les hommes sur la terre, Apollonius les transporte au ciel; Socrate n'est qu'un sage, Apollonius est un dieu[1]. » La religion, jusqu'à nos jours, n'a pas existé sans une part d'ascétisme, de piété, de merveilleux. Quand on voulut, après les Antonins, faire une religion de la philosophie, il fallut transformer les philosophes en saints, écrire la « Vie édifiante » de Pythagore et de Plotin, leur prêter une légende, des vertus d'abstinence et de contemplation, des pouvoirs surnaturels, sans lesquels on ne trouvait près du siècle ni créance ni autorité.

Gardons-nous donc de mutiler l'histoire pour satisfaire nos mesquines susceptibilités. Qui de nous, pygmées que nous sommes, pourrait faire ce qu'a fait l'extravagant François d'Assise, l'hystérique sainte Thérèse? Que la médecine ait des noms pour exprimer ces grands écarts de la nature humaine; qu'elle soutienne que le génie est une maladie du cerveau; qu'elle voie dans une certaine délicatesse de moralité un commencement d'étisie; qu'elle classe l'enthou-

---

[1]. Philostrate, *Vie d'Apollonius,* IV, 2; VII, 11; VIII, 7; Eunape, *Vies des sophistes,* p. 454, 500 (édit. Didot).

siasme et l'amour parmi les accidents nerveux, peu importe. Les mots de sain et de malade sont tout relatifs. Qui n'aimerait mieux être malade comme Pascal que bien portant comme le vulgaire? Les idées étroites qui se sont répandues de nos jours sur la folie égarent de la façon la plus grave nos jugements historiques dans les questions de ce genre. Un état où l'on dit des choses dont on n'a pas conscience, où la pensée se produit sans que la volonté l'appelle et la règle, expose maintenant un homme à être séquestré comme halluciné. Autrefois, cela s'appelait prophétie et inspiration. Les plus belles choses du monde se sont faites à l'état de fièvre; toute création éminente entraîne une rupture d'équilibre, un état violent pour l'être qui la tire de lui.

Certes, nous reconnaissons que le christianisme est une œuvre trop complexe pour avoir été le fait d'un seul homme. En un sens, l'humanité entière y collabora. Il n'y a pas de monde si muré qui ne reçoive quelque vent du dehors. L'histoire de l'esprit humain est pleine de synchronismes étranges, qui font que, sans avoir communiqué entre elles, des fractions fort éloignées de l'espèce humaine arrivent en même temps à des idées et à des imaginations presque identiques. Au XIIIe siècle, les Latins, les Grecs, les Syriens, les Juifs, les Musulmans font de la scolastique, et à peu près la même scolastique, de York à Samarkand ; au XIVe siècle, tout le monde se livre au goût de l'allégorie mystique, en Italie, en Perse, dans l'Inde ; au XVIe, l'art se développe d'une façon toute semblable en Italie, au Mont-Athos, à la cour des grands Mogols, sans que saint Thomas, Barhébræus, les rabbins de Narbonne, les *motécallémin* de Bagdad se soient connus, sans que Dante et Pétrarque aient vu aucun soufi, sans qu'aucun élève des écoles de Pérouse ou de Florence ait passé à Dehli. On dirait de grandes influences morales courant le monde, à la manière des épidémies, sans distinction de frontière et de race. Le commerce des idées dans l'espèce humaine ne s'opère pas seulement par les livres ou l'enseignement direct. Jésus ignorait jusqu'au nom de Bouddha, de Zoroastre, de Platon ; il n'avait lu aucun livre grec, aucun soutra bouddhique, et cependant il y a en lui plus d'un élément qui, sans qu'il s'en doutât, venait du bouddhisme, du parsisme, de la sagesse grecque. Tout cela se faisait par des canaux secrets et par cette espèce de sympathie qui existe entre les diverses portions de l'humanité. Le grand homme, par un côté, reçoit tout de son temps ; par un autre, il domine son temps. Montrer que la religion fondée par Jésus a été la conséquence naturelle de ce qui avait précédé, ce n'est pas en diminuer l'excellence ; c'est prouver qu'elle a eu sa raison d'être, qu'elle fut légitime, c'est-à-dire conforme aux instincts et aux besoins du cœur en un siècle donné.

Est-il plus juste de dire que Jésus doit tout au judaïsme et que sa grandeur n'est autre que celle du peuple juif? Personne plus que moi n'est disposé à placer haut ce peuple unique, dont le don particulier semble avoir été de contenir dans son sein les extrêmes du bien et du mal. Sans doute, Jésus sort du judaïsme; mais il en sort comme Socrate sortit des écoles de sophistes, comme Luther sortit du moyen âge, comme Lamennais du catholicisme, comme Rousseau du XVIIIe siècle. On est de son siècle et de sa race, même quand on réagit contre son siècle et sa race. Loin que Jésus soit le continuateur du judaïsme, il représente la rupture avec l'esprit juif. En supposant que sa pensée à cet égard puisse prêter à quelque équivoque, la direction générale du christianisme après lui n'en permet pas. La marche générale du christianisme a été de s'éloigner de plus en plus du judaïsme. Son perfectionnement consistera à revenir à Jésus, mais non certes à revenir au judaïsme. La grande originalité du fondateur reste donc entière; sa gloire n'admet aucun légitime partageant.

Sans contredit, les circonstances furent pour beaucoup dans le succès de cette révolution merveilleuse;

mais les circonstances ne secondent que ce qui est juste et vrai. Chaque branche du développement de l'humanité a son époque privilégiée, où elle atteint la perfection par une sorte d'instinct spontané et sans effort. Aucun travail de réflexion ne réussit à produire ensuite les chefs-d'œuvre que la nature crée à ces moments-là par des génies inspirés. Ce que les beaux siècles de la Grèce furent pour les arts et les lettres profanes, le siècle de Jésus le fut pour la religion. La société juive offrait l'état intellectuel et moral le plus extraordinaire que l'espèce humaine ait jamais traversé. C'était vraiment une de ces heures divines où le grand se produit par la conspiration de mille forces cachées, où les belles âmes trouvent pour les soutenir un flot d'admiration et de sympathie. Le monde, délivré de la tyrannie fort étroite des petites républiques municipales, jouissait d'une grande liberté. Le despotisme romain ne se fit sentir d'une façon désastreuse que beaucoup plus tard, et d'ailleurs il fut toujours moins pesant dans ces provinces éloignées qu'au centre de l'empire. Nos petites tracasseries préventives (bien plus meurtrières que la mort pour les choses de l'esprit) n'existaient pas. Jésus, pendant trois ans, put mener une vie qui, dans nos sociétés, l'eût conduit vingt fois devant les tribunaux de police. Nos seules lois sur l'exercice illégal de la médecine eussent suffi pour couper court à sa carrière. La dynastie incrédule des Hérodes, d'un autre côté, s'occupait peu des mouvements religieux; sous les Asmonéens, Jésus eût été probablement arrêté dès ses premiers pas. Un novateur, dans un tel état de société, ne risquait que la mort, et la mort est bonne à ceux qui travaillent pour l'avenir. Qu'on se figure Jésus, réduit à porter jusqu'à soixante ou soixante-dix ans le fardeau de sa divinité, perdant sa flamme céleste, s'usant peu à peu sous les nécessités d'un rôle inouï! Tout favorise ceux qui sont marqués d'un signe; ils vont à la gloire par une sorte d'entraînement invincible et d'ordre fatal.

Cette sublime personne, qui chaque jour préside encore au destin du monde, il est permis de l'appeler divine, non en ce sens que Jésus ait absorbé tout le divin, ou lui ait été adéquat (pour employer l'expression de la scolastique), mais en ce sens que Jésus est l'individu qui a fait faire à son espèce le plus grand pas vers le divin. L'humanité dans son ensemble offre un assemblage d'êtres bas, égoïstes, supérieurs à l'animal en cela seul que leur égoïsme est plus réfléchi. Mais, au milieu de cette uniforme vulgarité, des colonnes s'élèvent vers le ciel et attestent une plus noble destinée. Jésus est la plus haute de ces colonnes qui montrent à l'homme d'où il vient et où il doit tendre. En lui s'est condensé tout ce qu'il y a de bon et d'élevé dans notre nature. Il n'a pas été impeccable; il a vaincu les mêmes passions que nous combattons; aucun ange de Dieu ne l'a conforté, si ce n'est sa bonne conscience; aucun Satan ne l'a tenté, si ce n'est celui que chacun porte en son cœur. De même que plusieurs de ses grands côtés sont perdus pour nous par la faute de ses disciples, il est probable aussi que beaucoup de ses fautes ont été dissimulées. Mais jamais personne autant que lui n'a fait prédominer dans sa vie l'intérêt de l'humanité sur les petitesses de l'amour-propre. Voué sans réserve à son idée, il y a subordonné toute chose à un tel degré que, vers la fin de sa vie, l'univers n'exista plus pour lui. C'est par cet accès de volonté héroïque qu'il a conquis le ciel. Il n'y a pas eu d'homme, Çakya-Mouni peut-être excepté, qui ait à ce point foulé aux pieds la famille, les joies de ce monde, tout soin temporel. Il ne vivait que de son Père et de la mission divine qu'il avait la conviction de remplir.

Pour nous, éternels enfants, condamnés à l'impuissance, nous qui travaillons sans moissonner, et ne verrons jamais le fruit de ce que nous avons semé, inclinons-nous devant ces demi-dieux. Ils surent ce que nous ignorons : créer, affirmer, agir. La grande originalité renaîtra-t-elle, ou le monde se contentera-t-il désormais de suivre les voies ouvertes par les hardis créateurs des vieux âges? Nous l'ignorons. Mais quels que puissent être les phénomènes inattendus de l'avenir, Jésus ne sera pas surpassé. Son culte se rajeunira sans cesse ; sa légende provoquera des larmes sans fin ; ses souffrances attendriront les meilleurs cœurs ; tous les siècles proclameront qu'entre les fils des hommes, il n'en est pas né de plus grand que Jésus.

FIN DE LA VIE DE JÉSUS.

TABLE

DES MATIÈRES.

	Pages
Dédicace..	I
Introduction, ou l'on traite principalement des sources de cette histoire...	III

Chap.

I. Place de Jésus dans l'histoire du monde...................	1
II. Enfance et jeunesse de Jésus. Ses premières impressions....	19
III. Éducation de Jésus.......................................	30
IV. Ordre d'idées au sein duquel se développa Jésus............	44
V. Premiers aphorismes de Jésus. — Ses idées d'un Dieu père et d'une religion pure. — Premiers disciples.............	71
VI. Jean-Baptiste. — Voyage de Jésus vers Jean et son séjour au désert de Judée. — Il adopte le baptême de Jean.......	94

TABLE DES MATIÈRES.

Chap.		Pages.
VII.	Développement des idées de Jésus sur le royaume de Dieu.	113
VIII.	Jésus à Capharnahum.....................................	136
IX.	Les disciples de Jésus...................................	148
X.	Prédications du lac.....................................	164
XI.	Le royaume de Dieu conçu comme l'avénement des pauvres...	178
XII.	Ambassade de Jean prisonnier vers Jésus. — Mort de Jean. — Rapports de son école avec celle de Jésus....	195
XIII.	Premières tentatives sur Jérusalem......................	205
XIV.	Rapports de Jésus avec les païens et les Samaritains...	224
XV.	Commencement de la légende de Jésus. — Idée qu'il a lui-même de son rôle surnaturel........................	236
XVI.	Miracles..	255
XVII.	Forme définitive des idées de Jésus sur le royaume de Dieu...	270
XVIII.	Institutions de Jésus....................................	290
XIX.	Progression croissante d'enthousiasme et d'exaltation...	307
XX.	Opposition contre Jésus.................................	321
XXI.	Dernier voyage de Jésus à Jérusalem.....................	336
XXII.	Machinations des ennemis de Jésus......................	356
XXIII.	Dernière semaine de Jésus...............................	370
XXIV.	Arrestation et procès de Jésus..........................	391
XXV.	Mort de Jésus...	414
XXVI.	Jésus au tombeau.......................................	427
XXVII.	Sort des ennemis de Jésus...............................	435
XXVIII.	Caractère essentiel de l'œuvre de Jésus..................	442

www.ingramcontent.com/pod-product-compliance
Lightning Source LLC
Chambersburg PA
CBHW071605230426
43669CB00012B/1833